新型能源体系 系统构建与应用探索

孙志强　　汪觉恒 ◎主编

中国电力出版社

CHINA ELECTRIC POWER PRESS

内 容 提 要

规划建设新型能源体系是一项创新性、长期性、系统性工程。本书从剖析世界和中国能源体系演变历程入手，深入分析了中国新型能源体系规划建设的内在逻辑、基本内涵和构建路径，系统构建了安全、消费、供应、技术创新、产业、治理六大支撑体系理论框架，并基于典型实例阐述了省级区域新型能源体系规划建设方法。

本书从新型能源体系理论与实践方面提出了构建路径与主要策略，希望能为中国实现能源强国目标提供有益的决策参考。

本书可供国家及地方相关行业行政管理工作人员、政策及发展规划研究制定人员、企事业单位决策和管理人员、高等院校师生及相关工作者阅读参考。

图书在版编目（CIP）数据

新型能源体系系统构建与应用探索/孙志强，汪觉恒主编. --北京：中国电力出版社，2024.10（2025.8重印）. -- ISBN 978-7-5198-9220-3

Ⅰ. F426.2

中国国家版本馆 CIP 数据核字第 2024W21W53 号

审图号：GS 京（2024）1980 号

出版发行：中国电力出版社

地　　址：北京市东城区北京站西街 19 号（邮政编码 100005）

网　　址：http://www.cepp.sgcc.com.cn

责任编辑：赵　杨（010-63412287）

责任校对：黄　蓓　常燕昆

装帧设计：张俊霞

责任印制：石　雷

印　　刷：北京九天鸿程印刷有限责任公司

版　　次：2024 年 10 月第一版

印　　次：2025 年 8 月北京第二次印刷

开　　本：710 毫米×1000 毫米　16 开本

印　　张：19.5

字　　数：355 千字

定　　价：96.00 元

编 委 会

序

能源是人类社会发展的基石，是世界经济增长的动力。党的二十大报告指出要加快规划建设新型能源体系。加快规划建设新型能源体系是顺应全球能源低碳转型趋势、积极稳妥推进碳达峰碳中和的内在要求，对于中国深入推进能源革命、推动经济高质量发展、助推中国式现代化建设，具有十分重要的意义。

近年来，构建新型能源体系成为能源行业高度关注的热点。湖南省能源规划研究中心和中南大学能源科学与工程学院团队围绕国家战略和行业需求，系统研究了新型能源体系的构建与应用，将相应成果汇编成书。

该书从世界和中国能源体系演变历程着手，深入分析中国新型能源体系规划建设的内在逻辑、基本内涵和构建路径，凝练出新型能源体系的形态特征和本质特征，构建了安全、消费、供应、技术创新、产业、治理六大支撑体系理论框架，论述了各体系的历史变迁、主要特征、影响因素、构建路径和主要策略，并基于典型实例阐述了省级区域新型能源体系规划建设方法。该书理论与实践相结合，希望可以为新型能源体系构建理论和实践提供研究基础，为能源、电力等行业制订可持续发展战略提供支持，为省级区域新型能源体系构建提供借鉴。

中国工程院院士 高翔

2024 年 7 月

前　言

　　能源是经济社会发展的重要物质基础和动力源泉，攸关国计民生和国家安全。党的二十大对于如何推进绿色低碳发展和人与自然和谐共生进行了更进一步的顶层设计和深入部署，其中"加快规划建设新型能源体系"这一新提法是新时代中国能源产业转型升级的重要指南，是能源革命系统凝练与拓展延伸的最新成果，擘画了中国能源体系发展新的蓝图。新型能源体系何以重要？新型能源体系"新"在哪里？新型能源体系如何系统构建？以上问题是规划建设新型能源体系需要回答的基本问题，也是未来一段时间需要持续论证和深入探索的重点课题。

　　湖南省能源规划研究中心、中南大学能源科学与工程学院不断深化理论研究和实践探索，以历史思维、系统思维、战略思维为认识研究方法论，对新型能源体系进行了系统分析研究，形成了理论研究和实践成果。

　　全书共 9 章，从体系的历史演进、内涵、特征、实施路径、系统构建、应用探索等层面开展分析研究。

　　第 1 章全面阐述世界和中国能源体系的演变过程，揭示了不同发展阶段能源利用方式、供给结构、管理模式等方面的显著差异。通过对比分析世界和中国能源体系演进的异同，剖析了各发展阶段能源革命的驱动因素、发展规律和未来趋势，为把握能源发展大势、推进能源转型变革提供了重要启示。

　　第 2 章梳理分析了中国能源转型变革的演进脉络，阐述了新型能源体系提出的重要背景，凝练出新型能源体系的基本内涵与战略意义，对新型能源体系在供应消费结构、技术应用模式、治理体系等方面的特征进行了阐述，指出了新型能源体系发展过程中的机遇与挑战，并提出了相关构建路径及主要策略。

　　第 3 章剖析了能源安全概念的历史变化过程，以及主要国家和经济体的能源安全战略，提出了新型能源安全体系的基本定义与内涵特征。在此基础上，通过构建新型能源安全体系评价理论方法，分析影响新型能源安全体系建设的主要因素，提出了未来发展方向、趋势和相关规划建设举措。

　　第 4 章基于对能源消费体系演变驱动因素的分析，提出了新型能源消费体系的基本内涵，论述了以终端电气化、消费主体多元化等为特征的能源消费新格局。在此基础上，预测能源消费总量、结构与空间格局，提出了可持续发展策略，并重点探讨了交通、工业、建筑等关键领域的转型路径，为构建新型能源消费体系提供了政策指引。

第5章基于能源供应体系历史变迁，全面论述了新型能源供应体系的基本定义、内涵和特征，深刻剖析了全球及中国能源供应面临的形势，分析了主要影响因素，阐述了全球及中国能源供应格局。在社会主义现代化强国和碳达峰碳中和建设目标下，研究了中国新型能源供应体系构建路径和主要策略。

第6章在论述新型能源技术创新体系内涵与特征的基础上，研究了新型能源技术创新体系的发展趋势与路线，分析了影响技术进步的主要因素，提出了新型能源技术创新体系的规划建设举措。

第7章全面阐述了国内外能源产业的历史变迁时间节点、重点事件和主要影响，分析了中国能源产业发展的现实基础、制约因素以及对GDP的贡献，论述了新型能源产业体系的定位、内涵、主要特征、发展机遇与挑战，提出了新型能源产业体系的发展路径与重点方向。

第8章梳理了能源治理体系相关的政策规划、法律法规、管理机构及价格机制等方面的历史变迁，论述了新型能源治理体系的基本内涵与主要特征，分析了规划建设新型能源治理体系在政策、市场环境、产业技术、价格机制、国际政治等方面面临的诸多机遇与挑战，并提出了相关构建路径与举措。

第9章全面应用本书的理论研究成果，系统论述了案例省份新型能源体系规划建设思路，分阶段刻画了未来发展目标，围绕安全、消费、供应、创新、产业、治理六大能源支撑体系提出了案例省级区域新型能源体系的规划建设实施路径与重点举措。

本书在编著过程中得到了高翔院士的指导以及众多研究机构、专家学者等社会各界的大力支持，并引用了国际能源署、国家统计局以及世界能源统计年鉴、中国能源统计年鉴中的最新数据，在此表示感谢！

本书编写组

2024 年 7 月

目　录

第1章
能源体系的演变历史进程

1.1 世界能源体系演变过程

能源，作为推动人类社会发展和进步的基石，涵盖了各种形式的能量及提供该能量所需的载体。能源体系是多元融合、技术驱动、环境相关的复合系统，由能源资源及其相关技术产业、体制和机制等多个部分组成，构筑成一个错综复杂的能源依存网络。历史上，不同时期能源体系表现出显著差异，而全球能源体系随着时间推移，经历了从依赖单一能源向多元化能源类型转变、从天然能源到产品能源、从一次能源到二次能源的能源结构调整，从简单燃烧、粗放利用到加工提炼的能源技术进步，从分散、无序利用到有序、集中式利用的能源管理模式发展。能源体系主体要素的根本性转变，推动了世界能源转型，促进了人类从原始文明过渡到农业文明和工业文明。大体上世界能源体系演变可以划分为四个主要阶段，分别为柴薪能源时期、煤炭能源时期、油气能源时期、可持续发展能源时期。每个阶段不仅体现了人类对能源利用方式的不断革新和调整，而且反映了能源策略和发展理念的持续进步。

1.1.1 柴薪能源时期

第一次工业革命以前，柴薪一直是人类最重要的能源，是冶铁、取暖、烹饪和简单工艺生产的主要能源。柴薪的广泛使用是人类文明从狩猎采集向农业生产转变的一个重要标志。一直到16世纪，随着欧洲大航海时代到来，国际贸易开始兴起，造船业、武器制造业和冶金业的发展得到了空前繁荣。但由于柴薪能源密度低、利用方式简单，以柴薪作为主体能源日益难以满足经济社会的用能需要，木材价格不断上升，森林毁坏严重，直接导致了"柴薪危机"的出现，并在世界主要工业国家开始引发一系列经济问题、环境问题。面对木柴危机和森林毁坏日益严重的情况，世界主要国家加大了对森林的保护力度。如1543年英国议会通过了《林木保护法》，1573年法国发布敕令制定森林保护法规。但由于能源需求不断增加，其危机在煤炭成为主要能源之前始终得不到有效解决，欧洲毁坏森林的情况一直持续到18

世纪。同时，由于林地急速耗尽，燃料成本陡升，对以木材为主要燃料的冶铁业产生深远影响，一些地区的燃料费用甚至占铁器生产成本的70%，导致有的地区铸造厂关闭，有的地区生产规模缩减，有些地区甚至开始出现由于能源短缺引发的经济衰退。15—17世纪木材燃料价格指数情况见表1-1。

表1-1　　　　　　　　　　　　15—17世纪木材燃料价格指数情况

时间/年	总价格指数	木材年均价格指数
1451—1500	100	100
1534—1540	105	94
1551—1560	132	163
1583—1592	198	277
1603—1612	251	366
1613—1632	288	677
1623—1632	288	677
1633—1642	291	780

17世纪80年代开始，随着手工业的发展和工业革命的爆发，世界对木柴的需求不断增加，尤其是冶铁业对木材有着巨大需求，世界主要工业国家已经出现木材供应短缺。如英国不得不从瑞典等木材资源丰富的国家进口木材，并且进口数量达到英国冶铁所需木材燃料总量的1/2以上。18世纪，1t精炼的铁需要10t（木炭）燃料，1t精炼的铜需要20t的（木炭）燃料来加工。由于英国森林覆盖面积有限、森林资源有限，冶铁业的发展导致木柴、木炭价格不断上涨。在英格兰，1650年木炭和煤炭的价格大致是相当的，但此后的100多年间，木炭的价格开始一路走高，远远高于煤炭的价格，英格兰以白银（g）计量煤炭和木炭的价格5年平均数如图1-1所示。到18世

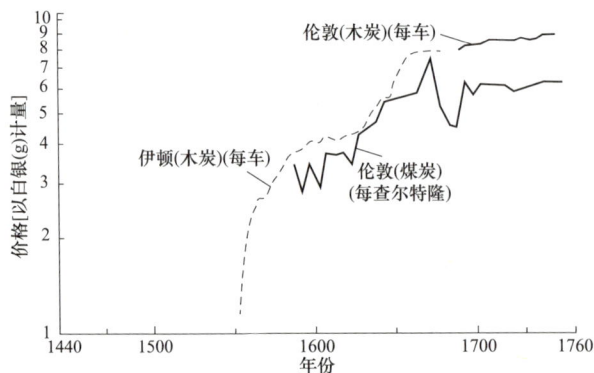

图1-1　英格兰煤炭和木炭价格的5年平均数

纪上半叶，由于木炭供应紧张，欧洲许多冶铁厂往往停工数月才能筹集到足够的燃料，然后重新开工。由于岛上的木炭燃料匮乏，纵使规模相对较小，英国的冶铁业也已濒临死亡。

一直到 19 世纪中叶以前，英国、法国、俄国等欧洲大陆国家，最重要的能源依然是木柴，木柴在世界能源消费中所占的比例高达 73.8%。但是，自从工业革命后，木柴很快便被煤炭替代了。整个欧洲的木材总消费量由 1789 年的 2 亿 t 减少到 1 亿 t 左右，其在能源当中的重要地位日渐被煤和石油所替代。到 1900 年，木柴在世界能源消费中所占的比例降到 40% 以下，柴薪主体能源地位正式被煤炭所取代。

综上所述，柴薪能源时期，持续时间最长，主要发生在第一次工业革命之前，能源利用方式单一，以简单燃烧为主，主要局限于农业生产、航海、日常生活及简单的加工制造。由于缺乏有效的能源储存和调控机制，当时的能源系统极度依赖即时供应，柴薪一经采集便需尽快使用，以防腐烂和损耗，这限制了能源管理的灵活性和效率。能源管理主要依赖于木材的采集与使用，尚未形成大规模、跨区域的能源调配机制和明确的管理法规，从供给到消费的能源产业链尚未完全形成，平衡能源需求与森林保护成为能源供应的核心议题。后期随着手工业的兴起和工业革命的爆发，人类用能需求大幅增长，以柴薪为主的能源体系难以支撑工业化的用能需要，开始出现木材价格不断上升、森林毁坏严重等经济问题、环境问题。同时木材的供应短缺和价格飞涨，也直接导致了英国、法国、意大利等欧洲主要国家冶铁业的衰落。木材危机在煤炭成为主要能源之前始终得不到有效解决，一直持续到 19 世纪后期。

1.1.2　煤炭能源时期

18 世纪 60 年代，英国工业革命开始后，瓦特改进的蒸汽机开始普及，极大加快了全球工业化进程，煤炭开始得到大规模的开发利用，人类开始快速进入煤炭能源时代。

至 19 世纪末，每个年代的增长率都在 40% 及以上，19 世纪各大洲煤炭产量增长情况见表 1-2。到 1899 年，世界煤炭产量增至 66767 万 t，与 1829 年相比，70 年间增长了约 18 倍。1899 年，亚洲煤炭产量为 1239 万 t，约占世界总量的 1.9%；欧洲的煤炭产量为 41130 万 t，约占 61.6%；美洲的煤炭产量为 23532 万 t，约占 35.2%；非洲的煤炭产量为 213 万 t，约占 0.3%；大洋洲的煤炭产量为 653 万 t，约占 1.0%。此时，世界生产煤炭的国家不多，主要集中在欧洲和北美洲，欧洲成为世界煤炭生产中心。在丰富的煤炭资源基础上，欧洲、北美洲也逐步兴起了一批传统老工业区，如德国鲁尔区、英国中部工业区、美国东北部工业区、俄罗斯的欧洲工业区、意大利西北部工业区等。

表 1-2   19 世纪各大洲煤炭产量增长情况

时间/年	亚洲（万 t）	欧洲（万 t）	美洲（万 t）	非洲（万 t）	大洋洲（万 t）	全球合计	
						产量（万 t）	增长率（%）
1829	—	3410	69	—	—	3479	—
1839	—	5072	216	—	—	5288	52.0
1849	—	7410	698	—	—	8108	53.3
1859	—	11170	1770	—	—	12940	59.6
1869	—	16940	3532	—	—	20472	58.2
1879	86	22040	6510	—	24	28659	40.0
1889	239	30900	13054	1	463	44657	55.8
1899	1239	41130	23532	213	653	66767	49.5

其间，煤炭利用率大幅提高，主要是由于人类在利用煤炭制作焦炭、煤气、型煤，以及燃煤发电等方面取得重大技术突破，与柴薪相比具备明显优势，对推动工业革命和人类社会进步产生了深远的影响。

煤炭炼焦主要是通过对煤炭进行高温干馏，即焦化，除去煤炭当中的挥发物。把煤炼成焦炭是推动冶铁业摆脱木材依赖的主要技术，对促进冶铁业的发展至关重要。1709 年英国获取煤制焦炭工艺，1735 年英国第一次使用焦炭还原铁矿石，1760 年英国建成世界上第一家用焦炭做燃料的大型钢铁厂，到 18 世纪末，英国钢铁产量超过 20 万 t，几乎全部是采用焦炭炼制。1820 年比利时人发明使用焦炭的鼓风机，1881 年德国建成第一座可回收化学产品的副产焦炉，1884 年德国建成第一座蓄热式焦炉，1917 年瑞士设计出第一套干熄焦装置，通过数次的技术进步，最终推动实现冶铁业中焦炭对木材的全面替代。

煤制煤气，是指以煤为原料加工制成的可燃气体，包括焦炉煤气、高炉煤气、水煤气、油煤气等。煤气可做燃料使用，也可做化工原料。1812 年英国成立第一家煤气供应企业，在伦敦街道上铺设煤气管道，供街道照明使用。此后不久，美国、法国、比利时等国家用煤炭生产煤气，用于城市照明及居民生活等，近代世界各国或地区开始使用煤气的时间见表 1-3。1840 年法国用焦炭制取煤气，用来炼铁。1875 年美国生产增烃水煤气，作为城市煤气使用。1882 年德国建成世界上第一座常压移动床煤气发生炉并开始投产，利用移动床气化工艺，将煤炭转化为煤气。19世纪末，美国几乎所有大城市和绝大部分小城市都建造了煤气厂，开展城市煤气供应，使煤气得到广泛应用。

表 1-3　　　　　　　近代世界各国或地区开始使用煤气的时间

国家/地区	煤气使用时间（年）	国家/地区	煤气使用时间（年）	国家/地区	煤气使用时间（年）
英国	1812	西班牙	1845	新加坡	1862
美国	1817	捷克斯洛伐克	1847	中国香港	1862
法国	1819	加拿大	1847	埃及	1864
比利时	1819	挪威	1848	中国内地	1865
爱尔兰	1822	阿根廷	1852	新西兰	1865
荷兰	1825	印度	1853	巴西	1865
德国	1825	墨西哥	1855	秘鲁	1867
奥地利	1833	智利	1856	斯里兰卡	1868
意大利	1835	波兰	1856	厄瓜多尔	1870
俄罗斯	1835	丹麦	1857	南非	1872
匈牙利	1838	日本	1857	乌拉圭	1872
澳大利亚	1841	罗马尼亚	1860	玻利维亚	1877
古巴	1844	马耳他	1861	—	—

　　煤制型煤，是以粉煤为原料制成形状各异的块状燃料，如煤球、蜂窝煤等。1858 年德国最早的型煤厂建成并开始投产，它采用活塞式冲压机生产煤砖。1861 年法国建成煤砖生产厂。1877 年德国莱茵矿区建成第一个褐煤砖厂。19 世纪 70 年代，比利时制出第一台能够成功运转的对辊成型机，并被安装在美国里奇蒙德港的一家型煤厂内。到 19 世纪末，比利时、法国和德国的煤粉成型技术已达到非常高的应用水平。1908 年日本人发明带孔、能够单个燃烧的蜂窝煤，1912 年开始手工生产并大量销售蜂窝煤。1926 年，世界上第一台蜂窝煤机在日本诞生，使得型煤在居民生活和工业当中得到大规模使用。

　　1882 年，美国建成了世界第一座燃煤发电厂，进一步推动了煤炭作为燃料的大规模使用，煤炭又成为最为重要的工业燃料，在世界经济当中发挥着越来越重要的作用。到 1900 年，煤炭在世界能源消费中所占的比例超过了 50%，成为世界能源供应的主体。

　　煤炭大规模的利用也同步带动了煤炭贸易的开展，1819—1917 年世界各国煤炭出口量情况见表 1-4。由于世界煤炭分布较为广泛，工业革命以来，一些国家开展了煤炭贸易，但规模较小，参与的国家也不多，主要在集中欧洲地区，这与欧洲当时处于世界经济中心的地位一致。

表 1-4　　　　　　　　　　**1819—1917 年世界各国煤炭出口量情况**　　　　　　　　　万 t

1819 年		1849 年		1899 年		1917 年	
国家	出口量	国家	出口量	国家	出口量	国家	出口量
英国	24	英国	278	英国	4184	英国	3556
				德国	1394	美国	2708
				奥地利	980	加拿大	157
				比利时	610	法国	13
				美国	527		
				加拿大	117		
				法国	103		
合计	24	合计	278	合计	7915	合计	6433

20 世纪以后，受到世界石油和天然气工业崛起的冲击，世界煤炭工业发展放缓，1919—1989 年的 70 年间，世界煤炭产量仅增长了 3.4 倍（仅指硬煤，见表 1-5）。煤炭综合利用技术不断创新，先后开发出煤气化、煤液化、焦化、低温干馏等先进技术，煤炭开发利用规模不断扩大，但世界煤炭在世界能源生产总量中所占比例却日渐下降，1962 年世界煤炭产量在世界能源生产总量中的比例由 1950 年的 58.7％降至 40.9％，而石油所占比例则由 1950 年的 30.3％上升到 41.3％，首次被石油超越，此后快速下降至 30％以下。

表 1-5　　　　　　　　　　**1919—1989 年各大洲煤炭产量及全球占比**

地区	1919 年		1929 年		1939 年		1949 年	
	产量（万 t）	比例（％）	产量（万 t）	比例（％）	产量（万 t）	比例（％）	产量（万 t）	比例（％）
全球	104223	—	131654	—	129370	—	130484	—
亚洲	8294	8.0	9117	6.9	12458	9.6	11160	8.6
欧洲	41910	40.2	62810	47.7	71570	55.3	69450	53.2
美洲	51775	49.7	57083	43.4	42011	32.5	45487	34.9
非洲	992	1.0	1452	1.1	1850	1.4	2875	2.2
大洋洲	1251	1.2	1192	0.9	1481	1.2	1513	1.2

地区	1959 年		1969 年		1979 年		1989 年	
	产量（万 t）	比例（％）	产量（万 t）	比例（％）	产量（万 t）	比例（％）	产量（万 t）	比例（％）
全球	191854	—	205188	—	276090	—	350115	
亚洲	48501	25.3	43060	21.0	82394	29.8	136557	39.0
欧洲	96510	50.3	98680	48.1	104380	37.8	89680	25.6
美洲	40478	21.1	53169	25.9	70795	25.6	89471	25.6
非洲	4218	2.2	5709	2.8	11098	4.0	18116	5.2
大洋洲	2148	1.1	4570	2.2	7424	2.7	16292	4.7

数据来源：《帕尔格雷夫世界历史统计　亚洲、非洲和大洋洲卷：1750—1993 年》第三版，贺力平译。

注　表格中的煤炭产量为硬煤产量，它与欧煤国家所说的"黑煤"同义，包括无烟煤、烟煤，不包括褐煤。

世界煤炭生产和贸易的重点地区由欧美向亚洲转移。1919 年，由于欧美地区的经济发展比其他地区快，欧美地区煤炭产量占世界煤炭总产量的比例高达 90%，到 1969 年仍占 3/4。此后，随着亚洲经济的日渐发展，亚洲丰富的煤炭资源得到开发利用，煤炭产量占世界煤炭总产量的比例不断提高，20 世纪 90 年代后，亚太地区成为世界重要的煤炭生产中心。由于煤炭长期大规模不合理开采、利用，导致环境问题日益突出，叠加煤炭在欧美能源地位的下降，德国鲁尔区等传统老工业区逐步走向衰落。

进入 21 世纪以后，煤炭产量实现了快速跃升，但煤炭占能源消费总量的比重却一直在 27.5% 附近波动，如图 1-2 所示。2013 年，世界煤炭总产量由 2000 年的 47.1 亿 t 快速增长到 82.6 亿 t，年均增长 2.7 亿 t，年均增速为 31.6%，煤炭占能源消费总量的比重提升到 30%，见表 1-6。此后煤炭进入结构调整期，2016 年降至 74.8 亿 t，2022 年又回升到 88.0 亿 t，但煤炭占能源消费总量的比重持续下降至 26.7%。期间，亚洲煤炭生产的潜力和优势进一步凸显，成为世界最大、最重要的煤炭生产区域。2022 年，中国、印度、印度尼西亚的煤炭产量合计占世界总产量的 70%。其中，中国煤炭产量超过了 40 亿 t，占世界煤炭总产量的 51%，居世界首位。欧洲煤炭产量显著下降，仅为 5.5 亿 t，占世界煤炭总产量的 8%。美洲、大洋洲分别占 13.6%、4.8%。

图 1-2　世界煤炭总产量及煤炭占能源消费总量的比重

表 1-6　　　　　　　　2000—2022 年各大洲煤炭产量及全球占比

地区	2000 年		2012 年		2020 年		2022 年	
	产量（万 t）	比例（%）	产量（万 t）	比例（%）	产量（万 t）	比例（%）	产量（万 t）	比例（%）
全球	4708	—	7462	—	7741	—	8803	—
亚太	2191	46.5	4848	65.0	5865	75.8	6776	77.0

续表

地区	2000 年		2012 年		2020 年		2022 年	
	产量（万 t）	比例（%）	产量（万 t）	比例（%）	产量（万 t）	比例（%）	产量（万 t）	比例（%）
欧洲	835	17.7	761	10.2	488	6.3	546	6.2
中东	2	0.0	2	0.0	2	0.0	4	0.1
非洲	231	4.9	259	3.5	261	3.4	251	2.9
北美	1054	22.4	1067	14.3	540	7.0	590	6.7
中南美	54	1.1	85	1.1	61	0.8	65	0.7
亚欧	342	7.3	441	5.9	524	6.8	571	6.5

注 欧亚地区包括亚美尼亚、阿塞拜疆、白俄罗斯、格鲁吉亚、哈萨克斯坦、吉尔吉斯斯坦、摩尔多瓦共和国、俄罗斯联邦、塔吉克斯坦、土库曼斯坦、乌克兰和乌兹别克斯坦。

随着世界煤炭的发展和煤炭消费中心的转移，世界煤炭贸易也同步发生了变化，如图 1-3 所示。20 世纪 80 年代以前，国际煤炭贸易主要是在欧美国家之间开展，欧美煤炭贸易量占世界煤炭贸易总量的 3/4 以上。进入 21 世纪，亚洲成为世界煤炭贸易最重要的地区；同时，世界煤炭贸易规模不断扩大。2022 年，世界煤炭贸易规模超过 15 亿 t，占当年世界煤炭总产量的 18.6%。印度尼西亚、澳大利亚和俄罗斯煤炭出口量合计超过世界煤炭出口总量的 71%。亚太地区是世界最大的煤炭进口地区，占世界煤炭进口量的 74%；欧洲是第二大地区，进口量占全球煤炭进口量的 15%；中国是最大的煤炭进口国，进口量为 2.9 亿 t。

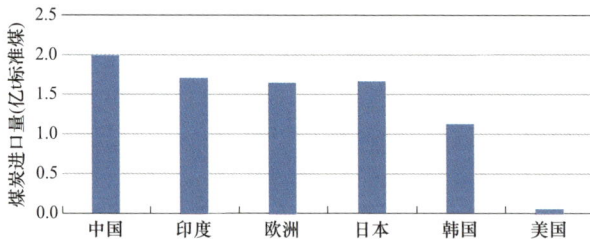

图 1-3 2022 年世界煤炭进口量的主要地区分布图

数据来源：《世界能源统计年鉴 2023》。

综上所述，煤炭能源时期，以 18 世纪 60 年代瓦特发明蒸汽机、人类开启第一次工业革命为开始标志。人类在利用煤炭制作焦炭、煤气、型煤，以及燃煤发电等方面相继取得重大技术突破，生产力得到了空前的提升，极大地促进了冶铁业、交通业和制造业的迅速发展，极大地加快了世界工业化进程，促进了社会的进步，能

源消费需求得到大幅增长，从根本上解决了工业革命初期引发的柴薪危机。到
1900 年，煤炭在世界能源消费中所占的比例超过了 50%，成为世界能源供应的
主体，此后受到世界石油和天然气工业崛起的冲击，煤炭工业发展放缓。到 1962
年，世界煤炭产量在世界能源生产总量中的比例降至 40.9%，主体地位被石油取
代。与此同时，世界能源贸易开始兴起，但由于世界煤炭分布较为广泛，煤炭贸
易中心随着消费中心的转移而同步转移，由欧洲逐步转移到亚洲。煤炭贸易规模
占世界煤炭消费比重相对较低，2022 年煤炭贸易规模仅占煤炭总量的 18.6%，
没有出现世界范围的煤炭供应危机。然而，煤炭的不合理开采和低效使用也带来
了空气污染和生态破坏等问题，引发了全球性的环境危机。人类开始寻求更加清
洁和可持续的能源。

1.1.3　油气能源时期

19 世纪 60 年代，美国人德雷克使用机械顿钻钻出了世界上第一口工业油井，
正式拉开了世界石油工业的序幕。由于石油、天然气的能量密度更高，运输和使用
更为高效和方便，环境污染更低，较煤炭具备明显优势，故世界石油工业快速兴
起，人类开始快速步入油气能源时期，见表 1-7。

表 1-7　　　　　　　1919—1999 年世界各大洲原油产量情况　　　　　　10⁶ t

地区	1919 年	1929 年	1939 年	1949 年	1959 年	1969 年	1979 年	1989 年	1999 年
全球	76.2	205.0	283.4	394.7	977.3	2074.3	3137.2	2923.2	3479.3
亚洲	4.1	13.4	26.3	78.5	257.6	693.8	13137.7	1047.7	1415.8
欧洲	5.3	19.3	37.4	41.3	156.0	362.9	712.8	781.7	699.6
美洲	66.0	172.0	219.0	272.3	557.9	771.5	766.6	795.7	977.2
非洲	0.2	0.3	0.7	2.5	5.8	244.3	323.9	273.8	360.0
大洋洲	—	—	—	—	—	1.9	20.2	24.2	26.7

进入 20 世纪，世界石油工业加速发展，生产国日渐增多，生产规模空前扩
大。1917 年世界原油开采总量达到 6781.5 万 t，较 1899 年增长了约 2.8 倍；
1921 年世界石油产量突破 1 亿 t，1949 年达到约 4 亿 t，1959 年达到近 10 亿 t。
到 1965 年，石油在世界能源消费中所占的比例也首次超过煤炭而跃居各种能源
之首，达到 39.4%。从此，石油替代煤炭成为世界上最重要的能源，人类进入了
石油主导时代。1969 年突破 20 亿 t，1979 年又突破 30 亿 t，石油占能源消费总
量的比重快速上升 47.2%。此后，受到石油危机等因素影响，世界石油生产放慢

速度，1989 年产量为 29.23 亿 t，比 1979 年减少 2.1 亿 t，1999 年回升到 34.6 亿 t，但受核电、天然气和水电快速崛起的影响，石油占能源消费总量的比重下降到 39.4%。

期间，石油工业快速兴起，主要是由于人类在炼油技术、石油地质勘探技术和理论方面取得重大突破和飞速发展，以及内燃机、发电机的发明和广泛应用。19 世纪中叶以前，石油主要用在火器、交通工具、照明、医药等领域。现代石油工业诞生后，随着石油产品结构的巨变，石油的利用也发生重大变化。1850 年煤油和煤油灯的发明，使人类对石油的利用首次取得重大突破，它伴随着世界石油工业的诞生而使人类迈进"煤油时代"。1855 年耶鲁大学教授西里曼发表文章，倡议"润滑革命"，用矿物油替代动物油或植物油做润滑剂，润滑油不仅被应用于车轮，还被广泛应用于机械化大生产中各式各样的机械，其对工业革命的开展起到了"润滑"作用。1883 年德国人 G. 戴姆勒成功地研制出第一台汽油内燃机，并随着汽车工业的突飞猛进，带动汽油的发展，推动石油工业从"煤油时代"迈进"汽油时代"。1908 年美国人 C. 埃力斯创建了世界上第一个石油化学工业实验室，后于 1917 年用炼油厂气体中的丙烯制成世界上最早的石油化学工业产品——异丙醇。1920 年新泽西标准石油公司利用埃力斯的成果进行工业化生产，由此诞生了石油化学工业。1940 年美国建成世界第一套以炼厂气为原料的乙烯生产装置。至此，超过 200 种的原油副产品进入了人们的日常生活，诸如工业设备中要用到的润滑油，药物和蜡烛制作中要用到的石油蜡，药品、溶煤，以及锅炉和内燃机要用到的燃料，为当时的美国、英国、德国、苏联等经济大国的崛起以及各国工业化的发展提供了重要的能源保障。

石油贸易也开始大规模兴起。20 世纪以前，世界石油生产主要集中在"两海"（里海、黑海）地区。进入 20 世纪后，世界石油生产开始向美洲转移，1949 年美洲石油产量增至 27233.0 万 t，占世界总量的 69.0%，美国石油产量为 24891.9 万 t，占全球的 63.1%，美洲成为世界石油的生产中心。此后，随着海湾地区石油生产规模不断扩大，世界石油生产中心日渐从美国向海湾地区转移。1959 年美国石油产量占世界石油总量的比例降为 35.6%，海湾地区八国提升到 22.6%。1969 年美国下降至 22.0%，海湾地区八国上升到 28.4%。1979 年美国降为 13.4%，海湾地区八国石油产量占世界石油总量的 34.3%，牢牢地奠定了其世界石油生产中心的地位，一直持续至今，如图 1-4 所示。

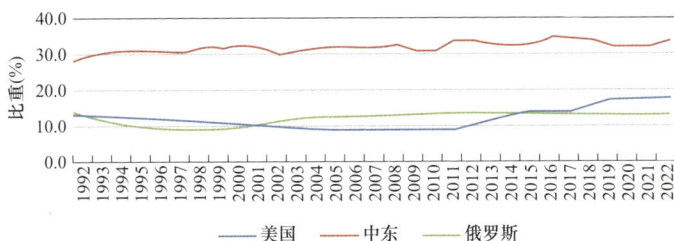

图 1-4 1992—2022 年中东、美国和俄罗斯石油产量占世界石油总产量的比重

石油工业与经济发展高度耦合，同时，其也开始向政治领域延伸。1882 年，为抢夺石油资源和贸易市场，俄国与美国之间展开了石油贸易大战。1950 年，沙特阿拉伯创立原油标价制度。1960 年，为反对西方石油垄断资本的剥削和控制，协调成员国石油政策，亚、非、拉石油生产国联合起来成立了石油输出国组织，宗旨是协调和统一成员国石油政策，维持国际石油市场价格稳定，确保石油生产国获得稳定收入，并于 1973 年动用"石油武器"，引发了第一次世界石油危机。1974 年，国际能源署成立，协调各成员国的能源政策，减少对进口石油的依赖，在石油供应短缺时建立分摊石油消费制度，促进石油生产国与石油消费国之间的对话与合作。1978 年，伊朗国内爆发革命，而后两伊战争引发了第二次石油危机，并引起了西方工业国的经济衰退。1990 年，海湾战争爆发，引发了第三次石油危机，改变了世界形势，地缘政治影响力出现新的秩序。受三次石油危机影响，原油价格在 40 年间猛涨超 40 倍，引起了各国对能源安全问题的高度重视。1861—2022 年原油价格如图 1-5 所示。

进入 21 世纪后，世界石油生产规模进一步扩大，1970—2022 年世界石油产量及石油占能源消费总量的比重如图 1-6 所示。2022 年世界石油年产量由 2000 年的 36.0 亿 t 提升到 44.1 亿 t。但石油消费总量持续下降至 31.6%，期间呈现两个加速下降时期，第一个加速下降时期发生在石油危机爆发后，能源安全开始兴起，核能利用快速兴起，天然气也进入快速发展阶段。第二个加速下降时期发生在 21 世纪初，能源转型加快，可持续发展理念开始兴起，可再生能源快速发展。如图 1-7 所示，中东地区依然是世界石油的中心，产量占世界总产量的 32.7%，北美地区紧随其后，占比约为 25.7%。石油贸易规模也进一步扩大，2022 年世界原油贸易量为 21.3 亿 t，占世界原油产量的 48.3%。欧洲、中国是世界上最大的石油进口区域，分别占进口总量的 20.9%、17.7%，如图 1-8 所示。美国是世界上最大的产油国，也是最大的消费国，基本实现了自给自足。

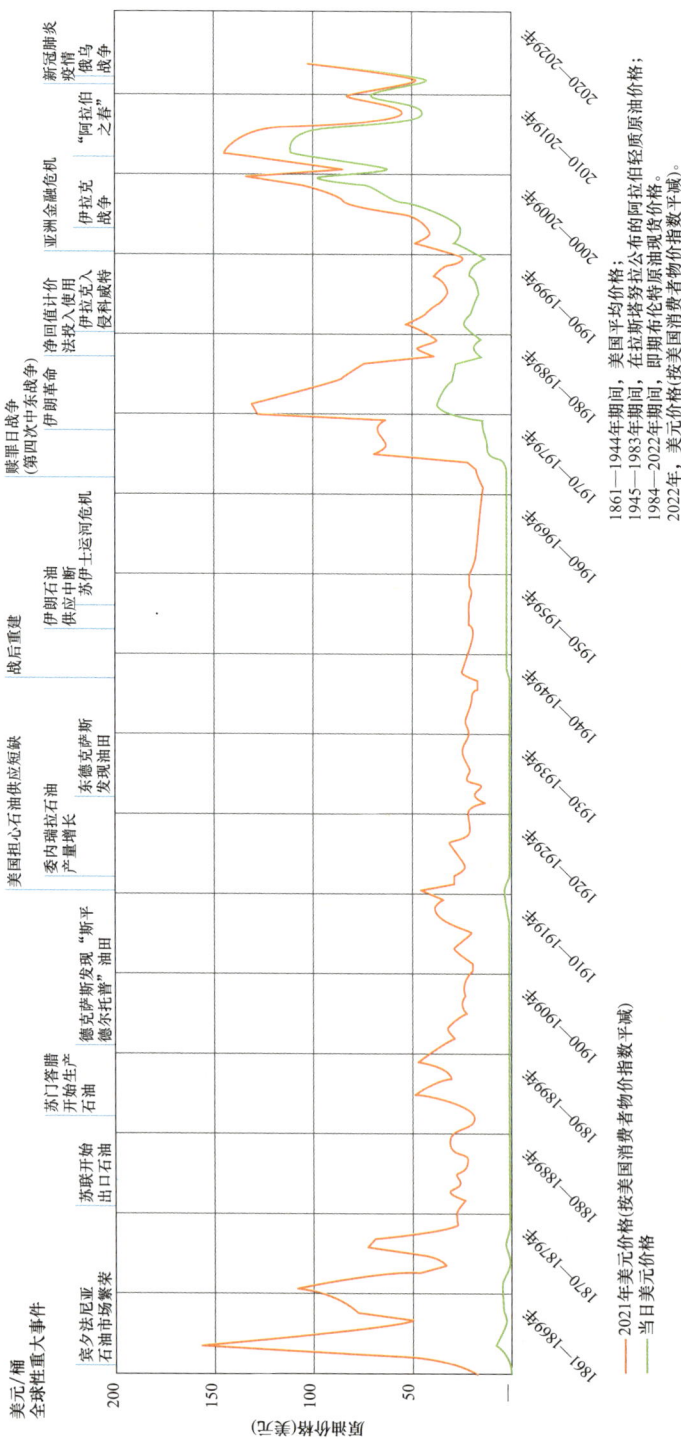

图 1-5 1861—2022 年原油价格

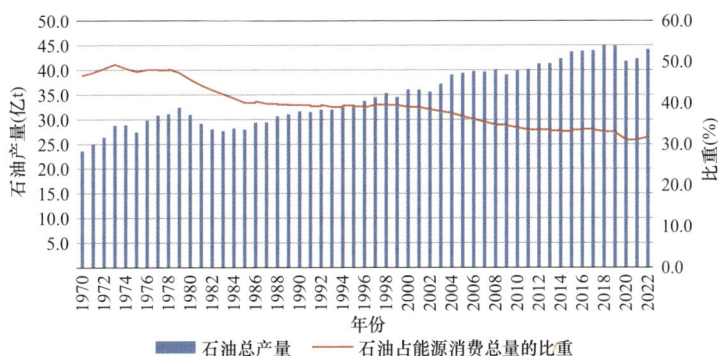

图 1-6　1970—2022 年世界石油产量及石油占能源消费总量的比重

数据来源：《bp 能源统计年鉴》。

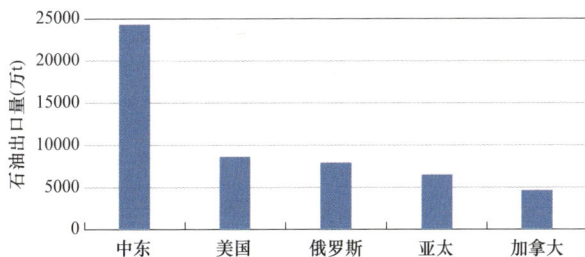

图 1-7　2022 年世界上石油出口量最大的 5 个地区

注　亚太地区不包括日本。

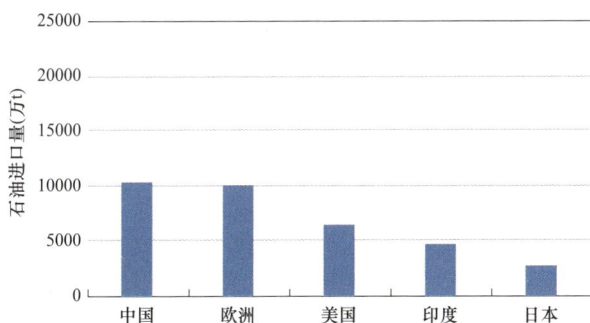

图 1-8　2022 年世界上石油进口量最大的 5 个地区

世界天然气工业与石油工业几乎同步兴起，自 19 世纪以来，天然气的勘探、开发、利用取得了一系列进展，广泛应用于发电、化工、工业和民用燃料。1919—1949 年世界天然气生产的地区分布见表 1-8。

13

表 1-8 　　　　　　　　　　1919—1949 年世界天然气生产的地区分布 　　　　　　　　　$10^6 \, m^3$

地区	1919 年		1929 年		1939 年		1949 年	
	产量	比例（%）	产量	比例（%）	产量	比例（%）	产量	比例（%）
美洲	21689	99.17	56338	96.47	76237	93.20	159732	94.03
欧洲	153	0.70	1616	2.77	4298	5.25	8891	5.23
亚洲	29	0.13	446	0.76	1262	1.54	1255	0.74
非洲	—	—	—	—	—	—	—	—
大洋洲	—	—	—	—	—	—	—	—
全球合计	21871	—	58400	—	81797	—	169878	—

　　20 世纪 50 年代以前，世界天然气生产处于起步发展阶段，世界天然气生产规模较小，生产天然气的国家和地区不多，分布极不平衡。1916 年发现世界上第一个大型天然气田（门罗气田），1917 年美国建成世界上第一家天然气液化厂，1920 年德国发明燃气轮机，1925 年美国建成门罗气田至博蒙特的世界上第一条长距离输气管线，1926 年美国法本化学工业公司用加氢液化法将褐煤转换为液化气，1948 年日本发现水溶性天然气。到 1949 年，世界天然气产量突破 1000 亿 m^3，达到 1699 亿 m^3，较 1919 年增长了 7.8 倍，天然气产量占世界一次能源总量的比例达到 10% 左右。美国天然气生产量为 1535 亿 m^3，占世界天然气总产量的 90.4%，是世界天然气生产的绝对中心。

　　20 世纪 50 年代之后，世界各地发现了一批大型气田，天然气生产规模空前扩大。1959 年世界天然气产量突破 4200 亿 m^3，1969 年突破 9400 亿 m^3；1970 年达到 1 万亿 m^3 左右，天然气占世界能源消费总产量的比重提升到 16.9%；1990 年达到 2 万亿 m^3 左右，天然气占世界能源消费总产量的比重提升到 20.4%。同年海湾战争爆发，引发第三次石油危机，世界天然气生产增速放缓。1995 年世界天然气生产增速再次提升，到 1999 年，世界天然气总产量达到 2.3 万亿 m^3，天然气占世界能源消费总产量比重提升到 21.5%，如图 1-9 所示。

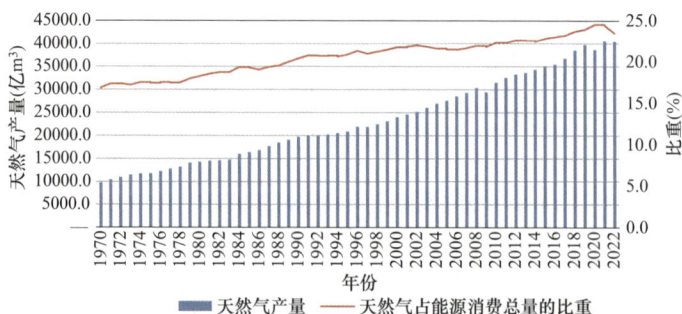

图 1-9　1970—2022 年世界天然气产量及天然气占能源消费总量的比重

数据来源：《bp 能源统计年鉴》。

在天然气快速发展的历程中，世界天然气供应格局随着大型气田的发展而不断发生演变，但美国、苏联（俄罗斯）一直稳居世界前二，见表 1-9。20 世纪 60 年代，随着苏联伏尔加—乌拉尔油气田和西伯利亚油气区的大规模开发，苏联天然气工业高速发展，到 1969 年天然气产量达到 1811 亿 m^3，占世界总量的比重由 1959 年的 8.3% 提高到 19.2%。20 世纪 70 年代，北海油气进入大规模开发阶段，欧洲天然气产量大幅提升。进入 20 世纪 90 年代后，世界许多国家的天然气工业得到了极大发展，世界排名前十位国家的天然气产量占世界总量的比例由 1969 年的 94.6% 下降到 73.7%。

表 1-9　　2022 年世界十大天然气生产国产量及占世界总量的比例

排名	国家	产量（亿 m^3）	占世界总量的比例（%）
1	美国	9430	23.3
2	俄罗斯	7017	17.4
3	伊朗	2567	6.3
4	中国	2092	5.2
5	卡塔尔	1770	4.4
6	加拿大	1723	4.3
7	澳大利亚	1472	3.6
8	沙特阿拉伯	1173	2.9
9	挪威	1143	2.8
10	阿尔及利亚	1008	2.5
	合计	29395	72.7

进入 21 世纪后，天然气依然保持快速增长，2000 年世界天然气产量约为 2.4 万亿 m^3，到 2022 年增长到 4.0 万亿 m^3，较 2000 年增长了 1.67 倍。美国、俄罗斯依然是世界上最大的天然气生产国，分别占世界总量的 24.2%、15.3%。美国是世界上天然气消费量最大的地区，占世界总消费量的 22.4%，在满足国内消费的同时还是天然气的出口大国。欧洲、中国天然气消费分别占世界总消费量的 12.7%、10.4%，仅次于美国。

天然气贸易也开始大规模兴起。天然气贸易主要通过地区间输气管道和液化天然气的方式进行贸易，世界主要天然气进口地区如图 1-10 所示。2022 年，天然气贸易规模为 9685 亿 m^3，占天然气总产量的 24.0%，其中地区间的管道贸易占所有地区间贸易量的 44%，液化天然气占比为 56%。从液化天然气的贸易看，中东地区是最大的液化天然气出口地区，与澳大利亚和美国合计占液化天然气出口总量的 65%。日本是最大的液化天然气进口国，进口量达 980 亿 m^3，与中国合计占全球进口总量的 35%。亚太地区的进口量约占液化天然气进口总量的 65%，欧洲地区紧随其后，占比超过 30%。

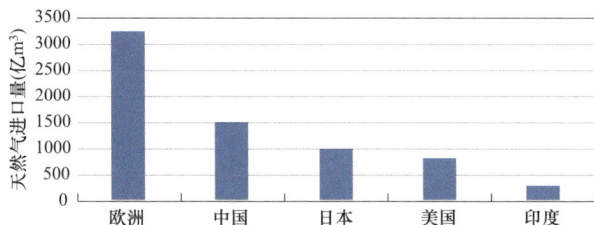

图 1-10　2022 年世界上 5 个主要的天然气进口地区

天然气不仅是重要的化工、工业原材料，还是发电、居民采暖和生活的重要燃料，与国民经济和人类的日常生活密切相关。2022 年，俄乌冲突爆发，俄罗斯送往欧洲的天然气管道成为攻击的对象，欧洲天然气的价格持续高涨，对欧洲经济和民生造成了极大影响，还引起了全世界天然气价格的快速上涨，如图 1-11 所示，比如德国，2022 年天然气平均进口价格是 2021 年的 3 倍。

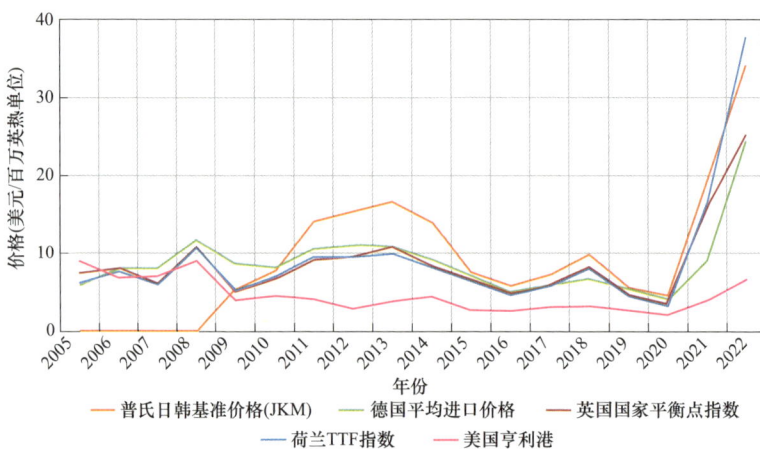

图 1-11　2005—2022 年天然气价格趋势

综上所述，油气能源时期，以 19 世纪 60 年代美国人德雷克使用机械顿钻钻出世界上第一口工业油井为开始标志，世界石油工业开始兴起。由于石油天然气具有更高热值、更易输送、更低污染等特点，直接拉动了汽车、电力、航空、航海、重型机械、化工等工业的发展。到 1965 年石油在世界能源消费中所占的比例也首次超过煤炭而跃居各种能源之首，达到 39.4%，石油、天然气在世界能源消费中的比重超过 50%，人类正式进入了油气能源时期。此后石油、天然气在世界能源消费中的比重迅速突破 65%，石油危机爆发后逐步回落，2022 年降至 55%，远高于排名第二的煤炭。期间，世界能源产量、消费均得到极大增长，有力地推动了人类第二次、第三次工业革命的完成，能源对经济、政治、社会的影响得到了空前发展。世界石油天然气分布较为集中，石油主要集中在中东地区，天然气主要集中美国、俄罗斯，与欧洲、中国、日本、印度等世界主要能源消费国错位，世界能源贸易得到极大发展。一方面有力推动全球化进程和世界经济的发展，另一方面引发三次石油危机，并触发了第二次世界大战之后最严重的全球经济危机。以此为转折点，能源安全的概念开始兴起，包括地缘政治风险、价格波动、运输路线的安全以及对外依赖风险。能源的管理体系开始建立，相继成立了石油输出国组织、国际能源署管理协调国际能源的生产、贸易。同时由于油气工业已经成为现代工业的基础，与经济、社会深度耦合，油气生产与政治、军事开始高度关联，石油丰富的中东地区成为地缘政治冲突的主要区域，俄乌冲突中能源设施也成为重要攻击目标，并引发了能源价格的大幅上涨。然而，随着石油、煤炭等化石能源的大规模使用，空气污染和生态破坏等问题日益突出，爆发了美国洛杉矶光化学烟雾事件、伦敦烟雾等环境污染事件，可持续发展的理念开始兴起，可持续发展能源开始登上舞台。

1.1.4　可持续发展时期

1992 年，联合国环境与发展大会审议通过了《21 世纪议程》，正式提出了可持续发展战略，标志着 21 世纪开始全面推进可持续发展成为人类共识。能源作为人类社会发展的重要基础支撑，推动能源可持续发展是可持续发展行动的重要内容。2016 年，全球 175 个国家签署了《巴黎协定》，推动能源可持续发展又成为应对气候变化的主要内容，进一步加快了世界能源可持续发展步伐。推动能源可持续发展主要是推动可再生能源，以及核能、氢能等清洁能源实现对煤炭、石油、天然气等传统化石能源的安全可靠替代。可再生能源主要包括水能、太阳能、风能、生物质能、地热能、海洋能等，具体如图 1-12 所示。

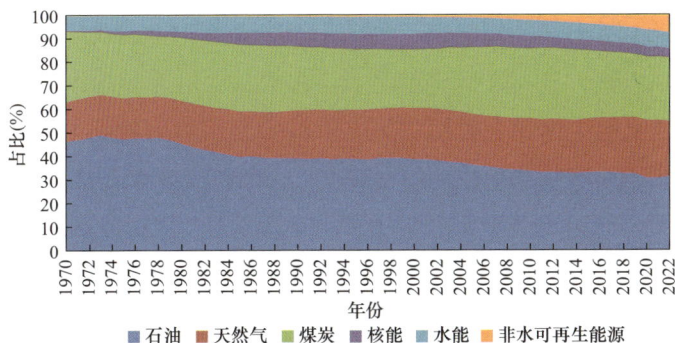

图 1-12　1970—2022 年世界能源消费结构演变情况

　　进入 21 世纪后，世界能源体系的演变显著加速，水电、风电、光伏发电等可再生能源，以及核能、氢能等清洁能源进入了一个快速发展阶段，成为能源领域投资热点，并自 2016 年开始清洁能源投资规模开始超过化石能源，且投资差距不断扩大，如图 1-13 所示。2000 年，可再生能源以及核能等清洁能源占世界一次能源生产总量的比例为 14.4%，2022 年提升到 18.2%。其中，核电由于受日本福岛核泄漏事故影响，建设放缓，占世界一次能源生产总量的比例由 2000 年的 6.6% 下降到 4.0%，可再生能源及其清洁能源则由 7.8% 提升 14.2%，成为推动世界能源转型的主要力量。

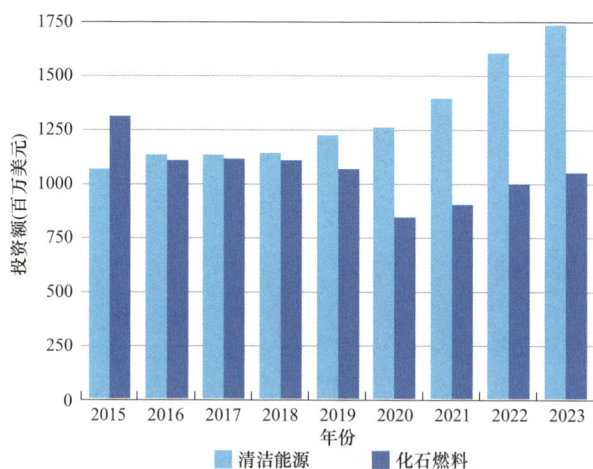

图 1-13　2015—2023 年全球清洁能源和化石燃料投资情况

　　20 世纪以来，世界风电产业实现了跨越式发展。20 世纪初，世界就开始了风电发电技术的研究，1922 年美国制成了世界第一台小型风电机，但风电的商业化、规模化发展缓慢。一直到 1973 年石油危机爆发后，风能发电得到各国的重视，才开始步入规模化发展阶段。1974 年美国开始实行联邦风能计划，1980 年建成世界上第一个大型风电场。20 世纪 80 年代末，德国、西班牙等国家先后开发、安装、使用 1MW 及以上的大型风电机组，风电市场中心从美国转到了欧洲。20 世纪 90 年代，欧洲各国进一步加快了风电的发展步伐，1990 年瑞典建成世界第一座实验性海上风电项目，1991 年丹麦建成世界上第一座海上风电场。各国也相继出台了政策支持，比如丹麦从 1992 年开始法律强制要求电力公司以售电价格的 85% 购买风电，1994 年通过一个三年更换计划，为老旧风电机组提供 20%～40% 的补贴；德国颁布《风电接入法》，强制要求德国电网优先购买风电，并给予合理的价格补偿。到

1989 年，世界风电装机容量由 1983 年的 14 万 kW 提升到 171 万 kW，到 1998 年超过 1000 万 kW，到 2000 年达到 1393 万 kW。此时，世界十大风电机组制造商中欧洲有 8 家，欧洲成为世界风电发展中心，如图 1-14 所示。

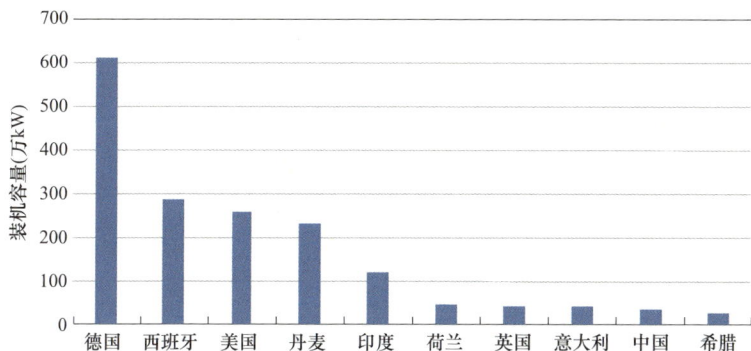

图 1-14　2000 年世界十大风电国家风电装机容量

21 世纪后，风电进入快速发展期，如图 1-15 和图 1-16 所示，世界风电开发的中心也由欧洲逐步转移到中国，海上风电也快速开始了商业化进程。2022 年世界风

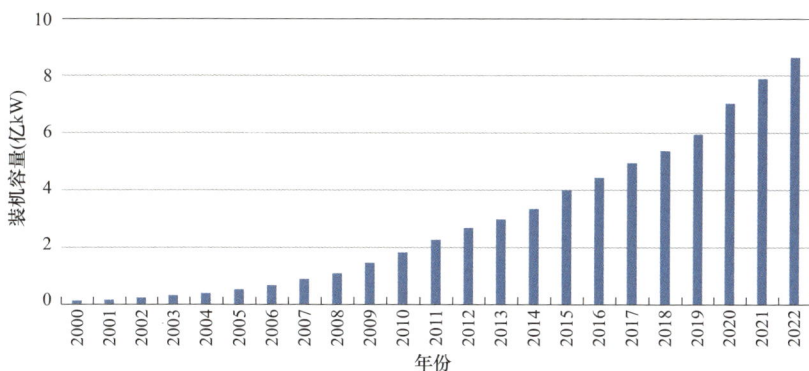

图 1-15　2000—2022 年世界风电装机情况

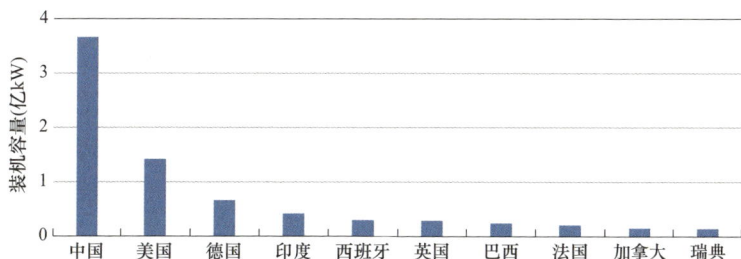

图 1-16　2022 年世界十大风电装机国家

电装机容量由 2000 年的 1700 万 kW 增长到 9.0 亿 kW，较 2000 年增长了 52 倍。其中，中国风电装机容量为 3.7 亿 kW，占世界风电总装机容量的 40.6%，稳居世界第一，世界十大风电机组制造商中国有 6 家。世界十大风电装机国家装机容量合计 7.5 亿 kW，占世界的 83.1%。

风电兴起的同时，世界太阳能发电产业也同步快速兴起，如图 1-17 所示。1954 年，美国贝尔实验室首次研制成功光电转换效率为 6% 的单晶硅太阳能电池，标志着光伏电池产业化的开端，同年制成第一块硫化镉（CdS）薄膜太阳电池。1959 年，发明第一块多晶硅太阳能电池，效率为 5%。1960 年，硅太阳能电池首次实现并网发电。石油危机爆发后，美国、日本等国家相继制订了太阳能发电计划，太阳能光伏产业提速，单晶硅、多晶硅也先后实现了商业化运行，1983 年中国建成了国内第一座光伏电站，1984 年非晶硅实现商业化。1986 年开发出世界首例商用薄膜电池"动力组件"。1998 年制成第一个有商业价值的 Cu（In，Ga）Se2 组件。单晶硅太阳能电池的光电转换效率不断提高，由 1954 年的 6% 发展到 1960 年的 14%，1985 年发展到 20%，1999 年发展到 24.7%。2000 年，世界太阳能发电装机容量达到 122.4 万 kW，主要集中在美国、日本、德国。

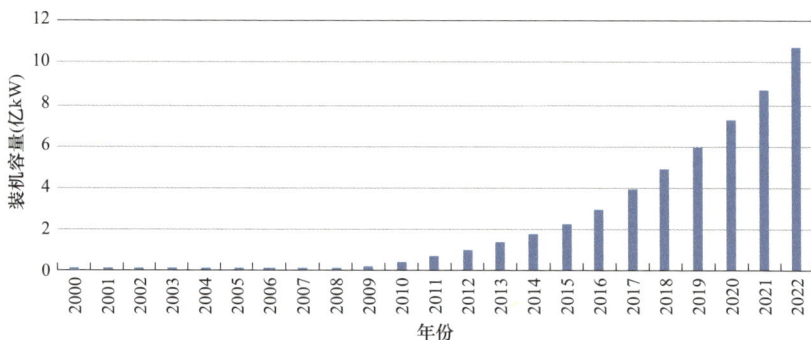

图 1-17 2000—2022 年全球光伏发电装机量

进入 21 世纪后，太阳能发电实现了跨越式发展，世界光伏产业的中心也由美国、日本、欧洲逐步转移到中国，如图 1-18 所示。2022 年，世界太阳能发电装机容量达到 10.7 亿 kW，较 2000 年增长了 877 倍。其中，中国光伏发电装机容量达到 3.9 亿 kW，占世界光伏发电总装机容量的 36.6%，远高于排名第二的美国，在世界十大光伏组件制造商中占据了 7 位。太阳能发电当中光热发电仅为 658 万 kW，还没有实现大规模发展。

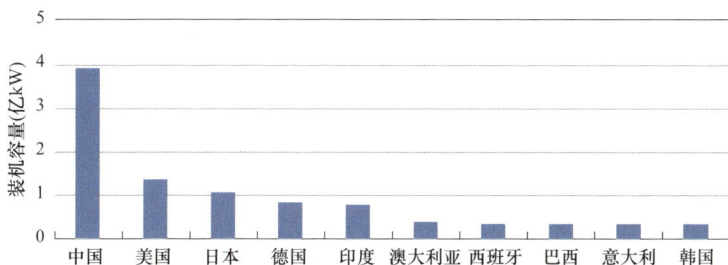

图 1-18　2022 年世界十大光伏装机国家

推动核能发展是推动能源可持续发展的重要内容。核能，又称原子能、原子核能，是原子核蕴藏的能量。原子核通过裂变或聚变，其结构发生变化，进而释放出巨大的能量。如 1kg 铀 235 完全裂变时，可释放出 8.32×10^{13} J 的能量，相当于 2000t 汽油或者 2800t 煤燃烧时释放出来的能量。1919 年，人类第一次实现人工核反应。1942 年，人类第一次实现可控的人工核裂变。1951 年，人类第一次实现对核电的和平利用。从此，核能成为造福人类的一种重要能源形态，核能发电是当今世界核能开发与和平利用最重要的途径。

20 世纪 50 年代起，美国、苏联、英国、法国等首先对核能发电进行试验与探索。1960 年，世界核电站装机容量为 109 万 kWh。1973 年，世界核电站装机容量达到 4365 万 kW。同年石油危机爆发，世界各国掀起了发展核电的热潮，如图 1-19 所示。1978 年，世界核电站装机容量突破 1 亿 kW，达到 1.1 亿 kW。1979 年，美国发生三哩岛压水堆核电事故，引起了人类对核电安全的关注，但核电发展步伐并没有放缓。1986 年达到 2.7 亿 kW，同年苏联切尔诺贝利核电站发生了 20 世纪核电史上最严重要的核事故，造成了严重的环境、经济和社会影响，掀起了反

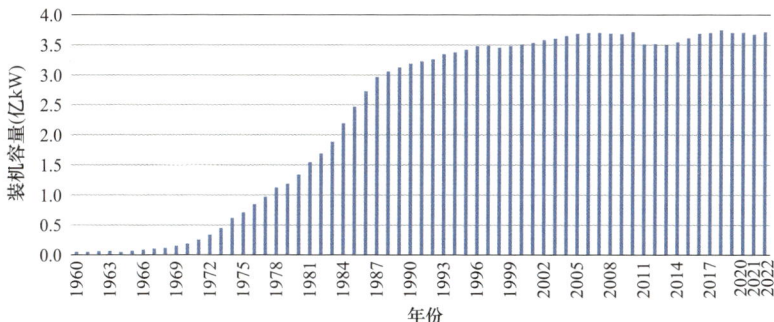

图 1-19　1954—2022 年世界核电装机情况

数据来源：国际原子能机构。

核运动，核电建设放缓。1990 年达到 3.2 亿 kW，1999 年达到 3.5 亿 kW。进入 21 世纪后，核电仍处于平缓发展期。2010 年，核电由 2000 年的 3.5 亿 kW 提升到 3.7 亿 kW。2011 年日本发生福岛核电站事故，又掀起了一轮反核运动，核电发展又进入低谷。2014 年核电装机容量降至 3.33 亿 kW，2022 年又逐步回升到 3.7 亿 kW，如图 1-20 所示。

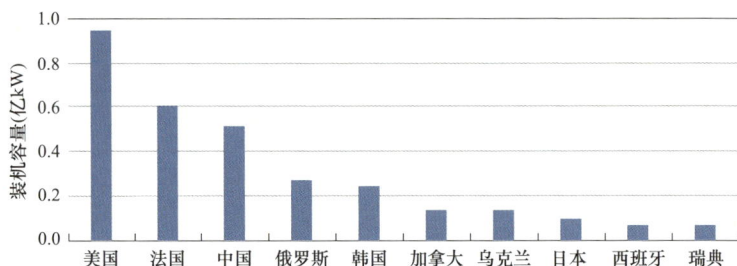

图 1-20　2022 年的全球十大核电发电大国

从核能发现之日起，对核能的应用与反对便伴生在一起。为使核能更好地造福人类，世界各国进行了漫长的探索，推动核电的开发和利用朝着更加经济、安全、环保、高效的方向发展。从 1951 年美国建成世界第一个核反应堆开始发电至今，核裂变发电先后经历了原型核电站、商用核电站、先进核电站三个阶段，目前正在研发新一代核电站。与各阶段相对应的核能发电技术分别被称为第一代、第二代、第三代、第四代核能系统。其中第二代核电着眼于商业应用，推进反应堆技术朝标准化、系统化、规模化发展，当前在运的核电站主要为第二代核能系统。第三代核能系统更加注重安全性，把安全作为核电发展的重中之重，并在 21 世纪初开始投入运行。几种先进压水堆参数见表 1-10。

表 1-10　　　　　　　　　　　　几种先进压水堆主要参数对比

参数	AP1000	EPR	APR1400	APW/APWR+
热功率（MW）	3400	4600	4000	4450/5000
电功率（MW）	1117	1660	1450	1530/1750
换路数	2（冷段 4）	4	2（冷段 4）	4
燃料组件	157	241	241	257
活性区高度（m）	4.27	4.20	3.81	3.66/4.27
线功率密度（kW/m）	18.70	16.37	18.40	16.40/15.80
进出口温度（℃）	280.7～321.1	295.6～327.8	291.0～324.0	280.2～325.0 284.3～326.7

续表

参数	AP1000	EPR	APR1400	APW/APWR+
环路流量（m^3/h）	2×17884	28326	2×18900	25800
冷却剂压力（MPa）	15.5	15.5	15.5	15.4
蒸汽压力/温度（MPa/℃）	5.27/272.9	7.7/292.8	7.03	6.1/7.0
换料周期（月）	18~24	18~24	18	18~24

第四代核能系统最早由美国能源部提出，2002年在日本东京达成共同开发第四代核能系统的协议，并将第四代核能系统定义为：具有先进的合法应对和燃料循环技术的第四代核能系统。这项计划总的目标是，到2030年左右向市场推出安全性和经济性都更加优越、废物量极少、无须厂外应急，并具备防核扩散能力的核能利用系统。第四代核能系统和第三代核能系统的目标及要求比较见表1-11。

表 1-11   第四代核能系统和第三代核能系统的目标及要求比较

项目	第四代核电站	第三代核电站（URD）
电站可利用率（%）	>95	>87
基础价（美元/kW）	≤1000	1300（百万千瓦时级） 1475（60万千瓦时级）
建造周期（月）	<36	54（百万千瓦时级） 42（60万千瓦时级）
堆芯损伤概率（1/堆年）	<$1.0×10^{-5}$ 须证明不会发生堆芯严重损坏	<$1.0×10^{-5}$
严重事故放射性物质的释放频率（1/堆年）	不会有超标的厂外释放，不需厂外响应	<$1.0×10^{-6}$ 对于非能动电厂只需要提供简单的场外应急计划
运行和维修费（美分/kWh）	<1.0	1.3（百万千瓦时级） 1.6（60万千瓦时级）

除以上几种清洁能源外，水能、地热能、氢能的开发也是推动能源可持续发展的重要内容，1965—2022年世界水电发电量情况如图1-21所示。如水能，自1878年法国建立世界第一座水电站后，水电就成为开发水能资源最重要的方式。20世纪20—70年代为发达国家水电发展主导时期，20世纪80—90年代为发展中国家高速发展主导时期。进入21世纪后，世界水电开发仍保持较快速度发展。1950年世界水电装机容量为7120万kWh，比1925年增长了169.7%。到1980年达到4.7亿kWh，到2000年达到7.8亿kWh，到2022年达到13.95亿kWh。此外，对氢能、第四代核电以及核聚变等前沿技术开发的广泛研究，成为人类未来终极能源的研究热点。特别是氢能，被视为21世纪最具发展潜力的清洁能源，日本、美国等也将

23

氢能战略上升为国家战略。

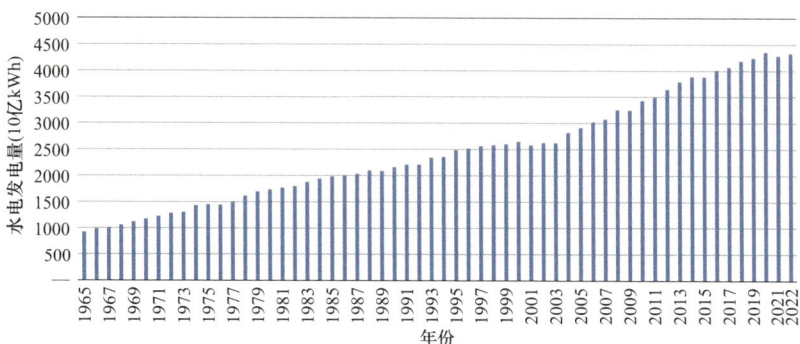

图 1-21　1965—2022 年的世界水电发电量情况

综上所述，可持续能源发展时期，以 21 世纪开始全面推进可持续发展成为人类共识为开始标志。人类更加关注能源的环境友好和可持续性，推动新能源、核能等清洁能源，以及氢能等未来能源替代传统化石能源成为人类能源发展的共识，也是确保能源安全、应对气候变化的重要内容。由于新能源、核能以及氢能等清洁能源与传统化石能源相比具有完全不一样的特性，整个能源体系面临着重构。比如，"源"方面，太阳能和风能的分散性资源可以在多个地点捕获和转换能源，又具有波动性、随机性的特点，难以满足实时供需平衡；"网"方面，电网升级和智能化投资增加，以适应可再生能源的间歇性和不确定性；"荷"方面，需求响应管理和储能技术的使用，如电池储能系统，增加了系统的灵活性和可靠性，提高了能源的整体效率。同时资源与消费的分布开始发生变化，呈现出多样化和分散化的趋势。可再生能源的本地化特性减少了对单一资源国的依赖，不再像石油和天然气那样受地理限制，促进了能源供应的多元化和安全性，能源供应链更为分散。相对于传统的能源贸易，可再生能源设备和技术的国际贸易成为新的增长点，加强了全球供应链的建设。与此同时，太阳能和风能等可再生能源的分布式特点，能够降低能源供应的单一性和脆弱性，提高能源系统的稳定性和抗风险能力，强化能源安全性保障，但要解决能源的经济、社会和环境的"不可能"三角关系，还有诸多挑战要应对。近年来，全球可再生能源建设取得了很大的进步，但其占能源总量的比重仍仅有 14.4%，要替代传统化石能源还有相当长的一段路要走。

1.2　中国能源体系演变过程

中国的能源体系演变与世界能源体系的演变紧密相连，总体上也可以分为柴薪能源时期、煤炭能源时期、油气能源时期和可持续能源时期。但受经济、技术、资源、工业化进程等多方面因素的影响，中国与当前世界主要发达国家如美国、英国、法国、德国等在历史演变过程中存在许多差异，主要体现在煤炭、油气能源时期的进入时间。19 世纪中叶之前，中国处于以柴薪为主体能源的时期，19 世纪中叶之后，随着鸦片战争的爆发和洋务运动的兴起，中国近代工业开始起步，而此时世界主要发达国家已经完成第一次工业革命，正在开启第二次工业革命，煤炭即将取代柴薪成为主体能源，石油天然气也正在快速发展。中国在近代工业的推动下，开始由柴薪能源时期同步向煤炭能源时期、石油天然气能源时期转型，其中煤炭迅速崛起，成为主体能源并一直持续至今。20 世纪末，中国实施改革开放，并与世界接轨，在 21 世纪与世界同步迈入可持续能源时期。

1.2.1　柴薪能源时期

鸦片战争之前，柴薪一直是中国最重要的能源，其主要来源于木材、树枝、竹子等植物性材料。柴薪不仅是烹饪和取暖的主要燃料，还在农业生产、航行、陶瓷、冶金、制盐和传统手工艺中扮演着至关重要的角色。

宋代以后，随着人口增长和手工业、陶瓷业、冶铁业的发展，木材需求不断攀升，能源供给与生态环境保护之间的矛盾日益突出。据明清时期的记载，明代的江西景德镇在瓷器生产高峰期每年大约消耗柴薪 15 万担，1t 盐的生产大约需要消耗柴薪 200 担。18 世纪上半叶，中国冶铁业也面临了与欧洲类似的柴薪危机。据统计，炼制 1t 铁需要约 12t 木炭，炼铜则需要高达 18t 木炭。快速增长的柴薪需求，导致部分地区的森林资源严重枯竭，冶铁作坊常因缺乏燃料而不得不停工数月。比如江西、湖南和四川等地，木炭供应的紧张严重制约了当地冶铁业的发展。18 世纪中期，中国开始大量进口东南亚及俄罗斯远东地区的木材，尤其是用于冶铁的木炭。木材短缺也导致了木炭价格持续上涨，18 世纪 50 年代，木炭的价格已经是煤炭价格的三倍，森林资源也遭到严重破坏，形成了与欧洲类似的"柴薪危机"。18—19 世纪中国岭南地区林地情况见表 1-12。

表 1-12　　　　　　　　18—19 世纪中国岭南地区林地情况

年份	林地面积（hm²）			林地比例（%）		
	广东	广西	岭南地区	广东	广西	岭南地区
1753	9 000 000	6 500 000	15 500 000	45	35	40
1773	8 200 000	6 020 000	142 200 000	41	32	37

续表

年份	林地面积（hm^2）			林地比例（%）		
	广东	广西	岭南地区	广东	广西	岭南地区
1793	7 440 000	5 660 000	13 100 000	37	39	34
1813	6 560 000	5 240 000	11 800 000	33	28	30
1833	5 760 000	4 940 000	10 700 000	29	26	28
1853	4 880 000	4 700 000	9 580 000	24	25	24

资料来源：张国刚主编《中国社会历史评论　第 4 卷》，商务印书馆，2002，第 22 页。

　　面对森林破坏和木柴短缺的危机，中国的历代王朝也采取了各种措施以保护森林资源。例如，宋朝在《宋会要辑稿》中记载了详细的水土保持政策，实施禁火令，特别是在林区，严防森林火灾。明朝实行了更为严格的森林保护法令，《大明律》中有明确规定禁止在京畿地区非法砍伐，并建立"皇家林场"制度，专门供应皇家和军事用木，以减少对民间林木的依赖。清朝康熙年间下令重新修订《山林土地法则》，加强对违法砍伐森林的处罚；雍正年间推行"还林于民"政策，将一些皇家林地还给民间，以缓解木材短缺问题。如同英国及其他欧洲国家一样，中国的"柴薪危机"也是一个长期而复杂的问题，其影响和解决措施贯穿了数个世纪。

　　19 世纪初，柴薪仍在中国的能源消费中占据主导地位。据估计，1800 年前后，木柴仍占中国能源消费的 70% 以上。然而，随着工业化进程的加快，木柴的消费量开始减少，而煤炭的使用逐渐增加。19 世纪中期，即鸦片战争爆发后，中国国门被打开，西方资本主义开始入侵中国，并在中国设立工厂，中国近代工业开始兴起，蒸汽机也在这时引入中国，开始改变能源的使用模式，但这种改变相比欧洲来得更晚。此后，洋务运动进一步推动了以引进先进技术、创办近代工业为主要内容的工业化建设。在近代工业的推动下，中国的能源结构发生了显著变化。此时，尽管木柴在农村地区仍广泛使用，但在城市和工业区，煤炭已成为更主要的能源。煤炭由于具有更高的能源密度和更好的热效率，开始在铁路、工厂和城市家庭中替代木柴。

　　综上所述，柴薪能源时期，中国能源体系的特征与世界基本一致，但持续时间更长，柴薪的能源主体地位一直延续到了 20 世纪。与世界相比，中国的煤炭、油气能源开始对柴薪主体能源的替代时间较世界落后接近 1 个世纪。柴薪是中国古代社会生活的基础，塑造了中国古代社会的经济结构和生活方式，随着手工业的发展，尤其冶铁业、陶瓷业的发展，在 18 世纪引发了"柴薪危机"，但较欧洲晚出现了近 2 个世纪。同时，柴薪的能源体系所表现出的资源有限、环境污染和社会发展不平衡等问题也成为中国能源体系演变的动力之一，这一点与世界能源体系的演变是一致的。

1.2.2　煤炭能源时期

19 世纪中后期，随着洋务运动的兴起，中国开始利用西方技术创办近代煤矿。1878 年台湾基隆煤矿正式建成投产，1981 年近代规模最大的煤矿河北开平煤矿建成投产，正式拉开中国煤炭工业的序幕，中国开始快速进入煤炭能源时期。

中国此时正进入半殖民地半封建社会，中国煤炭工业的起步受到了国内战乱和外部势力的干扰，特别是甲午中日战争之后，列强大势侵占中国煤矿资源。比如开滦煤矿（前身为开平煤矿）被英国所控制，抚顺煤矿最初被俄罗斯所控制，后期又被日本强行占领。但通过改进采矿技术和引进更多的机械化设备，煤炭产量得到了快速提升。

20 世纪以后，中国开展回收矿权运动，民族资本家在与列强掠夺中国矿权的斗争中通过赎回、自办煤矿等方式，使得民族煤矿业得到了一定发展，民族资本煤矿产量及其占全国煤矿产量的比例逐年提高。1905 天津建成中国第一座现代化煤气厂，标志着中国城市照明开始进入煤气时代，随后多个大城市建立了煤气厂，用以供应照明和烹饪燃料。1913 年，中国第一座现代燃煤电站在上海建成，煤炭成为发电的主要燃料。1914 年，北洋政府颁布《中华民国矿业条例》，同年中国开始建造第一座焦化厂——石家庄焦化厂，由于现代炼铁和炼钢技术此时已被引进，焦炭成为高炉冶炼的主要燃料。1917 年，中国煤炭产量达到 1698 万 t，此后中国煤炭一直处于平缓发展期。1942 年，中国煤炭产量稳步提升到新中国成立前的最高水平 5837 万 t，但外资煤炭产量占中国煤炭总产量的比例高达 90.4%。1948 年，受列强垄断、掠夺叠加战争等因素的影响，中国许多煤矿都处于停产、半停产状态，煤炭产量跌到谷底，年产量仅 1242 万 t，还不及 1917 年的水平。可以说此时中国煤炭生产技术较为落后、规模相对较小，煤炭产量主要分布在河北、辽宁、山东、山西、安徽、江苏、浙江、河南等地，但也在中国工业化进程中扮演了重要的角色，并逐步成为能源供应的主体，1917—1949 年中国煤炭产量如图 1-22 所示。

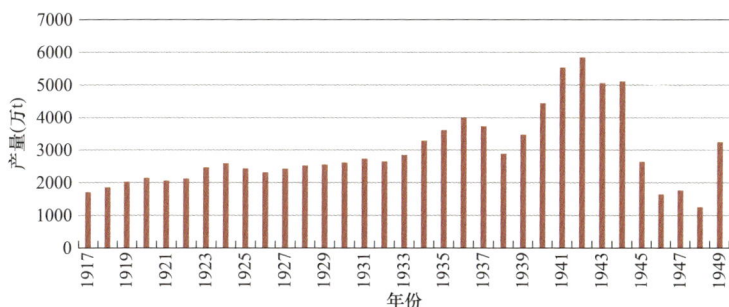

图 1-22　1917—1949 年中国煤炭产量

中华人民共和国成立后，国家接管了全国大多数煤矿，采取了一系列措施恢复和发展煤炭工业，从此中国煤炭工业进入一个新的发展时期，1949—2023 年中国煤炭产量如图 1-23 所示。1949 年 10 月，设立燃料工业部，管理全国煤炭、电力和石油工业，并提出了"以全面恢复为主，建设以东北为重点"的煤炭发展方针，煤炭工业经历三年恢复期。1955 年，撤销燃料工业部，设立煤炭、电力和石油工业部，强化对煤炭、电力、石油工业的领导。同年，中国第一座年设计能源 90 万 t 的大型立井——黑龙江鹤岗东山立井建成并投产使用。此后，相继建成（或建设）中国第一座自行设计、建设的年设计生产能力为 90 万 t 的大型矿井——淮南谢家集二号井、中国第一个水力采煤区——唐山开滦煤矿林西矿、中国第一对水力采煤竖井——河南鹤壁四矿。1956 年，中国原煤年产量突破 1 亿 t，达到 11136 万 t。1958 年开始的"大跃进"，以及 1966——1976 年的"文化大革命"，使煤矿工业发展受到极大干扰。煤炭供应短缺促使中央政府放宽政策，鼓励地方煤矿和小煤矿发展，从而使煤炭产能稳步增加。1976 年，全国煤炭产量达到了 4.84 亿 t，1977 年达到 5.5 亿 t，与 1949 年的 3000 万 t 相比，增加了将近 16 倍，为中国煤炭工业发展奠定了初步基础。

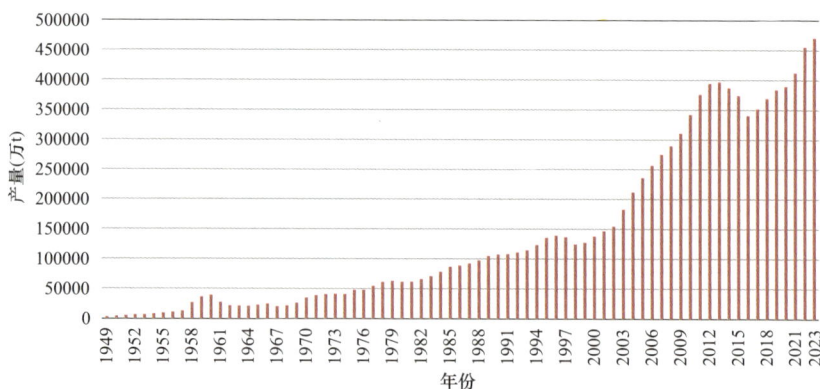

图 1-23　1949—2023 年中国煤炭产量

1978 年 12 月，中国实施改革开放，煤炭工业逐步走上健康发展的轨道，煤炭体制也从完全的计划经济体制过渡到初步的市场经济体制，煤炭产量实现稳定快速增长。1980 年，煤炭产量 6.2 亿 t，占能源消费总量的 72.4%，成为中国能源供应的绝对主体，中国全面进入了以煤炭为主体的能源时期，如图 1-24 所示。1985 年，开始实施煤炭行业投入产出总承包政策，核心内容是对煤炭产量、基本建设投资及规模、财务三项指标进行承包，赋予煤炭企业部分自主经营权。1989 年，中国煤炭年产量突破 10 亿 t，达到 10.5 亿 t，成为世界上首个煤炭年产量超 10 亿 t 的国家，也是当时世界上最大的煤炭生产国，煤炭消费占能源消费总量的 76.1％。1992 年 7 月，国家取消了计划外煤价限制，放开指导性计划煤炭及定向煤、超产煤的价格限制，出口煤、协作煤、集资煤全部实行市场调节。1994 年 7 月，取消了统一的煤炭计划价格，除电煤实行政府指导价外，其他煤炭全部由企业根据市场需要自主定价。1995 年，中国煤炭企业开始探索建立现代化企业制度。1998 年，国务院改革了煤炭管理体制，下放原煤炭部直属的国有重点煤矿，推进政企分开，使煤炭工业效率得到提升，企业活力得到增强，煤炭产量以每隔 2～5 年增加 1 亿 t 的速度增长。1999 年达到 12.8 亿 t，较 1978 年增长了 1 倍，实现了 1982 年提出的到 20 世纪末煤炭产量达到 12 亿 t、实现翻一番的目标。但受石油工业冲击，煤炭消费占比回落至 70.6％。此时，中国煤炭在满足自身消费的同时，出口规模也不断扩大，达到 3741 万 t，较 1970 年的 227 万 t 增长了 16.4 倍，但规模依然较小。

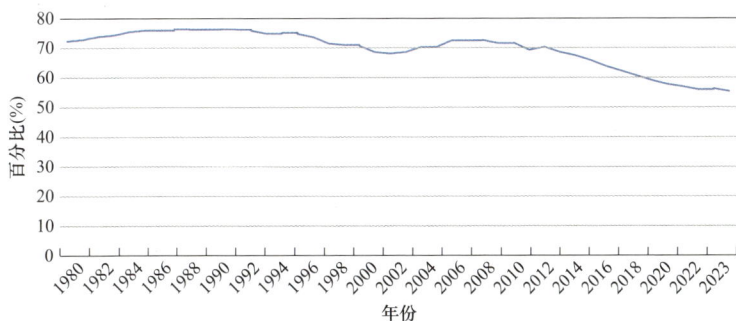

图 1-24　1980—2023 年煤炭消费占能源消费总量的比重

进入 21 世纪后，中国进入了工业化中期阶段，即重工业化阶段，能源消费需求快速增长，带动了煤炭需求快速增长，煤炭利用技术进一步发展，煤炭利用范围进一步扩大，推动煤炭年产量在 10 亿 t 级规模上能够持续十年高速增长，推动中国成为世界上最大的焦炭生产国、消费国，也是世界上以煤为主要原料的合成氨、合成甲醇的最大生产国。但受石油、天然气工业以及核电、水电、风电和光伏等可再生能源的冲击，在中国煤炭利用规模不断扩大的同时，煤炭消费占能源消费总量的比重则稳步下降。2005 年煤炭产量首次突破 20 亿 t，达到 220473 万 t，煤炭消费比重降至 72.4％。2009 年，由于对外能源贸易政策调整，中国煤炭进口量首次超过出口量，净进口量也超过 1 亿 t，从煤炭净出口国变为煤炭净进口国，煤炭贸易结构发生巨大变化，如图 1-25 所示。2010 年中国煤炭产量突破 30 亿 t，达到 323500 万 t，煤炭消费比重降至 69.2％。2013 年达到 39.7 亿 t，煤炭消费比重降至 67.4％。

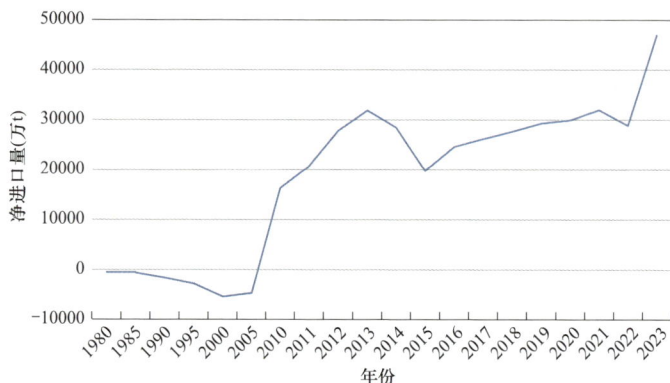

图 1-25　1980—2023 年中国煤炭净进口量

2014 年，受经济放缓、产业结构调整等因素影响，煤炭产量出现近 10 年来的首次下降，降至 37.5 亿 t，中国煤炭工业进入结构调整期。2016 年提出了煤炭去产能，中央和地方政府出台了一系列限制煤炭消费增加的政策，包括把城市区域划定为"禁煤区"，推动电力或天然气替代"散煤"，规定重点省区每年煤炭减量消费的数量，推动煤炭清洁利用和低排放等。2020 年国家提出"2030 年前碳达峰、2060 年前碳中和"的战略目标，但随后国家就提出针对以煤为主的资源禀赋提高煤炭利用效率，要深入论证提出碳达峰分步骤时间表路线图。坚持全国一盘棋，不抢跑，从实际出发，纠正有的地方"一刀切"限电限产或"运动式"减碳。2021 年，煤炭产量回升，突破 40 亿 t。2023 年达到 46.3 亿 t，煤炭消费比重则延续下降态势，降至 55.3%，煤炭进口规模由上一年的 3 亿 t 左右水平提升至 4.7 亿 t。

中国煤炭工业快速发展的同时，逐步形成了 14 个大型煤炭开发基地，以及以晋陕蒙为中心的煤炭生产格局（如表 1-13 所示），也产生了一批世界领先的煤炭企业，引领世界煤炭工业的发展，比如神华集团成为世界最大的煤炭生产企业，中煤能源和陕西煤业等迅速成长，成为全球煤炭行业的重要参与者。

表 1-13　　　　　中国 14 个大型煤炭开发基地情况

序号	基地名称	开发主体企业
1	神东基地	神华、伊泰等
2	陕北基地	神华、陕西煤化等
3	黄陇基地	陕西煤化、华能等
4	晋北基地	中煤能源、同煤等
5	晋中基地	山西焦煤等
6	晋东基地	晋煤、阳煤等

续表

序号	基地名称	开发主体企业
7	鲁西基地	山东能源、兖矿等
8	两淮基地	淮南矿业、淮北矿业
9	冀中基地	冀中能源、开滦等
10	河南基地	河南煤化、平煤、郑煤等
11	云贵基地	多家大型企业
12	蒙东基地	中电投、华能、神华、国电、大唐、龙煤、铁煤、沈煤、阜新煤矿
13	宁东基地	神华等
14	新疆地基	多家大型企业

资料来源：岳福斌、崔涛主编《中国煤炭工业发展报告（2013）：完善煤炭产业政策》，社会科学文献出版社，2013，第 108 页。

综上所述，19 世纪 60 年代，随着西方列强入侵和洋务运动的兴起，中国开始进入煤炭能源时期，较世界晚了近 100 年。此时世界主要发达国家已经完成第一次工业革命，正在开启第二次工业革命，煤炭即将取代柴薪成为主体能源，石油天然气也正在快速发展。中国步入煤炭能源时期时，同时步入石油天然气能源时期，这是与世界能源体系演变不同的一点。1980 年，中国煤炭产量 6.2 亿 t，占能源消费总量的72.4%，成为中国能源供应的绝对主体，中国全面进入了以煤炭为主体的能源时期。进入 21 世纪后，随着中国进入重工业化阶段，中国煤炭产量进一步快速发展，到2023 年煤炭产量达到 46.3 亿 t，占世界煤炭产量的一半以上。受石油、天然气工业以及核电、水电、风电和光伏等可再生能源的冲击，煤炭消费占能源消费总量的比重由1990 年 76.2% 下降至 2023 年的 55.3%，但仍远高于石油 18.3% 的比重。而这距离煤炭于 1965 年退出世界能源主体地位已接近 60 年，但中国煤炭能源时期的持续时间仍短于世界近 40 年。中国煤炭贸易取决于外贸政策，随着煤炭贸易由出口导向调整为进口，中国迅速由煤炭出口国转为进口国，且进口量迅速突破 1 亿 t，此后一直稳步维持在 3 亿 t 左右，2023 年又进一步扩大到 4.7 亿 t。由于煤炭进口规模占总消费规模的比重在 10% 以内，国际煤炭市场对中国煤炭国内市场影响相对有限。以煤炭为主的能源体系奠定了国内能源安全平稳供应的基础，没有引发大范围的能源危机问题，世界发生的三次石油危机也没有对当时中国的发展产生大的冲击。与此同时，大规模使用煤炭所引起的环境问题、发展问题在中国也出现过，这与世界是一致的，但通过综合治理，推动煤炭向清洁高效利用发展，中国煤炭工业正处于一个新的发展阶段。

1.2.3　油气能源时期

19 世纪中后期，随着西方列强的入侵和洋务运动的兴起，中国开始利用西方技术创办近代石油工业。1878 年，台湾苗栗油矿钻出中国第一口机械化的油井；1907 年，延长石油官厂钻出了中国大陆第一口机械化油井，正式拉开中国石油工业的序幕，中国开始进入石油天然气能源时期。

从 1878 年采用机械钻打出第一口油井，到 1917 年，中国仅开发了 3 个油矿，即台湾苗栗油矿、陕西延长油矿、新疆独山子油矿。到 1917 年仍在生产的仅有陕西延长这一口井，全国原油产量仅 273t，中国石油工业举步维艰。到 1926 年原油产量也只有 2000t。1939 年，发现了玉门油矿，即老君庙油矿，全国原油产量提升到 38.4 万 t。此后，受解放战争等因素影响，20 世纪 40 年代后期中国石油产量下滑，到 1949 年全国原油产量仅 11.8 万 t，如图 1-26 所示。

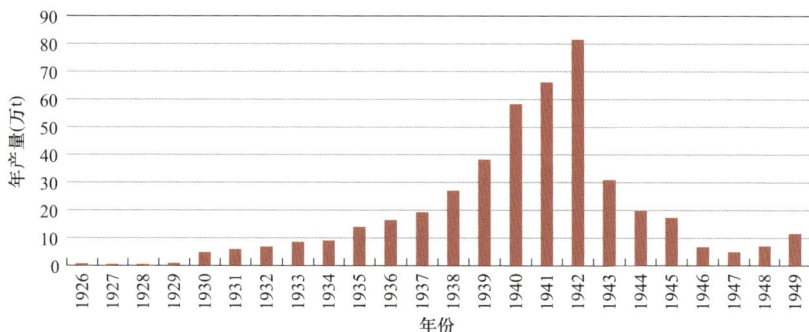

图 1-26　1926—1949 年中国原油产量

中华人民共和国成立后，中国石油工业进入了一个新的发展时期，并逐步形成较为完备的石油工业体系，先后经历了起步期、快速发展期、稳步发展期和瓶颈期四个阶段。1949—2023 年中国原油产量如图 1-27 所示。

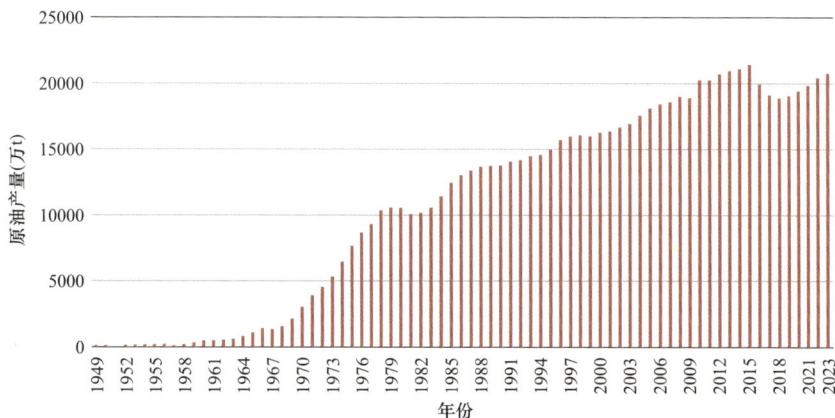

图 1-27　1949—2023 年中国原油产量

1950 年，组建了中苏石油股份公司，全面恢复新疆独山子油矿，培养石油技术与管理人才。同时由中国学者提出的陆相生油理论从初创时期进入建树期，指导中国石油勘探工作，先后发现了一大批油田。1955 年，克拉玛依第一口井——克拉玛依一号井喷油。1957 年，玉门成为中国第一个包括地质勘探、钻井工程、油田开发、原油炼制在内的石油工业基地。1958 年，青海石油勘探局在冷湖打出日产 800t 高产油井。此外，在四川发现了南充、桂花等七个油田。到 20 世纪 50 年代末，全国已初步形成玉门、新疆、青海、四川 4 个石油天然气基地。1959 年，中国原油产量达到 370 万 t，较新中国成立初期增长了 31 倍。

1960 年，中国大庆油田作为中国第一个世界级的大油田，运出第一列车原油，石油工业发展迎来历史性转折点，步入快速发展阶段。此后，利用勘探开发大庆油田积累的技术和经验，相继建成了胜利油田、大港油田、长庆油田等一批较大型油气田。1963 年，中国石油产量达到 648 万 t，石油实现自给，结束了石油对外进口的依赖。1965 年，中国石油产量突破 1000 万 t，达到 1131 万 t。1968 年，胜利油田东辛油田投入生产，1974 年，大庆喇嘛甸油田投入生产。1976 年，大庆油田年产量突破 5000 万 t，1978 年，中国原油产量突破 1 亿 t，达到 10405 万 t，进入世界主要产油大国行列，排名世界第八。石油在中国也成为仅次于煤炭的第二大能源消费品种，占能源消费总量的比重快速提升，接近 20%。

1978 年，改革开放后，又有一批油田先后投入生产，石油工业进入稳定发展期。在此期间，大部分油田进入高含水期，同时没有发现新的大型油田，产量增长主要依靠既有大油田的挖潜和技术创新，以及海上油气田开发。1979 年，中国开始与国际石油公司合作勘探开发海上石油。1981 年国务院决定对原石油工业部实行原油产量 1 亿 t 包干政策，刺激了油田生产积极性。同时，注重改善老区油藏开发条件，增加钻井密度，以及采用二次开采技术增加产量；引进、消化吸收新技术开发稠油和低渗油藏；加大对西部，特别是塔里木盆地的开发，推动原油产量稳步提升。1985 年，辽河油田高升 3-5-06 井第一口蒸汽吞吐井产出稠油。1987 年，辽河大民顿油田、渤海埕北油田投产。1993 年，塔里木盆地塔中 4 油田投入开发。同年，国内石油消费首次超过了国内生产，中国再次成为石油进口国。1996 年，中国海洋石油产量突破 1000 万 t。1999 年，中国原油产量达到 16020 万 t，排世界第七位，石油占能源消费总量的比重为 21.5%，仅比 1980 年提升了 0.8 个百分点。

进入 21 世纪，中国不仅巩固了其在亚洲的石油生产地位，而且在全球石油市场中扮演着越来越重要的角色。2002 年 12 月 31 日，中国最大的海上油田蓬莱 19-1 油田投入生产，其储量约 3.56 亿 t。2008 年，中国原油产量达 18970.0 万 t，占世界总量的 4.8%，成为世界第五大原油生产国。2010 年开始，中国石油工业发展进入瓶颈期。中国前期主要大型油田都进入开发后期，含水量高，产量峰值已过，或者即将达峰。以大庆油田为例，其产量 1997 年达到峰值 5600 万 t 后，逐年下降，2017 年年产量已经减少到 3400 万 t。因此，2010 年以来，中国石油产量突破 2 亿 t后，一直在 2 亿 t 上下波动。另外，随着中国工业化进程的快速推进，石油消费大幅增长，石油进口规模不断扩大，石油对外依存度快速突破 70%，成为国内能源安全的最大短板，2023 年中国原油进口量为 5.6 亿 t，成为世界最大的石油进口国之一，石油对外依存度达到 75.7%，消费、出口和对外依存度变化如图 1-28～图 1-30所示。

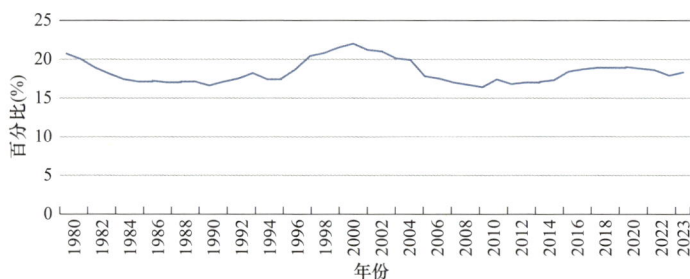

图 1-28　1980—2023 年中国石油消费占能源消费总量的比重

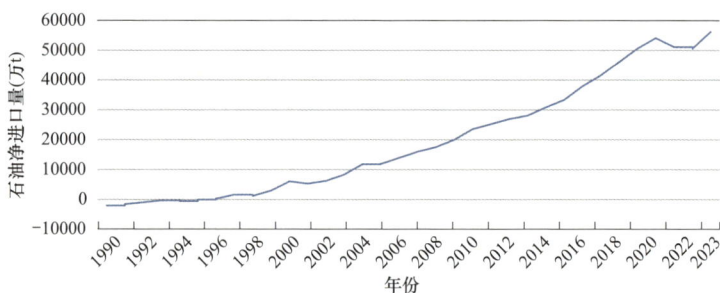

图 1-29　1990—2023 年中国石油净进口量

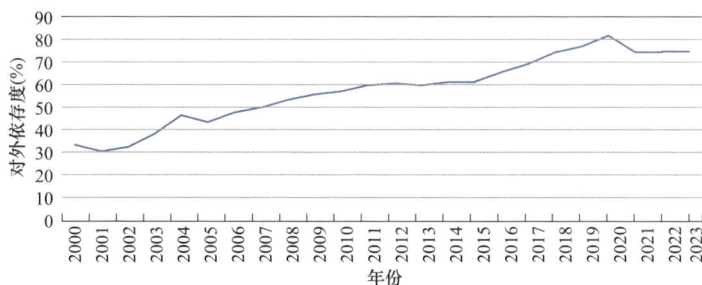

图 1-30　2000—2023 年中国石油对外依存度

为保障石油资源稳定供应，中国政府积极与石油资源丰富的国家建立战略合作关系，加强了与中东和俄罗斯等主要产油国的合作。如 2009 年，中国通过中国石油天然气集团公司（CNPC）与俄罗斯国家石油公司（Rosneft）签订了一个重要的能源合作协议，预计为期 20 年，涉及近 2700 亿美元的石油交易。

同时，中国国家石油公司也在海外投资开发石油资源，以增强中国在全球石油市场的竞争力和影响力。如 2013 年，中国海洋石油总公司（CNOOC）完成了对加拿大能源公司尼克森（Nexen）的 157 亿美元收购，这是中国公司在海外的一项重大石油资产投资，进一步扩展了其全球能源供应链。这些战略合作和投资不仅确保了中国的石油供应稳定性，也显示了中国在全球石油市场中日益增长的影响力。通过这些合作，中国不仅加强了与世界主要产油国的政治和经济联系，还在全球能源政治中占据了更为重要的地位。

随着石油工业的快速发展，中国天然气工业也取得了显著的进展。中华人民共和国成立之前，中国天然气工业基本没有发展，到 1949 年天然气产量仅 700 万 m^3。中华人民共和国成立后，中国天然气工业进入一个新的发展阶段。与石油工业发展经历了四个阶段不同，中国天然气工业的发展历程到目前为止可以分为三个阶段。同样，与石油产量进入瓶颈期不同，中国天然气开发目前处于快速增长期。1949—2023 年中国天然气产量如图 1-31 所示。

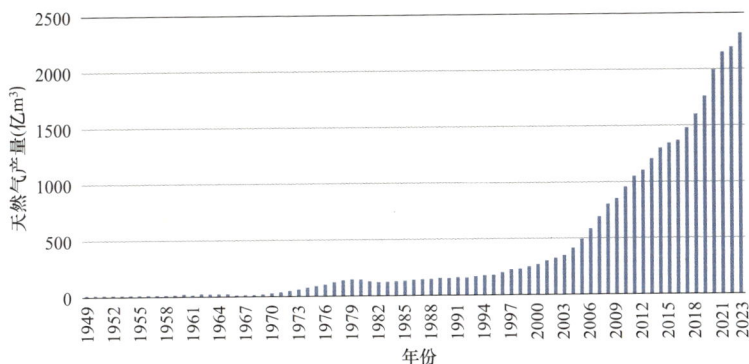

图 1-31　1949—2023 年中国天然气产量

1954 年，中国在四川盆地发现了川东钻探复合体，其中包括首个大型天然气田——崇庆气田，该发现极大地推动了天然气工业的发展，加速了天然气在国内能源结构中的应用，其年产量在发现初期就达到了约 1 亿 m^3，随后产量逐渐增加。1958 年，在四川盆地铺设了第一条输气管道，长 20km。1960 年，年产量突破 10 亿 m^3。1967 年，威远震旦系整装大气田投产，威远—成都输气管线建成。这一时期，天然气产量主要来自四川盆地多个小型气田。到 20 世纪 70 年代，随着对天然气清洁能源潜力的认识增加，开始大规模开发和利用天然气资源。如 1974 年，建成了首条长输天然气管道，这条管道从四川到上海，极大地促进了天然气在东部地区的利用和普及。1976 年，年产量突破 100 亿 m^3；1977 年，天然气年产量达到 124 亿 m^3。

1978 年，改革开放后，中国天然气工业进入缓慢增长期，主要是因为这段时间中国石油天然气勘探开发重心在石油上。从 20 世纪 90 年代开始，为满足市场需求，中国在鄂尔多斯、塔里木、柴达木、东海和莺琼地区加大了天然气勘探开发力度。1995 年海气登陆管线启输，1997 年靖边气田投产、陕京输气管线启输，推动了全国天然气生产，改变了全国用气靠四川的单一源头供气局面。2000 年，中国天然气年产量达到 272 亿 m^3，比 1977 年仅增加了 148 亿 m^3，年均增长 6.4 亿 m^3，天然气消费占能源消费总量的 2.1%，较 1980 年下降了 1 个百分点。此时由于天然气消费量较小，中国处于自给自足阶段。

进入 21 世纪，天然气产量和消费量快速增长，如图 1-32～图 1-34 所示。从 2001 年开始，以"西气东输"和"川气东送"工程建设为标志，中国天然气的勘探

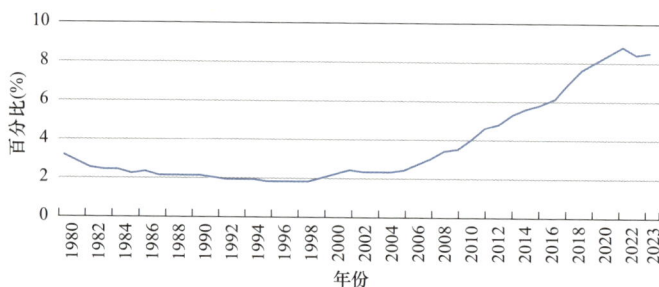

图 1-32　1980—2023 年天然气消费占能源消费总量的比重

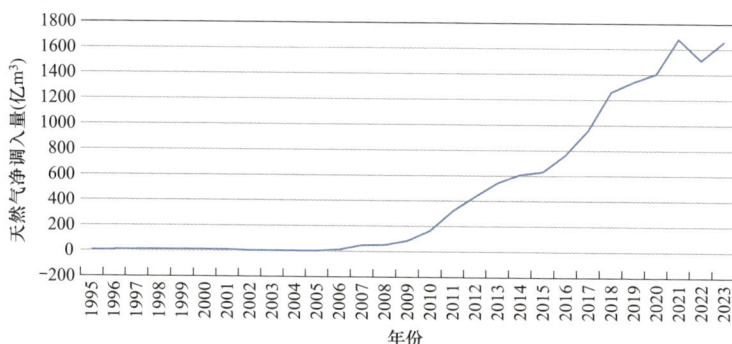

图 1-33　1995—2023 年天然气净调入量

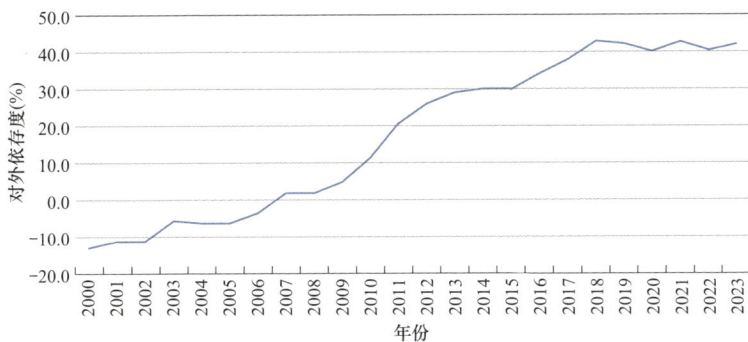

图 1-34　2000—2023 年中国天然气对外依存度

开发进入快车道。长庆油气区的靖边气田和苏里格气田、四川普光气田等一批大型整装气田发现和投产，建成了鄂尔多斯、塔里木、四川和南海 4 大天然气生产基地，推动了天然气产量快速增长。与此同时，中国天然气消费快速增长，2007 年天然气产量 692 亿 m^3，消费量为 705 亿 m^3，中国由天然气出口国转为进口国。2011年，中国在广东省的大鹏湾建成了世界上规模较大的液化天然气接收站之一，天然气产量突破 1000 亿 m^3，达到 1053 亿 m^3，天然气消费占能源消费总量的比重提升到 4.6％。这些设施的建设使中国能够从国际市场进口大量天然气，以满足国内日益增长的能源需求。2021 年中国首个 1500m 超深大气田"深海一号"投产、2022年"川气东送"项目贯通等事件，不仅展示了中国在提升天然气开发能力的进步，同时也反映了中国在能源供应安全和环境保护方面的重视。到 2023 年，中国天然气产量 2324 亿 m^3，较 2000 年增长了 8.5 倍，天然气占能源消费总量的比重由2000 年 2.2％稳步提升到 8.5％。同时，中国成为世界上最主要的天然气进口国之一，2023 年进口量超过 1650 亿 m^3，超过世界天然气贸易总量的 15％，中国天然气对外依存度，自 2007 年转为进口国后，在十五年间快速上升到 42.2％。

　　综上所述，19 世纪中后期，随着西方列强入侵和洋务运动的兴起，中国开始进入油气能源时期，略滞后于欧美国家步入油气能源时期。但一直到新中国成立前，受列强的入侵和国内战争等因素影响，中国石油工业举步维艰，1949 年中华人民共和国成立时，中国石油产量仅 11.4 万 t。此后中国石油工业进入一个新的发展时期，并逐步形成了较为完备的石油工业体系。1960 年，中国大庆油田运出第一列车原油，石油工业发展迎来历史性转折点，步入快速发展阶段。1978 年，中国原油突破 1 亿 t，进入世界主要产油大国行列，石油也成为仅次于煤炭的第二大能源消费品种，占能源消费总量的比重快速上升到 20％左右。此后，由于相继爆发了第二、第三次石油危机，中国石油产量也进入稳定发展阶段，到 1993 年，中国由石油出口国转为进口国，自此石油进口规模不断扩大，石油对外依存度不断扩大，并快速超过 70%。受资源禀赋、能源安全等多因素影响，中国石油占能源消费总量的比重也一直在 20% 左右波动。天然气一直到 21 世纪后才快速发展起来，占能源消费总量的比重快速上升到 8.4%，对外依存度也快速提升到 42.2%。总的来说，中国的油气能源与煤炭的能源主体地位还有较大的差距，还没有进入以油气为主体能源的时期，受资源禀赋影响，油气能源的供应也成为中国能源安全的最大短板。同时化石能源的使用也带来了资源枯竭、环境污染和气候变化等严峻挑战，对环境和社会造成了显著压力，这与世界能源体系是一致的。未来，随着可持续能源的发展，油气能源或许也难以成为中国能源供应的主体，中国也将在以煤为主体能源的基础上向可持续能源转型。

1.2.4 可持续发展时期

进入 21 世纪后，按照《21 世纪议程》的总体部署，中国同世界各国一同开始全面推进可持续发展，加快了能源绿色、低碳转型的步伐，中国能源体系自此进入一个新阶段，开启了可持续能源发展的新篇章。

2000 年，中国可再生能源以及核能等清洁能源占能源消费总量的比例为 7.3%，低于世界约 7.1 个百分点，主要原因是中国核电、水电的开发规模大幅落后于世界。2002 年，中国政府批准了《京都议定书》，承诺通过提高能源效率、发展可再生能源，减缓和适应气候变化。2005 年发布《可再生能源法》，推动了中国非水可再生能源驶入快速发展阶段。2016 年签署了《巴黎协定》，进一步加快了能源的转型步伐。2020 年，中国作出了"力争 2030 年前实现碳达峰，2060 前实现碳中和"的庄严承诺，为中国能源转型提出了更高、更具体的目标。到 2023 年，中国清洁能源占能源消费总量的比例提升到 17.9%，与世界的差距缩小到了 0.6 个百分点以内。风电、光伏发电和水电装机容量均已跃居世界第一，分别占世界总规模的 43.4%、43.0%、29.7%。核电规模跃升到世界第三，接近世界总规模的 15% 左右。总的来说，通过近 20 多年，中国在可再生领域实现了由落后到领跑的跨越式发展，成为世界可再生能源发展的中心。1980—2023 年中国能源结构情况如图 1-35 所示。

中国可再生能源的发展主要依赖于水电、核电、风电和光伏发电等可再生能源，不同时期具有明显不同的特点。21 世纪前，以水电开发为主，21 世纪以后，以风电、光伏等非水可再生能源为主。

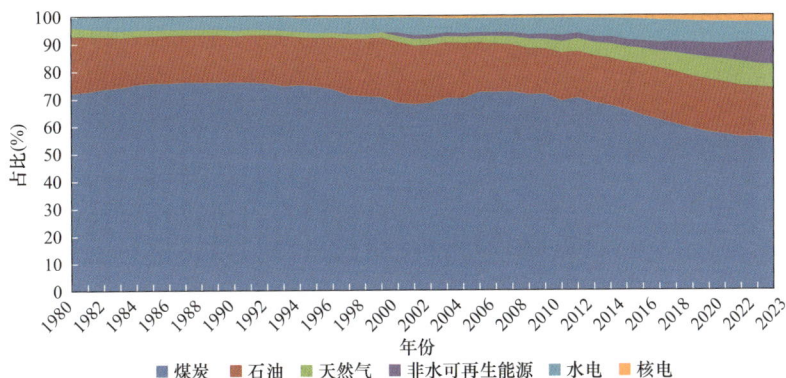

图 1-35　1980—2023 年中国能源结构情况

　　水电是中国当前可再生能源供应的最大主体，自 1912 年中国第一座水电站云南石龙坝水电站建成投产，经历了百年发展历程。但受多种因素的制约，到新中国成立前发展一直较为缓慢，到 1949 年中国水电装机容量仅为 36 万 kW。新中国成立后，水电行业开始快速发展，1957 年 4 月开工的新安江水电站是中国自行设计、自制设备、自主建设的第一座大型水电站，也是中国第一座百米高的混凝土重力坝。1958 年 9 月，中国首座百万千瓦级水电站——刘家峡水电站在黄河上游开工建设，同时，下游的盐锅峡、八盘峡水电站也相继开工兴建。1975 年，总装机容量为 122.5 万 kW 的刘家峡水电站建成，成为中国水电史上的重要里程碑。此后，中国又陆续建成了一批百万千瓦级水电站，并进行了大规模的小水电开发利用。1978 年，实施改革开放，在经济体制、电力体制改革的大背景下，水电建设经历了工程概算总承包责任制、项目业主责任制和项目法人责任制三个阶段，极大地提高了生产效率。2000 年以后，水电投资领域引入竞争机制，投资主体多元化，梯级开发流域化。现代企业管理的制度创新，加快了水电开发建设的步伐。特别是国家实施西部大开发和"西电东送"战略，为西部水电开发带来了难得的机遇。雅砻江、大渡河、澜沧江、金沙江、乌江等水能基地按照流域规划有序开发，龙滩、小湾、溪洛渡、向家坝、锦屏一级和二级、瀑布沟、拉西瓦等一批水电站在国家西部大开发和"西电东送"战略实施之后开工并相继投产。截至 2023 年底，中国水电总装机容量为 4.2 亿 kW，稳居世界第一。1980—2023 年中国水电装机容量及中国占世界水电总装机容量比重如图 1-36 所示。

　　风电和光伏发电是中国新增发电装机的主体。随着全球对可再生能源需求的增加和环境保护意识的提高，1980 年以后中国开始关注风能发电的潜力。1986 年，在山东荣成建成第一座商业示范性风电场——马兰风电场。1993 年在全国风电工作

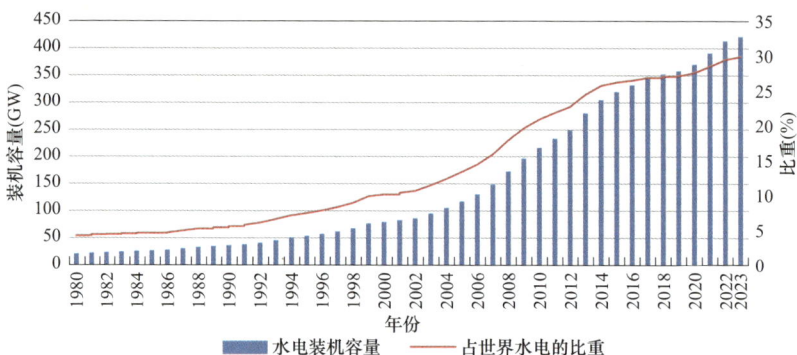

图 1-36　1980—2023 年中国水电装机容量及中国占世界水电总装机容量的比重

会议上做出风电产业化部署，但风电发展一直较为缓慢，到 2000 年中国风电装机容量仅 34 万 kW，仅占世界总装机容量的 2.0%。进入 21 世纪后，中国加大了风电发展的力度。2003 年，全国第一次风电建设工作会议召开，会议对全国风能资源评价、大型风电场预可行性研究等工作进行了部署和安排，拉开了风电产业化发展序幕。同年，实施一项重大风电政策，国家发展和改革委员会批复江苏省如东县和广东省惠来县首批 2 个 100MW 风电场的特许权公开招标，到 2007 年共安排 15 个项目，总装机容量达 3300MW。2005 年起，中国密集地出台、实施一系列有关风电产业发展的政策，包括《可再生能源产业发展指导目录》《中华人民共和国可再生能源法》《促进风电产业发展实施意见》等，促进了中国风电进入快速发展阶段。2009 年，中国对陆上风电实行电价补贴，明确高出当地燃煤机组标杆电价的部分通过征收可再生能源电价附加解决，在电价补贴下，中国风电快速发展，推动中国快速跃居世界首位。新能源电价补贴一直延续到 2021 年。到 2023 年，中国风电装机容量达到了 4.4 亿 kW，占世界总装机容量的 43.4%。2000—2023 年中国风电装机容量及中国占世界风电总装机容量的比重如图 1-37 所示。

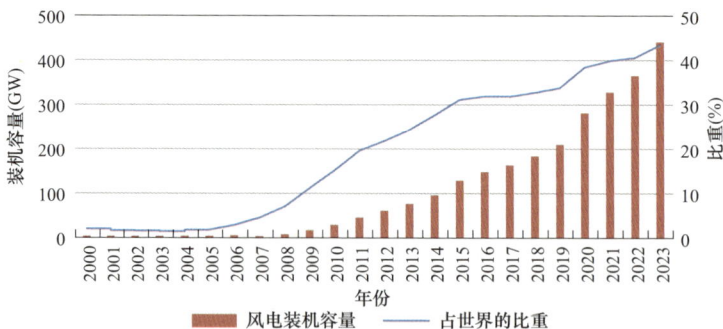

图 1-37　2000—2023 年中国风电装机容量及中国占世界风电总装机容量的比重

　　1983 年中国建成了国内第一座光伏电站，标志着中国在太阳能电池应用领域的实际步入，但此后一直发展缓慢。进入 21 世纪后，中国政府实施了一系列政策支持太阳能产业的发展。2011 年，中国对太阳发电实行电价补贴，明确高出当地燃煤机组标杆电价的部分通过征收可再生能源电价附加解决。在电价补贴下，中国太阳能产业迅速规模化发展，成为全球领先的生产地，稳居全球第一。新能源电价补贴一直延续到 2021 年。到 2023 年，中国太阳能装机容量达 6.1 亿 kW，占世界总装机容量的 43.0%，中国也成为全球最大的太阳能电池生产国和出口国。2000—2023 年中国光伏发电装机容量及中国占世界光伏发电总装机容量的比重如图 1-38 所示。

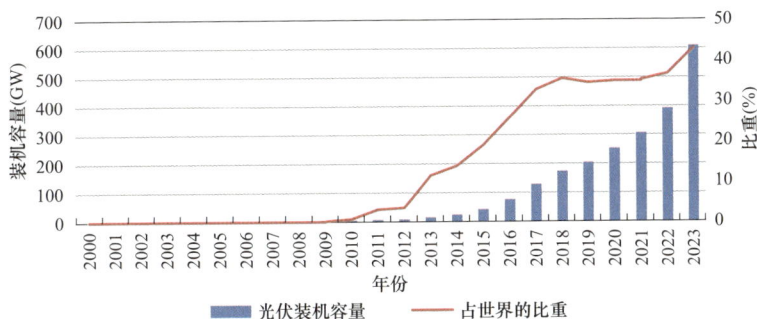

图 1-38　2000—2023 年中国光伏发电装机容量及中国占世界光伏发电总装机容量的比重

　　核电是推动能源可持续发展的重要组成。1955 年，中国政府正式决定发展核工业，并于 1958 年在北京建立了中国第一个核研究机构——中国原子能研究院，从而开始了对核技术的系统研究和开发。1970 年，中国成功进行了第一次核试验，标志着中国在核技术领域取得了重要进展。1985 年 12 月，中国首座商用核电站——秦山核电站正式并网发电。秦山核电站的初期装机容量为 300MW，在全球核能领域中占比较小，但对中国核能产业的发展具有里程碑意义。进入 21 世纪，中国的核能发展速度显著加快。政府制定了一系列政策，以推动核电站的建设和技术进步。到 2010 年，中国的核电站装机容量达到 10.8GW，并有 13 座核反应堆在运行，这标志着中国核电产业的快速成长。此外，中国还大力推动核能技术的自主创新，2016 年，中国成功研制并推广了具有自主知识产权的三代核电技术"华龙一号"。随着这些技术的应用和推广，中国的核能发电量在全球核能市场中的份额持续增长。到 2023 年，中国的核电装机容量已达约 5691 万 kW，成为继美国和法国之后的世界第三大核能国；在建核电机组 26 台、总装机容量 3030

万 kW，均保持世界第一，有望在未来几年内成为世界最大的核电生产国。
1990—2023 年中国核电装机容量及中国占世界核电总装机容量的比重如图 1-39
所示。

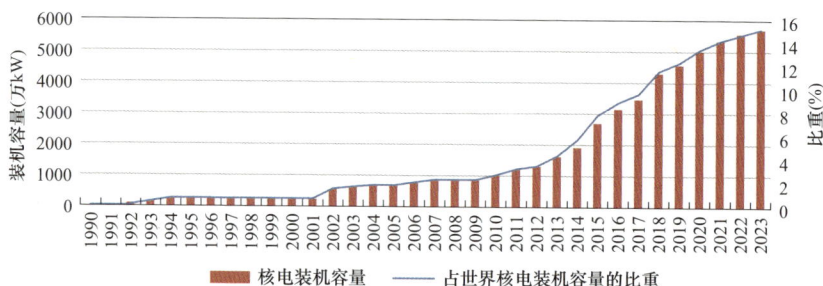

图 1-39　1990—2023 年中国核电装机容量及中国占世界核电总装机容量的比重

　　除此之外，中国也积极参与到氢能、第四代核电以及核聚变等前沿技术的研究与开发中，认识到这些技术对于实现未来可持续能源系统的重要性。尤其是氢能，被视为 21 世纪最具发展潜力的清洁能源之一。2020 年 10 月，宁德时代发布了下一代氢燃料电池技术，展示了显著的性能提升和成本降低，预示着氢燃料电池在商业车辆中的应用前景。2023 年 12 月，国家重大科技专项标志性成果、全球首座第四代核电站——山东荣成石岛湾高温气冷堆核电站商业示范工程 168h 试验成功，设备国产化率达到 93.4%，标志着中国在第四代核电技术研发和应用领域达到世界领先水平。2023 年，中国"人造太阳"——东方超环（EAST）实现了 403s 稳态长脉冲高约束等离子体运行，进一步推动了全球核聚变研究的进展。

　　综上所述，可持续能源时期，中国与世界一样，以联合国审议通过的《21 世纪议程》提出的 21 世纪开始全面推进可持续发展为开始标志。但中国进入基础条件与世界相比具有较大的差异，世界早在 19 世纪 60 年代就已经进入了油气能源时期，油气能源已经成为能源供应主体，占比超过 50%；但中国此时还没有实现油气对煤炭能源主体地位的替代，煤炭依然是中国能源供应的主体，占比约为 55.3%。因此，中国在推动核能、水电、风电等可再生能源对煤炭等传统化石能源替代时，要基于以煤为主的供应结构，不能照搬西方发达国家策略，不然容易引发系统性能源供给安全。由于新能源、核能以及氢能等清洁能源较传统化石能源具有完全不一样的特性，整个能源体系面临着重构，这一点与世界是一致的。中国水电、核能、风电和光伏发电等可再生能源经历了引进、消化、吸收和创新的过程，现在已经跃居世界最大的水电、风电、光伏发电装机的国家和世界第三的核电装机国家，形成了世界上最全、最大的水电、风电、光伏装备产业链，拥有技术领先的第三代核电技术，当前也正在开展氢能、第四代核电以及核聚变等前沿技术的研究，为中国能源体系的下一步转型和发展奠定了坚实的基础，有望引领世界能源体系的变革。

第2章
新型能源体系概述

2.1 新型能源体系的演进脉络

新型能源体系的提出，是中国对能源发展特点规律、历史经验及重大成果的深刻总结，是对新征程下能源高质量发展的新部署、新要求，是顺应时代发展大势、把握能源转型变革的重要战略，其发展呈现清晰的演进脉络，如图 2-1 所示，具体见表 2-1。

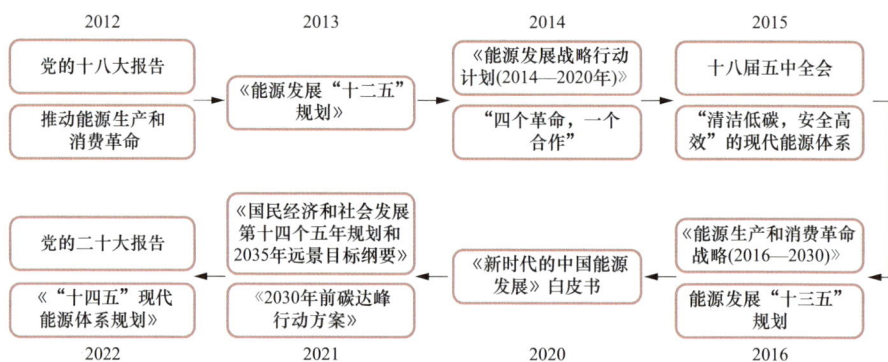

图 2-1 新型能源体系提出脉络

表 2-1 新型能源体系政策背景

年份	政策文件/会议	要点内容
2007	《能源发展"十一五"规划》	能源结构优化调整，逐步淘汰落后产能，促进清洁可再生能源发展
2012	《中国的能源政策 2012》	全面推进能源节约，发展新能源和可再生能源，强调能源转型和可持续发展
2013	《能源发展"十二五"规划》	严格控制煤炭等落后产能消耗量，推进能源多元发展，优化能源生产和消费结构
2014	央财经领导小组第六次会议	创造性提出"四个革命、一个合作"能源安全新战略
2014	《能源发展战略行动计划（2014—2020 年）》	确定能源发展战略规划五大任务和保障措施

年份	政策文件/会议	要点内容
2015	十八届五中全会	提出建设"清洁低碳、安全高效"的现代能源体系
2016	《能源生产和消费革命战略（2016—2030）》	强调通过推动能源供给侧结构性改革，实现能源生产和消费方式转变
2016	《能源发展"十三五"规划》	推动能源结构的优化调整，促进清洁能源的发展，同时加强能源安全保障，实现能源领域的可持续发展
2017	《关于深化石油天然气体制改革的若干意见》	深化石油天然气体制改革，保障能源安全，促进节能高效利用
2020	《新时代的中国能源发展》白皮书	全面推进能源消费方式变革等五大能源发展路径与趋势
2020	第 75 届联合国大会一般性辩论	提出 2030 年前碳达峰、2060 年前碳中和重大战略决策
2021	《中华人民共和国国民经济和社会发展第十四个五年规划和 2035 年远景目标纲要》	重申推进能源革命，建设清洁低碳、安全高效的能源体系
2021	《2030 年前碳达峰行动方案》	提出"碳达峰十大行动"
2021	中央财经委第九次会议	构建以新能源为主体的新型电力系统
2021	中央经济工作会议	进一步提出"加快建设能源强国"
2022	《"十四五"现代能源体系规划》	建设清洁低碳、资源配置更加合理、利用效率大幅提高的现代能源体系
2022	党的二十大报告	提出加快规划建设新型能源体系
2023	《2023 年能源工作指导意见》	加快规划建设新型能源体系，实现能源更加安全、更加绿色、更加高效的发展
2024	《2024 年能源工作指导意见》	强调保障能源安全，推进能源绿色低碳转型，推动科技自主创新

2007 年，能源发展"十一五"规划提出能源结构优化调整，逐步淘汰落后产能，促进清洁可再生能源发展，实现中国经济社会的可持续发展。

2012 年，十八大报告提出，推动能源生产和消费革命，控制能源消费总量，加强节能降耗，支持节能低碳产业和新能源、可再生能源发展，确保国家能源安全。同年，《中国的能源政策 2012》提出全面推进能源节约，大力发展新能源和可再生能源，推动化石能源清洁发展，提高能源普遍服务水平，加快推进能源科技进步，深化能源体制改革以及加强能源国际合作的政策导向，强调了能源转型和可持续发展的重要性，提出了推动能源生产和消费革命的战略目标，为中国加快能源转型策略提供重要指导。

2013 年，能源发展"十二五"规划描绘了中国能源发展的总体蓝图和行动纲领，提出严格控制煤炭等落后产能消耗量，推进能源多元发展，优化能源生产和消费结构，强调节约优先、立足国内、保护环境、深化改革、科技创新、国际合作和改善民生等发展原则，针对中国能源结构性矛盾突出等问题进行宏观调控。

2014年，习近平总书记创造性提出"四个革命、一个合作"能源安全新战略，推进能源消费革命、供给革命、技术革命、体制革命，全方位加强国际合作。同年提出能源发展战略行动计划（2014—2020），确定增强能源自主保障能力、推进能源消费革命、优化能源结构、拓展能源国际合作和推进能源科技创新五大任务。此外也提出深化能源体制改革、健全和完善能源政策、做好组织实施三点保障措施。

2015年，党的十八届五中全会首次提出建设"清洁低碳、安全高效"的现代能源体系。

2016年，发布《能源生产和消费革命战略（2016—2030）》，旨在通过推进能源供给侧结构性改革，实现能源生产和消费方式的根本性转变。该战略强调能源安全保障、经济发展质量效益提升、基本公共服务供给增强、全球气候变化应对以及生态文明建设等多方面的重要性。在此期间，中国经济发展进入新常态，能源消费增速趋缓，发展质量和效率问题突出，因此供给侧结构性改革成为重要任务。强调优化能源结构、提高能源效率、发展清洁能源等重点任务，开启了能源革命的快速发展时期。

2017年，中国针对石油天然气体制提出保障能源安全、维护产业链安全、确保油气稳定供应、发挥政府监管作用、促进节能高效利用等深化改革方向，有力促进了行业持续健康发展，确保了资源保障、供应稳定、市场平稳，为后续传统化石能源在新型能源体系中发挥重要兜底保障作用提供了坚实基础。

2020年，《新时代的中国能源发展》白皮书提出了全面推进能源消费方式变革、建设多元清洁的能源供应体系、发挥科技创新第一动力作用、全面深化能源体制改革以及全方位加强能源国际合作五大能源发展路径与趋势，这一系列的举措不仅彰显了中国对于能源发展问题的高度重视，更展现了积极应对能源挑战、推动能源转型的坚定决心，将有力推动中国能源产业的升级转型和高质量发展，也将为全球能源治理和可持续发展注入新的动力。同年，党中央作出"2030年前碳达峰、2060年前碳中和"重大战略决策，并指出能源绿色低碳发展是关键。

2021年，提出了2030年前碳达峰行动方案，再次重申了如期实现"双碳"目标的重要性，也从侧面强调了加快能源清洁低碳绿色转型、加速构建新型能源体系的紧迫性。同年，中央财经委第九次会议提出要构建以新能源为主体的新型电力系统。中央经济工作会议上进一步提出"加快建设能源强国"。

2022 年，"十四五"现代能源体系规划提出建设清洁低碳、资源配置更加合理、利用效率大幅提高的现代能源体系。同年 10 月，党的二十大报告提出加快规划建设新型能源体系。

2023 年，国家能源局发布的能源工作指导意见强调，深入推进能源革命，加快规划建设新型能源体系，着力增强能源供应链的弹性和韧性，提高安全保障水平；着力壮大清洁能源产业，加快推动发展方式绿色转型；着力推进能源产业现代化升级，实现能源更加安全、更加绿色、更加高效的发展。

2024 年，国家能源局发布的能源工作指导意见再次强调，保障中国能源安全始终是能源体系发展的首要任务，继续推进能源绿色低碳转型，坚持推动科技自主创新，深化改革开放，不断激发能源领域的发展活力，为国家的可持续发展注入强大动力。

新型能源体系不是凭空产生的，而是在碳达峰碳中和新形势下，对"清洁低碳、安全高效"现代能源体系的新升华，它与能源强国、能源安全新战略的内涵实质一脉相承。能源作为中国经济社会发展的基石和动力源泉，直接关系到中国经济社会发展的稳定、人民生活质量的提升、国家社会安全的保障以及生态环境的永续发展，建设能源强国是建设社会主义现代化国家的重要组成部分，"四个革命、一个合作"的能源安全新战略是应坚定不移贯彻落实的能源战略思想，规划建设新型能源体系是当前主要的现实任务和阶段性目标，体现了能源在经济高质量发展中的新定位、在社会主义现代化强国建设中的新作用。

2.2　新型能源体系的基本定义与内涵

新型能源体系不是传统能源体系简单的推倒重来，而是中国积极应对全球气候变化，全面统筹能源安全性、经济性、低碳性"不可能三角"而自主提出的中国方案，旨在回答百年变局下能源变革发展的世界之问、时代之问和历史之问。

2.2.1　基本定义

新型能源体系是以保障国家安全和经济社会发展为基本前提，以绿色低碳转型为根本方向，以清洁能源为主导，辅以传统化石能源的清洁低碳高效利用，以新型电力系统为重要依托，以抢占新一轮科技革命和产业变革高地为重要使命的新一代能源体系。

新型能源体系之"新"是相对现有能源体系而言的。具体而言，新型能源体系之"新"主要体现在安全保障之新、融合属性之新、供需互动之新、能源结构之新、技术创新之新、治理体系之新，关键是能源组成低碳化、能源供应安全化、终端消费电气化、供需平衡智能化。新型能源体系以清洁能源为供给主体，包括风能、太阳能、水能、地热能、生物质能等可再生能源以及核能等低碳能源，减少对化石燃料的依赖，降低温室气体排放，实现能源结构的绿色低碳转型；同时，新型能源体系在能源开发、转换、利用等各环节都融入了新的技术元素，如智能电网、储能技术、氢能技术等的应用，促进能源更加高效、灵活和安全，并减少环境污染和应对气候变化，为经济社会的可持续发展提供有力支撑。

2.2.2 基本内涵

新型能源体系作为"清洁低碳、安全高效"现代能源体系的新模式新形态（如图 2-2 所示），形成以能源供给多元融合、能源消费清洁低碳、能源产业优化合理、能源技术创新发展、能源治理体制健全完善的全面现代化、高度体系化的中国特色能源新体系，能够有效保障中国的能源安全，助力全球气候变化治理，是在当前百年未有之大变局下，中国安全高效实现能源清洁低碳转型的坚实基础与可靠保障。

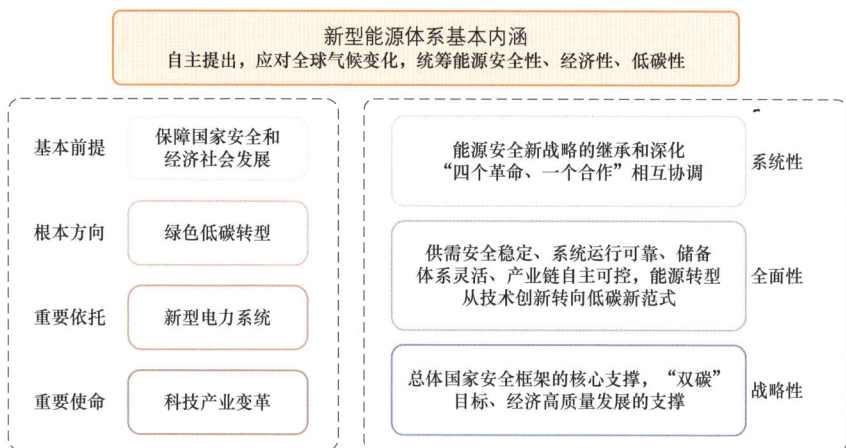

图 2-2　新型能源体系基本内涵

相比于以往的能源概念，新型能源体系更具有系统性、全面性和战略性。系统性方面，新型能源体系是对能源安全新战略的进一步继承和深化，更侧重于"四个革命、一个合作"之间协调的系统性。全面性方面，新型能源体系内涵更加全面丰富，能源安全已由传统的以油气供给为中心的地缘政治安全转向了以包括军事安全、经济安全、生态安全、信息安全、核安全等非传统安全为新增要素的能源体系安全，能源转型从以技术创新和效率提升为中心转向应对气候变化挑战的低碳新范式。战略性方面，新型能源体系不仅是总体国家安全框架的基础，也是"双碳"目标、经济高质量发展、制造强国等重要战略的支撑和保障，相比而言更具战略性。

建设新型能源体系是自主选择的结果，根据国家当前能源需求、资源条件、技术水平以及经济社会发展状况主动决策，制定符合实际情况并适合时代发展要求的能源发展战略，即主动选择了建设新型能源体系，强调了能源转型、能源安全、环境保护以及经济发展的协调与平衡。

首先，新型能源体系注重能源安全和可持续发展。在规划建设新型能源体系的过程中，充分考虑能源供应的稳定性、安全性和环保性，推动能源的清洁、高效和低碳利用，包括优化能源结构、提高能源利用效率、加强能源基础设施建设、推动能源国际合作等方面。其次，新型能源体系强调技术创新的重要性。在新型能源体系的建设过程中，注重自主研发和技术创新，掌握核心技术和关键设备，提升中国在能源领域的竞争力和话语权。通过自主创新，推动能源技术的不断进步和产业升级，为中国能源体系的可持续发展提供有力支撑。再次，新型能源体系加强政策支持和市场引导。鼓励和支持新型能源技术的研发和应用，为自主选择建设新型能源体系提供良好的政策环境。同时，通过市场机制的作用，引导企业和消费者自主选择使用新型能源产品和服务，推动新型能源体系快速发展。最后，新型能源体系强化国际交流与合作。加强与其他国家在能源领域的交流与合作，共同应对全球能源挑战，推动全球能源体系的转型和升级。

2.3　新型能源体系的主要特征

新型能源体系是现代能源体系继承和发展的新一代能源体系，具有显著的新的形态特征和新的本质特征。形态特征主要体现在新的供应和消费结构、新的融合发展和模式、新的供需互动和协同、新的治理体系和方式四个方面，共同描绘了新型能源体系的基本画像。本质特征主要体现在新的安全保障性、新的清洁低碳性和新的技术驱动性三个方面，共同诠释了新型能源体系的核心内涵。这些特征构成了新型能源体系的基本框架和运行机制，也代表着新型能源体系未来发展的方向。

2.3.1 形态特征

2.3.1.1 新的供应和消费结构

新的供应和消费结构是新型能源体系的核心形态特征之一。这主要体现在非化石能源逐步替代化石能源成为主体能源，其显著特点是太阳能、风能、水能、核能、生物质能等可再生能源的占比大幅上升，并逐步取代煤炭、石油和天然气等传统的化石能源。预计 2030 年和 2060 年，中国新能源（含生物质）装机容量将分别超过 16 亿 kW、60 亿 kW，装机占比分别提升至 45% 和 70% 以上，煤电装机占比分别降至 35% 和 5% 以下，如图 2-3 所示。这将有助于减少温室气体排放，缓解全球气候变化压力，同时也降低了对非可再生资源的依赖，将有效增强能源供应的稳定性和可持续性。尽管化石能源在新型能源体系中的比重逐渐降低，但一定时期内，其仍将在中国能源结构中占据一定的份额。在此过程中，化石能源将肩负起能源安全兜底保供的重要责任，确保中国能源供应的稳定性和可靠性，通过清洁高效利用和逐步过渡来推动能源结构的转型，实现能源的可持续发展，确保国家能源安全。通过采用碳捕集、利用和封存（carbon capture utilization and storage，CCUS）等技术，实现化石能源的低碳化利用。此外，更加注重能源储备设施建设，提高适应经济社会发展以及各种极端情况的能源供应保障能力，形成完备的产供储销体系。

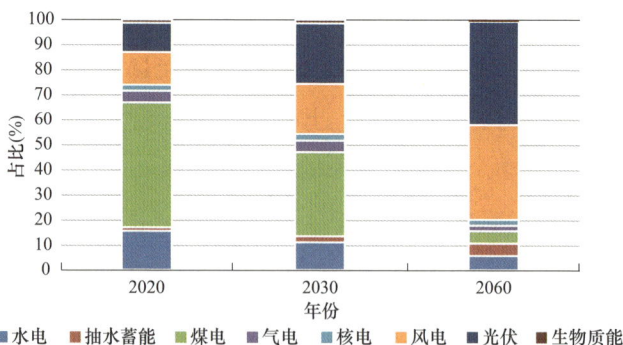

图 2-3 2020—2060 年中国电源装机结构占比

2.3.1.2 新的融合发展和模式

在新型能源体系下，能源生产利用从单一能源品种向多能源协同融合综合形式转变，多能源、多技术、多领域融合成为一大特征。通过优化组合化石能源与新能源循序渐进地推动化石能源的减量替代和减碳降碳，不仅有助于实现能源结构的优化，还能发挥化石能源对新能源的基础性和调节性作用，确保能源供应的稳定性和可靠性。通过一次能源与二次能源的融合如氢电耦合等方式，可以实现煤油气、电热氢等能源的灵活转换和多元互补，有助于提高能源利用效率，满足经济社会发展的多元化能源需求。通过集中式和分布式能源体系的融合，充分利用各种能源资源，提高能源供应的灵活性和可靠性，同时降低能源传输和分配的成本。通过注重"源网荷储"的融合，在能源的生产、传输、消费和储存各个环节之间实现紧密配合和高效协同。这将有助于提升能源系统的智能化水平，优化能源资源配置，实现能源的高效利用和可持续发展。

2.3.1.3　新的供需互动和协同

在新型能源体系下，供需两侧均发生重大变化，在互动特性上主要体现为由源随荷动向源荷互动转变。这一互动在负荷侧能源调节能力加强的基础上，还涉及用户侧的积极参与；此外，相关市场机制的持续完善、互动模式的多元发展以及技术架构的优化革新都为提升新型能源体系互动水平奠定良好基础。新型能源体系的供需互动是一个复杂而重要的过程，它涉及能源的生产、传输、消费等多个环节，需要各方协同努力，实现能源的高效利用和可持续发展。数字化技术为供需互动提供了强大的支持。首先，物联网（internet of things，IoT）技术与能源产业的深度融合，使得能源设备设施可以与互联网连接，实现物理世界和数字世界的联动。这种联动使得能源数据能够被实时采集、传输和分析，为供需互动提供精确的数据支持。其次，大数据、人工智能和云计算等技术的应用，使得能源系统能够实现智能决策和优化调度。通过对海量数据的分析和挖掘，可以预测能源需求的变化趋势，从而提前调整能源供应策略，实现供需之间的平衡。通过精准的需求侧管理，可以实现对用户用能行为的优化和调整，降低峰值负荷，提高能源网络的运行效率。同时，通过虚拟电厂技术、源荷调度等手段，可以实现多种能源形式的协同优化，提高能源的综合利用效率。

2.3.1.4　新的治理体系和方式

随着与新型能源体系有关的能源安全、能源结构、能源技术等多方面的革新，相关法律、制度、政策及市场也将随之变化，需要完善的新型能源治理体系支撑。在新型能源体系中，针对不同区域、不同行业分别指导，进而形成与能源系统发展需求相匹配的科学合理的法律法规体系，构建能源安全保障责任机制，各个能源生产与消费地区的责任分担与利益共享机制完备健全，能源监管体系与新型能源架构、电力系统、技术领域相适应。同时，市场体制机制规范完备，能源中长期市场、能源现货市场、资源环境要素市场及辅助服务市场间进一步协调衔接。在能源价格形成机制方面，油气价格形成、新型储能价格、分时电价、辅助服务价格等机制建立完善，上网电价市场化改革、输配电价改革进一步深化。除了政府的引导和监管，社会各界在新型能源治理体系中也扮演着重要角色，共同推进能源系统的转型升级和绿色可持续发展。此外，智能化和信息化管理也是新治理体系中同样重要的一环，借助 5G、大数据、云计算、人工智能等高新技术，实现能源生产、存储、传输、消费等全过程全链条的实时监测和精准管理，为政策制定和监管提供有力支持。新治理体系更加关注国际合作与交流，在全球化背景下，能源领域国际合作日益紧密。积极参与国际能源合作和交流，学习借鉴国际先进经验和技术尤为重要，将推动中国能源治理体系的进一步发展和完善。

2.3.2　本质特征

2.3.2.1　新的安全保障性

安全保障性是新型能源体系的第一要务和前提基础。在新型能源体系的建设过程中，传统化石能源逐步向非化石新型能源转变，能源生产侧变革逐步向能源供需双侧变革延伸，统筹经济社会发展与能源安全双重目标的难度逐渐加大，国际地缘政治格局不确定性风险进一步加深。能源安全不仅关系中国的国家安全、经济安全，也是关系国际能源供求和地缘政治的重大战略问题，必须贯彻落实"四个革命、一个合作"的能源安全新战略。因此，新型能源体系的安全保障，涵盖保障经济社会发展的能源供需安全稳定、能源系统运行可靠、能源储备体系灵活、能源产业链自主等多方面，同时保持一定的充裕度。首先，仍需充分发挥传统化石能源的"压舱石"和调节作用，推进能源安全监测预警能力建设，建立健全煤炭、油气、电力供需平衡预警机制，扎实抓好风险管控，并提升电力系统消纳可再生能源电力和安全保供能力，保障社会生产生活用能安全。其次，随着可再生能源在生产消费结构中的比重日益提升，涉及能源转型引发的结构风险，以及可再生清洁能源间歇性、分散性和不确定性引发的运行调度安全风险突出，新一代风电光伏、新型储能技术在可再生能源生产、并网调峰、保障电网稳定方面扮演着重要角色。再次，要立足能源资源禀赋，正确处理非化石能源与传统能源之间的关系，不仅要强调低碳化、绿色化导向，还要更加重视发展与安全的协调，实现传统能源体系向新型能源体系的平稳过渡。最后，全球经济社会发展面临着不确定性风险，油气对外依存度居高不下，俄乌战争、中东危机等风险事件频发，碳中和愿景下实现经济社会发展与能源可持续性双重目标的难度进一步加大。能源相关设备所依赖的关键矿物，如锂、钴、镍、石墨、稀土、天然铀等，其供应安全直接关系到产业链的稳定与可持续性；扩大能源储备规模、完善资源储备成为应对突发事件、极端气候和保障能源安全的关键举措；创新自主研发，提升核心技术自给率，也成为中国应对国际地缘政治风险、保障能源技术安全的重要战略选择。

2.3.2.2　新的清洁低碳性

在生态文明思想指引下，中国贯彻新发展理念，将应对气候变化摆在国家治理更加突出的位置，提出碳达峰碳中和目标，推动经济社会发展全面绿色转型，建设人与自然和谐共生的现代化。中国承诺实现从碳达峰到碳中和的时间，远远短于发达国家所用时间，这意味着中国作为世界上最大的发展中国家，将完成全球最高碳排放强度降幅，用全球历史上最短的时间实现从碳达峰到碳中和。中国明确提出，到 2025 年非化石能源消费比重达到 20％左右，到 2030 年非化石能源消费比重达到 25％左右，到 2060 年非化石能源消费比重达到 80％以上（见图 2-4），这要求非化石能源年均增长超 1.5％。过去十年中国可再生能源发展已经十分迅速，2021 年中共中央、国务院《关于完整准确全面贯彻新发展理念做好碳达峰碳中和工作的意见》提出，坚持系统观念，处理好发展和减排、整体和局部、短期和中长期的关系，把碳达峰、碳中和纳入经济社会发展全局，以经济社会发展全面绿色转型为引领，以能源绿色低碳发展为关键，加快形成节约资源和保护环境的产业结构、生产方式、生活方式、空间格局，坚定不移走生态优先、绿色低碳的高质量发展道路，确保如期实现碳达峰、碳中和。截至 2023 年年底，中国风电、光伏装机容量超过 10.5 亿 kW，化石能源清洁利用水平不断提升。但为实现生态文明和保证中国碳达峰、碳中和目标的实现，能源系统还需进一步深刻变革，将清洁低碳转型作为重中之重，加快沙漠戈壁荒漠地区新能源基地、海上风电基地、水风光综合基地等一批重大基地建设速度，推动可再生能源迈入大规模、高比例、市场化、高质量发展的新阶段。

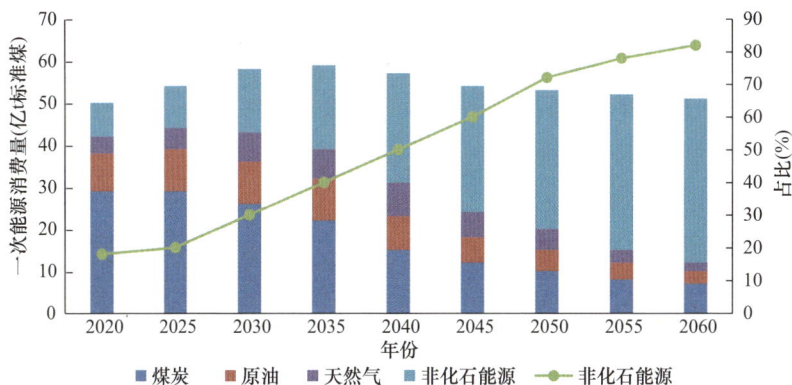

图 2-4　2020—2060 年一次能源消费量及其结构

2.3.2.3　新的技术驱动性

构建新型能源体系，需要技术创新驱动，需要关键核心技术突破和支撑。能源生产、传输、使用、存储和转换等环节相关的器件/部件、装备/系统工艺/集成等技术水平向更加高端、先进方向发展，具体体现在参数高、容量大、体积/密度大、安全系数高、集成度高等方面，主要目的是提高能源利用效率、降低能源利用综合成本。纵观人类历史，从薪柴、煤炭到石油天然气，每一次能源革命都伴随着生产力的巨大跃迁，能源变革对于生产力变革具有重要的驱动和支撑作用。当前，在能源低碳技术与数智技术叠加驱动下，可再生能源、智能电网、非常规油气等技术规模化应用，智慧能源、电动汽车等新模式、新业态加速发展，新型储能、氢能、CCUS等技术有望突破，形成经济增长新动能。初步估计，仅新能源电力建设及装备即可贡献GDP增加值超过5%，是一个超100万亿元的大市场。应充分发挥中国超大规模市场优势和制造业能力优势，超前布局面向未来的低碳零碳产业，加大对技术示范的支持力度，为技术创新提供丰富的应用场景和较低的迭代成本，形成能源发展的新动能和新优势，实现绿色能源革命引领下的弯道超车。以先进传感技术、信息通信技术、控制技术、物联网技术、云计算技术、大数据技术和人工智能技术等为基础的智能化技术体系将深度渗透和影响各传统能源行业及其产业链，可实现能源生产、传输、使用、存储和转换等环节的全方位感知、数字化管理、智能化决策和自动化运维。在各能源系统物理层面融合和自身智能化提升的基础上，通过互联网技术进一步促进各能源系统在信息层面的融合，实现能源系统的智能化。

2.4　新型能源体系的战略意义与发展基础

2.4.1　战略意义

新型能源体系的战略意义主要包括四个方面，具体如图2-5所示。

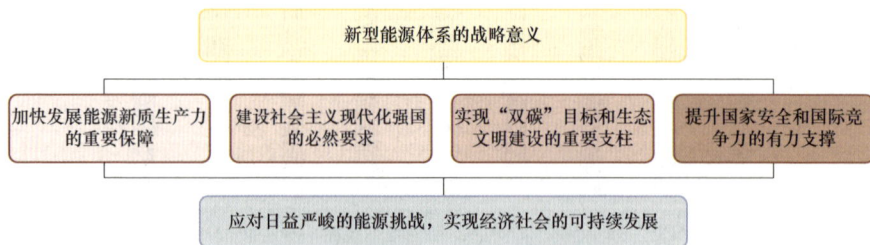

图 2-5　新型能源体系的战略意义

第一，建设新型能源体系是加快发展能源新质生产力的重要保障。新质生产力是新的高水平现代化生产力，高科技、高效能、高质量是新质生产力的基本特征。一方面，新型能源体系为能源新质生产力发展提供了广阔空间与机遇，新型能源体系的建设与发展将孕育出大量的新技术、新产品和新服务，可再生能源、非常规油气资源、先进核能、氢能、新型储能、智慧能源等新技术正以前所未有的速度加速迭代，成为能源转型的驱动力，为新质生产力发展提供源源不断的"燃料"。另一方面，新质生产力是建设新型能源体系的重要动力，对中国新型能源体系发展具有重要先导性、战略牵引性作用，通过科技创新，广泛应用数智技术、绿色技术，研发出更高效、更环保的新能源技术和产品，迅速突破一批战略性前沿性关键共性技术，激发创新发展新动能，赢得创新发展主动权，提升能源产业基础现代化、产业链高值化水平。此外，建设新型能源体系是发展新质生产力的必然要求，新质生产力在能源领域的着力点，关键在于持续推动新能源和可再生能源高质量跃升发展，先进能源材料、化石能源低碳化、新能源高效利用等多方面能源科技创新在推动新质生产力中发挥着重要主导作用。

第二，新型能源体系是建设社会主义现代化强国的必然要求。当前，中国正处在以中国式现代化全面推进中华民族伟大复兴的伟大历史进程，党的二十大发出以中国式现代化全面推进中华民族伟大复兴的时代号令，加强中国特色社会主义现代化强国建设，而新型能源体系既是社会主义现代化强国建设的强有力保障，也是中华民族伟大复兴历史进程的重要组成和必然要求。在百年未有之大变局的当下，随着能源科技革命和产业变革的孕育兴起，能源供需格局发生重大变化，能源结构加快向绿色低碳转型，全球能源竞争越发激烈。因此，加快构建清洁低碳、安全高效的新型能源体系，不断优化改革能源科技创新体系，大力增强中国竞争力并使其保持领先地位，有效保障中国能源安全，是建设社会主义现代化强国的必然要求与重要支撑。

第三，构建新型能源体系是实现"双碳"目标和生态文明建设的重要支柱。经济社会发展绿色化、低碳化是高质量发展的内在要求，能源绿色低碳转型是重中之重，是中国高质量推进"双碳"进程的主战场。2023 年，中国可再生能源发电装机容量突破 15 亿 kW，占全国发电总装机容量的 51.9%；可再生能源发电量达到 2.9 万亿 kWh，占全社会用电量的 32.0%，相当于减少二氧化碳排放约 24.3 亿 t；清洁能源消费占比从 2012 年的 14.5% 快速上升至 2023 年的 26.4%，但中国能源消费结构依然以化石能源为主，可再生能源发电及氢能、储能等技术仍有极大的发展空间。为保障国家能源安全和加快推动能源绿色低碳转型，构建新型能源体系，大力发展清洁、低碳、高效的可再生能源，对于降低对化石燃料的依赖，减少温室气体排放，推动能源生产和消费向更清洁、高效的方向转变，对可持续发展、经济绿色低碳转型及应对气候变化具有重要作用。

第四，新型能源体系是提升国家安全和国际竞争力的有力支撑。目前国际形势正值百年未有之大变局，国内外能源形势错综复杂，大国竞争博弈日益加重，能源发展的不稳定性和不确定性明显增强。能源是国家工业的粮食、国民经济的命脉，攸关国计民生和国家安全，中国能源体系加速变革势在必行。整体看，中国能源安全形势总体可控，但对外依存度不断攀升，受到地缘政治、国际市场价格波动等风险的长期制约。2023年中国一次能源生产总量为48.3亿t标准煤，发电装机容量达到29.19亿kW，能源供应保障基础不断夯实。然而，2023年中国的石油、天然气对外依存度分别为72.9%、42.3%，逆全球化、单边主义、保护主义等思潮涌动，地缘政治冲突将对中国能源进口产生较大安全风险。近年，俄乌冲突导致欧洲各国能源供应紧张，能源价格大幅上涨，并使经济社会稳定受到一定影响。能源安全是统筹发展与安全、防范化解重大风险隐患的应有之义，面对新的国际局势，加快构建新型能源体系，通过多元化能源供应、提高能源利用效率和促进清洁能源技术的发展，建立以可再生能源资源为依托、多能互补的相对独立的综合能源供应体系，建立具有强大国际竞争力的能源工业产业链供应链，从而提高国家能源自主性，降低外部风险，有力保障国家能源安全和经济社会可持续发展。

2.4.2 发展基础

2.4.2.1 规划建设新型能源体系的机遇

党的二十大报告面向中国长远发展需要，作出加快规划建设新型能源体系的战略部署。这一战略与当前主要依靠"煤油气电"供应体系保障供给并不矛盾。化石能源系统能有力承担能源安全兜底保供责任，恰恰为新型能源体系发展带来难得机遇，有利于聚焦做大做强产业链，促进新能源产业快速发展。

建成新型能源体系，是适应全球能源体系转型的战略举措。国际能源署发布的《2023年世界能源展望》提出，可再生能源在全球一次能源中的占比从2019年的10%左右提升至2050年的35%～65%，煤油气合计由79%降至23%，全球终端能源电气化率由20%上升至33%～50%。2021年美国国务院和总统办公室发布《美国长期战略：2050年实现净零温室气体排放路径》，提出到2035年率先实现电力系统碳中和。2021年欧盟提出了"能源系统融合"目标，明确未来新型低碳能源系统的特征是循环高效、高电气化率和燃料低碳化。从国际机构的判断和主要经济体面向碳中和的战略部署看，全球能源体系将朝着以可再生能源为主、多种能源并存、终端电气化率大幅提升、氢能广泛应用等方向转型。

目前，中国新型能源体系建设已经打下了牢固的基础。经过多年技术积累和产业培育，中国新能源相关产业迎来快速发展，风电和光伏发电每年新增装机容量超过 1 亿 kW，累计装机规模突破了 10 亿 kW，形成了世界上最大的可再生能源装备市场，规模经济优势十分明显，加之技术进步的共同作用，近十年全球风电和光伏发电项目平均度电成本分别累计下降超过了 60% 和 80%，这其中很大一部分归功于中国创新、中国制造、中国工程。截至 2023 年底，中国已建成投运新型储能项目累计装机容量达 3139 万 kW/6687 万 kWh，平均储能时长 2.1h；2023 年新增装机容量约 2260 万 kW/4870 万 kWh，较 2022 年底增长超 260%。以锂离子电池储能为主，压缩空气储能、液流电池储能技术占比明显加快，飞轮、重力、钠离子等多种储能技术也已进入工程化示范，新型储能技术多元化发展态势明显。此外，新能源汽车产业快速发展。2023 年新能源汽车产销分别完成 958.7 万辆和 949.5 万辆，同比分别增长 35.8% 和 37.9%，市场占有率达到 31.6%。新能源汽车出口 120.3 万辆，同比增长 77.6%。中国已成为全球最大的新能源汽车生产基地。智能电网、氢能制储输用、地热、生物质综合利用等领域发展也进一步加快。

新型能源技术国际竞争优势凸显。以光伏、风电、新能源汽车产业为代表的新能源技术已进入世界第一方阵，以特高压、智能电网为代表的能源科技创新水平也得到显著提升，这为打破传统化石能源体系、重构国际能源格局提供了契机和可能。光伏全产业链已具有国际竞争优势。光伏产业形成了原材料采集加工、电池片组件制造及光伏电站建设运营的全产业链，已成为可同步参与国际竞争并在产业化方面取得领先优势的产业。在多晶硅、硅片、电池片、组件制造环节均有 5 家以上企业出货量位居全球前十，已在近 20 个国家或地区建厂。光伏科技不断取得新突破，中国企业、研究机构屡次打破晶硅电池的转换效率纪录，自主研发的硅异质结电池转换效率最高达 26.81%。

风机产业达到国际先进水平。中国已建成全球最大的风电装备生产基地，产量占全球三分之二以上，建成了涵盖风电开发建设、设备制造、技术研发、检测认证、配套服务的成熟产业链。风电技术水平不断提高，基本掌握了关键核心技术，并且在适合低风速风况和恶劣环境风电机组开发方面取得突破性进展，在大容量机组开发上基本实现与世界同步。风机产品国产化程度达到 90% 以上，1MW 海上风机、双转子漂浮式海上风电平台、陆上双风轮风电机组等一系列新产品研发成功，在显著提高风能利用效率的同时，也反映出中国风机产业正处于科技创新高度活跃的快速发展期。

新能源汽车产业具有先发优势。目前中国新能源汽车产量占全球总产量的60%，是全球最大出口国，建立了高效完备的产业链供应链体系。中国在售的新能源汽车车型超过 300 款、占全球的 2/3，本土品牌占国内电动汽车市场 81% 的份额。新能源汽车产业在电池、电控和电驱三大领域均达到世界先进水平，在自动驾驶、智能网联等领域的技术创新、模式创新具有扎实的技术积累。

此外，中国积累了推动新能源快速发展的宝贵经验，持续完善能源治理体系。在促进可再生能源发展方面，建立并完善了新能源开发利用体制和机制，有效促进了新能源的发展和消纳。

2.4.2.2 规划建设新型能源体系的挑战

资源禀赋贫油少气，对外依存度偏高。2023 年，中国全年原油产量站稳 2 亿 t，连续 6 年保持增长，短期大幅提升难以实现；天然气产量 2353 亿 m^3，增速为 5.7%，连续 7 年增产超 100 亿 m^3；但天然气消费量为 3945.3 亿 m^3，同比增长 7.6%，仍难以追赶快速增长的生活生产消费需求。此外，中国原油对外依存度持续攀升，2021 年和 2022 年虽连续 2 年下降但仍维持在 71% 的高位，而 2023 年增至 72.9%；天然气对外依存度为 42.3%，较上年上涨 1.1 个百分点。石油、天然气储量偏少的现状，以及随之而来的能源生产和消费需求的持续提升，导致中国传统化石能源对外依存度长期居高不下，影响能源供应安全。

能源消费需求巨大且持续增长。中国是世界上最大的能源消费国，据统计，2023 年中国能源消费总量为 57.2 亿 t 标准煤，比上年增长 5.7%，其中煤炭消费量增长 5.6%，仍将长期占据能源消费的主导地位，长时期承担能源安全稳定的"压舱石"作用，支撑能源结构调整和转型发展。而原油消费量增长 9.1%，天然气消费量增长 7.2%，电力消费量增长 6.7%。新一轮经济社会发展和居民人均消费快速增长，能源需求量和消耗量均不断增加。面对巨大的能源需求增量，可再生能源短期内仍难以满足经济社会发展的需求。

碳减排与高质量发展任务重大。2023 年，全球碳排放量达到 374 亿 t 新高，增幅达 1.1%，这一数字再次敲响了全球气候变化的警钟。其中，中国作为全球最大的发展中国家，碳排放占比超过 30%，面临巨大的碳减排压力。虽然能源行业已经进行了一系列改革，节能减排管理机制不断改进，减排技术手段不断创新，在能源生产消费过程中实现了有效的节能减排，但距离中国 2030 年达到碳达峰的目标仍有较大差距。近年来，全球极端天气频发，应对气候变化、实现碳中和已成为全球政治共识。2019 年国际可再生能源署（International Renewable Energy Agency, IRENA）发布的《全球能源转型：2050 年路线图》显示，为实现《巴黎协定》目标，全球能源系统需加速转型：到 2050 年，全球与能源相关的碳排放量需减少 70% 才能实现既定的应对气候变化目标。其中，可再生能源利用和热力及运输电气化能够提供能源行业所需减排量的 75%。在碳达峰目标与碳中和愿景下，整个社会经济系统，尤其是能源系统低碳转型的紧迫性和挑战性更强，能源系统绿色低碳转型成为必然要求。

国际能源格局机遇与挑战并存。多年来，由于在传统化石能源储量、技术及布局等方面相对落后，中国长期被动适应全球能源与环境治理体系，以美国为代表的化石能源资源丰富的国家和组织希望维持世界传统能源格局，维持自身能源霸权。此外，"黑天鹅""灰犀牛"事件频发，全球能源系统不确定性增强。诸如极端高温、极端低温、台风、干旱等极端气候事件影响全球能源供应，导致能源供需严重失衡。乌克兰危机使得俄罗斯原油出口转向东方，中东原油出口转向西方，重塑了全球能源市场供应格局。与此同时，世界政治经济力量发生大变革，国际秩序深度调整，中美战略博弈持续升级且呈长期化趋势，中国能源安全形势更加复杂严峻。

2.5　新型能源体系构建路径与主要策略

2.5.1　规划建设路径

近年来，国家能源主管部门、学界与工业界对于新型能源体系相关研究领域给予了足够的关注度。新型能源体系作为新的研究领域，各界对于其内涵特征、发展目标和不同阶段下的重点建设任务仍处于探索阶段。在此背景下，开展新型能源体系研究，明确新型能源体系的内涵特征、建设架构及建设路径，以此为基础提出加快规划建设新型能源体系的对策建议意义重大。

在新型能源体系的总体建设思路方面，首要是保障中国在常态和极端条件下的能源安全，并且能够积极稳妥推进"双碳"目标实现；与此同时，能够支撑经济社会高质量发展及"美丽中国"建设，在国际上形成足够的影响力和竞争力，并占据与中国能源供给消费地位相匹配的话语权。从生产端、消费端、技术端、治理端"四端"及整体看，新型能源体系可以概括为生产端多元融合、消费端绿色低碳、技术端创新发展、治理端科学高效、整体智慧协同。

建设新型能源体系，首先，要加快能源生产消费体系清洁低碳转型。以能源碳达峰实施方案为抓手，重点控制化石能源消费，大力发展非化石能源，推动终端用能清洁低碳发展，加快构建新能源供给消纳体系，并在建筑能源、工农业生产、交通运输等领域，深入推进电能等清洁低碳替代。其次，要强化能源安全体系建设。立足中国能源资源禀赋，夯实化石能源自主保障基础，重点发挥好煤、油、气兜底保障作用，提升能源供应链弹性和韧性，加强战略能源资源储备能力建设。健全能源安全监测预测体系，提升安全风险防范与应急管控能力。同时，要聚焦保障开放条件下的能源安全，加快实现能源进口来源和渠道多元化。此外，在常态和极端条件下，确保能源安全至关重要，保障必要的系统安全冗余，以应对各种可能的风险与挑战。再次，提升能源产业链可靠性和现代化水平。新一轮科技革命和产业变革最大的特征是新能源和互联网技术的紧密融合。必须加快能源产业转型升级，一方面，要增强能源科技创新能力，推动"卡脖子"技术攻关和安全替代，持续锻造新能源、核电等装备制造优势，强化储能、氢能等前沿技术攻关。另一方面，要着力提升能源产业链现代化水平，加快现代信息技术与能源产业深度融合，建设智慧能源系统。最后，打通能源发展体制机制快车道。以法制为基础，加快推进能源法制定以及《中华人民共和国电力法》《中华人民共和国煤炭法》《中华人民共和国可再生能源法》等的修订。以改革为动力，加快构建中长期市场、现货市场和辅助服务市场有机衔接的电力市场体系，以及上游资源主体多渠道供应、中间统一管网高效集输、下游销售市场充分竞争的油气市场体系。以政策为保障，加强财税、价格、金融、环保、土地等政策协同，形成共建新型能源体系的政策合力，支撑经济社会高质量可持续发展。

综合考虑中国所处的新发展阶段、面临的新发展任务及新发展模式，新型能源体系以安全为基本前提，以发展为第一要务，以"双碳"为战略目标，以此作为新型能源体系构建的出发点与立足点，进行统筹协调。在此背景下，提出新型能源体系的建设框架，如图 2-6 所示。

结合中国发展实际，应分阶段规划建设新型能源体系。从需求端、生产端、供应端及治理端"四端"出发，锚定"3060"战略目标，以 2030、2050、2060 年为构建新型能源体系的重要时间节点，制定新型能源体系"三步走"发展路径，即以初步形成期（当前至 2030 年）、全面建立期（2030—2050 年）、优化提升期（2050—2060 年）作为三个关键节点，谋划构建新型能源体系的阶段性目标，逐步建成以新能源供应为主体、传统能源兜底保障的新型能源体系，具体如图 2-7 所示。

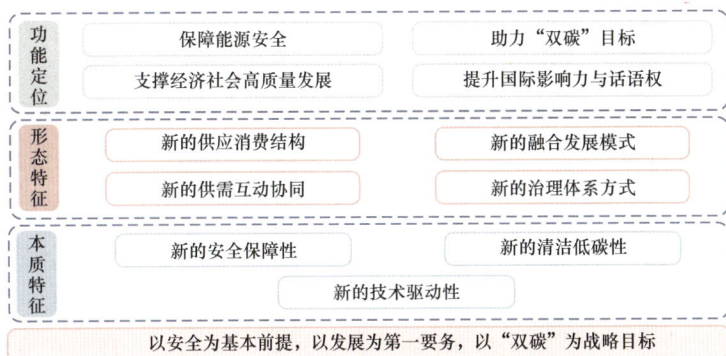

图 2-6　新型能源体系建设框架

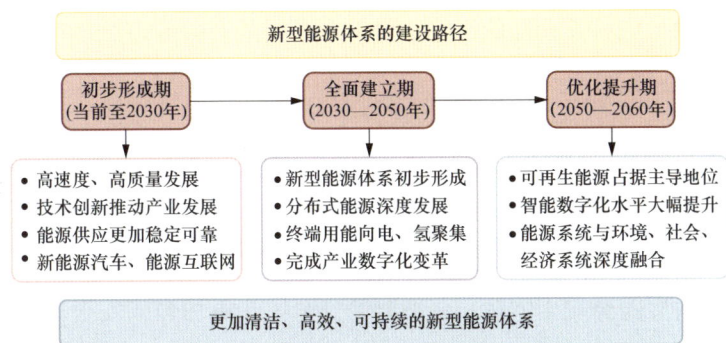

图 2-7　新型能源体系的建设路径

初步形成期（当前至 2030 年）：新型能源体系的发展将以高速度、高质量为主要特征。技术创新将发挥关键作用，推动新能源技术的成本持续下降、效率不断提高。需求端降低能源对外依存度；终端用能领域电气化水平不断提升；引导合理消费，需求侧响应灵活度提升，节能高效；生产端使可再生能源、新型能源逐步成为能源生产增量主体，确保传统能源对能源安全的保障作用，并进行全方位优化利用；供应端调节能力、应急储备能力提升，能源供应类型不断丰富，与能源消费新模式相匹配的灵活智能供应方式进入发展期；治理端政府层面做到分区域分类有效指导，市场驱动作用在资源有效配置中显著体现。此外，新能源汽车的推广和能源互联网的发展也将成为这一阶段的重点任务。

全面建立期（2030—2050 年）：可再生能源在能源结构中的占比将大幅提升，煤炭等传统能源的消耗将逐渐降低，分布式能源的发展将成为重要趋势。需求端具备独立自主的需求保障能力；终端用"能"向电、氢聚集，需求侧响应向灵活化、智能化变革；生产端使新型、可再生能源成为装机主体能源，传统能源支撑多能融合发展，配套大力发展安全高效低成本的氢能技术；供应端现代化能源供应应急体系基本形成，集中式、分布式等多种新型能源供应系统形态融合发展；治理端在政府有效监管下形成配套能源系统发展的法律法规，基本形成开放友好的市场体系，完成产业数字化变革。

优化提升期（2050—2060 年）：新型能源体系将进一步完善和巩固，可再生能源将占据主导地位，传统能源将逐渐退出历史舞台。需求端建立健全安全有力的需求保障体系，全社会各领域电、氢替代广泛普及，需求侧与能源系统高度互联互通；生产端建立多元化低碳能源生产体系，多能融合、多网融合集成发展，电能与氢能等二次能源深度耦合利用；供应端智能化和数字化水平将大幅提升，达到多品种、多类型能源供应系统深度耦合协同，形成高效调度、可靠有韧性的能源供应体系；治理端全面形成科学合理的法律法规体系及规范完备的市场体制机制，能源系统与环境、社会、经济系统深度融合。

2.5.2　构建新型能源体系的主要策略

规划建设新型能源体系是一项长期的系统工程，要立足中国能源资源禀赋，充分考虑国内外能源发展形势，与时俱进，滚动调整，总体围绕以下几个方面展开：

（1）构建新型能源安全体系。新型能源安全体系更加强调安全充裕水平、应急响应韧性、绿色低碳环境友好以及技术可控能力。首先，加强煤炭安全兜底保障"压舱石"作用。高标准优化建设供应保障基地，完善煤炭跨区域运输通道和集疏运体系，增强煤炭跨区域供应保障能力。在保障安全供应基础上，持续优化煤炭产能结构，推动煤炭与煤电、新能源协同融合发展；并合理建设清洁高效先进节能煤电，发挥煤电支撑性调节性作用。其次，要加大油气资源开发和增储。推动石油产量稳中有升，天然气产量较快增长，并积极扩大非常规资源如页岩油、页岩气、煤层气的勘探开发力度。同时，加强建设能源储备能力。健全多层次能源调峰填谷应急体系，使产品储备与产能储备有机结合，实现收储轮换和动用机制规范健全。最后，提升能源安全运行水平。做好能源供需综合平衡和统筹协调保障，建立健全能源安全监测预警体系，加强能源安全生产监督管理，做好重要能源设施安全防护和保护，维护能源基础设施安全。

（2）构建新型能源消费体系。新型能源消费体系更加强调终端电气化、供需互动性、绿色节能和智能化。首先，严格控制化石能源消费。推动能耗"双控"逐步转向碳排放总量和强度"双控"，并大力推进煤炭清洁高效利用，在保障能源安全的前提下，稳妥有序推进煤炭消费替代工作，推动绿色清洁替代燃料发展。其次，大力促进绿色能源消费。扩大可再生能源非电直接利用规模，倡导绿色低碳生产生活方式，并完善可再生能源电力消纳制度。最后，推进重点领域节能降碳。完善工业节能与绿色标准体系，实施重点工业行业节能技术改造，提升工业、建筑、交通、农业等领域的终端用能中的绿色能源比重。

（3）构建新型能源供应体系。新型能源供应体系更加强调能源的清洁低碳化、多元融合化。首先，通过补短板、控增量、调结构、强韧性，大力发展风电和太阳能发电，加强以可再生能源电力为主体的新型电力体系建设，提升电力系统消纳可再生能源电力和安全保供能力。综合考虑资源禀赋、消纳能力、建设条件等因素，优化新能源发展区域布局，加快推进大型风电光伏基地建设。其次，统筹水电开发和生态保护。科学有序推进大型水电基地建设，推进大型水电站优化升级，实现以水电为主的西南地区可再生能源综合利用体系开发建设，推进水风光发电协同互补和联合运行。再次，积极安全有序发展核电。在确保绝对安全的前提下，保持平稳建设节奏，有序推动沿海核电项目建设，积极推动先进核电技术示范。最后，科学有序发展氢能等新能源。逐步推动构建清洁化、低碳化、低成本的多元制氢体系，持续拓展工业、建筑、交通以及储能、发电领域氢能多元化应用场景，因地制宜推动生物质能、地热能、海洋能等新能源发展。

（4）构建新型能源技术创新体系。新型能源技术创新体系更加强调科技的创新驱动、跨学科跨行业深度融合与协作，以此孕育新质生产力。新型能源技术创新体系主要包括传统能源清洁化、可再生能源技术研发、能源体系技术安全保障，以及颠覆性技术突破。重点关注可再生能源先进发电与综合利用技术、以可再生能源为主体的新型电力系统及其支撑技术、安全高效核能技术、化石能源清洁高效开发利用技术、数字化智能化技术等，推动能源技术与现代信息技术、新材料、先进制造技术深度融合，促进化工、建筑、交通等关键行业的绿色低碳转型，并促进跨学科、跨行业技术的深度融合与协作，促进能源产业数字化智能化升级；并支持能源重大科技协同创新研究，围绕能源领域相关基础零部件及元器件、基础软件、基础材料和基础工艺等关键技术开展联合攻关，实施能源重大科技协同创新和推广运用，实现能源领域关键核心技术的新突破，推动能源先进技术应用与产业升级。建设新型能源技术体系应以新技术的深化应用为驱动，加快能源领域关键核心技术和装备的研发，推动绿色低碳技术的突破，并加速能源全产业链的数字化和智能化升级。此外，推进企业、高校、科研院所协同开展先进技术装备研发、制造和应用，通过工程化集成应用形成先进技术及产业化能力，推动能源领域重大技术装备推广应用。

（5）构建新型能源产业体系。新型能源产业体系是以可再生能源、清洁能源绿色生产输送和高效利用产业为主体的战略新兴产业，是新质生产力的主要内容，是现代产业体系的重要组成。以碳达峰碳中和战略为导向，要加快实施碳达峰行动方案，推动能源、高能耗行业、城乡建设和交通等领域产业结构优化升级，推进低碳工艺革新和低碳化数字化转型。大力发展绿色低碳产业，加快发展新一代信息技术、新能源、新材料、新能源汽车、生物技术、高端装备、节能环保及航空航天、海洋装备等战略性新兴产业，推动物联网、大数据、人工智能、5G等新兴技术与绿色低碳产业深度融合，形成绿色产业体系发展新格局。加快低碳交通运输体系建设，加快发展绿色、智慧物流，推广节能低碳交通工具，构建便利高效、适度超前的充换电网络等新型基础设施，支撑电动汽车健康持续发展。推进建筑用能电气化和低碳化，推进太阳能、地热能、生物质能、空气能等在建筑中的应用，推进超低能耗、近零能耗、低碳建筑规模化发展。

（6）构建新型能源治理体系。新型能源治理体系是以能源安全为首要目标、以市场机制为手段、以价格机制为突破、以全球能源治理为重要方向的一个综合、动态、多方参与的治理结构。第一，依法推进能源治理。健全能源法律法规体系，加快推进能源法、可再生能源法、电力法、煤炭法等制定修订工作，加强能源标准体系建设，完善引领能源清洁低碳发展的相关标准和技术规范。第二，健全完善能源市场体系。建立全国统一电力市场体系，完善电力中长期、现货、辅助服务交易有机衔接，探索容量市场交易。第三，进一步完善能源价格形成机制。完善分布式市场化交易的价格政策及市场规则，完善新型储能价格机制、抽水蓄能价格机制、煤电容量电价价格机制。发挥市场配置资源的决定性作用和政府作用，探索建立清洁低碳能源产业链上下游企业协同发展合作机制，强化产业链创新链上下游耦合，形成能源降碳减污扩绿增长协同发展的格局。第四，拓展能源多元合作新局面。加强全球能源和气候变化治理合作，推动可持续发展。并深入推进与重点能源资源国的互利合作，深入参与国际标准制定、绿色低碳能源技术研发等，加强战略、政策、标准等对接。第五，推动全球能源转型变革。深化与发展中国家、发达国家、跨国公司多方合作的有效途径，积极推动风电、太阳能发电、储能、智慧电网等领域合作，加快推进"一带一路"绿色能源合作，推动更多绿色能源合作项目落地，积极参与全球能源治理。

第3章
新型能源安全体系

3.1 新型能源安全体系的基本内涵

3.1.1 能源安全体系的历史变迁

能源安全的概念起源于 20 世纪 70 年代的两次石油危机，其初衷是减少对石油进口的依赖，确保石油供应的稳定性。随着全球能源资源的不断开发和能源结构的低碳化转型，人们对能源安全的认识也在不断深化。能源安全理论研究随着保障能源稳定供应的实践而不断进步，截至目前，能源安全的发展大致经历了四个阶段：形成阶段、过渡阶段、发展阶段以及新阶段，如图 3-1 所示。

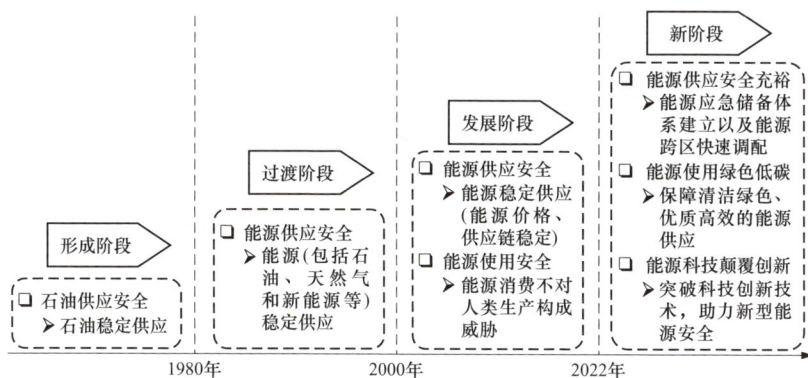

图 3-1 能源安全的演化与发展

20 世纪 70 年代至 80 年代初期，能源安全处于初步形成阶段。1973 年，第四次中东战争爆发，石油输出国组织（OPEC）将石油价格从每桶 3 美元提高到 10.65 美元，引发了全球性的经济危机。1978 年，随着两伊战争的爆发，伊朗暂停了石油出口，导致全球石油市场供需严重失衡，引发了第二次石油危机。在这场危机中，石油价格从每桶 13 美元迅速升至 34 美元，对全球经济产生了重大影响。在两次石油危机的冲击下，各国政府和学者开始关注石油安全的评估体系以及保障石油供应稳定的策略，这一研究持续至今。

自 20 世纪 80 年代起，为了减少对石油资源的依赖，西方国家实施了能源多样化政策，增加了对天然气和新能源等其他能源的使用，能源安全的概念逐渐从单一的石油扩展到多种能源，能源安全进入了过渡阶段，其中天然气和新能源安全的研究尤为突出。

进入 21 世纪初期，随着世界经济形势和能源格局的不断变化，能源安全问题变得更加复杂。各国开始从单纯关注稳定的能源供应，转向关注能源价格安全、能源供应链安全、能源使用安全等多个维度。同时，能源的综合评价、国际关系和地缘政治也成为学者和能源政策制定者关注的焦点，能源安全进入了发展阶段。

自 2022 年中国首次提出构建新型能源体系以来，中国的能源安全步入了新阶段。当前，能源安全问题已成为国家综合实力竞争的重要组成部分。各国围绕能源的开发、转化和利用能力（包括新能源技术的投资与研发、能源科技创新、核心技术突破等）展开竞争，试图通过能源转型从根本上解决长期以来的能源安全问题。中国目前正处于能源转型的初期阶段，正积极探索转型路径。中国的转型路径主要受到资源禀赋和核心动机（能源安全和气候变化）的影响。因此，新型能源安全的核心在于发展创新能源科技，保障清洁、绿色、优质、高效的能源供应。同时，还应考虑到能源储备应急体系的建设和能源运输通道的调配能力，以应对气候变化和地缘政治可能带来的能源问题。

在能源转型的过程中，中国面临着诸多能源安全挑战。首先，气候变化背景下，能源安全的概念、内涵和评价体系发生了根本性的变化，需要在新体系下对能源安全进行定量评估和监测预警，以有效识别中国能源安全水平。其次，中国面临"缺油、少气"的资源禀赋和油气对外依存度持续增加的现状，特别是在当前美国页岩油气革命、中国"一带一路"倡议、"中美贸易战"等复杂国际形势下，中国迫切需要调整境外能源基地布局和控制运输通道风险，并建立能源供应中断的政策响应机制，以确保能源的持续供应和经济的平稳发展。最后，新型能源安全体系代表了能源经济结构和能源创新技术的系统性变革。在深刻理解世界能源系统演化规律的基础上，研究替代能源发展路径对于中国制定能源长期发展战略、保障能源安全至关重要。

3.1.2　主要国家与经济体的能源安全战略

3.1.2.1　美国

（1）美国能源安全战略概述。作为全球最大的能源消费国之一，美国同时也是一个重要的能源生产国，其煤炭储量占全球煤炭资源的 23% 以上，也是全球最大的油气生产国，这种双重角色为其制定和实施独特的能源战略提供了坚实的基础。21世纪以来，美国的能源战略主要包括提高能源利用率，鼓励和支持能源多元化发展，以期改变能源结构，实现能源独立和降低能源来源的不稳定性等。页岩油气的大规模开发提高了美国能源供给的稳定性和可持续性，同时也增强了其在国际能源领域的影响力。2017 年推出了"美国能源优先计划"，旨在进一步开发化石能源，扩大油气出口，实现能源独立，并寻求在能源领域的主导地位。另外，美国也面临发展清洁能源的需求。尽管在化石能源领域具有显著优势，美国越来越重视开发和利用清洁能源，这不仅是为了应对气候变化挑战，也是为了维持其地缘政治权力。美国能源安全战略的有效实施依赖于能源立法。美国的能源立法主要围绕应对能源危机、支持能源多元化发展和新能源发展等问题，通过综合性、专门性等途径全面反映能源发展战略，维护国家能源发展的安全，从而保障经济社会的发展。此外，美国的一个重要能源安全战略是确保能源运输通道的安全，在确保自身能源供应稳定的同时，通过强大的军事力量增加在能源运输方面的控制力，特别是在海上运输领域，如控制关键的海上通道，以确保战时能够封锁他国的运输路线，实现全球战略目标。

（2）美国能源安全战略的调整。首先，"美国能源优先计划"要求增加传统化石能源的生产，并扩大其出口量，以加速提升美国在全球范围内的影响力和控制力。通过加剧全球能源市场的供过于求状况，改变能源市场格局，增加国际能源价格波动的可能性。其次，美国对可再生能源和新能源领域的能源安全战略也进行了调整。美国将新能源产业定位为新兴战略核心产业，重视新能源的发展。

3.1.2.2　欧盟

（1）欧盟能源安全战略概述。首先，欧洲地区的能源资源相对匮乏，对海外市场的依赖程度较高，尤其是在原油、天然气和煤炭等领域，其能源自给率较低，很大程度上需要依赖进口来满足自身需求，其中俄罗斯是欧盟最主要的外部能源供应国。因此，欧盟致力于提高本国能源使用效率，打造节能欧洲。交通和建筑行业是欧盟能源消费的最大市场，超过 30% 的能源用于建筑业，因此欧盟的节能政策主要集中在建筑业和交通领域。在建筑物节能方面，欧盟推行建筑物能源证书制度，鼓励建筑物进行节能改造；在交通节能方面，重视汽车发动机的改造，推广新型燃料以及对二氧化碳排放量征税。其次，加快能源技术创新步伐，开发利用可再生能源也是欧盟能源安全战略的重要内容。欧盟实施增加可再生能源利用比例、加大低碳技术研发力度等措施，确保其在能源技术领域的领先地位。目前，欧盟的能源转型已引起全球的关注，其承诺在 2050 年前完全淘汰化石能源，实现能源体系的 100% 可再生能源转型。再次，推进"消费者友好型"能源政策是欧盟能源安全战略的重要一环。欧盟计划推出同时促进能源技术竞争和保障消费者能源权益的政策，对于能源安全必定会起到积极作用。最后，由于自身传统能源匮乏，欧盟重视建立完善的石油储备体系，这与美国减少石油储备的战略截然相反。

（2）欧盟的能源国际化战略。自 2022 年俄乌冲突以来，欧盟在减少对俄罗斯能源依赖的同时，继续推进能源供应多元化的战略，计划增加里海和中东等地区的能源进口，减轻对俄罗斯和中亚国家的能源依赖，保障能源供应安全。除此之外，欧盟能源国际化战略还包括夯实与能源伙伴合作基础以加强国际能源对话与合作，构建国际能源供应网络以确保能源稳定供应，实施统一的对外能源政策以营造有利于欧盟能源发展的市场外部空间，从而引领全球能源低碳绿色转型。

3.1.2.3　日本

（1）日本的能源安全战略概述。首先，日本是一个能源资源极度匮乏的国家，约 88% 的能源需求依赖进口，其能源自给率仅为 12%。如果对某一国家或地区的能源进口过度依赖，一旦出现突发性能源供应中断，将对经济社会造成重大损失。因此，日本迫切需要分散石油进口来源，确保能源品种和供应来源的多元化，这是日本能源安全战略的核心。其次，日本在能源使用效率方面制定了强制性的法律法规，以强制提高能源利用率。例如，1979 年日本颁布实施了首部《节约能源法》，其主要措施包括降低企业单位产出的能耗，提高各种商品的能效标准。此外，建立能源战略储备机制也是日本能源安全战略的重要组成部分。在第二次石油危机之后，国际能源署规定成员国必须保持 90 天的石油储备量，日本因此建立了本国石油战略储备制度，以避免因过度依赖进口原油而引发国内石油危机。石油战略储备制度被视为日本的基本国策，对日本的生存和发展至关重要，目前日本已经建立了 10 多个国家原油储备基地。最后，能源运输安全对于日本的能源安全至关重要。日本规定石油等进口战略物资的运输必须由本国船只承担，或优先考虑使用本国船只运输，以最大程度提高能源供应的安全性。

（2）日本的能源政策调整。2023 年 2 月，日本推出了《新国家能源战略》，其核心目标是确保国家的能源安全，基本目标是构建一个国民可以信赖的能源安全体系，让国民在能源供应和消费等方面感受到安全。

3.1.2.4　俄罗斯

（1）俄罗斯能源安全战略概述。俄罗斯的能源安全政策涵盖了增产、增强油气管道运输能力、调整消费结构以及吸引外资等多个方面。首先，俄罗斯与中东国家如沙特一样，是一个能源生产大国，其石油、煤炭和天然气的储量都位于世界前列。俄罗斯计划在 2030 年前将燃料能源产量增速提高到 26%～36%，包括将石油产量提升至超过 5 亿 t/年，出口量提升至 3.7 亿 t/年，天然气产量提升至 9000 亿 m³/年，出口量提升至 3700 亿 m³/年。其次，与美国和日本增加海上运输能力不同，由于地理位置等因素，俄罗斯更注重油气管道运输。俄罗斯计划在 2030 年前提升整个管道网络的输送能力，例如建设管道将俄罗斯的里海石油运至欧洲，扩建哈萨克斯坦与俄罗斯之间的石油管道等。再次，调整能源消费结构也是俄罗斯能源安全战略的重要组成部分，俄罗斯正在广泛发展非常规核能和可再生能源。最后，俄罗斯能源安全战略鼓励引进国外投资，通过吸引外资发展东部油气行业，并鼓励本国企业"走出去"，投资国外石油销售网络，以增加俄罗斯的石油出口影响力。

（2）俄罗斯的能源出口战略。俄罗斯横跨欧亚大陆，主要通过管道运输将油气输送到欧洲和亚洲国家。俄罗斯能源出口战略的显著特点是市场多元化和外交平衡。俄罗斯的外交政策与能源贸易紧密协调，有效地利用外交政策和发展优势来推进其国际能源合作。例如，俄罗斯与欧盟的能源合作历史悠久，欧盟能源资源匮乏，而俄罗斯资源丰富，双方在修建天然气管道和建立能源合作对话机制等方面开展了深入的合作，修建了北溪天然气输运管道等重要能源设施。俄罗斯能源出口政策致力于构建多元化的市场，其对外能源出口主要面向三大区域：独联体国家、欧洲市场以及亚洲市场（尤其是中国市场）。

3.1.2.5　中国

中国长期以来面临的主要能源安全问题是石油安全问题。自新中国成立以来，在不同历史时期，中国政府都制定了相应的能源安全战略。例如，"一五"计划（1953—1957 年）提出发展人造石油，"四五"计划（1971—1975 年）提出积极改变燃料结构，"五五"计划（1976—1980 年）提出建设葛洲坝水电站，"六五"计划（1981—1985 年）时期能源安全战略发生转变，首次提出大力抓好能源资源的节约工作。严格来说，改革开放前中国并没有形成清晰完整的能源安全战略。改革开放后，随着经济的快速发展和能源需求的持续增加，能源安全问题逐渐从边缘议题转变为核心议题，中国能源安全战略体系逐渐形成，从发展历程来看，中国能源安全战略历史可以分为四个阶段：

（1）自给自足的能源开发战略（1949—1992 年）。1949 年，中国面临着恢复生产和社会重建的重任，当时原油年产量仅为 12 万 t，能源供应问题成为国民经济和社会发展的首要挑战。20 世纪 50 年代初，中国只能自给 40% 的石油需求，其余主要依赖从苏联进口。但中苏关系破裂后，中国开始实施"自给自足"的能源安全战略。1959 年和 1962 年，大庆油田和胜利油田的发现显著改善了中国的石油供应状况。随后，大港、辽河、江汉、中原、长庆等油田相继被发现并开发，到 1963 年全国原油产量达到 648 万 t，周恩来总理宣布中国基本实现石油自给自足。1978 年，中国跻身世界第八大石油生产国。从 1964 年到 1983 年，中国原油产量年均增速约为 15%，并开始向菲律宾和日本等国出口原油。到了 80 年代中期，石油出口成为国家外汇的重要来源，1985 年创汇最高，占全国出口创汇总额的 26.9%。然而，随着经济的快速发展，中国能源消费量逐年增加，原油进口量也大幅增加。到 1993 年，中国原油进口量首次超过出口量，能源形势再次发生重大变化。

（2）多元互补的能源发展战略（1993—2002 年）。自成为原油净进口国以来，中国能源消费的结构性问题开始显露。必须依赖进口原油来弥补国内生产不足的现实，促使中国改变了能源消费的观念。1993 年 12 月，江泽民同志在中央财经领导小组会议上提出了新的能源发展政策："稳定东部，发展西部，国内为主，国外补充，油气并举，节约开发并重"，这标志着中国的能源安全战略发生了历史性的改变。同年 3 月，中石油在泰国获得了石油开发权，这是中国石油公司首次在海外获得油田开采权益。7 月，中石油还获得了加拿大北湍宁油田的部分股权，生产出了中国历史上第一桶海外原油。随着石油进口的增加，中国石油企业在海外的勘探业务迅速扩展。为了保证国家能源供应，应对能源安全风险，1996 年，中国政府提出了确保能源安全的方针，指出要加紧研究"走出去"问题，充分利用国际市场和国外资源。这一战略的提出为中国的能源安全战略提供了明确的指导原则。比如，中石油积极参与国际能源市场，于 1996 年 11 月中标苏丹 1/2/4 项目，并与其他国家的石油公司合作进行生产，取得了一系列成功。

（3）节约高效的能源安全战略（2003—2013 年）。自进入 21 世纪以来，中国和国际能源安全形势都发生了巨大的变化。中国步入新一轮经济高速增长期，高能耗工业迅速发展，使中国成为全球第二大石油消费国，石油对外依存度逐年增加，2003 年达到 44%。鉴于中国面临资源环境代价高、结构不良、效率偏低等挑战，自 2003 年起，中国逐步调整了"走出去"的国家能源安全战略。通过改变经济和社会发展方式，中国致力于走可持续发展、科学新型发展之路。

（4）"四个革命、一个合作"的能源安全新战略（2014 年至今）。2014 年，习近平总书记创造性提出"四个革命、一个合作"能源安全新战略，推进能源消费革命、供给革命、技术革命、体制革命，全方位加强国际合作。2015 年党的十八届五中全会首次提出建设"清洁低碳、安全高效"的现代能源体系，为新时代中国能源高质量发展指明了方向，提供了根本遵循，对于保障国家能源安全、助力实现碳达峰碳中和目标、支撑经济社会高质量发展具有重大指导意义。

3.1.3　新型能源安全体系的基本定义与内涵

国际社会对"能源安全"的界定因能源资源、消费结构、自身资源储备、生产能力及进出口依存度等因素的差异而各不相同，见表 3-1。国际能源署（IEA）认为，能源安全是在考虑环境的前提下，以合理的价格充足地供应能源，强调能源供应的多样性、高效性和紧急情况应对的灵活性，同时保护环境、维持合理价格、促进市场开放和建设良好的投资环境。欧洲能源宪章秘书处将能源安全定义为可靠、充足且价格合理的能源供应。石油输出国组织（OPEC）认为，能源安全包含六个方面：对可持续发展的基础性作用，向所有消费者提供现代能源服务的保障，供应链各环节的重要性，需要考虑可预见的未来维持能源开发的可持续性及国际合作和对话机制的重要性。世界经济论坛指出，能源安全涵盖能源、经济增长和政治力量等因素，传统的能源安全包括资源供应、需求、地缘政治和市场结构四个方面。世界资源研究所（WRI）和国际战略研究中心（CSIS）则从美国角度阐述了能源安全，认为要保障美国的能源安全，需综合采取措施，包括提高能效，增加国内煤炭生产的液体燃料使用，过渡期内增加国内天然气和石油供给，保证能源生产、运送或供应不受地缘政治干扰，维护能源基础设施，解决能源市场波动带来的不确定性，以及解决新兴势力对美国全球能源市场影响力减弱的问题。

表 3-1　　　　　　　　　主要国际组织对能源安全的定义

国际机构	定义
国际能源署	在考虑环境的前提下，以合理的价格充足地供应能源
欧洲能源宪章秘书处	可靠、充足且价格合理的能源供应
石油输出国组织	能源安全包含六方面的含义。一是能源安全具有全球性，对实现世界可持续发展，尤其是消除贫穷起到基础性作用；二是能源安全要保障向所有消费者提供现代能源服务；三是能源安全涉及供应链的所有环节，产业链下游的重要性绝不亚于上游；四是能源安全需要考虑到可预见的将来；五是能源安全要考虑到能源开发利用不能以危害环境为代价，即保持能源开发的可持续性；六是能源安全离不开国际合作和对话机制
世界经济论坛	能源安全涵盖能源、经济增长和政治力量等因素，传统的能源安全包括资源供应、需求、地缘政治和市场结构四个因素
世界资源研究所及国际战略研究中心	通过提高能效、增加天然气与石油供给量，保证能源生产、运送或供应不受地缘政治的干扰，保证美国的能源安全

主要国家和经济体对能源安全的定义见表 3-2。美国对能源安全的解释包括确保稳定的能源供应、外来石油运输安全以及重要产油区稳定和安全。该定义不仅关

注能源供应中断风险，还包括稳定的能源价格、能源多元化、环境保护以及减少温室气体排放等多方面内容。欧盟的能源安全涵盖保证能源供给安全和建立内部供应机制，将能源安全视为社会生命的重要组成部分，并将解决能源问题视为欧洲面临的重大任务和挑战。为此，欧盟加快推进可再生能源成为主体能源，提高可再生电力在能源消费结构中的比重，以减少对俄罗斯的依赖，提高能源利用效率，并构建"节能"欧洲，发挥欧洲一体化能源市场的优势，以维持欧洲集体能源安全。日本在定义能源安全时，更强调其对国家经济、军事和政治安全的保护作用。在福岛核电事故之后，日本持续深化节能，保持能源效率全球领先地位，并加强能源外交与国际合作，推动能源进口多元化，并依法建立能源储备体系。俄罗斯对能源安全的定义强调自然资源和生态环境的保护，以确保能源供应的持续性。为了减少经济社会对能源资源出口的过度依赖，俄罗斯致力于开拓能源多元化出口市场，保障能源出口安全的同时，充分利用资源优势，大力发展能源装备制造业，推动能源技术装备出口，并积极推进能源科技创新，实现从资源型出口国向创新发展型国家的转变。

表 3-2　　　　　　　　　　主要国家和经济体对能源安全的定义

国家或经济体	定义
美国	包括三方面的内容，即确保稳定的能源供应、外来石油运输安全以及重要产油区稳定和安全，加入了对环境的考虑，并把能源安全作为首要的战略目标，要通过可靠、清洁、可支付的能源提升美国的能源安全
欧盟	包括保证能源供给安全和建立内部供应机制
日本	更加强调能源安全的重要作用，即保护国家经济、军事和政治安全
俄罗斯	强调自然资源和生态环境保护，以保障能源供应的持续性

随着碳减排政策从"软引导"向"硬约束"的演变，能源清洁低碳转型已成为不可逆转的趋势。气候政策的变革将气候环境压力从消费端转移至供给端，直接影响着能源供给的安全性。在这个能源转型的过程中，国际局势和能源发展趋势的复杂性使得国家能源安全面临更多变的因素。为了全面了解能源安全的态势，基于当前的能源转型形势和广义能源安全概念，本书提出了新型能源安全体系的概念框架，如图 3-2 所示。新型能源安全体系指的是确保国家能源系统处于不受能源风险威胁的状态，并具备规避或抵抗能源风险以维持安全状态能力的全方位能源保障体系。其中，能源风险包括系统面临或潜在面临的外部不确定性，如信息风险、运行安全风险、能源转型风险以及地缘冲突风险。新型能源安全体系的能源安全状态体现在以下几个方面：从能源供应数量的可靠性向能源全流程供应链的可靠性转变；从能源使用价格向产品价格的合理性转变，以及从环境污染防治向积极应对全球气

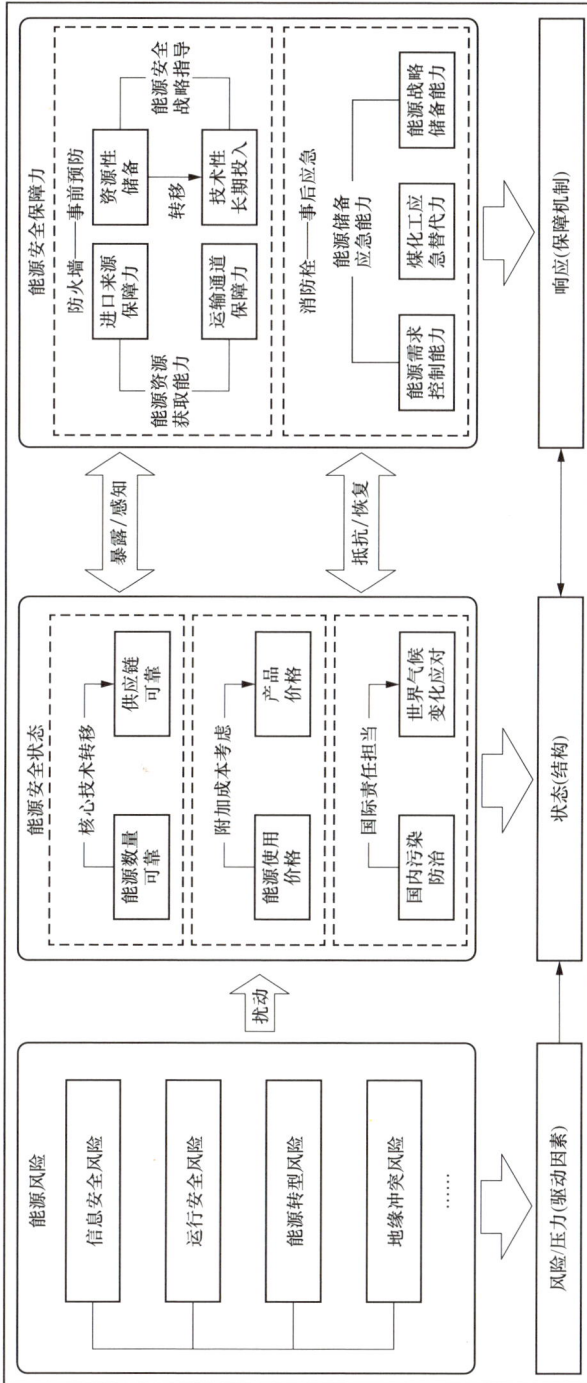

图 3-2　新型能源安全体系概念框架

候变化的转变。这包括推进新型能源体系相关核心技术的研发，保障源—网—荷—储一体化系统的稳定运行，考虑碳关税等产品附加能源成本，确保终端产品价格合理，以及承担全球气候治理的国际责任。能源安全保障力指的是能够对能源风险进行事前预防和事后应急，以规避和抵抗能源风险带来的冲击，持续维护能源安全状态的能力。这包括能源资源获取能力、能源储备应急能力以及对能源技术长期投入等战略性指导。

3.2 新型能源安全体系的主要特征

由于传统能源体系对有限的化石燃料资源过度依赖，无法满足日益增长的能源需求，并面临着资源枯竭、环境污染和气候变化等多重挑战，因此，当今世界各国追求的共同目标是实现能源的稳定、可持续、绿色低碳供给。新型能源安全体系的特征包括安全充裕水平更高、应急响应韧性更强、绿色低碳环境友好以及技术可控能力更强。

（1）特征一：安全充裕水平更高。新型能源安全体系采用多元化的方式确保能源供应的稳定性，这包括利用各种类型的能源资源，以风能、太阳能、水能、核能、天然气等清洁能源为主导，以化石能源为基础的备用保障。为了有效应对潜在的供应中断或需求波动，新型能源安全体系需建立多层次的储备机制，包括国家战略储备和商业储备，以确保能源供应的持续性和可靠性，并减少对单一能源来源的过度依赖。

（2）特征二：应急响应韧性更强。新型能源安全体系展现出强大的气候变化适应能力，能够有效应对气候变化和极端天气条件，以保障能源供应的稳定性。通过采用先进的预测技术和灵活的应急响应机制，同时对能源设施进行加固和改造，新型能源安全体系提升了其抵御自然灾害的能力，确保在极端情况下依然能够维持能源供应的稳定性和可靠性。

（3）特征三：绿色低碳环境友好。新型能源安全体系关注环境保护和应对气候变化，致力于开发和利用清洁低碳的能源。通过推动清洁能源的广泛应用，减少对化石能源的依赖，有效地减少温室气体和其他污染物的排放，为地球环境保护作出了积极贡献。此外，支持创新和应用节能减排技术，并推动绿色建筑、交通等领域的发展，进一步推动社会向低碳转型迈进。

（4）特征四：技术可控能力更强。新型能源安全体系秉持科技自主和创新驱动的发展战略，通过技术、体制和管理等多方面的创新，推动能源领域的科技进步和产业升级。突破太阳能发电、可控核聚变、氢能与燃料电池、碳捕集利用与封存等一系列颠覆性技术，以科技创新引领能源产业的创新发展，培育新质生产力。这一举措旨在实现能源结构的完善、能源供给的充足以及能源利用的高效，充分发挥科技在能源安全支撑保障中的作用。

3.3　新型能源安全体系的评价方法

3.3.1　指标选取

评价指标可分为综合指标、基本指标和要素指标三种类型。综合指标是对一个国家或地区在特定时期能源安全的综合性无量纲化评估。能源安全涉及众多方面，每一方面虽然包含多种影响因素，但这些因素的综合影响可用一个综合性指标（或指数）来量化，这一指标称为"基本指标"，而每个影响因素则为"要素指标"。因此，选择评价指标应遵循科学性、代表性、易获取性、独立性和可量化性的原则，以客观真实地反映影响因素对国家能源安全状况的贡献。指标数据应可查询，数据来源可靠，并确保不同指标所包含信息不重复，且各指标间具有一定独立性。指标体系的建立应遵循科学性、系统性、明确性、可比性、动态性和简洁性的基本原则。构建的指标体系应客观反映能源安全与各种影响因素以及各个指标之间的内在联系，真实地反映能源安全的实际情况。此外，评价指标体系应简单明了、层次清晰，实现全面性和代表性的统一。由于评价指标的全面性和数据获取的限制，实现十分全面的综合评价颇具挑战。因此，关键性指标的选择至关重要。

本书基于亚太能源研究中心（Asia Pacific Energy Research Center，APERC）提出的能源安全"4A"概念和系统模型，结合五大指标选取原则，并兼顾中国当前能源安全形势及国际能源环境，全面分析各影响因素的作用机制，建立了新型能源安全评价指标体系。该体系由可利用性（资源因素）、可获取性（地缘政治与资源供应因素）、可负担性（经济因素）和可接受性（环境与社会因素）四个维度、16项指标组成。

（1）可利用性（Availability）：能源资源的丰富程度直接影响着能源安全水平。国家拥有丰富的能源资源可降低对外界不安全因素的敏感度，提高能源供应的稳定性。储量指标代表国内能源资源的总量（剩余可采储量），反映国内资源的丰富程度。储采比则表示国内已探明的储量与年产量之比，揭示国内能源资源在当前生产技术条件下的可采供应期限。人均资源量指标则是国内能源资源的可采储量与国内人口数的比值，主要反映能源资源的可开采潜力。这些指标均为正向指标，数值越大表示对能源安全越有利。

（2）可获取性（Accessibility）：国内生产与外部进口。可供量指标代表国家能源的总供给量，包括生产量、进口量减去出口量，以及年初和年末的库存差额，反映国家的能源供给能力。能源消费量占全球比例指标表示国内能源消费量（包括石油、天然气、煤炭、可再生能源）占全球总消费量的比例，反映国内能源消费在全球能源市场中的份额。国内产量指标表示国内能源（包括石油、天然气、煤炭）的生产量，主要反映国内的能源生产能力。对外依存度指标表示国家的能源进口量与能源消费量的比值，反映国家对外能源的依赖程度。能源自给率指标表示国家的能源生产量与能源消费量的比值，反映国内的能源自给能力。能源进口量占全球贸易量的比重指标表示国家能源进口量在全球能源贸易量中的比例。构建上述指标主要考虑到地缘政治冲突频发，政治因素对能源安全的影响较大，主要体现在三个方面：①能源进口国与出口国之间的政治关系，关系的恶化可能影响能源供应安全，例如第一次石油危机；②能源生产国内部的政治因素，例如伊朗的政治和宗教因素引发的第二次石油危机；③能源运输通道对能源供应链的影响，全球主要海上运输航线大多由霍尔木兹海峡、马六甲海峡、苏伊士运河等 7 个要塞贯通，这些航线存在较大的风险，强大的海上军事力量可以保护能源海上运输线。其中，可供量和国内产量为正向指标，数值越大表示能源供应越充足，越有利于能源安全；能源消费量占全球比例、对外依存度和能源进口量占全球贸易量的比重为逆向指标，数值越小越有利于能源安全；而能源自给率则为适度指标，既不过度依赖外部资源也不过度产生能源浪费。

（3）可负担性（Affordability）：指能源价格对供应的影响。国际能源价格指代国际各种能源的价格水平，直接反映了能源供需状况和进口成本的高低。能源进口额则表示国家用于进口能源的总花费。人均 GDP 是指国内生产总值与总人口数之比，反映了一个国家的经济发展水平。万元 GDP 能源消费量表示当年的能源消耗量与当年 GDP 之比，反映了国家的能源利用效率，数值越低表示单位 GDP 的能耗越低。人均 GDP 为正向指标，数值越大越有利于能源安全；能源进口额和万元GDP 能源消费量为逆向指标，数值越低越有利于能源安全；国际能源价格为适度指标，价格过高或过低都可能引发国际能源市场的波动，都不利于国际能源安全。

（4）可接受性（Acceptability）：主要关注资源开发效率和可持续利用以及实现经济、人口、资源和环境的整体协调。此外，技术进步和能源替代方面的发展也对能源安全产生重要影响。例如，洁净煤技术和太阳能等可再生能源技术的进步有望改善中国的能源安全形势。CO_2 排放量指代能源消费产生的二氧化碳排放量。环境污染治理投资总额表示国家用于治理环境污染的总投资金额，反映了国家治理环境污染的力度。SO_2 排放量是衡量一个国家大气污染水平的主要指标之一，主要来自于石油、煤炭等化石燃料的燃烧。一次电力及其他能源消费占比指的是一次电力及其他能源消费量占总消费量的比例，数值越高表示对传统化石能源的依赖程度越低，国家面临的环境压力也越低。化石能源消费占比指的是化石能源消费量占总消费量的比例，数值越高表示对传统化石能源的依赖程度越高，国家面临的环境压力也越大。环境污染治理投资总额和一次电力及其他能源消费占比为正向指标，数值越大越有利于能源安全；而 CO_2 排放量和 SO_2 排放量为逆向指标，排放量越大，对能源安全越不利。

3.3.2　体系构建

可根据"4A"能源安全概念，从能源的可利用性、可获取性、可负担性和可接受性四个方面，建立中国石油、天然气、煤炭和可再生能源安全评价指标体系，具体内容可见表 3-3～表 3-6。

表 3-3　　　　　　　　　　　　石油安全评价指标体系

综合指标	基本指标	指标序号	因素指标	单位	指标性质
能源安全度	可利用性指标	1	石油储量	亿 t	正向指标
		2	石油储采比	年	正向指标
		3	人均石油资源量（剩余技术可采储量）	t	正向指标
	可获取性指标	4	石油可供量	万 t	正向指标
		5	石油消费量占全球比例	%	逆向指标
		6	石油生产量	万 t	正向指标
		7	石油对外依存度	%	逆向指标
		8	石油进口量占总贸易量的比重	%	逆向指标
	可负担性指标	9	石油价格	元/桶	适度指标
		10	石油进口额	亿元	逆向指标
		11	人均 GDP	元	正向指标
		12	万元 GDP 石油消费量	t/万元	逆向指标
	可接受性指标	13	石油消费的 CO_2 排放量	亿 t	逆向指标
		14	环境污染治理投资总额	亿元	正向指标
		15	SO_2 排放量	百万 t	逆向指标
		16	一次电力及其他能源消费占比	%	正向指标

表 3-4 天然气安全评价指标体系

综合指标	基本指标	指标序号	因素指标	单位	指标性质
能源安全度	可利用性指标	1	天然气储量	亿 m^3	正向指标
		2	天然气储采比	年	正向指标
		3	人均天然气资源量（剩余技术可采储量）	万 m^3	正向指标
	可获取性指标	4	天然气可供量	亿 m^3	正向指标
		5	天然气消费量占全球比例	%	逆向指标
		6	天然气生产量	亿 m^3	正向指标
		7	天然气对外依存度	%	逆向指标
		8	天然气进口量占总贸易量的比重	%	逆向指标
	可负担性指标	9	天然气价格	元/百万英热单位	适度指标
		10	天然气进口额	亿元	逆向指标
		11	人均 GDP	元	正向指标
		12	万元 GDP 天然气消费量	m^3/万元	逆向指标
	可接受性指标	13	天然气消费的 CO_2 排放量	亿 t	逆向指标
		14	环境污染治理投资总额	亿元	正向指标
		15	SO_2 排放量	百万 t	逆向指标
		16	一次电力及其他能源消费占比	%	正向指标

表 3-5 煤炭安全评价指标体系

综合指标	基本指标	指标序号	因素指标	单位	指标性质
能源安全度	可利用性指标	1	煤炭储量	亿 t	正向指标
		2	煤炭储采比	年	正向指标
		3	人均煤炭资源量（剩余技术可采储量）	t	正向指标
	可获取性指标	4	煤炭可供量	亿 t	正向指标
		5	煤炭消费量占全球比例	%	逆向指标
		6	煤炭产量	亿 t	正向指标
		7	煤炭供应自给率	%	正向指标
		8	煤炭进口量占全球总贸易量的比重	%	逆向指标
	可负担性指标	9	煤炭价格	元/t	适度指标
		10	煤炭进口额	亿元	逆向指标
		11	人均 GDP	元	正向指标
		12	万元 GDP 煤炭消费量	t/万元	逆向指标
	可接受性指标	13	煤炭消费的 CO_2 排放量	亿 t	逆向指标
		14	环境污染治理投资总额	亿元	正向指标
		15	SO_2 排放量	百万 t	逆向指标
		16	一次电力及其他能源消费占比	%	正向指标

表 3-6　　　　　　　　　　　可再生能源安全评价指标体系

综合指标	基本指标	指标序号	因素指标	单位	指标性质
能源安全度	可利用性指标	1	可再生能源理论可开发量	万 kW	正向指标
		2	可再生能源技术可开发量	万 kW	正向指标
		3	人均可再生能源技术可开发容量	万 kW	正向指标
	可获取性指标	4	可再生能源可供量	亿 kWh	正向指标
		5	可再生能源消费权重	%	正向指标
		6	可再生能源装机容量	万 kW	正向指标
	可负担性指标	7	可再生能源价格	元/kWh	适度指标
		8	人均 GDP	元	正向指标
		9	万元 GDP 可再生能源消费量	kWh/万元	逆向指标
	可接受性指标	10	环境治理投资总额	亿元	正向指标
		11	化石能源消费占比	%	逆向指标

3.3.3　评价标准

　　能源安全受到多种因素的影响，因此对其进行评价需要全面考虑多个相关因素，并根据多个指标进行综合评价。评价过程包括以下几个步骤：选定评价指标、确定指标权重、确定指标等级、选择适当的评价方法建立综合评价模型、进行计算并分析评价结果。在确定各指标权重时，可采用主观赋权法和客观赋权法两种方法。主观赋权法主要依据先验知识进行人为赋权，受到主观因素的影响较大，常见的方法包括德尔菲法、层次分析法、综合评分法、模糊评价法以及指数加权法。而客观赋权法则基于指标数据间的关系来确定指标权重，整个过程不受主观因素的影响，权重值仅与指标数据相关，常用的方法包括变异系数法、熵值法、主成分分析法、灰色关联分析法等，下面简要介绍部分赋权法。

　　（1）变异系数法是一种直接利用指标数据所蕴含信息的方法，通过计算变异系数对指标进行归一化，从而得到各指标的权重。在评价指标体系中，各指标具有不同的量纲，导致直接比较其差异程度较为困难。为了消除因各指标数据单位不同而带来的影响，需要计算各指标的变异系数，以衡量各指标取值的差异程度。各指标的变异系数计算公式如式（3-1）所示

$$v_i = \frac{\sigma_i}{\bar{x}_i} \quad (i = 1, 2, \cdots, n) \tag{3-1}$$

式中：σ_i 为第 i 项指标的标准差；$\bar{x}_i$ 为第 i 项指标的平均值。

　　各指标的权重 W_i 为

$$W_i = \frac{v_i}{\sum\limits_{i=1}^{n} v_i}$$

（2）熵值法是一种客观赋权方法，它借鉴了信息论中熵的概念，用于表征每个指标在问题中提供有效信息的程度。该方法主要根据每个指标传递给决策者的信息量大小来确定指标的权重。通常情况下，指标的信息熵越大，意味着指标之间的差异程度越大，提供的信息量也越多，因此在综合评价中所占的权重也越大。相反，指标的信息熵越小，则表示指标之间的变异程度较小，提供的信息量也较少，因此在综合评价中所占的权重也较小。该方法的基本步骤如下：

1）选取 n 个年份，m 个指标，则 c_{ij} 为第 i 年的第 j 个指标的熵值（$i=1$，2，$\cdots$，n；$j=1$，2，$\cdots$，m）。在计算熵值前要进行数据的标准化，对于正向指标，采用升半梯形模糊隶属度函数，即

$$A_{c_{ij}} \begin{cases} 0, & c_{ij} \leqslant \min\limits_{j} c_{ij} \\ \dfrac{c_{ij} - \min\limits_{j} c_{ij}}{\max\limits_{j} c_{ij} - \min\limits_{j} c_{ij}}, & \min\limits_{j} c_{ij} < c_{ij} < \max\limits_{j} c_{ij} \\ 1, & c_{ij} \geqslant \max\limits_{j} c_{ij} \end{cases} \tag{3-2}$$

对于逆向指标，采用降半梯形模糊隶属度函数，即

$$A_{c_{ij}} \begin{cases} 1, & c_{ij} \leqslant \min\limits_{j} c_{ij} \\ \dfrac{\max\limits_{j} c_{ij} - c_{ij}}{\max\limits_{j} c_{ij} - \min\limits_{j} c_{ij}}, & \min\limits_{j} c_{ij} < c_{ij} < \max\limits_{j} c_{ij} \\ 0, & c_{ij} \geqslant \max\limits_{j} c_{ij} \end{cases} \tag{3-3}$$

对于适度指标，采用升半降半模糊隶属度函数，即

$$A_{c_{ij}} \begin{cases} 0, & c_{ij} \leqslant \min\limits_{j} c_{ij} \\ \dfrac{c_{ij} - \min\limits_{j} c_{ij}}{c_{j1} - \min\limits_{j} c_{ij}}, & \min\limits_{j} c_{ij} < c_{ij} < c_{j1} \\ 1, & c_{j1} < c_{ij} < c_{j2} \\ \dfrac{\max\limits_{j} c_{ij} - c_{j1}}{\max\limits_{j} c_{ij} - c_{j2}}, & c_{j2} < c_{ij} < \max\limits_{j} c_{ij} \\ 0, & c_{ij} \geqslant \max\limits_{j} c_{ij} \end{cases} \tag{3-4}$$

2）计算第 j 项指标下第 i 个年份占该指标的比重

$$p_{ij} = \frac{c_i}{\sum\limits_{i=1}^{n} c_{ij}}, \quad i=1,2,\cdots,n; j=1,2,\cdots,m \tag{3-5}$$

式中：c_{ij} 为数据标准化处理后的数据。

3）计算第 j 项指标的熵值

$$e_j = -k \sum_{i=1}^{n} p_{ij} \ln(p_{ij}) \tag{3-6}$$

其中 $k=1/\ln(n)$，满足 $e_j \geqslant 0$。

4）计算信息熵冗余度：$d_j = 1-e_j$。

5）计算各项指标的权值

$$W_j = \frac{d_i}{\sum\limits_{j=1}^{n} d_j} \tag{3-7}$$

（3）主成分分析法是一种统计分析方法，通过变量转换将相关变量转换为若干不相关的综合指标变量。主成分分析被广泛应用于多个要素构成的复杂系统的研究中，因为它能够将原始的多个变量归纳为少数几个综合指标，从而实现数据的降维处理。在处理问题和解决问题时，过多的变量会增加分析的复杂性和难度。主成分分析利用原始变量之间的相关关系，将这些变量转换为较少的新变量（即主成分），以尽可能多地包含原始变量的信息。主成分分析的基本步骤如下：

1）对原始数据进行标准化，避免指标量纲影响协方差矩阵，得到 $n \times m$ 型矩阵

$$\boldsymbol{X} = \begin{bmatrix} x_{11} & \cdots & x_{1m} \\ \vdots & \ddots & \vdots \\ x_{n1} & \cdots & x_{nm} \end{bmatrix} \tag{3-8}$$

2）建立标准化后的相关系数矩阵 $\boldsymbol{R}$，即

$$\boldsymbol{R} = \mathrm{cov}(\boldsymbol{X}) = \begin{bmatrix} r_{11} & \cdots & r_{1m} \\ \vdots & \ddots & \vdots \\ r_{n1} & \cdots & r_{nm} \end{bmatrix} \tag{3-9}$$

式中：r_{ij} 为与 x_{ij} 对应的相关系数，即

$$r_{ij} = \frac{\sum\limits_{i=1}^{n} (x_{ij}-\bar{x}_j)(x_{ij}-\bar{x}_i)}{\sqrt{\sum\limits_{i=1}^{n} (x_{ij}-\bar{x}_j)^2 \sum\limits_{j=1}^{m} (x_{ij}-\bar{x}_i)^2}} \tag{3-10}$$

其中，$\bar{x}_i$、$\bar{x}_j$ 分别为 $\boldsymbol{X}$ 矩阵横向和纵向的平均值。

3）计算相关系数矩阵的特征值与特征向量，即 $\lambda_1 \geqslant \lambda_2 \geqslant \cdots \geqslant \lambda_n > 0$。

4）计算主成分的方差贡献率 α_k 和累计方差贡献率 $\alpha_{(k)}$，即

$$\alpha_k = \frac{\lambda_i}{\sum_{i=1}^{m} \lambda_i} \tag{3-11}$$

$$\alpha_{(k)} = \frac{\sum_{i=1}^{k} \lambda_i}{\sum_{i=1}^{m} \lambda_i} \tag{3-12}$$

5）确定主成分个数及表达式。根据利用较少的主成分获取足够多的原始信息的原则来确定主成分的个数。具体而言，当累积方差贡献率达到 $a_{(k)} > 85\%$ 以上时，确定主成分的个数为 k。

6）计算指标在各主成分线性组合中的系数，根据各主成分的方差贡献率，计算指标在综合得分模型中的系数。随后，对指标权重进行归一化处理，确保所有权重值的总和为 1。

（4）层次分析法将涉及复杂问题的多个指标权重的整体评判转化为对这些元素进行两两比较，然后对这些影响因素的整体权重进行排序评定，最终确定各个影响因素和各级指标的权重值。基本步骤如下：

1）建立层次结构。通常情况下，层次分析法包含三个层次：目标层（A）、准则层（B）和指标层（C）。目标层（A）是综合评价的总目标，即能源安全度；准则层（B）是中间层，包含了评价目标（A）所需考虑的各种因素；指标层（C）则是各种影响因素下的具体评价指标。

2）根据元素之间的相对重要性，分别对各层的元素进行两两比较，使用九级标度法构建两两元素之间的判断矩阵。例如，对于某个准则层元素 B 下的 n 个指标的相对重要性进行两两比较，可以得到判断矩阵 $\boldsymbol{C} = \{c[i,j], i,j = 1,2,\cdots,n\}$，其中 $c[i,j]$ 表示对准则层指标而言，指标 i 相比于指标 j 的相对重要性。判断矩阵中的数值 $c[i,j]$ 可根据调研数据、统计资料、政府工作报告以及专家意见综合考虑得出，通常采用 1～9 及其倒数作为标度值。

3）进行一致性检验。为了判断根据构建的判断矩阵计算出的权重是否合理，需要对构建的判断矩阵进行一致性检验。因此，引入一致性指标 CR 来评估判断矩阵的一致性，并定义：

$$CR = CI/RI \tag{3-13}$$

式中：CR 为随机一致性比率；CI 为判断矩阵的一致性指标，由公式 $CI = (\lambda_{max} - n)/(n-1)$ 求出；RI 为平均随机一致性指标，由表 3-7 给出。

表 3-7　　　　　　　　　　　层次分析法的平均随机一致性指标值表

阶数/n	1	2	3	4	5	6	7	8	9	10	11
RI	0.00	0.00	0.58	0.90	1.12	1.24	1.32	1.41	1.45	1.49	1.51

4）层次单排序。依据构造的判别矩阵，计算本层次与之有联系因素的重要性次序的数值，即层次单排序，可以认为是计算判断矩阵 $\boldsymbol{B}$ 的过程，即

$$BW = \lambda_{\max} W \qquad (3\text{-}14)$$

式中：$\lambda_{\max}$ 为 $\boldsymbol{B}$ 的最大特征根，$\boldsymbol{W}$ 为对应 $\lambda_{\max}$ 的正规化特征向量。将 $\boldsymbol{W} = [w_1, w_2, \cdots, w_n]\boldsymbol{T}$ 的分量 w_i 作为对应指标排序的权重。

5）层次总排序。层次单排序结束后，根据构造的中间层相对于最高层的判别矩阵来计算中间层各因素对于最高层（能源安全度）相对重要性的排序权值。

为了综合利用各种评价方法的优缺点，采用一种集成评价方法，将主观赋权和客观赋权相结合。变异系数法、熵值法和主成分分析法都是客观赋权法，具备一定的数学理论支持，但它们的权重值过于依赖于数据样本。而层次分析法（AHP）则是一种典型的主观赋权法，受到人为主观因素的较大影响。因此，采用组合赋权的方式可以最大限度地减少数据信息的损失。将主观赋权法和客观赋权法的系数都取为 0.5，以得到组合权重的公式

$$w = \frac{1}{2}\left[\frac{1}{3}(w_c + w_e + w_p)\right] + \frac{1}{2}w_a \qquad (3\text{-}15)$$

中国能源安全面临的挑战主要表现在可利用性、可获取性、可负担性和可接受性方面。在可利用性方面，能源储量和储采比的变化对能源安全构成重要影响，因此加强勘探和开采是提升能源储备的主要途径。然而，中国的能源资源地质条件复杂，勘探开发难度大，因此短期内难以大幅度增加能源可利用性，这对整体能源安全构成威胁。可获取性方面，国内能源供应和国外能源进口是关键因素。近年来，不断增长的能源消费导致供需缺口扩大，进而加大了能源进口量和对外依存度，同时能源自给率持续下降，严重威胁中国政治、经济等多个领域的安全。可负担性方面，主要体现在能源价格的承受能力和能源利用效率上。尽管中国单位 GDP 能耗逐年下降，但与发达国家相比仍存在差距。作为能源进出口大国，中国面临能源价格波动带来的挑战，这也对能源安全构成了严重威胁。可接受性方面，主要涉及能源开发利用过程中的环境污染，尽管政府已出台一系列环保政策，但中国碳排放依然居全球首位。

根据计算得到的各指标权重值，可获取性成为影响石油安全最主要的因素之一。石油安全的最大影响因素包括石油对外依存度和石油进口量占全球贸易比重。此外，石油价格、石油进口额和石油储量等指标也是影响中国石油安全的重要因

素。这表明，中国石油安全高度依赖于国际石油市场的稳定性。任何国际石油市场的不稳定因素都可能对中国的石油进口稳定性造成威胁，无论是供应链可靠性还是价格波动风险。天然气安全主要受可获取性和可利用性两个方面的影响。在可获取性方面，天然气对外依存度、天然气产量和天然气进口量占总贸易量比重等指标权重值较大。在可利用性方面，天然气储量和人均天然气资源量是主要的影响指标。近年来，随着中国节能减排和环境保护的力度加大，天然气消费量急剧增长，进口量也在快速增加，导致天然气对外依存度不断上升，从而给中国的天然气安全带来了严重挑战。中国对天然气的勘探开发力度增大，天然气储量占比和人均资源量等指标也得到提高，从而提高了天然气的可利用性和可获取性及安全性。煤炭安全主要受可获取性、可利用性和可接受性等方面指标的影响。其中，影响最大的指标包括煤炭生产量和煤炭消费量占全球比例，以及煤炭储量指标。在可接受性方面，CO_2 排放量和 SO_2 排放量也具有较高的权重。2008 年以前，中国煤炭安全水平相对较高，然而，2008年到 2010 年，由于煤炭需求的增加，煤炭自给率持续下降，煤炭储量占比逐年降低，导致煤炭安全水平迅速下降。自 2011 年以后，中国开始重视环境保护，导致由煤炭燃烧排放的 CO_2 和 SO_2 逐渐减少，万元 GDP 煤炭消费量也大幅降低，煤炭的安全水平出现回升。可再生能源安全主要受可获取性、可负担性等方面的指标影响。在可获取性方面，可再生能源装机容量和消费权重是主要的影响指标。在可负担性方面，可再生能源价格是主要的影响指标。近年来，中国以风电、太阳能发电为主的新能源快速发展，可再生能源装机容量和消费权重得到快速提高，同时随着技术进步，新能源上网价格逐年下降，进而提高了可再生能源的可获取性和可负担性。

尽管中国是全球最大的能源生产国之一，并且能源结构持续优化，但长期以来，能源安全形势一直面临挑战。首先，能源生产与消费一直以煤炭为主导。其次，受制于资源分布等因素，中国石油产量无法满足国内需求，石油供应缺口持续偏高。尽管天然气产量增速较快，但仍无法满足国内的消费需求。最后，中国的石油天然气对外依存度居高不下，增加了石油天然气供应中断的风险。综上所述，环境和气候变化将成为影响中国能源安全的重要因素，中国的能源结构转型之路任重而道远。

3.4　新型能源安全体系的构建路径与主要策略

3.4.1　发展态势

目前，全球处于碳中和的背景下，第三次能源转型步伐正在加快。新冠肺炎疫情引发的能源供需错配问题尚未得到解决，同时国际地缘政治冲突正在引发国际油气市场的转变。在多种因素的综合影响下，全球能源体系正面临着重大变革。

中国面临着两大挑战：确保能源安全稳定供应和推动能源清洁低碳转型。建设清洁低碳、安全高效的能源系统将成为支持经济高质量发展的重要保障。为了应对不同低碳转型阶段下的能源安全挑战，中国需要明确并积极布局长、中、短期的解决方案。中国能源安全面临着结构性矛盾，短期和中长期的挑战存在着差异。短期来看，中国主要面临极端天气引发的局部能源供应不足和高度依赖进口石油的挑战。而在中长期，确保电力系统的安全稳定供应尤为关键，特别是在大比例接入风电和光伏后，电网的安全稳定运行至关重要。如何通过储能、氢能、数字化和智能化等综合手段，将风电和光伏等不稳定能源转化为稳定可靠的电源，将是一个巨大的挑战。

未来，中国将继续基于以煤为主的资源禀赋，充分发挥煤炭在保障能源安全托底和支持新能源发展方面的作用，确保能源的安全高效、清洁低碳发展。在短期内，煤炭在中国能源体系中的主导地位难以撼动，因此当前阶段需要重点依赖煤炭资源。中国拥有全球最庞大、最先进的煤电系统，其具备存量大、效率高、设备更新的典型特征。通过保留并合理布局现有的煤电系统，未来可以灵活应对极端气候对以新能源为主导的新型电力系统的挑战和冲击，从而为实现碳中和目标提供必要支持。煤电的定位将逐渐从仅提供电量的电源转变为具备电量和电力调节功能的电源，这既符合逐步转型的要求，也符合保障能源供应的安全稳定充足的基本原则。推进煤炭资源的清洁高效利用，促进煤电机组的灵活性改造，不仅是根据中国国情做出的现实选择，也是在能源领域适应时代发展的有效举措。

未来，中国将加强新能源布局，以确保能源的安全高效、清洁、低碳发展，并加速推动能源供需双侧协同发展。新能源的本土特性和低碳特征进一步凸显了发展新能源的紧迫性。中国需要加快发展新能源和电动汽车，通过加快大型基地建设来扩大新能源的份额，使能源发展根植于国内产能，同时满足低碳发展战略和确保国家能源安全的客观需求。中国能源转型将是从煤炭时代直接迈向可再生能源时代的跨越式演进和迭代式发展，需要加快推动能源低碳产业链的上下游协同发展和融合，实现传统能源转型发展与清洁能源规模利用之间的融合与平衡。在推动中国能源系统实现安全高效、清洁低碳转型的过程中，不仅要解决能源供需错配问题，更要深度耦合能源供需双侧，涉及产业、空间、技术、市场、制度等结构体系。

在复杂形势下，必须将能源安全提升至新高度，认清在短、中、长期不同阶段的挑战，并相应进行布局。在推动可再生能源成为主体能源的过程中，不可忽视煤炭在能源供需双侧发展中的稳定作用，同时着力推动能源供需双侧的深度耦合与协同发展。

3.4.2 可持续发展路径

根据中国目前能源安全体系的发展特点，可以制定三个阶段的可持续发展路径，即短期阶段（2024—2030 年）、中期阶段（2031—2045 年）和长期阶段（2046—2060 年），如图 3-3 所示。

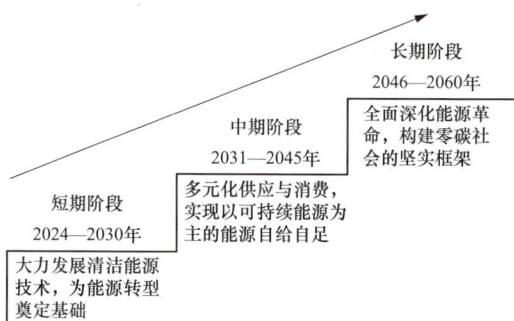

长期阶段
2046—2060年
全面深化能源革命，构建零碳社会的坚实框架

中期阶段
2031—2045年
多元化供应与消费，实现以可持续能源为主的能源自给自足

短期阶段
2024—2030年
大力发展清洁能源技术，为能源转型奠定基础

图 3-3 可持续发展路径图

短期阶段（2024—2030 年）：大力推动清洁能源技术的发展，为能源转型奠定基础。这一阶段，中国将持续加强能源结构的调整，进一步深化国内油气资源的勘探与开发，同时立足于煤炭资源，大力发展清洁能源，特别是风能、太阳能等可再生能源，以降低对外部资源的依赖。中国将持续推动技术创新，逐步减少对传统高碳能源如煤炭的依赖，并积极应对环境污染问题。此外，中国还将进一步提高能源利用效率，推广节能技术。同时坚定不移地重塑世界能源格局，积极扩大国际合作，以确保能源进口的多样性和稳定性。

中期阶段（2031—2045 年）：推动能源供应和消费的多元化，实现以可再生能源为主的自给自足。这一阶段，预计中国将实现非化石能源占据能源消费的主导地位。通过技术进步和规模化应用，将大幅降低可再生能源发电成本，推动能源技术的创新，特别是在储能技术、智能电网等领域取得重大突破，以解决可再生能源的波动性和不稳定性问题。同时，中国将持续攻克氢能制取、储存和运输等关键技术难题，推动氢能在交通、工业等领域的广泛应用，为中国的能源安全和可持续发展开辟新的道路。通过推动能源供应的多元化，确保国家能源的安全。

长期阶段（2046—2060 年）：全面推进能源革命，打造零碳社会的坚实基础。随着可再生能源成为主要的能源供应来源和高效的储能技术以及智能电网的广泛应用，中国将全面实现向零碳排放的重大转型。通过建立以可再生能源为主体、以智能电网为支撑、以先进储能技术为保障的新型能源体系，中国的能源供应将不再受制于任何单一国家或地区，显著降低了受外部冲突的影响。同时，中国还将加强国内能源法规的建设，完善能源市场机制，提升能源储备能力，积极参与国际能源合作，共同维护全球能源市场的稳定，为中国的能源安全提供有力的保障。

3.4.3　规划建设举措

在平衡能源转型发展和能源安全底线的同时，促进发展与安全协调并进，已成为中国能源高质量发展的当务之急。针对三次能源转型，尤其是第三次转型的动因和特征，以及在碳中和目标下中国能源转型面临的风险，可以采取以下措施（具体如图 3-4 所示）。

保障能源产业链安全，开展核心技术攻关。增加科研投入，鼓励创新思维，并吸引顶尖人才积极参与，以促进关键技术的突破。同时，深化产学研合作，整合行业资源，建立协同创新平台，加快科技成果的转化。对太阳能发电、氢燃料电池、碳捕集利用与封存等先进技

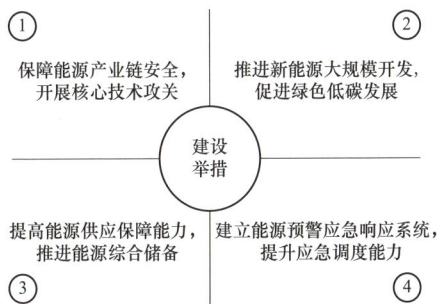

图 3-4　新型能源安全体系建设举措

术进行深入研究，以推动能源结构的优化，提高能源利用效率。重点研究新型电力系统的先进技术，如智能电网、分布式发电和储能技术等，以实现电力系统的安全、可靠、经济和环保，并构建包括源、网、荷、储、市场等要素的新型电力系统关键技术体系，以确保能源产业链的整体安全。

推进新能源大规模开发，促进绿色低碳发展。积极推进水电、核电等安全高效能源的发展，同时大力发展风能、太阳能、生物质能和地热能等新能源，加强其产业链的安全保障。优化能源开发布局，充分考虑能源资源的地域特点，采取先立后破的策略，全面谋划能源发展。同时，加强新能源并网配套工程建设，推进现代电网体系的建设，统筹跨区域骨干输气网和配气管网的建设。致力于构建清洁低碳、安全高效、智能创新的现代化能源体系，促进可再生能源的增长、消纳和储能协调有序发展，提升新能源的消纳和存储能力，并建立多层次的能源储备体系。

提高能源供应保障能力，推进能源综合储备。加快国内化石能源的勘探开发，

着力推进煤矿绿色智能开采，促进煤炭的清洁高效低碳利用。同时，加强油气勘探开发和储备能力建设，以确保油气的战略安全，维护国内石油产量的稳定，并促进天然气产量的快速增长。推动煤层气、页岩气等非常规油气资源的开发利用，发挥化石能源在能源供应中的稳定保障作用。加强对能源运输通道的安全监管，积极运用数字化和智能化技术，特别针对重要且存在风险的能源运输线路，如中缅、中巴油气管道，实行重点监控和管理，确保其安全稳定运营。优化能源进口结构，降低对外依存度，加强国家能源贸易体系的多元化，减少对中东等高风险资源区的依赖，推动能源综合储备基地的建设。

建立及时机敏的能源预警应急响应系统，提升应急调度能力。首先，建立科学评估体系，定期进行能源安全评估与诊断，及时监测国家能源安全水平，以便及时了解当前的能源安全状况。其次，提升能源在地区内及地区间的应急调度能力，建立智能化的决策与调度系统，构建能源需求分级保障体系。最后，积极构建能源安全应急响应机制，完善信息采集、分析和发布系统，逐步建立包括能源生产、运输、销售等各个环节的能源预警应急体系，确定不同能源类型不同级别的应急预案，建立健全的预警应急组织机构和决策机制，以确保在极端气候和地缘因素条件下的能源供应。

第4章
新型能源消费体系

4.1 新型能源消费体系的基本内涵

4.1.1 能源消费体系发展的驱动因素

能源消费体系是指一个区域或国家在一定时期内能源在各种用途中使用方式的总体结构和功能。这一系统包括能源的转换、分配和消费过程，其目的是满足社会经济活动的需求，同时尽量减少环境影响。能源消费体系由消费主体、消费品种和消费方式三者共同构成，决定了能源消费体系的效率、可持续性和环境影响。

在传统能源消费体系中，消费主体主要包括工业部门、交通部门、建筑部门、电力生产部门和居民消费。工业部门，尤其是重工业如钢铁、化工和水泥制造，依赖大量的化石能源如煤炭和石油来满足高能量需求。交通部门广泛使用石油产品如汽油和柴油，支撑着全球的交通网络和物流系统。电力生产部门则主要依靠煤炭和天然气发电，满足全球大部分的电力需求。此外，居民消费中的取暖、烹饪和热水供应也大量使用天然气和石油制品。

在消费品种方面，传统能源消费体系主要依赖煤炭、原油、天然气及其加工产品。煤炭因其丰富的存量和成本效益在全球范围内被广泛使用，尤其是在发电和工业生产中。原油及其精炼产品，如汽油、柴油和煤油，是全球交通和工业的动力源泉。天然气以其较低的碳排放特性被视为相对较清洁的化石燃料，广泛应用于发电、家庭取暖和工业加热等场景。

在消费方式方面，传统能源消费体系特征为集中式能源生产和线性能源消费。大型火力发电站和炼油厂是典型的集中式能源生产设施，大规模转换化石燃料为电力和化学产品，但伴随着高能耗和高污染排放。线性消费模式是指能源从提取、转化到消费的单向流动，这种方式通常伴有大量能量损失和效率低下，缺乏有效的能源回收和再利用机制。此外，传统消费模式对环境的负面影响显著，如温室气体排放和其他污染物的排放问题。

在现代工业化进程推动下，能源消费体系经历了根本性变革。从早期以煤炭和石油为主的能源消费模式，到现在新型可再生能源的迅速崛起，标志着能源消费体系的结构转型。近年来，可再生能源如风能和太阳能快速发展，不仅减少了人类对传统化石能源的依赖，同时也促进了向更环保和可持续的能源消费模式的转变。纵观能源消费体系的发展历程，经济、技术、政策和人口等因素是能源消费体系演变的内在驱动力。

（1）经济因素。经济发展水平和能源需求是影响新型能源消费体系发展的重要因素。如图 4-1 所示，随着经济的增长和人民生活水平的提高，能源需求不断增加，需要更加多样化和可持续的能源供应。中国经济正处于稳定增长阶段，虽然受到全球需求波动和国内服务业复苏动力减弱的影响，经济发展呈现出曲折的波动性，但长期的积极发展趋势未发生改变。产业结构优化升级步伐加快，助力能源消费提质稳量，增速逐步平稳。随着新型工业化的加速，传统制造业正在向高端制造业转型，现代服务业亦逐渐成熟。这一转变预期将在较低的能源消费增速下，支持经济持续稳定增长，并有效降低能源消耗强度。

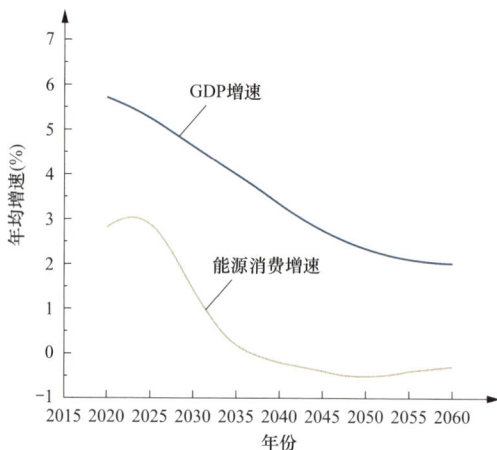

图 4-1　中国 GDP 增速与能源消费增速展望

在经济发展目标指导下，稳定增长成为近中期的主要策略。工业部门作为稳定宏观经济的基石，对能源有持续的需求。尽管服务业对国内生产总值的贡献显著，但工业仍处于转型升级的关键阶段。政策推动下，预计石化等关键行业将逐步恢复，二次产业在 2030 年前的比重预计将维持在 30% 以上，确保能源消费需求的稳定。

（2）技术因素。能源技术的创新和进步是推动新型能源消费体系发展的关键。包括可再生能源技术、能源存储技术以及能源利用效率的提升技术等方面的突破，均有助于促进新型能源消费体的发展。能源转型主要围绕可再生能源替代、电气

化替代和清洁化利用这三个技术创新领域进行，这些技术的进步不仅降低了成本，而且在关键矿产资源和 CCUS 碳汇方面提供了重要支持。从近期看，能源政策倾向于加强安全；长远来看，则致力于实现发展的协调与平衡。在此过程中，能源转型将涉及协调发展、面对安全挑战和应对绿色紧迫三大路径。

中国正推动能源技术革命，以提升国家能源安全至新的高度，并将能源技术创新作为能源发展战略的核心支撑。"双碳"目标的设立进一步强化了能源安全的战略内涵，并为能源技术创新指明了方向。中国致力于通过可再生能源的广泛应用、能源消费的电气化和化石能源的清洁化，以技术创新为驱动，推动能源体系向绿色低碳方向转型。

技术革新推动了可再生能源成本的显著降低，为大规模部署可再生能源设施铺平了道路。依据 IRENA 的数据，2010—2022 年间，全球太阳能光伏装机成本下降了约 83%，陆上风电和海上风电的装机成本分别减少了约 42% 和 34%。可再生能源是各国迅速减少并最终淘汰化石燃料、限制其在实现净零排放过程中造成的宏观经济损害的重要支柱。2023 年中国可再生能源发电总装机容量已超过 14 亿 kW，占全国发电总装机容量的 50%，首次超过了煤电，这标志着可再生能源逐步取代化石能源发电已成为趋势。随着电力在能源应用中逐步取代化石能源，可再生能源发电的比例预计将持续增加。预测到 2060 年，中国可再生能源发电装机容量将超过 70 亿 kW。

（3）政策因素。政府的政策支持是新型能源消费体系发展的关键。通过实施能源转型、财政激励和市场监管等政策，可以有效引导和促进新型能源消费体系的建设。这些政策的系统性、协同性、一致性和可持续性正在不断增强，主要目标是在确保能源安全的基础上推动可再生能源的消费增长。

"双碳"1+N 政策体系正在逐步完善，这一体系强化了政策的系统性、协同性、一致性和可持续性，致力于平衡能源安全、经济发展与碳排放降低之间的关系。能耗双控考核的持续优化和碳排放双控转变的工作基础逐步夯实，为中国经济发展打开了更多使用可再生能源的空间。此外，部门碳达峰实施方案的加速出台正在促进产业和能源结构的优化。

绿证核发全覆盖对促进绿电消费产生了积极影响。全面实施可再生能源绿证核发，扩大了绿证的应用场景，进一步推动了绿电消费，优化了风电和光伏等清洁能源的补贴机制，填补了可再生能源补贴资金的缺口，并引导了社会绿色消费行为。

体制和机制的持续改革为能源系统的绿色转型提供了坚实的制度保障。各工业部门碳达峰实施方案的陆续颁布，推动了产业结构的优化和能耗强度的降低。特别是建材和有色行业的碳达峰实施方案已明确了 2025 年和 2030 年的产业及能源使用结构目标。

（4）人口因素。人口结构的变迁也显著影响能源消费模式。随着总人口规模的稳定和长期负增长趋势，以及城镇化和老龄化进程的加速，能源消费正在向电气化和智能化方向转型。城市化的深入推进增加了公众对能源效率和节能的需求，这促进了新型能源技术的广泛应用和智能能源系统的持续优化。此外，老龄化人口对能源消费的影响主要表现在医疗和养老服务需求的增长，这推动了对智能化和节能型能源消费产品及解决方案的开发。

人口动态方面，中国已自 2022 年起步入人口负增长阶段，老龄化迅速加深，少子化现象显著。虽然近中期人口结构对能源需求提供了支持，但长远看，其将减弱对经济发展和能源消费的推动力。城镇化快速推进，预计到 2030 年，常住人口城镇化率将突破 70%，进而推动能源消费的高效化和低碳化。中国的人口规模预计将持续缩减，短期内三大支撑机制尚可维持能源消费的增长，但长期来看人口减少必将对经济和能源消费产生影响。

首先，预计到 2035 年，受人口惯性作用影响，中国的总人口以及 15~64 岁的劳动年龄人口将分别维持在约 14 亿和 9 亿以上的高水平，这将为经济发展和创新活动提供持续的动力。其次，城镇人口仍在增长，预计到 2040 年将达到约 10.5 亿的峰值，进一步推动生产和生活领域的能源需求。最后，由于人口流动、晚婚及少子化趋势，家庭户规模持续减小，导致人均居住面积及生活能源消费增加。预计从 2045 年起，中国人口将快速减少，到 2060 年减至 12 亿以下，这将加速社会总需求的缩减，削弱其对经济发展和能源消费的支撑作用。

新型城镇化建设促进了产业和人口的优化配置，进而激发了能源消费的潜力，并支持了绿色转型的动力。如图 4-2 所示，中国城镇化进入成熟稳定阶段，建设速

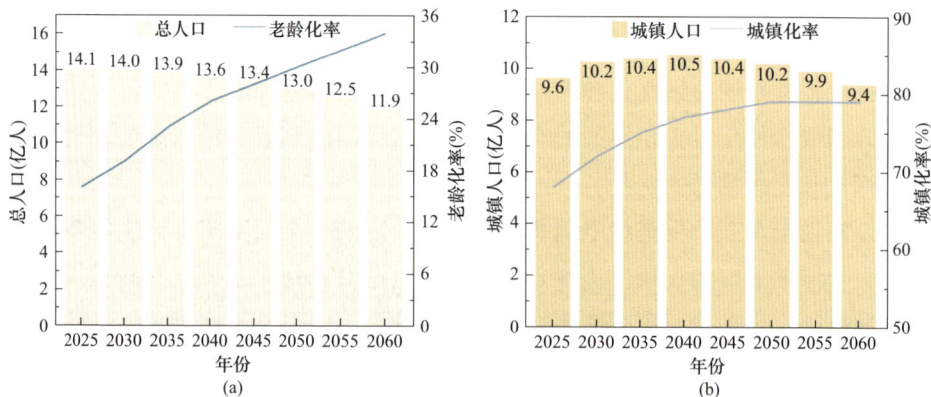

图 4-2　中国人口规模与结构发展前景及城镇化发展前景

（a）人口规模与结构发展前景；（b）城镇化发展前景

度逐渐放缓，转向推动城市群的一体化以及大中小城市间的协调发展，并扩大普惠性公共服务的覆盖。这一转型不仅促进了大城市人口和产业的高效集聚，优化了能源使用，提升了环境承载力；同时，也增强了小城镇的发展活力，有效释放了国内市场的需求潜力。

总体来看，能源的有效利用对于促进国家经济持续增长、保障国家能源安全以及实现环境可持续发展至关重要。自 1990 年以来，中国能源消费量呈现出显著增长态势（见图 4-3）。特别是从 2001 年开始，能源消费增速显著提高。然而，2008年全球金融危机导致中国经济增速放缓，能源需求相应减少，能源消费量短期内下降。危机过后，市场回归正常，能源消费量增长速度也逐渐恢复。从能源使用排放角度来看，能源大量消耗的同时会产生许多环境问题，如二氧化碳等温室气体的排放。为应对全球气候变化的挑战，中国制定了"双碳"目标，即碳达峰和碳中和，为控制和减少二氧化碳排放指出明确方向。

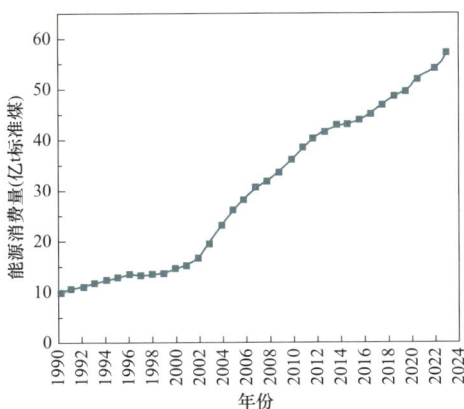

图 4-3　1990—2023 年中国能源消费总量

随着能源消费快速增长，经济发展与资源环境承载力之间的矛盾日益突出，中国在"十二五"（2011—2015 年）规划纲要中提出构建安全、稳定、经济、清洁的现代能源产业体系。当前，中国能源结构呈现碳偏重的特点，"富煤少油"的能源禀赋决定以煤为核心的能源消费结构在相当长一段时期内不会改变。尽管如此，清洁能源消费（天然气＋非化石能源）占比从 2012 年的 14.5％快速上升至 2022 年的25.9％，充分证明了清洁能源在未来能源消费结构中的发展潜力。

新型工业化进程加速，现代服务业日趋成熟，支撑近期能耗强度显著降低，远期步入后工业化时代降幅趋缓。工业绿色发展是新型工业化的核心要义。产业结构去重化节奏加快，用能结构优化，钢铁、水泥等传统重工业占比将稳步下降，传统高载能行业电气化水平稳步提升。高端制造业、战略性新兴产业加快发展，叠加现代服务业的升级发展，带来单位 GDP 能耗显著降低及终端电气化水平提升。2035 年中国将基本实现新型工业化、农业现代化，进入后工业化时代，高技术制造业占比逐步超越重工业占比，产业结构逐步趋于稳定，单位 GDP 能耗下降幅度趋缓。

4.1.2 新型能源消费体系的基本定义与内涵

（1）基本定义。新型能源消费体系是一个以可持续性、效率和智能化为核心特征的能源管理和使用框架，整合了技术创新、政策调整和消费者行为变化，通过促进能源的高效、清洁和可持续使用来支持经济社会可持续发展目标。该体系的核心在于优化能源消费的主体、消费品种以及消费方式，以提高能效和降低环境影响。具体如下。

1）新型消费主体。新型能源消费体系中的消费主体不仅包括传统的工业、居民和商业用户，还强调了新兴的市场参与者如能源服务公司和虚拟电厂的角色。工业用户正在采用更高效的技术和设备来减少能源消耗和碳排放，居民消费者通过智能家居系统优化家庭能源使用，商业企业则实施绿色建筑和能效管理措施。同时，能源服务公司通过能效服务帮助其他消费主体提升能源利用效率，而虚拟电厂则通过整合分散的能源资源提供电网优化服务。

2）新型消费品类。在消费品方面，新型体系鼓励采用可再生能源设备如风力发电机和太阳能光伏板，可以单独使用或与电网集成，优化能源效率并减少依赖化石燃料。交通行业得益于电池技术进步和充电基础设施改善，电动汽车和插电式混合动力汽车通过使用电力替代石油燃料，减少温室气体排放并提升能源使用效率。此外，环保消费品的推广，如使用可回收材料的产品和高能效电器，体现了对生产方法和材料选择的环保考量。

3）新型消费方式。新型能源消费体系推崇的消费方式包括分布式能源系统的本地生成和消费，以及需求侧管理，通过智能技术优化能源使用，特别是在高需求时段内减少能耗。系统整合如通过微电网和虚拟电厂整合各类能源和资源，优化系统效率，同时支持循环经济策略，推动能源的循环利用和废物的再处理。

新型能源消费体系不仅提高了能源效率和环境可持续性，而且引导了消费者和产业向更加绿色、低碳的方向发展，从而支撑社会经济的全面可持续发展。这种体系的实施对于实现能源结构优化和应对气候变化具有重要意义。

（2）内涵范畴。新型能源消费体系的内涵不仅反映在能源的加工转换和消费方式的转变上，还体现在消费体验、节能效率以及供需互动的提升上。

1）消费体验。新型能源消费体系在提升消费体验方面，强调智能化和用户友好的接口。如智能家居系统可以通过与家庭中的智能电能表和能源管理系统集成，允许用户通过智能手机或其他设备实时监督和控制家庭能源使用。用户可以远程调节家中的温度、开关照明或调整其他电器的运行状态，以优化能源消耗和提高生活舒适度。此外，通过应用人工智能技术，系统能够学习用户的习惯和偏好，自动调整设置以实现节省能源同时保持用户的舒适性和便利度。

2）消费节能。节能是新型能源消费体系的核心目标之一，指通过技术创新和优化设计减少能源浪费。如使用高效率的 LED 照明替代传统的白炽灯和荧光灯，可以显著减少电力消耗同时延长使用寿命。在工业领域，变频技术被广泛应用于电机系统，使设备只在需要时运行于最优速度，从而减少不必要的能源消耗。建筑领域的超低能耗建筑使用被动式设计和高性能材料，极大地降低了对传统供暖和冷却系统的依赖。

3）供需互动。新型能源消费体系鼓励供需双方互动，以实现能源供应的最优化。如虚拟电厂技术整合了分散的能源资源；如屋顶太阳能、风电和储能系统，形成一个协调的能源供应网络，允许在电力需求高峰时，快速调配各类资源满足需求，而在需求低谷时则可以将多余的电力存储起来或反馈到电网中。此外，需求响应机制允许电力公司在高需求时刻向用户发送信号，请求减少能源使用，用户在响应这些请求时可以获得经济补偿，从而实现经济和环境双赢。

综上所述，新型能源消费体系通过提升消费体验、实现高效节能、增强供需互动和保证能源高品质，促进了能源消费的现代化和可持续发展。一方面有利于经济和环境，另一方面也提升了消费者的生活质量。

4.2 新型能源消费体系的主要特征

4.2.1 终端电气化

终端电气化是新型能源消费体系的关键特征，其定义为在各种终端应用中，使用电力替代传统化石燃料，包括工业、建筑和交通领域。该转变强调电力的高效和环保性，通过使用电力提高能源利用效率，减少环境污染，从而支持能源系统低碳转型。终端电气化不仅涵盖建筑中设备的电气化，如电热泵替代传统燃气锅炉，还包括交通领域的广泛电动化，如电动汽车和电化铁路，以及工业过程中电驱动机械和电加热技术的应用。通过该方式，电气化使能源供应能够利用更广泛的多样化来源，尤其是本地可再生资源，同时推动智能电网和需求响应技术的发展，提升能源系统的管理效率和响应能力，促进社会经济活动向低碳化方向发展。以下主要从用能行业来看终端电气化的具体应用及其带来的影响。

（1）工业能源电气化。在工业领域，电气化通过替换传统的煤炭和天然气驱动的机械和设备，实现能源使用的高效化和环保化。目前工业部门能源消费量占终端能源消费总量的比例超过60%，且以化石能源为主，电气化率仅为26%，钢铁、水泥、化工等重点高耗能、高排放行业正成为电能替代的重要领域。如电动机械和设备包括电炉、电热处理设备和电动压缩机等在能效和排放控制方面表现优异。工业过程中的电气化还包括使用电力进行化学物质的生产，如通过电解过程生产氢气，"绿氢"可以作为清洁能源进一步用于能源存储或作为工业原料。

（2）建筑能源电气化。提高建筑电气化水平、支持建筑光伏发展、推动建筑减少化石能源供热是优化建筑能源结构、有效降低建筑领域碳排放的重要举措。目前，中国城镇建筑炊事、生活热水、采暖等天然气普及率较高，医院、宾馆等还有一定量用于消毒、洗衣的蒸汽锅炉使用燃气或燃煤，部分农村地区炊事和采暖也在使用燃煤，总体看来建筑用能电气化存在较大潜力。市场上各种功能完善的电磁炉、电炊具、电热水器等用电设备，已基本可以满足家庭、医院、餐饮等方面的日常需要。此外，中国目前实际执行的居民用电价格较低，与燃气相比具有价格优势，提高建筑用电比例也能够有效降低用能成本。

（3）交通运输电气化。交通运输是终端电气化最明显的领域之一。交通部门包括公路、铁路（含城市轨道交通）、航运、航空与管道运输，能源消费以石油为主，电气化率尚不足4%。公路是交通部门的主要用能领域，随着新能源汽车的快速发展，有望实现高度电气化，大幅减少燃油汽车使用；电动汽车以其零尾气排放和高能效成为替代传统燃油车的主要选择。电动汽车包括纯电动车、插电式混合动力车和燃料电池汽车。这些车辆通过电池或燃料电池存储和使用电能，能显著减少对石油的依赖，并在运行时不产生任何直接的碳排放。随着电池技术的进步和成本下降，电动车的续航能力和经济性不断提高，成为越来越多消费者的选择。目前铁路的电气化率已达70%以上，未来将继续稳步推进电能替代。在航运和航空领域，电能也在港口岸电、短途运输等方面发挥一定作用。

4.2.2　消费者向产销者转变

在新型能源消费体系中，消费者向产销者的转变，通常称为"prosumer"（生产者和消费者的合称），标志着个体不再只是被动的能源消费者，而是成为能源的生产者和参与者。这种转变涉及消费者安装能生成能源的设备（如太阳能光伏板或风力发电机），使家庭或企业成为小型能源生产站点。同时，消费者可通过家庭或商业用能源存储系统（如电池）存储过剩能源，并在电价较高时将其出售回电网。此外，消费者也通过需求侧管理，即调整或延迟能源需求来响应电网的需求，从而参与电力市场并获得经济回报。这种模式不仅增强了能源系统的灵活性和韧性，缓解了能源供应压力，还降低了环境影响，并推动了能源政策、市场结构和技术创新的发展，使能源消费体系更加适应未来挑战和需求。消费者向产销者的转变是一个显著的特征，这表明现代能源消费者不仅仅是被动的能源使用者，而且是能源生产和供应链中的积极参与者。具体案例分析如下：

（1）分布式光伏。分布式光伏系统允许居民和企业在自己的屋顶或土地上安装太阳能板，直接产生电力供自用，多余电力还可以输送回电网。这使得普通消费者转变为能源的生产者和供应者。例如，家庭安装的光伏系统不仅可以满足自身的电力需求，还可以通过电网将未使用的电力出售给其他用户，实现能源的自给自足及经济收益。

（2）电动汽车充放电（vehicle-to-grid）。V2G 技术使电动车不仅是能源的消费者，还可以成为能源的提供者。电动车的电池在不驾驶时可以存储大量电能，通过V2G 技术，这些车辆可以将电能反馈到电网，特别是在高需求时段提供额外的电力资源，支持电网稳定运行。这种模式增强了能源系统的灵活性，同时为车主提供了可能的经济利益。

（3）虚拟电厂。虚拟电厂是一种通过软件和智能控制系统将分散的能源资源（如小型光伏系统、风力发电、储能设备和可控负载）集合起来，以优化的方式运行的技术。它使得单个能源生产者和消费者能够参与到更大规模的能源交易和电网服务中，增强了能源的供应安全和经济效益，有效地将个体消费者转化为能源市场的活跃参与者。

（4）需求侧响应。需求侧响应（demand side response，DSR）允许消费者根据电网的需求和电价变化调整自己的能源使用行为。在电网需求高峰期，消费者可以减少能源使用或利用自家的储能设备供电，帮助平衡供需，并因此获得经济补偿。这不仅提升了电网的运行效率，也使消费者从单一的电力使用者转变为参与电力市场的主体。

4.2.3　氢基衍生能源兴起

氢能及氢基衍生能源兴起是新型能源消费体系扩张的新分支。氢基能源消费定义为在能源系统中使用氢作为能源载体进行的能源转换、存储、运输和使用活动，包括从氢的生产（如通过电解水或化学过程）、存储和运输（例如以气态或液态形式），到最终用途（如在燃料电池、工业反应或电力发电中）的全过程。氢基能源消费强调的是通过氢能实现能源的清洁生产、高效使用和灵活调度，以支持可持续发展和低碳经济的构建。氢能及氢基能源消费的兴起不仅提供了一种解决能源和环境问题的新途径，也对能源政策、市场和技术发展提出了新的挑战和机遇，要求相关技术、经济和法规框架相应进步和创新。氢能及氢基能源消费的兴起具有以下显著特点：

（1）高灵活性和多功能性。氢能可以通过多种途径生产，包括电解水（使用可再生能源或其他低碳电力）、自然气重整以及生物质气化等方式。此外，氢能作为高效、灵活、多用途的中间媒介，可实现可再生能源、化石能源与电能、热能之间的无缝衔接，可用于电力生成、交通燃料、工业原料等多个领域，具有极高的应用灵活性。

（2）推动零排放目标。氢能在使用过程中只产生水，不产生二氧化碳等温室气体，特别适合用于减少交通运输、工业生产和电力生产等领域的碳排放。该特点使其成为实现气候变化目标的关键技术之一。

（3）能源存储和转运。氢能及氢基衍生能源（绿电制备）除来源广泛和清洁低碳外，还具有能量密度高和便于存储的优点，可作为大规模储能介质弥补电能的固有缺陷。由于可再生能源（如太阳能和风能）具有间歇性和区域性特点，氢能可作为一种重要的能量载体来存储和转运过剩的可再生能源，解决供需不匹配的问题。氢气可以被压缩或液化，便于长距离运输和储存，从而连接不同地理位置的能源生产与消费。

（4）促进能源系统整合。氢能能够将电力、交通、工业等多个能源系统有效地连接起来，支持能源的多向流动和优化使用。例如，利用过剩的可再生电力通过电解水制氢，氢气可以用于燃料电池汽车，或者转换回电力使用。

4.2.4 消费智能化

消费智能化指利用先进的信息技术、通信技术和自动化技术，实现能源消费过程的实时监测、分析、控制和优化。目标是提升能源使用效率，增强能源系统的灵活性和可靠性，以及提供高质量的能源服务。智能技术被应用于优化能源使用、提高能效，并实现更高的经济和环境效益。

（1）实时数据监控与管理。智能化能源系统通过安装智能计量设备（如智能电能表和传感器）实现能源消耗的实时监控。这些设备能够收集详细的能源使用数据，帮助消费者和能源公司精确了解能源消费模式，从而进行有效的能源管理和调度。

（2）需求响应与负荷管理。消费智能化通过 DSR DR 程序允许消费者基于实时或预测的电力价格和网络条件自动调整电力消费。通过智能家居系统或工业管理系统，使设备如空调、热水器和生产线可以在电网负荷高峰期自动降低运行频率或暂停使用，帮助平衡供需，降低电力成本。

（3）集成可再生能源。智能化能源系统支持更高比例的可再生能源集成。通过智能电网技术，如能源管理系统和自动化控制，可以有效地管理和调度来自太阳能光伏和风能等间歇性能源的电力，减少对传统电网的依赖。

（4）用户参与和交互体验。消费智能化强调消费者的主动参与，消费者不再是被动的能源使用者，而是能够通过用户友好的界面参与能源管理决策。例如，通过移动应用或网络平台，消费者可以远程控制家庭或企业的能源系统，调整消费行为以响应能源价格变动或电网需求。

（5）优化能源供给。供给侧可以根据消费智能化提供的精确数据调整能源产量，优化生产计划，从而减少能源浪费，提高能源供应的匹配度和效率。同时，智能化消费有助于更有效地整合分散的可再生能源，如屋顶太阳能和小型风电，减轻传统电网的压力，推动整个能源系统向更可持续的方向发展。此外，智能化消费通过需求侧管理和实时数据分析，可为能源供应商提供新的商业模式和服务创新的机会，如峰谷电价、个性化能源服务套餐等，从而增强市场的竞争力和吸引力。

4.2.5　绿色消费主动选择

绿色消费意愿不断增强是新型能源消费体系发展的新动向。绿色消费主动选择指消费者基于环保和可持续原则，自愿选择环境影响小、能效高和可再生的能源产品和服务的行为。尽管当前全社会为绿色产品支付环境溢价的意愿仍需培养，但随着国际绿电消费倡议影响不断扩大，资本市场对上市公司 ESG（环境、社会和公司治理）理念愈加看重，外向型企业产品出口的绿色属性要求持续提高，部分消费者对绿色产品需求不断增加，"绿电"消费将逐渐成为新型能源消费体系的刚需。主动选择绿色消费反映了消费者对健康、环保和社会责任的高度关注，同时表明消费者愿意为推动环境可持续性贡献自己的力量。

从企业角度考量，绿色消费选择被视为提升品牌形象、增加市场份额和遵守法规的手段。企业通过推广绿色产品和实践可持续业务操作来提升其品牌形象，吸引环境意识较强的消费者，从而在市场上获得竞争优势。同时，许多地区的环境保护法规越来越严格，企业通过采用绿色技术和生产过程来确保符合法规要求，避免潜在的法律和财务风险。此外，政府提供的补贴、税收减免和其他经济激励措施促使企业采纳绿色技术，同时提高能效和减少资源浪费也为企业带来直接的经济利益。

从个人角度出发，绿色消费选择受到经济性、环保意识和个人价值观的共同驱动。随着绿色技术的成本下降，例如太阳能板和电动汽车的价格降低，个人消费者发现长期投资这些技术能带来显著的经济收益，如减少能源账单和享受政府提供的税收优惠。此外，高度的环保意识促使消费者选择对环境影响较小的产品，如选择购买绿色电力或使用公共交通工具代替私家车。从环保观念上讲，许多消费者视绿色消费为展示其对可持续生活方式承诺的一种方式，反映了个人价值观和对社会的贡献。

4.3 新型能源消费体系预测

4.3.1 模型研究方法

为实现对未来一段时期内中国能源消费总量的预测，采用顶层控制预测和终端消费预测相结合的综合预测体系。顶层控制预测以经济、人口、产业结构、城镇化率等宏观指标为变量，采用时间序列模型，分析能源消费特征及变化规律，进而基于对宏观趋势的研判预测能源消费；终端消费预测方面，针对农林牧渔业、工业、交通、建筑等四个终端用能部门，预测了电能、氢能、热能等能源品种的消费量，涉及 ARIMA 模型、STIRPAT 模型、DEA 模型、弹性系数、Logistic 回归、时间序列等方法；分别剖析行业特征与能源消费间的内在规律，从而预测各行业发展形势及能源消费前景。以下以 ARIMA 模型为例，开展能源消费预测。

（1）ARIMA 模型。差分自回归移动平均模型（ARIMA 模型）是以随机理论为基础的时间序列预测方法。该模型的基本思想是在 t 时刻变量 x_t 可以由过去的自身数值和随机误差项解释，即不需要建立因果关系，只需要研究对象的过往数据就可以建模。由于现实中时间序列数据大多是不平稳的，可以通过对数据进行差分使得数据平稳，模型的形式为

$$\begin{cases} \Phi(B)\,\nabla^d x_t = \Theta(B)\varepsilon_t \\ E(\varepsilon_t)=0,\ \mathrm{var}(\varepsilon_t)=\sigma_\varepsilon^2,\ E(\varepsilon_t\varepsilon_s)=0,\ s \neq t \\ E(x_t\varepsilon_s)=0,\ \forall s < t \end{cases}$$

式中：∇ 为差分算子，$\nabla x_t = x_t - x_{t-1}$；$B$ 为延迟算子，$x_{t-p} = B^p x_t$；$\nabla^d = (1-B)^d$，$\Phi(B) = 1 - \phi_1 B - \cdots - \phi_p B^p$ 为平稳可逆 ARMA(p，q) 模型的自回归系数多项式；$\Theta(B) = 1 - \theta_1 B - \cdots - \theta_p B^p$ 为平稳可逆 ARMA(p，q) 模型的移动平滑系数多项式。

（2）参数显著性检验。利用数据拟合得到的模型应当检验参数是否显著为 0，参数检验的假设条件为

$$H0：\beta_j = 0 \, \forall \, 1 \leqslant j \leqslant m$$

$$H1：\beta_j \neq 0 \, \forall \, 1 \leqslant j \leqslant m$$

此处选择 t 统计量

$$t = \sqrt{n-m} \, \frac{\hat{\beta}_j}{\sqrt{a_{jj} Q(\tilde{\beta})}} \sim t(n-m)$$

若拒绝原假设，认为该参数显著不为 0，否则认为该参数不显著，这时应当剔除不显著参数。其中，n 为观测期数，m 为系数个数。

（3）白噪声检验。对于差分平稳后的序列，如果是白噪声，则没有回归的必要；对于拟合模型，若已经全部提取所有信息，则残差序列应当为白噪声。假设条件为

$$H0：\rho_1 = \rho_2 = \cdots = \rho_m = 0, \quad \forall \, m \geqslant 1$$

$$H1：至少存在某个 \, \rho_k \neq 0, \quad \forall \, m \geqslant 1, \, k \leqslant m$$

此处选取 LB 统计量做白噪声检验，可得

$$LB = n(n+2) \sum_{k=1}^{m} \frac{\hat{\rho}_k^2}{n-k} \sim \chi^2(m)$$

（4）平稳性检验。能源消费总量数据呈逐步上升的趋势，故数据不平稳，需要对该序列进行处理。对中国能源消费量 x，数据利用 ADF 单位根检验做平稳性检验，原序列和一阶差分序列均不平稳，二阶差分后得到 $\Delta^2 x_t$ 序列平稳。但是观察 $\Delta^2 x_t$ 的时序图，数据存在一定的异方差，因此将数据做对数变换以消除异方差。

4.3.2　主要用能行业消费预测

新型能源消费体系注重提高能源利用效率，促进能源的节约和高效利用。终端用能部门的能源消费在近中期的转型路径以产业结构调整、能源效率提升为主，中远期转型路径主要为以技术创新为基础的深度电气化和低碳零碳燃料替代。

4.3.2.1 交通部门

交通领域的消费新特征：推行大容量电气化公共交通和电动、氢能、先进生物液体燃料、天然气等清洁能源交通工具，完善充换电、加氢、加气站点布局及服务设施，对交通供能场站布局和建设在土地空间等方面予以支持，开展多能融合交通供能场站建设，利用铁路沿线、高速公路服务区等建设新能源设施。

新能源汽车发展加快，燃油车保有量在2025年前后达峰，推动交通燃料用油需求达峰后快速下降。中国新能源汽车发展已进入快速普及阶段，2023年年底，新能源汽车销量约930万辆，销量渗透率约为33％，新能源汽车保有量约为2030万辆，占汽车总保有量的比重约为6％。预计2025年新能源汽车保有量近4000万辆，占汽车总保有量的比重将超过10％。新能源汽车的快速发展，导致燃油车保有量提前达峰。预计2025—2030年间燃油车保有量保持在3亿辆左右平台期，燃油车保有量的达峰直接导致交通用油需求饱和。

交通能源峰值早于运输总量到来。预计2040年前后交通运输总量达34亿t·km峰值，而交通能源将在2025年达到7.2亿t标准煤峰值，如图4-4所示，碳排放随之达到15亿t峰值，比运需求提前15年达峰。2025年后随着燃油车燃油经济性提高，车辆电动化带来运输能效提升（电动汽车能效是燃油车的2～3倍），在道路运输需求达峰、运输结构倾向于轨道交通等多因素共同作用下，交通用能快速下降，2060年降至3亿t。大力发展交通电气化以及轨道交通，提高电力在交通能源中的比重是减少交通用能总量及交通碳排放量的主要路径，见表4-1。

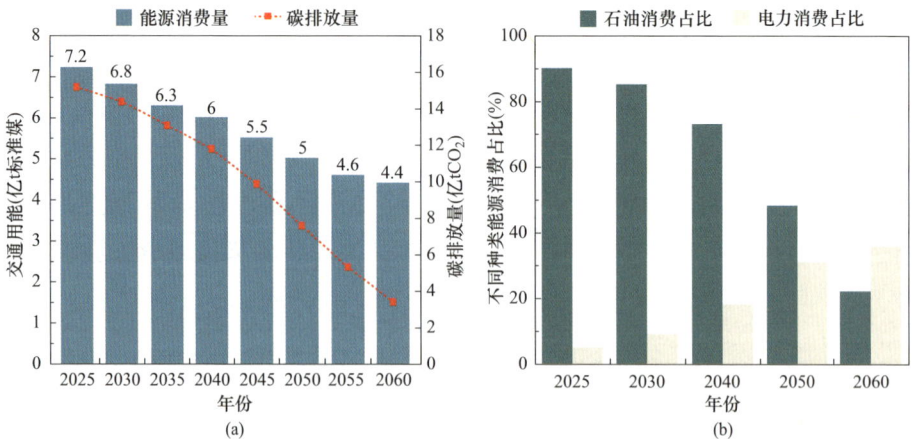

图4-4 交通部门能源消费与碳排放总量及能源消费结构

（a）能源消费与碳排放总量；（b）能源消费结构

表 4-1　　　　　　　　　　　中国交通部门能源消费预测数据表

项目	单位	年份							
		2025	2030	2035	2040	2045	2050	2055	2060
煤炭	万 t	50	0	0	0	0	0	0	0
石油	万 t	44196	39618	34876	29893	23277	16524	10892	6546
天然气	亿 m³	264	211	183	172	161	158	152	148
电力	亿 kWh	2791	4905	6696	8806	10926	12835	13282	12794
氢气	万 t	9	26	89	294	655	977	1289	1771
煤炭	万 t 标准煤	36	0	0	0	0	0	0	0
石油	万 t 标准煤	63139	56598	49824	42705	33253	23607	15561	9352
天然气	万 t 标准煤	3511	2802	2433	2284	2139	2106	2025	1969
电力	万 t 标准煤	3430	6028	8230	10822	13428	15774	16323	15724
氢气	万 t 标准煤	38	108	363	1204	2683	4003	5281	7257
氢基燃料	万 t 标准煤	279	339	658	968	1377	1671	2687	4151
生物质及合成燃料	万 t 标准煤	595	812	865	1025	1346	2140	3305	4470
能源消费合计	万 t 标准煤	71028	66687	62372	59008	54225	49301	45182	42922

交通燃料用油下滑是导致石油需求达峰后下降的主要原因，石油的原料属性愈加强化。未来石油消费总量将经历达峰、平台、缓慢下降和快速下降四个阶段。当前到 2026 年前后为"达峰期"，石油消费峰值约 8 亿 t，年均增长 1%～2%；2027年至 2030 年为"平台期"，石油消费保持在 8 亿 t 左右，年均微幅降低约 1%；2031 年至 2040 年为缓慢下降期，石油消费量年均降速约 2%；2041 年至 2060 年为快速下降期，年均降速为 4%～5%。

达峰期（当前至 2026 年）。未来 3～5 年是石油需求增长的最后阶段，石油需求年均增长 1%～2%。由于燃油车保有量增长，交通燃料用油需求绝对量仍在缓慢增加，但占石油消费比重由 50% 缓慢降至 48% 左右。同时，该时期仍处于化工超级扩能周期内，包括乙烯、对二甲苯、丙烷脱氢等大量化工装置投产拉动化工轻油以及液化气等化工原料用油持续增加，占石油消费比重由 23% 提高至28%。

平台期（2027—2030 年）。石油需求维持在 8 亿 t 左右平台期，平台期持续时间缩短。该时期内，新能源汽车影响由量变到质变，燃油车保有量达峰，交通燃料用油缓慢下降，占石油消费比重降至 44% 左右。同时，尽管投产节奏放缓，但是化工下游装置投产仍在持续，拉动化工原料用油占比大幅提高至 33%。

缓慢下降期（2031—2040年）。处于交通用油下降以及化工用油增速放缓双拐点期，石油需求年均下降2%左右。化工原料用油需求的增长，减缓了交通用油需求下降对石油需求的影响。该时期化工原料用油需求将超过交通燃料用油，期末占石油需求比重分别为44%和37%。

快速下降期（2041—2060年）。中国进入中等发达国家水平，消费品需求逐步饱和，加之绿氢、循环再生、CO_2资源化等技术突破，对石油替代明显加快，该阶段石油需求快速下降，年均降速4%～5%。2060年，石油主要用于化工原料，同时仍有部分航空和水运用油，少量道路沥青和润滑油需求。由于石化和远程运输领域较难完全实现去油化，因此2060年石油仍有2.8亿t左右的需求量，如图4-5所示。

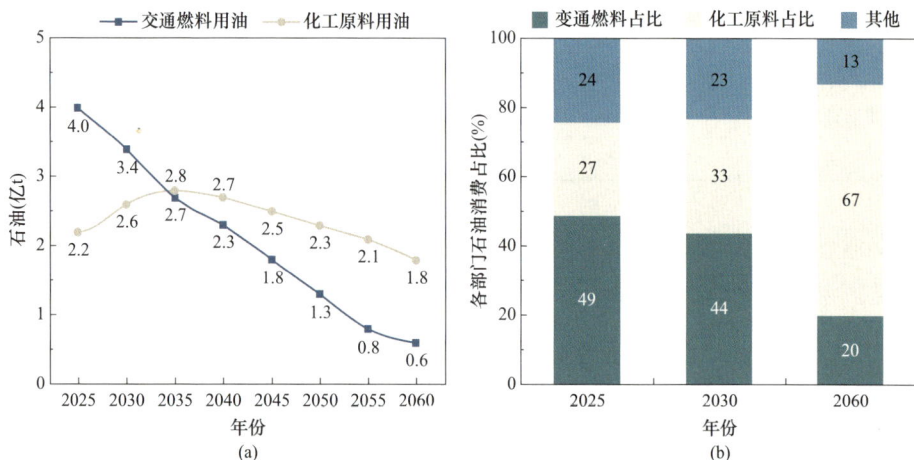

图 4-5　交通及化工领域用油需求及石油消费结构

（a）用油需求；（b）石油消费结构

4.3.2.2　工业部门

工业领域的消费新特征：建设绿色用能产业园区和企业，发展工业绿色微电网，在自有场所开发利用清洁低碳能源，建设分布式清洁能源和智慧能源系统；通过创新电力输送及运行方式实现可再生能源电力项目就近向产业园区或企业供电，产业园区或企业将通过电力市场购买绿色电力；新兴重点用能领域以绿色能源为主满足用能需求，并对余热余压余气等进行充分利用。2025—2060年的能源消费量预测结果见表4-2。

表 4-2　　　　　　　　　　中国工业部门能源消费预测数据表

项目	单位	年份							
		2025	2030	2035	2040	2045	2050	2055	2060
煤炭	万 t	146179	127900	96971	75926	56957	35955	23295	8825
石油	万 t	29650	27802	25930	25084	23144	21677	20852	19422
天然气	亿 m³	2138	2871	3157	3357	3190	2797	2373	2017
电力	亿 kWh	60459	68089	74046	77889	80045	82176	82163	79619
氢气	万 t	3594	3652	3982	4133	4327	4610	4545	4985
煤炭	万 t 标准煤	104416	91359	69267	54234	40684	25683	16640	6303
石油	万 t 标准煤	42358	39718	37043	35834	33063	30968	29789	27747
天然气	万 t 标准煤	28435	38190	41988	44650	42421	37195	31566	26826
电力	万 t 标准煤	74304	83681	91003	95726	98376	100994	100979	97851
氢气	万 t 标准煤	14728	14967	16320	16938	17734	18896	18630	20433
能源消费合计	万 t 标准煤	264241	267916	255621	247382	232279	213736	197603	179160

　　近中期，中国工业部门能源消费将在增总量的同时持续优结构，天然气和电力加速替代煤炭，成为支撑工业能源消费增长的主力。随着高载能工业不断革新生产工艺、发展用能技术，工业"煤改电""煤改气"大力推进，以及中国工业结构的持续转型和优化调整，工业部门用能在总量平稳增长的同时结构持续低碳化，煤炭消费量和占比逐步下降，天然气、电力消费量和占比明显增长，如图 4-6 所示。

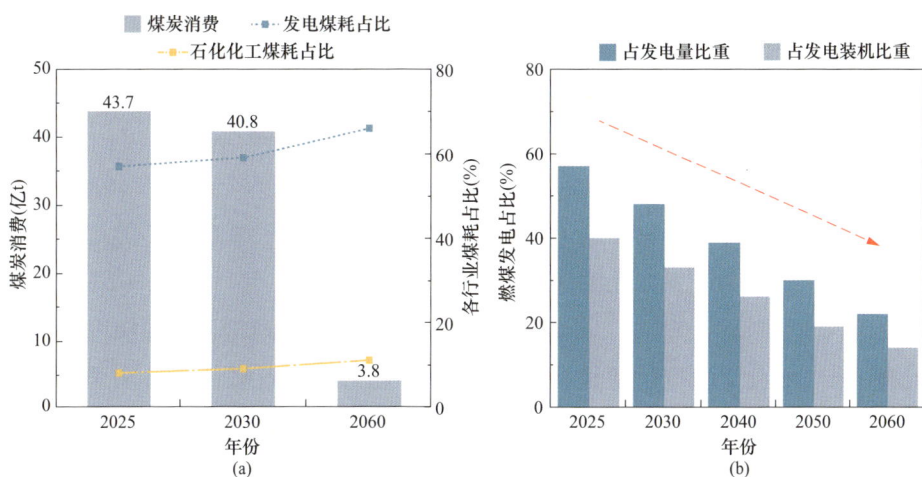

图 4-6　煤炭分行业消费结构及燃煤发电在发电量和发电装机中的占比

（a）煤炭分行业消费结构；（b）燃煤发电在发电量和发电装机中的占比

2030—2035 年，电力将超越煤炭成为工业部门的主力能源，到 2035 年电力在工业用能中的占比达 36%。天然气助力终端工业部门快速降碳，也支撑可再生电力的长期发展。未来最有发展潜力和影响力的两个天然气消费部门是工业和发电，二者对天然气消费量变化的合计贡献总是高于 80%。

大宗工业品需求先后达峰，工业结构持续优化升级，工业能耗和碳排放分别于 2028 年和 2026 年前后达峰。工业是中国国民经济发展的长期支撑，中国处于工业化后期阶段，正在推进工业化与信息化、智能化融合发展，高载能工业行业生产规模开始放缓甚至缩减，工业部门的能源消费达峰在即。预计中国工业部门能源消费将于 2028 年前后达峰，峰值约 27.1 亿 t 标准煤，二氧化碳排放将于 2026 年前后达峰、峰值约 64.8 亿 tCO_2，如图 4-7 所示。

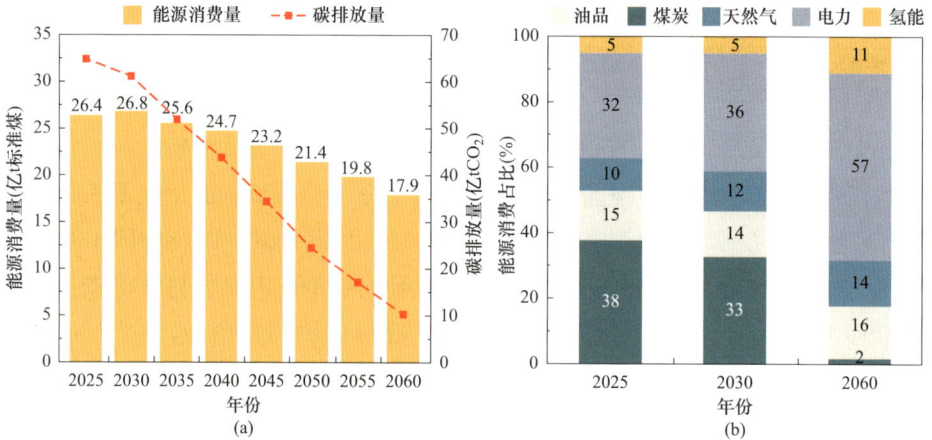

图 4-7　工业部门能源消费与碳排放总量及能源消费结构

（a）能源消费与碳排放总量；（b）能源消费结构

短期内，中国煤电装机容量、燃煤发电量将持续增长，发电用煤随之增长，是带动煤炭消费的主力。发电耗煤将持续增长到 2026—2030 年，预计 2026 年左右达峰，峰值约 23.5 亿 t。之后，风电和光伏发电装机保持高速增长，储能应用规模大幅增加，非化石能源发电量预计在 2030 年左右超过煤电，燃煤机组加速关停，煤电加快退出，发电耗煤量快速下降。到展望期末，在 CCUS 技术辅助下，煤电将作为灵活调节电源、安全保障电源，成为新型电力系统的重要托底。

钢铁、建材以及其他行业用煤在展望期内稳步下降。目前中国城镇化率已突破65%，将在 2026—2030 年迈入 70% 以上水平，城镇化率提升速度开始放缓，房地产行业发展和基础设施建设步伐放慢，粗钢和建材的产品需求进入峰值平台期，导致用煤需求也基本达峰，但用煤直至展望期末仍无法彻底压减。其他工业和行业则通过电气化等方式加速替代煤炭消费。近中期钢铁行业煤耗主要是随产品产量缩减而减少。建材行业的用煤稳步下降，但水泥生产受制于成本等要求，用煤替代有限，直至展望期末仍有煤耗。水泥需求已在近年达峰之后开始缩减，同时随着水泥产能"汰旧上新"，玻璃和陶瓷行业"煤改气""煤改电"规模扩大，建材行业用煤持续减少。但水泥行业的低成本要求使得煤炭作为燃料不可或缺。远期，随着绿氢冶炼等革命性工艺技术的应用，钢铁行业煤耗压减将更明显，如图 4-8 所示。

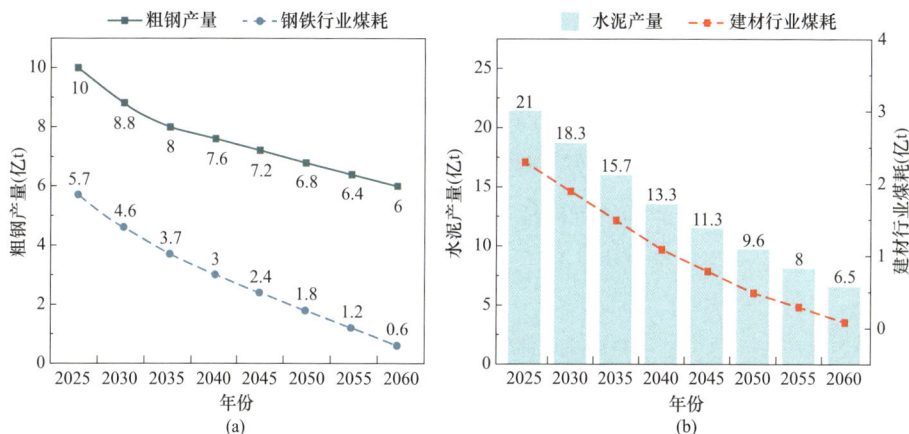

图 4-8　粗钢产量与钢铁行业煤耗展望及水泥产量与建材行业煤耗展望
（a）粗钢产量与钢铁行业煤耗展望；（b）水泥产量与建材行业煤耗展望

化工的超级扩能周期仍在延续，拉动中长期化工原料用油需求增长，远期循环再生以及 CO_2 资源化技术推动化工原料用油下降。伴随炼化产业政策放开以及"油转化"浪潮，中国化工规模快速增长，成为全球最大乙烯和对二甲苯生产国。下游装置的扩张带动化工原料用油消费的增加。

乙烯当量消费饱和值或将在 2035 年前后到来，如图 4-9 所示。从宏观看，中长期中国经济处于 3%～5%的中速增长，人口负增长同时快速老龄化，城镇化速度放缓。从产业看，"碳壁垒"等政策倒逼塑料再生循环技术快速发展，国际贸易争端导致产业转移由劳动密集型逐渐向资本密集型延伸，国内房地产业由黄金扩张期进入了更新置换期。综合判断，预计 2035 年前后中国乙烯当量消费规模达 8200～9000 万 t（人均 58～65kg，当前为 43kg 左右）。

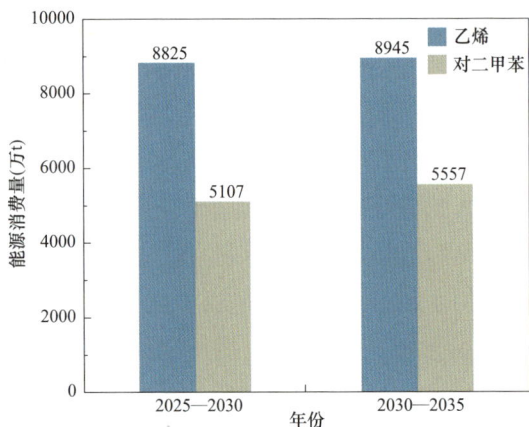

图 4-9　乙烯和对二甲苯能源消费量预测

4.3.2.3　建筑部门

建筑领域的消费新特征：完善建筑可再生能源应用标准，光伏建筑一体化应用，利用太阳能、地热能和生物质能等建设可再生能源建筑供能系统。2025—2060年的能源消费量预测结果见表 4-3。

表 4-3　　　　　　　　　　　中国建筑部门能源消费预测数据表

项目	单位	年份							
		2025	2030	2035	2040	2045	2050	2055	2060
煤炭	万 t	5506	2199	992	520	350	200	125	37
石油	万 t	2590	1936	1628	1285	1020	790	395	158
天然气	亿 m³	774	860	910	906	885	829	755	684
电力	亿 kWh	28234	35531	38769	39213	38792	37446	37057	36564
氢气	万 t	64	69	70	247	423	500	464	341
煤炭	万 t 标准煤	3933	1571	708	371	250	143	89	26
石油	万 t 标准煤	3700	2766	2325	1836	1457	1129	564	226
天然气	万 t 标准煤	10294	11442	12104	12056	11776	11025	10035	9097
电力	万 t 标准煤	34699	43668	47648	48193	47676	46021	45543	44938
氢气	万 t 标准煤	263	282	285	1012	1735	2049	1903	1396
热力	万 t 标准煤	7410	8061	7950	7284	6173	4849	3914	3041
能源消费合计	万 t 标准煤	60299	67791	71020	70752	69067	65216	62049	58724

建筑能耗通常指非生产性建筑在使用过程中的能源消耗，即民用建筑运行能

耗，包括用于营造建筑室内环境、实现建筑服务功能的采暖、制冷、通风、照明、炊事、热水、家电、办公等能源消耗。建筑部门是现代社会重要的能源消费部门，全球超过 30％的终端能源消费来自于建筑部门。建筑部门是落实绿色发展理念、推进能源生产和消费革命、加快生态文明建设不可忽视的领域。建筑部门重塑能源需要从控制建筑部门活动水平过快增长、降低建筑用能强度、提高建筑用能系统和设备效率、优化建筑用能结构、升级建筑建造和运行管理模式等方面进行努力。

2010—2050 年间中国建筑面积年均增速约为 1.1％，较 2000—2010 年的 6.2％的增速大幅放缓。2050 年建筑总面积可控制在 860 亿 m^2 左右，各类人均建筑面积基本达到当前发达国家中的较低水平，既保障了必要的生活、工作空间，又避免了向"奢侈"方向发展。

参考情景下，建筑部门终端能源消费量持续快速攀升，从 2010 年的 5.5 亿 t 标准煤增长到 2050 年的 14.8 亿 t 标准煤，期间没有出现峰值；重塑情景下，建筑部门终端能源消费增速大幅放缓，并在 2039 年达到峰值，约 8.6 亿 t 标准煤，2050年终端能源消费量降为 7.3 亿 t 标准煤，较参考情景下降 51％，较 2010 年仅增长34％（见图 4-10）。就 2050 年而言，合理控制建筑面积、推广超低能耗建筑、提高设备和系统效率、优化终端用能结构、升级建设运行方式五条路径，可分别实现节能 2.9 亿 t 标准煤、3.0 亿 t 标准煤、2.0 亿 t 标准煤、1.5 亿 t 标准煤、1.0 亿 t 标准煤。

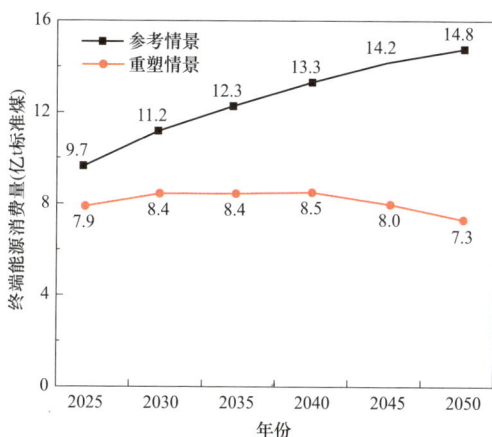

图 4-10　不同情景下建筑部门终端能源消费量

重塑情景下，2050 年建筑终端能源消费中电力占比达到 66％，较 2010 年提高

36 个百分点，较参考情景提高 16 个百分点；煤炭占比仅为 2%，较 2010 年降低 41 个百分点，较参考情景降低 16 个百分点，基本实现建筑部门终端用能去煤化（见图 4-11）。

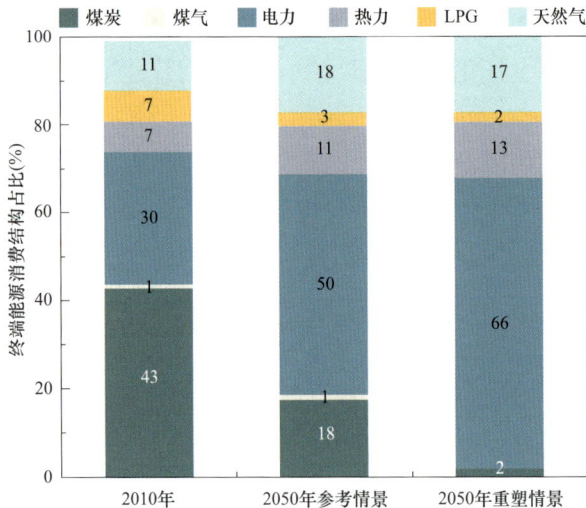

图 4-11　2050 年两个情景下建筑部门终端能源消费结构比较

重塑情景下，建筑工业化使建筑寿命普遍延长，2010—2050 年可累计减少城镇新建建筑面积 34.1 亿 m²，其中 2050 年减少 2.4 亿 m²，相应地减少了钢材、水泥等建材工业生产能耗约 0.6 亿 t 标准煤。得益于光伏发电系统的大规模应用，2050 年建筑光伏发电装机达 5.4 亿 kW，年发电量 6840 亿 kWh，相当于减少电力部门能源消费 0.8 亿 t 标准煤。建筑部门因实施各项重塑措施，在 2010—2050 年期间将累计增加投资约 8.7 万亿元，但所带来的节能潜力可以节约能源费用约 13.0 万亿元，综合来看，建筑部门重塑能源可以带来约 4.3 万亿元的净收益。

4.3.3　能源终端消费总量预测

模型预测结果显示，中国终端能源消费将于 2030 年达峰，电、氢融合发展加快绿色低碳转型进程，见表 4-4。2023 年，中国终端能源消费总量增至 38.5 亿 t 标准煤，预计 2025 年突破 40 亿 t 标准煤，并于 2030 年增至 41.2 亿 t 标准煤左右的峰值，峰值平台期 5～10 年；随后，终端能源消费规模加速萎缩，预计 2060 年降至 28.6 亿 t 标准煤，仅为现状的 74%，如图 4-12 所示。

表 4-4　　　　　　　　　　　中国终端能源消费预测数据表

项目	单位	年份							
		2025	2030	2035	2040	2045	2050	2055	2060
煤炭	万 t	153386	31592	99325	77689	58307	36755	23720	9011
石油	万 t	78880	71606	64341	57781	48501	39606	32493	26315
天然气	亿 m³	3178	3945	4253	4439	4239	3787	3283	2852
电力	亿 kWh	93490	110965	122337	129114	133339	136434	136742	133103
氢气	万 t	3667	3747	4143	4680	5420	6113	6334	7141
煤炭	万 t 标准煤	109564	93996	70948	55493	41649	26254	16943	6437
石油	万 t 标准煤	112688	102296	91917	82546	69288	56581	46420	37594
天然气	万 t 标准煤	42267	52467	56563	59034	56379	50369	43665	37927
电力	万 t 标准煤	114900	136376	150352	158681	163873	167677	168055	163584
氢气	万 t 标准煤	15029	15359	16979	19180	22214	25052	25962	29267
氢基燃料	万 t 标准煤	279	339	658	968	1377	1671	2687	4151
热力及其他	万 t 标准煤	8005	8873	8816	8308	7519	6990	7219	7511
终端能源消费合计	万 t 标准煤	402732	409707	396232	384211	362299	334593	310952	286470

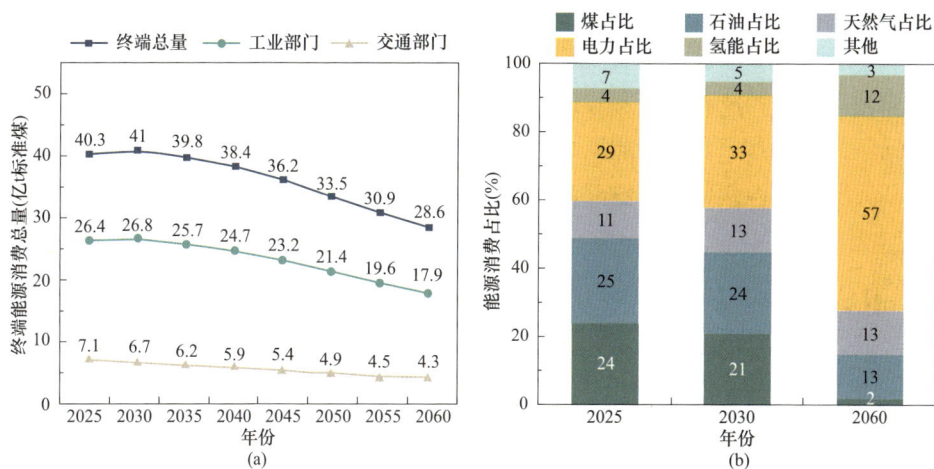

图 4-12　中国终端能源消费总量预测及结构预测

（a）终端能源消费总量预测；（b）结构预测

从能源品种看，电力正在跃升为终端第一大能源，氢能自 2035 年后高速增长，煤、油、气依次被电氢替代。煤炭消费规模和占比加速下降，将逐渐失去终端第一能源的地位；石油和天然气消费将分别于 2026 年和 2040 年前后达峰，峰值期占比分别为 28％和 15％。2035 年前，电力在绿色低碳转型中发挥主导作用，终端部门用电量预计从当前的 8.7 万亿 kWh 增至 12.2 万亿 kWh，电力占比从 28% 增至 38%。2035 年后，氢能技术经济性迈过"拐点"，与电力协同深化绿色低碳转型，届时，电力增速放缓，2045 年前后进入 13.5 万亿 kWh 左右的峰值平台期；氢能应用加快，2060 年氢能消费量较 2035 年接近翻番，中国终端电氢化率将从当前的 32% 增至 2035 年的 42% 和 2060 年的 69%。

从用能部门看，工业部门始终是终端用能主体和节能降碳的重心，建筑部门将在 2030 年前后超越交通部门成为第二大用能终端。工业部门能源消费量在中国终端能源消费总量中的占比长期稳定在 65% 左右，在终端能源消费达峰期和下降期，工业部门的增长贡献率和压减贡献率均高达 73%。交通部门是中国能源消费达峰最早、绿色低碳转型最迅猛的终端部门，电力、氢能等清洁能源加速替代油品和天然气，预计电氢化率将从当前的 4% 跃升至 2030 年的 10% 和 2060 年的 63%。建筑部门是唯一能源消费量和占比均长期增长的终端部门，随着产业升级和民生富裕，建筑部门能源消费占比将从当前的 15% 升至 2030 年的 17% 和 2060 年的 20%。

4.3.4 能源消费空间分布预测

人口空间分布是区域自然资源禀赋及其开发利用空间格局特征的综合反映。1935 年，胡焕庸正式提出了表征中国人口空间分布特征的地理界线。该线真实地反映了中国人口、经济和社会发展格局特征，成为研究中国经济、人口和社会发展等重要问题的基本参照。根据能源总量预测结果，得到了基于网格化的胡焕庸线（简称"胡线"）东西两侧省份能源消耗总量空间格局图谱，见图 4-13。

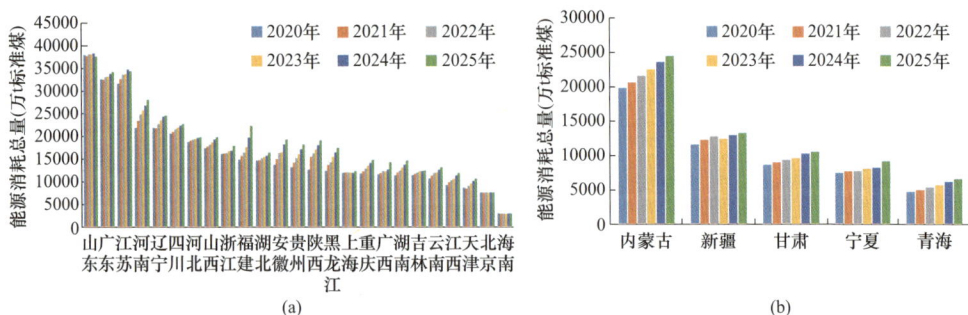

图 4-13 胡线东西两侧省份能源消耗总量网格化

（a）胡线东侧省份；（b）胡线西侧省份

以胡线为界，中国能源消耗量呈现东侧消耗量大、西侧消耗量小的空间格局，其中京津冀和长三角城市群能源消耗量最大。这种空间格局特征的形成因素众多、时间较长，且难以改变。在胡线东侧，沿海一带省区的能源消耗总量最大，如山东、江苏、浙江、广东、辽宁等省区。中部内陆省区的能源消耗量次之，如安徽、湖北、山西、广西等省区。能源消耗量的影响因素众多，主要是由各省区资源禀赋、经济发展水平、人口规模及产业结构等因素共同决定的。胡线两侧省区经济发展两极分化，区域经济差异明显，东部沿海省区的经济发展水平高，尤其是京津冀和长三角等地区。其交通运输系统完善，工业发展迅速，常住人口与流动人口渐增，民用汽车数量攀升，导致能源消耗量巨大。

在胡线西侧，能源消耗总量较大的是内蒙古和新疆两个省区。随着"投资西进"，东侧的煤炭、电力和化工等重化工业转向西部，胡线西侧省区则依靠自身的能源优势维持高能耗产业，这也加重了西侧能源的损耗。胡线西侧作为国家未来的能源基地，在不断输出能源的同时，也成为能源消耗的基地。

到 2025 年，胡线东侧省区将是中国的电力负荷中心。在胡线东侧，电力消耗量呈现"东部多、中部少"的空间格局。其中，河北、山东、江苏、浙江、广东等省区消耗量较大，上述省区的工业用电、第三产业用电和居民消费用电对自身用电的拉动作用不断增强。在胡线西侧，除了新疆以外，其他省区电力资源的消耗情况基本持平，消耗量较小。中国电力生产与消费量的空间格局处于不平衡状态，电力能源主要集中在胡线西侧省区，其水电资源丰富。京津冀、江浙沪等地区社会经济发展水平高，电力资源消耗量高，却存在电力资源缺乏的问题。在这种供需不平衡的情况下，跨省区输电是未来中国电力发展的必然选择。中国采取西部大开发政策促进对胡线西侧省区的经济开发和投资集聚，水电将得到大规模开发；同时，中国开通了"西电东输"3 大通道，协调胡线东西两侧的电力调度与区域发展，致力解决中国电力能源供需不平衡的问题。

作为中国的经济发达区域，东部沿海地区仍将是能源消费的主要区域。由于工业和电力需求仍然旺盛，煤炭消费量仍将占据一定比重，特别是在广东、山东、江苏等经济大省。随着经济结构的优化和产业升级，该地区的能源消费结构将更加倾向于清洁和高效能源。新能源汽车的推广、绿色建筑的普及以及工业节能技术的应用将成为该地区能源消费的新特点。京津冀地区将加大对清洁能源的利用，减少煤炭消费，推动能源消费模式向低碳、清洁方向转变。长三角地区将继续发挥其经济引擎作用，进一步加强对非化石能源的开发和利用，如水电、风电和太阳能等，同时提升能源使用效率。珠三角地区将继续作为改革开放的前沿，大力发展智慧能源系统，推广分布式能源和微电网，优化能源消费结构。

中西部地区将利用自身资源优势，发展清洁能源。特别是在"一带一路"倡议的推动下，西部地区将成为重要的清洁能源生产基地，推动能源消费向更加可持续和环保的方向发展。拥有丰富水资源的西南地区将大力发展水电，同时积极开发风能和太阳能等清洁能源。该地区的能源消费结构将更加多元化，清洁能源的比重将显著提升。北方地区由于有较多的重工业和传统制造业，煤炭作为主要的工业燃料和发电原料，消费量将继续保持高位，尤其是在山西、内蒙古、陕西等煤炭主产区，未来须推动产业结构调整，转向更加清洁和高效的能源消费模式。

4.4 新型能源消费体系发展态势

4.4.1 总体形势

全球范围内，新型能源消费体系正呈现出快速发展的态势。各国能源消费结构差别较大，发达国家的能源结构普遍优于发展中国家。发达国家和发展中国家人均能耗量差距明显，美国、加拿大、德国等国家的人均能耗量处于高位，普遍大于中国、印度、巴西等发展中国家。随着全球对可持续发展和环境保护的认识不断加深，各国纷纷转向多样化、灵活性和可持续性更强的能源消费模式。同时，新兴经济体的崛起和能源技术的突破也为新型能源消费体系的发展提供了机遇。

放眼未来，全球能源发展将呈现出四大趋势：油气作用下降、可再生能源快速扩张、电气化程度提高、低碳氢使用增多。过去一年，全球减少了部分化石能源供应，社会经济生活大受冲击。对能源短缺和易受地缘政治事件影响的担忧引发全球对能源安全的日益关注，这可能促使各国和各区域努力降低依赖进口能源，转而消费更多国内生产的能源。这也将大大推动能源效率提高，减少对各类能源的需求。

与全球及世界主要经济体相比，中国能源消费结构中最显著的特点是煤炭占比较高，而石油和天然气比例偏低。面对复杂严峻的外部环境，中国经济呈现稳步复苏发展态势。经济社会发展的持续向好，刺激了能源需求增长，也给能源转型带来一些新的议题。例如，扩大内需、新型工业化等战略的实施，驱动化石能源消费和非化石能源消费双双增长。

清洁低碳是构建中国新型电力系统的核心目标。终端能源消费从"电气化"引领迈向"电氢化"深度脱碳。新型电力系统中，非化石能源发电将逐步转变为装机主体和电量主体，核、水、风、光、储等多种清洁能源协同互补发展，化石能源发电装机及发电量占比下降的同时，在新型低碳零碳负碳技术的引领下，电力系统碳排放总量逐步达到"双碳"目标要求。各行业先进电气化技术及装备发展水平取得突破，电能替代在工业、交通、建筑等领域得到较为充分的发展。电能逐步成为终端能源消费的主体，助力终端能源消费低碳化转型。绿电消费激励约束机制逐步完善，绿电、绿证交易规模持续扩大，以市场化方式发现绿色电力的环境价值[5]。

4.4.2　未来全球及中国能源消费格局

未来全球及中国能源消费格局正在向清洁、低碳、绿色、高效、多元化方向转变。新型能源消费体系下政府与市场的关系，既要坚持市场化方向，继续深化能源消费体制机制改革，又要充分发挥政府的作用，保障公平竞争，加强市场监管，维护市场秩序；短期与长期的关系，从化解当前突出矛盾入手，从构建长效消费体制机制、重塑中长期能源增长动力着眼，坚持稳中求进，有序推进。

4.4.2.1　全球能源消费格局

（1）电能消费格局。2020 年，全球电力需求在当年下降约 1%。2021 年和 2022 年，全球电力需求已经连续两年恢复增长。2022 年全球经济受到能源价格上涨影响，全球电力需求为 26776TWh，同比增长 1.9%，低于 2021 年的 5.7%，这是由于 2022 年地缘政治事件引发了天然气和煤炭等能源产品价格大幅上涨，发电成本的上涨使得电价也随之上涨，抑制了全球大部分地区的电力需求，并导致通胀迅速上升。受能源价格高企影响，工业电力消费萎缩，欧洲及欧盟 2022 年电力消费大幅下滑，分别下降了 3.7% 和 3.5%，这是自 2009 年全球金融危机以后，欧盟发生的第二次电力消费大幅下降。2023 年全球电力需求增长率为 2.2%，预计 2024—2026 年加速至 3.4%（见图 4-14）。

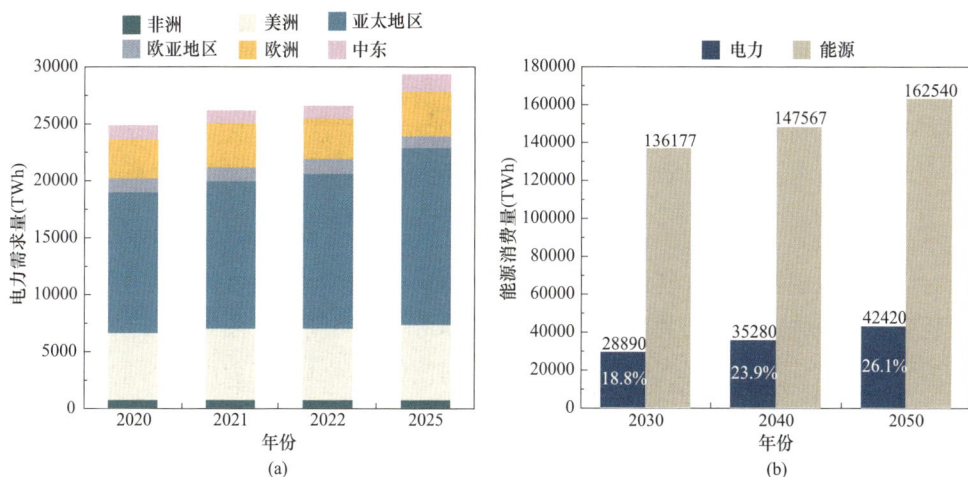

图 4-14　2020—2025 年全球各地区电力需求情况及 2030—2050 年电力占能源消费量比重预测

（a）2020—2025 年全球各地区电力需求情况；（b）2030—2050 年电力占能源消费量比重预测

2025 年，绿色清洁能源将满足全球电力的绝大部分增长需求，全球电力系统将加速低碳转型。根据 IEA 预测，到 2025 年，可再生能源在全球电力结构中的占比将从 2022 年的 29％增长至 2025 年的 35％，核能占比 9％，核能和可再生能源在全球电力结构中的占比达到 44％。2022—2025 年，可再生能源发电量年均复合增速最高，达到 9％，全球核能发电量的年均增长率达到近 4％，而煤炭和天然气发电量接近零增长，年均复合增速分别为－0.3％和 0.1％，其他非可再生能源发电量年均复合增速最低，仅为－8％。因此，可再生能源和核能等绿色清洁能源将在未来的全球电力结构中占据更加重要的地位，全球电力系统正加速绿色低碳转型。

根据预测，全球能源需求至 2030 年将增长 16％，至 2050 年将增长 38％，年增长率约为 1％；而电力需求的增长速度将更快，至 2030 年电力需求预计将以 2.2％的年增长率增长，2030 年之后年增长率预计维持在 2％左右；电力需求占总能源需求的百分比将从 2018 年的 18.8％增至 2030 年的 21％；至 2050 年，这个百分比将扩大至 26％。图 4-15 所示为全球能源与电力需求情况。

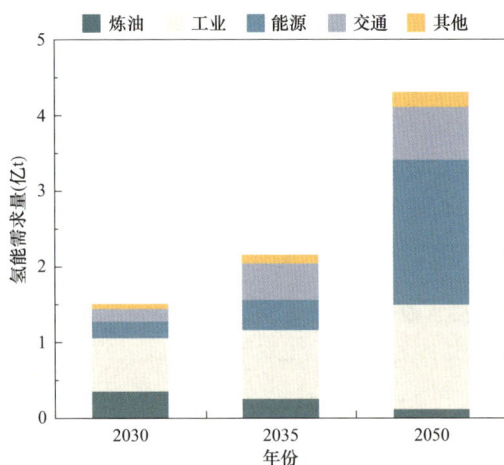

图 4-15　全球氢能需求量预测

（2）氢能消费格局。作为一种用途广泛的二次能源，氢能可以在多个生产和消费环节作为替代能源进行使用，而氢气本身作为一种重要的工业气体，在传统工业领域已有非常广泛的应用。未来，氢将同时扮演能源载体和工业原料两重角色，在重工业、交通、建筑、电力等行业发挥更大作用。

随着绿色低碳和可持续发展成为国际共识，氢能正在加快在交通、工业、建筑等领域广泛应用。未来对氢的需求主要来自三个方面：①传统工业领域的用氢需求，即来自炼油、合成氨及合成甲醇的需求，预计将保持相对稳定，其中炼油用氢可能随着石油需求量下降而有所下降。整体而言，根据 IEA 的预测，在 2050 年净零排放场景下，2030 年炼油、合成氨及合成甲醇对气的年需求量合计将接近 9000 万 t。②氢及其衍生物作为燃料的应用需求，即氢作为能源载体替代化石燃料带来的需求，既包括在交通领域的动力需求、建筑领域的供热需求，也包括参与发电的电力需求。根据 IEA 的预测，在 2050 年净零排放场景下，2030 年交通和能源行业的氢需求量将分别达到 1600 万 t 和 2200 万 t。③氢在新应用场景中的需求，如氢储能，在新场景中的推广程度既要靠相关技术发展赋能，也依赖于产业起步后用氢成本的下降。中短期内，新场景应用带来的需求提升十分有限，但长期来看可能撬动更大潜在空间。其中，能源和交通部门将贡献最主要增量。

全球各国的氢能布局正在向具体落实加速推进，氢能产业建设逐渐由规划或示范阶段迈入规模化、商业化阶段。2022 年，全球氢能产量达到 9400 万 t，全球氢能需求增长 5%，氢能约占全球终端能源消费总量的 2.5%。国际能源署预测，到 2030 年，全球氢气需求量可达到 1.5 亿 t；到 2050 年，全球氢气需求量有望达到 4.3 亿 t，氢能在全球终端能源消费量中的占比可达 25%；到 2070 年，全球氢气需求将达到 5.2 亿 t。

研判以下趋势：①氢能技术路径多样化趋势，应用场景成为产业发展关键；②绿氢产品经济性仍是发展重点，应在合适区域加快探索经济可行模式；③氢作为长时储能逐步发挥重要作用，有望成为综合能源解决方案中的重要一环；④氢能在交通领域实现商业化应用，氢能重卡将发挥更大绿色和经济价值；⑤未来碳市场将为绿色氢基能源带来重大机遇；⑥氢能降本增效将为传统产业绿色低碳转型提供可行路径和可靠支撑。

4.4.2.2　中国能源消费格局

中国能源发展要统筹兼顾经济发展、能源安全和碳减排目标，立足中国国情和煤多、油气不足、新能源丰富的资源禀赋，加速构建以新能源为主的新型电力系统和氢能产业体系，积极推动中国以煤炭为主的高碳能源结构向以新能源为主的低碳能源结构转变。预测中国能源消费新格局的空间地域分布将呈现出"东强中升西优"的特点，即东部地区继续保持能源消费的领先地位，中部地区能源消费增长迅速，西部地区则依托丰富的清洁能源资源，优化能源消费结构。全国范围内，清洁能源和非化石能源的消费比重将逐渐增加，能源利用效率将不断提升，为实现中国的"碳达峰"和"碳中和"目标提供有力支撑。

（1）电能消费格局。当前中国在全球电力消费中的份额接近 1/3。各行业先进电气化技术及装备发展水平取得突破，电能替代在工业、交通、建筑等领域取得较为充分的发展。电能逐步成为终端能源消费的主体，助力终端能源消费的低碳化转型。绿电消费激励约束机制逐步完善，绿电、绿证交易规模持续扩大，以市场化方式发现绿色电力的环境价值。

中国电能消费增长可以划分为三大阶段，如图 4-16 所示。

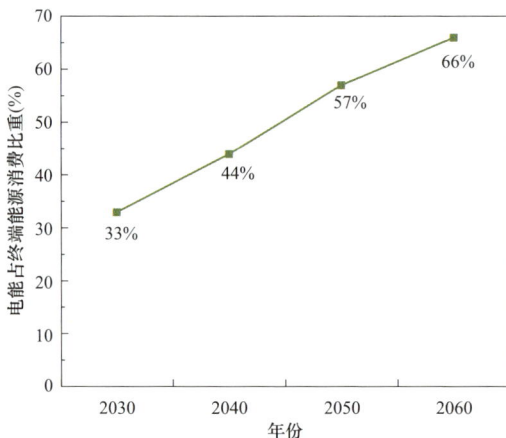

图 4-16　中国电能占终端能源消费比重预测

1）近期（当前至 2030 年）：电力消费新模式不断涌现，终端用能领域电气化水平逐步提升。新能源跨领域融合、负荷聚合服务、综合能源服务等贴近终端用户的新业态新模式不断涌现，分散化需求响应资源进一步整合，用户侧灵活调节和响应能力提升至 5% 以上，促进新能源就近就地开发利用和高效消纳。电能在工业、建筑、交通等重点用能领域的替代"提速扩围"，终端用能电气化水平提升至 35% 左右，推动形成绿色低碳、高效节能的生产方式和生活方式，充分支撑煤油气等化石能源的碳排放尽早达峰。

2）中期（2030—2045 年）：用户侧低碳化、电气化、灵活化、智能化变革方兴未艾，全社会各领域电能替代广泛普及。各领域各行业先进电气化技术及装备水平进一步提升，工业领域电能替代深入推进，交通领域新能源、氢燃料电池汽车替代传统能源汽车。电力需求响应市场环境逐步完善，虚拟电厂、电动汽车、可中断负荷等用户侧优质调节资源参与电力需求响应市场化交易，用户侧调节能力大幅提升。电能在终端能源消费中逐渐成为主体，助力能源消费低碳转型。

3）远期（2045—2060 年）：电力生产和消费关系深刻变革，电氢替代助力全社会碳中和。交通、化工领域绿电制氢、绿电制甲烷、绿电制氨等新技术新业态新模式大范围推广。既消费电能又生产电能的电力用户"产消者"蓬勃涌现，成为电力系统重要的平衡调节参与力量。电力在能源系统中的核心纽带作用充分发挥，通过电转氢、电制燃料等方式与氢能等二次能源融合利用，助力构建多种能源与电能互联互通的能源体系。在冶金、化工、重型运输等领域，氢能作为反应物质和原材料等，成为清洁电力的重要补充，与电能一起，共同构建以电氢协同为主的终端用能形态，助力全社会实现深度脱碳。

（2）氢能消费格局。氢能是一种二次清洁能源，被誉为"21 世纪终极能源"，氢能和可再生能源的渗透推广将深度重构中国能源供给与利用模式。现阶段，制氢耗能仅占中国一次能源消费总量的 3％左右；到 2060 年，这一比例将增至 18％，其中制氢耗电将占据全社会用电总量的 20％以上。

氢能需求方面，应用场景趋于多元化。2023 年，中国氢气消费总量约 3549 万 t，在终端能源消费总量中的占比不足 4％。从利用部门看，几乎全部氢气用于工业部门，建筑、交通等部门用氢合计不足 3％；从利用形式看，原料用途（制取甲醇、合成氨、炼油化工等）占比 90％以上，燃料用途不足 10％。展望未来的氢能社会，氢能将扮演燃料、原料、储能介质等多重角色，广泛深度地参与工业、交通、建筑、发电等部门的碳中和进程。预计 2060 年，中国氢能消费规模将达 1.3 亿 t，占中国终端能源消费总量的近 20％。

中国氢能消费增长历程可以划分为三大阶段，如图 4-17 所示。

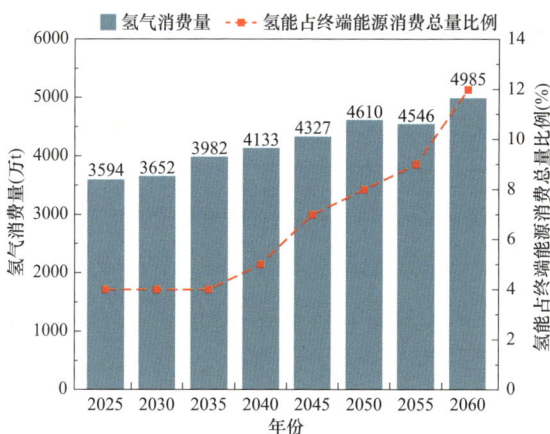

图 4-17　中国氢能多元化应用预测

1）示范发展阶段（当前至 2035 年）。在此期间，氢能交通、绿氢炼化、氢冶金等应用场景尚不具备规模经济，95％以上的氢气仍用于工业领域，制取甲醇、合成氨、炼油化工等。预计这一阶段中国氢能消费规模增长缓慢，年均增速仅为

1.5％左右；氢能消费规模增幅有限，较现状增长 23％左右。

2）快速推广阶段（2036—2050 年）。在此期间，预计中国氢能消费量将增长约 60％。尽管工业部门仍将占据氢能消费量的 2/3 左右，但氢能应用场景从以炼油化工为主向冶金、水泥、玻璃、陶瓷等场景推广，并在交通、建筑等领域取得规模化应用。预计氢能占中国终端能源消费总量的比重从 4.5％增至 8.0％。

3）多元应用阶段（2051—2060 年）。中国能源转型进入碳达峰收官阶段，"燃料"将与"原料"并列成为氢能的最主要用途，预计中国氢能消费规模将再扩张 26％左右。相较上一阶段，氢能的多元化应用主要体现在三个层面：①氢能作为一种平价的零碳燃料，广泛用于工业领域，提供高品位热；②氢能以甲醇、氨等氢基燃料的形式，助力航空、水运等行业深度脱碳；③氢储能和氢发电将成为确保中国电力系统安全稳定的重要一环。

4.5　新型能源消费体系构建路径与主要策略

4.5.1　可持续发展路径

4.5.1.1　交通电动化

电动化是实现交通部门用能及碳排放量尽早达峰的主要路径。2023 年，交通用能达 6.9 亿 t 标准煤，占终端用能总量的 18％，是第二大用能部门。二氧化碳排放量 14.7 亿 t，占全社会碳排放量的 15％。交通电动化、发展轨道交通是减少交通能源消费以及降碳的主要路径。从交通能源组成来看，中长期油气仍占据主体地位，远期将向以电力为主、电氢油气呈多元化发展转型，如图 4-12 所示。

转型发展期（当前至 2030 年）。交通能源总量维持在 7 亿 t 标准煤高峰值。除电力以外，其他低碳能源受制于经济性较差、缺少工业化生产、基础设施不完善等原因，未能对传统能源形成大规模替代，该时期油气仍占据交通能源主体地位，占比达 90％以上。电动化逐步呈现规模化发展。

融合发展期（2030 年之后）。交通能源总量呈现逐渐减少趋势。同时，绿氢、绿氨、绿色甲醇、生物燃料、合成燃料等低碳/零碳燃料生产成本明显下降，工业化生产、应用推广、配套基础设施有了明显改善。能源互联网的扩大应用，极大提高了能源利用效率和能源安全供应韧性。清洁能源相对于传统燃料竞争力大幅提升，在交通能源中的占比不断提高。预计 2060 年，除航空、航运以及重卡尚有部分难以替代外，70％以上均使用清洁能源。

4.5.1.2　工业节能降碳

钢铁行业是能源消耗和二氧化碳排放的重点行业，也是实现绿色低碳发展的重要领域。近年来，中国钢铁行业通过实施产能置换、超低排放、极致能效三大改造工程，加快转型升级改造，积极推动行业绿色可持续发展，节能降耗成效明显，从2014 年到 2023 年，重点统计钢铁企业平均吨钢综合能耗下降 5.87%。未来中国钢铁行业节能降碳的路径将是一个全面、系统的过程，通过加强产能调控、优化产品结构、加快技术改造、推动能源结构优化、加强节能管理和技术创新、促进产业链协同降碳以及完善政策支持和市场机制等措施的实施，钢铁行业将实现绿色低碳高质量发展，为国家"双碳"目标的实现做出重要贡献。

水泥行业是中国国民经济的重要基础产业，也是中国碳排放和能源消耗最高的工业部门之一。2020 年，中国水泥行业碳排放量接近 14 亿 t。与其他行业不同，工业生产过程即煅烧石灰石产生的生石灰是水泥行业碳排放的主要来源，约占全生产过程碳排放总量的 55%～70%，而能源活动即煅烧过程中因燃料消耗所产生碳排放仅占 25%～40%。水泥行业深度脱碳面临困难和挑战较大。未来，中国水泥行业将通过使用低碳熟料、加快原料和燃料替代、加大窑炉协同处置固废危废等方式深度脱碳。

石化化工是中国未来仍保持一定增长势头的高耗能产业之一。为满足物质需求、填补供需缺口，乙烯、甲醇等产品产量持续扩张，这一趋势将延展至 2035 年左右甚至更远。由于石化化工领域生产工艺和碳排放情况复杂，特别是有大量原料用能和高温热需求，再加上工业过程排放和非二氧化碳排放等，使得深度脱碳的技术难度和成本较高，需要采取减量、循环、工艺和能源变革等一揽子行动。石化化工领域深度脱碳以供需互动为导向。在需求侧，一方面需要大力提升废塑料、轮胎的循环利用率，配合减塑、禁塑政策，降低对烯烃芳烃等基础化工原料需求；另一方面，应用数字化技术和先进装备，实现精细管理、"分子炼油"和能源梯级利用。其他工业和行业则通过电气化等方式加速替代煤炭消费。值得一提的是，氢能扮演着零碳原料和零碳燃料的双重角色，对于工业部门深度脱碳具有非同寻常的意义。

4.5.1.3　建筑电气化转型与节能

建筑部门能源消费与民生福祉息息相关，因此是增势最强、最晚达峰的终端用能部门。电气化转型和建筑节能是助力绿色低碳发展的两条关键路径。

提高电气化率，因地制宜开展电能替代。就提升建筑部门电气化水平而言，建议中国在推进既有建筑改造过程中同步实施电气化改造，实施建筑电气化工程，预留适宜的配电网容量，因地制宜实施居民炊事、卫生热水、采暖等领域以电代煤、以电代气；开展以"分布式光伏发电装置、储能电池、低压直流配电系统、智能建筑用电设备"为主要特征的"光、储、直、柔"建筑新型供配电技术的应用试点和示范；鼓励利用可再生能源电力实现建筑供热（冷）、炊事、热水；加强电力需求侧响应。

优化热源结构，着力推进低碳供热。供热是建筑部门化石能源应用的最主要领域，优化建筑部门用能结构，重点是加快发展低碳、零碳热源。当前，中国北方城镇建筑供暖热源以燃煤热电联产为主，还有一定比例的燃煤锅炉、燃气锅炉，农村地区还存在一些小煤炉采暖，亟待开展低碳、零碳热源替代。未来需要针对不同气候区、不同功能建筑的供暖需求特点实施差别化的低碳供热转型路径。北方城镇建筑供暖应充分利用好既有的集中供热管网资源，着力优化热源结构，利用工业余热替代部分燃煤热电联产、燃气锅炉房供暖，因地制宜利用污水源、地热能、太阳能等多能互补系统供暖。支持供热传统基础设施转型升级，发展智慧供热。北方农村住宅应继续推行清洁取暖，开展散煤替代，在做好建筑节能保温改造前提下，结合可再生能源利用，推进"煤改电""煤改生物质能"。利用热泵技术可以从空气能、地热能等资源中提取能量进行供暖，各类高效电热泵成为超低能耗建筑、夏热冬冷地区建筑、农村地区建筑供暖的主要技术选择。南方地区居住建筑应优先发展分户供暖方式，鼓励以电代气。

此外，还建议加强超低能耗建筑规模化发展顶层设计，推进既有建筑深度节能低碳改造。将近零能耗建筑的理念、技术融入城市更新、老旧小区改造、绿色农房建设中，加强既有建筑深度节能改造。改善农村住房热工性能，推进被动式农房建设。考虑到大多数农村建筑是独栋房屋，在农村地区推广被动式农房设计是经济有效的节能降碳途径。为了达到更好的舒适性及节能效果，被动式农房宜与热泵等辅助热源设备相结合进行供热。同时，推动可再生能源应用，发展"光储直柔"建筑，充分利用各类建筑闲置屋顶安装屋顶光伏系统，构建农村直流微网，用可再生能源电力替代燃煤、燃气、燃油等化石能源消费，实现全面电气化。

4.5.2 规划建设举措

4.5.2.1 化石能源消费双控

推进能源消费革命，实施化石能源消费总量和强度"双控"：①严格控制化石能源消费总量。重点控制煤炭消费总量和石油消费增量，推送形成经济转型升级的倒逼机制。结合区域和行业用能特点，将区域经济增长和行业发展与化石能源消费、能源投资挂钩，实现对高耗能产业和产能过剩行业严格的投资强约束。②降低化石能源消费占比来调整能源结构。鼓励可再生能源消费，加快实施能源利用效率提升步伐。大气污染重点防控地区实施煤炭消费减量替代，扩大天然气替代规模。加强重点行业、领域化石能源消费率管理，把绿色节能贯穿于经济社会发展全过程和各领域，持续深化工业、建筑、交通运输、公共机构等重点领域节能，提升数据中心、新型通信等信息化基础设施能效水平。

当前，中国煤炭消费进入峰值平台期，2023 年达到 43.5 亿 t，预计 2025 年前后达峰，峰值为 43.7 亿 t，到 2060 年降至 3.8 亿 t。近中期，煤炭持续发挥能源"压舱石"作用；远期，随着可再生能源占比扩大，以及储能、智能电网等技术成熟，煤炭将更多发挥能源安全兜底保障作用。中国石油消费在疫后恢复增长，2023 年增至 7.6 亿 t，预计 2026 年达峰，峰值为 8 亿 t 左右，到 2060 年降至 2.8 亿 t。由于新能源汽车的发展速度不断突破预期，中国石油消费峰值平台期将缩短至 3～5 年。2030 年前后，石油的化工原料属性将逐步超越交通燃料属性。中国天然气消费稳步增长，2023 年达到 3820 亿 m^3，预计 2040 年前后达峰，峰值为 6100 亿 m^3，占比升至 13%，到 2060 年降至 4000 亿 m^3。天然气作为能源转型的"桥梁"，其需求前景取决于中国能源安全总体考量，以及能源转型进程中的风险挑战。

4.5.2.2　可再生能源高水平消纳利用

中国非化石能源供给高速增长，2023 年增至 9.9 亿 t 标准煤，正在成为中国能源消费增量的主体，其中光伏和风电的增长贡献度最大；预计 2045 年前突破 30 亿 t 标准煤，成为中国能源消费的主体，在一次能源消费中的占比达到 50% 以上；随后增速显著放缓，2060 年增至 45.4 亿 t 标准煤。随着新能源发电量占比不断提升，高质量发展需要更加重视消纳工作，加大绿色煤炭、绿色建筑、绿色交通等能源绿色低碳发展领域的投资力度。

近年来，国家能源局积极推进绿色电力证书交易，引导绿色电力消费，对于新能源消纳起到重要作用。绿色电力证书是可再生能源发电企业所发绿色电力的"电子身份证"。发电企业通过出售绿证获取绿色电力的环境价值收益，电力用户通过购买并持有绿证证明其消费绿色电力。绿证作为可再生能源电力消费量认定的基本凭证，其核发和交易对推动可再生能源高质量发展，提升绿色电力消费水平具有重要意义。

为推动实现"双碳"目标，加快建设高比例可再生能源的新型电力系统成为中国能源事业发展的重要任务。风电、光伏发电存在间歇性、随机性、波动性的特点，现有电力系统要接受和消纳大规模高比例波动性强的风电、光伏发电，亟须大力发展各类储能以弥补电力系统灵活性调节能力缺口。

123

4.5.2.3 供需互动强化

"双碳"目标下的能源生产者与消费者的关系，不再是能源从供到需、单向流动的关系，而是随着消费侧能源科技的进步，消费者主动改变自身行为，为能源供应侧提供更多支撑。同时，消费者还可以变身成为能源生产者，生产能源并满足自身需求。能源消费侧供需互动的新趋势将驱动新的应用场景和商业模式出现，具有广阔的发展空间。

风电、光伏的快速发展，对电力系统的灵活性提出更高要求，供需协同力度不断加大。供应侧既需确保足量的可靠火电容量，还需发展适量可调度装机（抽水蓄能、储能等）以满足灵活调峰需求。电网侧需交直流电网协调发展、大电网微电网相互配合，以扩充电网功能、增强电网消纳能力。需求侧需加大管理力度，不断提高需求侧调峰比，以更低成本实现"削峰填谷"。

供应侧方面，煤电、气电作为可靠火电容量发挥重要调峰作用，抽水蓄能和电池储能在未来几年会出现大幅增长。随着非化石能源发电比例提升，煤电、气电作为可靠电源的调峰作用更加凸显。煤电发电小时数不断下降，降幅超过 60%。气电发电小时数先升后降，至 2060 年降幅接近 50%。储能自 2025 年投运 3000 万 kW项目后，规模迅速扩大，2050 年将提供超过 4 亿 kWh 电力。

电网方面，"西电东送""北电南供"格局不变，大规模跨区域产业转移和电力输送并存。未来大型清洁能源基地主要分布在西部、北部，电力需求中心则仍在东部、中部，电力跨区域流动规模将继续扩大，预计 2050、2060 年，跨区域跨省电力流动将分别达到 8.1 亿、8.3 亿 kW。加快发展特高压电网是关键，近中期初步形成东、西部两大同步电网，西部电网间通过多回直流异步联网。预计 2020—2030年，新建 14 个西北、西南能源基地电力外送特高压直流工程，输电容量 1.12 亿 kW。远期全面建成坚强可靠的东部西部同步电网，预计 2050、2060 年，中国特高压直流工程输电容量分别达到 4.9 亿、5.1 亿 kW。

需求侧方面，需求侧管理将在电力系统供需平衡中发挥重要作用，成为安全保供的经济选项。可调节负荷作为一种高效的灵活性资源，随着市场机制建立健全，未来发展空间巨大。预计 2025、2030、2060 年，中国可调节负荷容量分别有望达到 0.8 亿、1.2 亿、3.5 亿 kW，占最大负荷的比重分别约为 5%、7%、15%。近期可调节负荷将以缓解电力供需紧张形势为主，中远期以缓解供需紧张和支撑新能源消纳并重。

加大供需协同力度，能够合理控制煤电峰值规模。当省级需求响应负荷占比按5%控制时，煤电峰值规模约 16 亿 kW；若加大供需协同力度，需求响应负荷按

10%控制，煤电峰值规模可降至 15 亿 kW。未来，应从提升大工业负荷灵活性、引导电动汽车有序充放电、推进虚拟电厂大范围应用等多方面挖掘需求侧响应潜力，实现供需双侧资源协调优化，推动"源随荷动"向"源荷互动"转变。

4.5.2.4　绿色消费生活倡导

（1）树立勤俭节约消费观。充分调动人民群众的积极性、主动性和创造性，大力倡导合理用能的生活方式和消费模式，推动形成勤俭节约的社会风尚。培育节约生活新方式。开展绿色生活行动，推动全民在衣食住行游等方面加快向文明绿色方式转变。继续完善小排量汽车和新能源汽车推广应用扶持政策体系。适应个性化、多元化消费需求发展，引导消费者购买各类节能环保低碳产品，减少一次性用品使用，限制过度包装。推广绿色照明和节能高效产品。

（2）增强全民节约意识。牢固树立尊重自然、顺应自然、保护自然的理念，加强环保意识、生态意识，积极培育节约文化，使节约成为社会主流价值观，加快形成人与自然和谐发展的能源消费新格局。把节约高效作为素质教育的重要内容。发挥公共机构典型示范带动作用，大力提倡建设绿色机关、绿色企业、绿色社区、绿色家庭。加强绿色消费宣传，坚决抵制和反对各种形式的奢侈浪费、不合理消费。

第 5 章
新 型 能 源 供 应 体 系

5.1 新型能源供应体系的基本内涵

5.1.1 能源供应体系的历史变迁

随着人类掌握火的使用方法，薪柴成为人类第一代主体能源，1800 年前薪柴消费占比在 98％以上。随着蒸汽机的发明，人力、畜力逐渐被机械力替代，薪柴已经满足不了当时的能源需求，煤炭借助高热值、广分布的优势一跃替代薪柴成为第二代主体能源，推动人类社会开启第一次工业革命。以煤炭为燃料的蒸汽机开始普及使用，大大促进了全球工业化进程，它所推动的世界经济发展超过了以往数千年的原始积累。19 世纪以来，伴随电磁感应现象的发现，以蒸汽轮机为动力源的发电机随之产生，煤炭作为一次能源被转换成更易于输送、使用的二次能源——电能，电器开始用于代替机器，成为补充和取代以蒸汽机为动力的新能源。随后，电灯、电车、电影放映机相继问世，推动人类社会开启第二次工业革命，并进入"电气时代"。第一口现代工业油井于 1859 年出现于美国宾夕法尼亚州的泰特斯维尔，这标志着现代石油工业的开端。19 世纪末人类发明了以汽油、柴油为原料的内燃机，20 世纪初福特汽车研制成功并实现量产，全球的石油需求量随着汽车的产生而倍增。20 世纪 60 年代全球石油消费量超过煤炭，石油成为第三代主体能源。石油作为现代工业最重要的生产原料，同时大多数运输工具以石油相关产品作为燃料驱动，由石油分离制作的化工产品已成为人们日常生活必需品。此时，以原子能技术、航天技术、电子计算机技术的应用为代表，包括人工合成材料、分子生物学和遗传工程等高新技术取得重大进展，推动人类社会开启第三次工业革命，也被称为第三次科技革命，极大地推动了人类社会经济、政治、文化领域的变革。

目前世界能源正在形成石油、天然气、煤炭、可再生能源"四分天下"的供给与消费结构，从已完成统计的 2022 年全球能源产量看，共计 206.1 亿 t 标准煤，其中石油占 31.6％、天然气占 23.5％、煤炭占 26.7％、可再生能源占 18.2％。1800 年以来世界能源供应结构变化情况如图 5-1 所示。

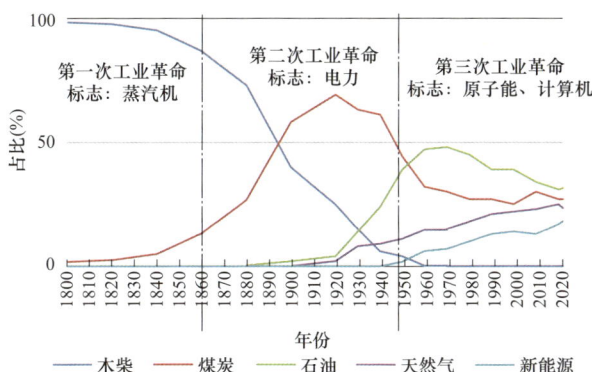

图 5-1　世界能源供应结构变化情况

数据来源：美国能源信息署 EIA。

煤炭方面，亚太地区成为全球煤炭生产、消费和贸易中心，占全球总产量的77.5％、总消费量的79.9％。从全球煤炭开发利用情况来看，煤炭已经进入转型期，煤炭集中、高效、清洁发电是煤炭资源利用的主要方向，超过一半的煤炭集中用于发电。

石油方面，中东和北美洲地区生产了世界54.5％的石油，亚太和北美洲地区消费了世界61％的石油，从全球石油开发利用情况来看，石油已经迈入稳定期。随着常规石油勘探向深水、深层和北极拓展，全球新增探明石油储量仍在不断增加。理念创新和技术突破推动石油工业从常规向非常规跨越，非常规石油成为未来石油开发的全新领域。

天然气方面，北美洲地区和独联体国家生产了世界49.6％的天然气，亚太和北美洲地区消费了世界49.5％的天然气，从全球天然气开发利用情况来看，天然气已经步入鼎盛期。发达国家利用天然气实现化石能源清洁转型，中国也将利用天然气作为桥梁实现由化石能源向新能源过渡，短期天然气消费还将有较快增长。以美国页岩气为代表的非常规天然气革命，大幅提高了世界天然气产量规模。

可再生能源方面，全球可再生能源资源总量丰富，且呈分散分布、就地消纳的特点，主要转化为一次电力后直接使用，亚太、欧洲、北美洲地区分别生产消费了世界36.8％、23.6％和23％的可再生能源。从全球可再生能源开发利用情况来看，可再生能源已经跨入黄金期，2023年全球可再生能源新增装机容量比2022年增长50％，装机容量增长速度比过去30年的任何时候都要快。随着技术进步，新能源开发利用成本不断下降，与化石能源相比已经具有较强的竞争力。

经过改革开放40多年的快速发展，中国能源生产逐步由弱到强，生产能力和水平大幅提升，一跃成为世界能源生产第一大国，基本形成了煤、油、气、可再生能源多轮驱动的能源供应体系，充分发挥了坚实有力的基础性保障作用。1980—2023 年中国能源供应变化情况如图 5-2 所示。2023 年，中国能源生产总量达 48.3 亿 t 标准煤，比 1980 年增长 6.5 倍，年均增长 4.8%。原煤产量 1980 年仅为 6.2 亿 t，2023 年达到 46.6 亿 t，比 1980 年增长 6.5 倍；原油产量 1980 年仅为 1 亿 t，2023 年突破 2 亿 t，增长 1 倍；天然气产量 1980 年仅为 142.7 亿 m³，2023 年达到 2324 亿 m³，比 1980 年增长 15 倍；发电量 1980 年仅为 3006 亿 kWh，2023 年达到 9.22 万亿 kWh，比 1980 年增长 30.7 倍。

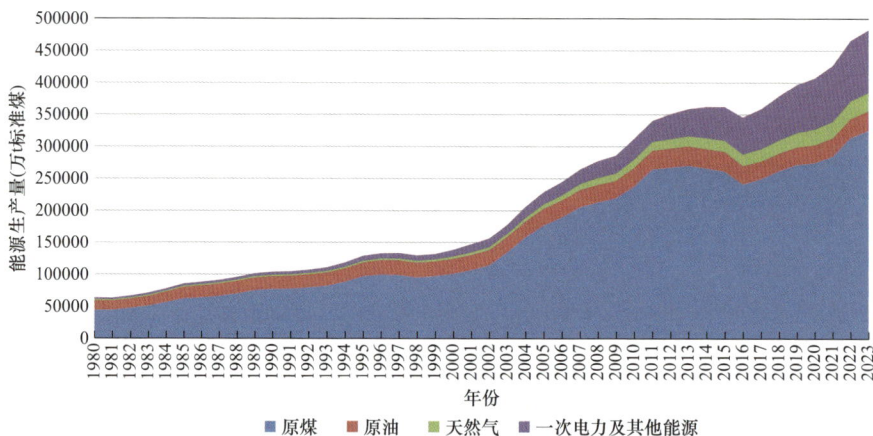

图 5-2　1980—2023 年中国能源供应变化情况

数据来源：国家统计局。

5.1.2　新型能源供应体系的基本定义与内涵

能源供应体系不仅是一个生产系统，而且也是一个环境系统、经济系统和安全系统，其作用表现为：在提供能源产品服务的同时，消除和减轻由能源产品的生产和输送而对环境产生的负面影响；通过资源的合理配置以合理的价格提供能源产品，并由此提高国家经济发展的能力和竞争力；保证经济与社会不会由于能源供应的数量不足和价格波动而发生较大的动荡；国家政治、经济不会因能源供应依赖进口而失去独立性。

能源供应体系包括以下几方面的协调关系：能源开采、加工转换、运输储备各环节能力的协调和匹配；能源品种结构供需的平衡及各品种的优先发展顺序；能源产、供、销各个环节能源技术投入、能源环境保护、能源安全措施等统筹安排与有机联系；合理的能源价格及在上下游之间、能源品种之间具有合理的比例关系。

在中国式现代化理论体系整体框架下，新型能源供应体系相比传统能源供应体系，更加注重能源供应的安全充裕、清洁低碳与经济高效，构成新型能源供应体系新的"三角矛盾"。其核心内涵是以非化石能源为供能主体、以新型电力系统为核心枢纽、以"能源＋"融合供应为基本特征，以能源数智化为关键支撑。

首先，安全充裕是基础和前提。能源供应安全充裕是增强和维护国家安全能力的重要内容，要统筹利用好国内国际两个市场两种资源。一方面，要坚持立足国内，把国内能源供应作为保障能源安全的主渠道。不断完善能源基础设施建设，增强能源战略储备能力，显著提升能源安全供应能力。另一方面，要全方位加强国际合作，深化与周边国家或区域能源合作，建成多元能源供应体系，实现开放条件下的国家能源安全。同时，更加重视新能源所需矿产资源供应安全，加大国内新能源矿产资源勘探开发力度，建立和健全新能源矿产资源商业储备与战略储备体系，完善新能源所需关键矿产资源安全供应体系。

其次，清洁低碳是本质要求。近百年来，人类在生产、生活过程中排放的二氧化碳等温室气体急剧增加，世界正经历着以全球变暖为显著特征的气候变化。国际社会已日益认识到气候变暖对人类当代及未来生存与发展造成的严重威胁和挑战，采取积极措施应对气候变化已成为全球共识。2005 年，中国超越美国成为全球最大的碳排放国，如今碳排放大约占全球的 1/3，能源绿色转型势在必行。

最后，经济高效是根本动力。能源发展的出发点和落脚点，始终都是保障和改善民生，民生用能水平是衡量现代化程度的重要标准。1980 年中国人均能源消费量仅为 611kg 标准煤，2023 年达到 4056kg 标准煤，比 1980 年增长 5.6 倍，年均增长 4.5%，但是离美国的 10000kg 标准煤、德国的 5000kg 标准煤还有较大差距。此外，中国传统油气受制于人，国际话语权、定价权较弱，能源价格维持高位，而新能源正处于发展攻坚期，渗透率还需提升，发电成本有待进一步下降。要加快建设充电、加气、加氢、供热（冷）等城乡供能基础设施，支持新型城镇化和乡村振兴战略实施，满足人民生产生活多样化用能需求。建立健全更加高效经济的市场体系，力争降低全社会用能成本。

5.2　新型能源供应体系的主要特征

5.2.1　总体特征

新型能源供应体系具有能源供应清洁化、融合化、智能化、立体化等总体特征。

（1）能源供应清洁化。非化石能源成为中国能源供应增量主体，中国光伏、风电等可再生能源加速扩大规模，"新能源＋储能"的新型电力系统逐步构建。2023年，中国水电、风电、光伏装机容量分别达到4.2亿、4.4亿、6.1亿kW，连续多年居全球首位。技术变革驱使可再生能源获取成本不断下降，为可再生能源的大规模发展奠定基础。可再生能源持续替代化石能源已经成为大势所趋，加之以电力取代化石能源应用场景的拓展和深入，可再生能源发电在能源消费中的比例将持续提升，预计2060年中国可再生能源装机容量将接近70亿kW。氢能加速各行业碳中和进程，氢能作为一种高能量密度的零碳燃料，可广泛用于工业领域，提供高品位热。另外，氢能以甲醇、氨等氢基燃料的形式，助力航空、水运等行业深度脱碳。此外，氢储能和氢发电将成为确保中国电力系统安全稳定的重要一环。

（2）能源供应融合化。融合发展是能源转型、实现"双碳"目标的主要路径，主要体现在三个方面：①多能互补。充分调动各类异质能源子系统参与资源优化配置，推动能源由单一化供应模式转变为多元化供应模式，提升系统在时间和空间维度开展大尺度、大范围优化配置的能力与效率，有效提升能源系统的弹性，为可再生能源出力追踪、波动性平抑等提供重要支撑，保障可再生能源的安全高效消纳，降低系统的碳排放。②供需互动，能源生产者与消费者的关系不再是能源"从供到需"单向流动的关系，随着消费侧能源科技的进步，能源消费者主动改变自身行为，为能源供应侧提供更多支撑；能源消费者还能变身成为能源生产者，自己生产能源满足自身需求。③多流融合。充分发挥现代信息化技术，使得能源流、信息流、价值流互相关联、互相交织、互相促进、互相弥补，可产生更大的经济、社会效益和绿色、高质量发展的潜力。

（3）能源供应智能化。在新型能源供应体系建设过程中，数字化智能化技术也扮演着越来越重要的角色。深挖数据资源"富矿"，可实现碳排放计量、绿电交易等多样化增值服务。城市可以利用数字技术，推进综合能源服务与新型智慧城市、智慧园区、智能楼宇等用能场景深度耦合，提升服务的绿色低碳效益。合理配置优质算力资源，推动数字化智能化技术在能源行业全链条和各环节的应用，不仅能加快能源绿色低碳转型，还有助于形成新的经济增长点。

（4）能源供应立体化。在空间分布上，更加注重统筹整体和局部，结合各地区资源禀赋和用能特点，坚持集中式和分布式并举，推动资源优势地区集群化、规模化开发，资源条件不优的地区因地制宜、分散式开发。如加强三北地区风电和光伏发电基地化、规模化开发，西南地区水风光综合开发，东部沿海地区海上风电集群化开发，中东南部地区分布式能源就地就近开发。在时间跨度上，更加注重能源的战略、应急储备，增强能源供给韧性与弹性，充分发挥化石能源兜底保障作用，逐步适应新能源成为能源供应和消费的主体。抽水蓄能、压缩空气储能、熔盐储能、氢储能等长时储能技术的发展将为可再生能源的大规模部署和新型电力系统建设提供关键支持。随着技术的不断进步和政策的积极推动，长时储能有望成为未来电力系统的关键驱动力，为实现可持续能源供应和减少碳排放作出重要贡献。

5.2.2　主要能源品种的供应新特征

（1）煤炭供应特征。煤炭生产基地将进一步向中国西北部转移。煤化工行业作为煤炭行业的下游产业，也将进一步集中于西北部省份。晋陕蒙宁地区已达到高强度开发，接续建井规模将适度控制，保持煤炭开发可持续。新疆煤炭资源丰富，超过 100 亿 t 的煤田有 24 个，超过 1000 亿 t 的有准东、伊犁、吐哈和库拜四大煤田。东北地区煤炭开发力量将向新疆大型煤炭基地有序转移，新疆大型煤炭基地将成为与晋陕蒙宁大型煤炭基地群并驾齐驱的又一大型煤炭开发中心。2023 年中国各省（区）煤炭产量如图 5-3 所示。

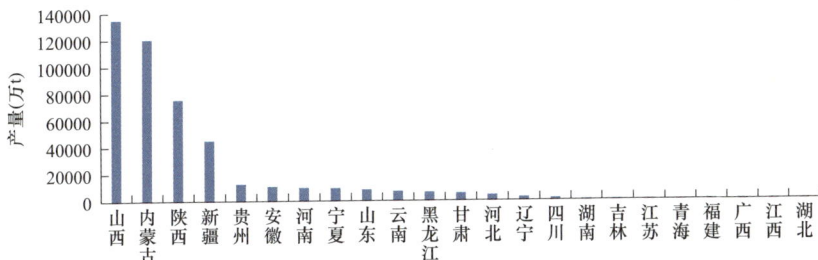

图 5-3　2023 年中国各省（区）煤炭产量
数据来源：国家统计局。

煤炭供应呈下降趋势，但先进产能仍会加速释放。随着电力、钢铁、水泥等行业煤炭需求逐步减少，煤炭供应将于"十四五"达峰，进入"十五五"以后，清洁能源加速实现对煤炭的替代，未来将逐步成为能源供应的主体能源，煤炭供应将逐步下降，进一步发挥其兜底保障作用。由于国际能源供需形势错综复杂，安全环保约束、极端天气、水电和新能源出力情况等因素存在诸多不确定性，中国将加大煤炭产能储备，确保产业链供应链的安全稳定。新增煤炭产能并不意味着扩大煤炭消费，更不是碳达峰碳中和目标的松绑。要更加科学理性看待煤炭产能"加减法"，统筹好供应保障和有序退出的关系，统筹好产能建设和煤炭消费的关系，统筹好煤炭产业发展新格局与国家产业链供应链安全的关系。从整体布局来看，黄淮海、东北三省以及西南部地区各煤炭基地将逐步建设成产能和资源储备基地，南方其他贫煤省区的薄煤层资源留存地下作为战略储备。

（2）石油供应特征。未来中国将继续加大对石油资源的勘探开发力度，以满足国内日益增长的能源需求。2023年国内原油产量达到2.09亿t，围绕老油田硬稳产、新油田快突破、海域快上产全面发力，与2018年相比，原油产量大幅增产近2000万t，国内原油2亿t长期稳产的基本盘得以进一步夯实。2015—2023年中国原油生产情况如图5-4所示。

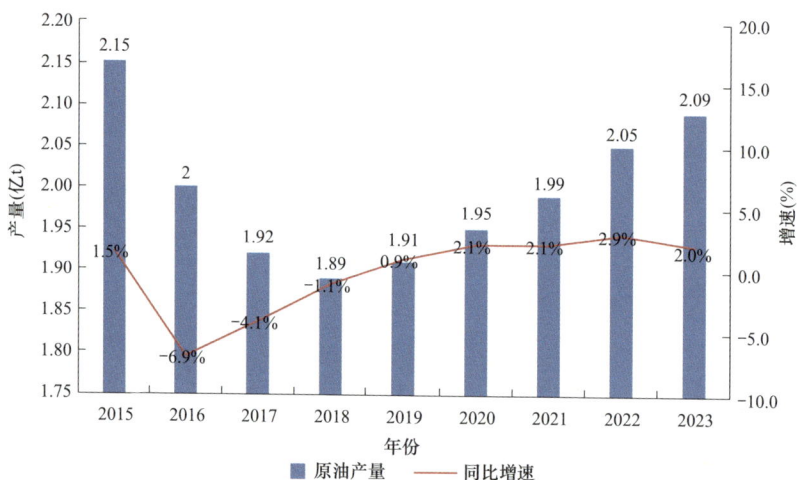

图 5-4　2015—2023 年中国原油生产情况

数据来源：国家统计局。

海洋石油成为中国油气增产的主阵地。2023年中国海上油气勘探开发持续发力，通过创新成盆成凹机制、油气成藏模式认识，在渤海海域、珠江口盆地深水海域相继获得亿t级大型油田，累计探明石油地质储量超3亿t，不断开辟深水、深层、隐蔽油气藏、盆缘凹陷等勘探新领域。海洋原油产量突破6200万t，同比增产超340万t，占中国原油增量比例达到70%左右。

"减油增化"成为大势所趋。2023年中国炼油年产能已达9.4亿t，近年来电动汽车的迅速普及反而削弱了中国石油需求，导致炼油产能过剩，且炼油是仅次于煤炭行业的第二大排放源，因此2021年中国首次提出国内原油一次加工能力控制在10亿t以内，给炼油行业的无序产能扩张敲响了"警钟"。为了炼油产业接续发展，中国开始有序推进炼化项目"减油增化"，控制汽柴油产量，增加高效特色化工产品供应，延长石油化工产业链，整体向价值链高端延伸。2023 年中国乙烯产能超 5000 万 t，是全球最大的乙烯生产国。

（3）天然气供应特征。天然气勘探开发正由常规向常规—非常规并举、陆上浅层向深层—超深层拓展、近海浅水向远海深水延伸。立足国内能源发展形势，需持续大力提升现有大气区勘探开发力度，保障供应安全。按照"拓展现有大气区、发展潜力气区、突破未来新气区"战略布局支撑勘探开发。拓展现有大气区，加大鄂尔多斯、塔里木、四川盆地勘探开发，加大海域天然气勘探开发力度，"做强渤海、拓展南海、加快东海"，提高海上天然气储量和产量；发展潜力气区，加快发展准噶尔、渤海湾和松辽盆地勘探评价与开发；突破未来新气区，持续加大常规、深海、深层及非常规天然气勘探开发，瞄准新层系与新领域突破。2015—2023 年中国天然气生产情况如图 5-5 所示。

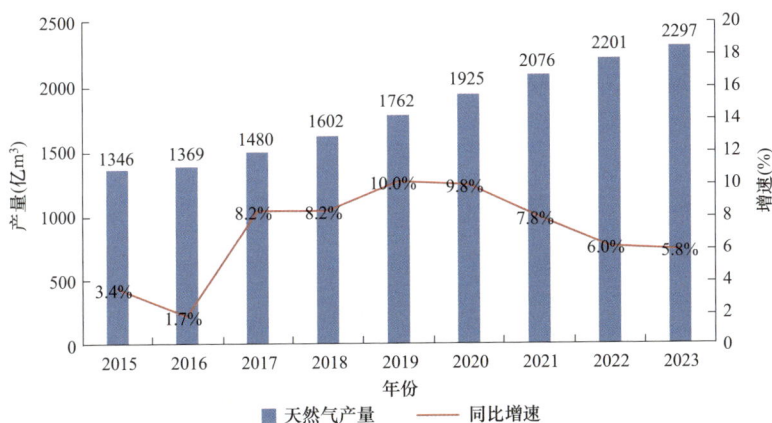

图 5-5　2015—2023 年中国天然气生产情况

数据来源：国家统计局。

天然气管网重点向乡村地区延伸。随着城市化建设的推进，城燃普及率逐年提高，中国主要城市基本实现管道燃气全覆盖，已形成国有燃气企业、外资燃气企业、民营燃气企业"三足鼎立"的市场竞争格局。而广大农村地区用户分散，管道建设成本大、用气量小、投入产出比低，导致中国多数省份尚未实现燃气"县县通"，很多农户使用柴薪和散煤烧饭和取暖，也是散煤难治理的原因之一。在国家乡村振兴、农业农村现代化建设进程加快的情形下，天然气下乡成为提高人民生活水平的重要一环，乡村燃气管道通达率将不断提高。

天然气储备能力持续增强。中国天然气对外依存度高达 40%，时常面临"高价买""买不到""运不回"等风险。为保障国内能源供应，应着力多措并举提高储气能力。LNG 储罐具有宜储宜运、调运灵活的特点，规模持续扩大，2023 年中国建成 LNG 接收站超 25 座，年总接收能力超 1.15 亿 t。作为 LNG 进口大国，建设与中国地位相匹配的 LNG 自主运输力量十分迫切，环渤海、长三角、珠三角和北部湾四大 LNG 接收基地初步形成。储气库建设加快推进，中国累计在役储气库（群）17 座，设计总工作气量超过 250 亿 m³，形成储气调峰能力超过 170 亿 m³。

（4）可再生能源供应特征。可再生能源大规模高比例发展。2023 年，中国可再生能源发展实现新突破，装机总容量达到了 15.7 亿 kW，占中国发电总装机容量的 53％，年发电量 2.9 万亿 kWh，占全社会用电量的 32％，相当于欧盟 2021 年全年用电量。2015—2023 年中国电力装机结构情况如图 5-6 所示。预计到 2025 年，中国风电和太阳能发电量将在 2020 年的基础上翻一番，在全社会新增的用电量中，可再生能源电量将超过 80％。从碳达峰到碳中和的过渡期，发达国家普遍要用 50～70 年，中国安排过渡期仅用 30 年，这意味着中国在应对气候变化行动上需要付出比发达国家更为艰苦卓绝的努力，加速发展可再生能源是实现碳达峰碳中和目标的必然选择。

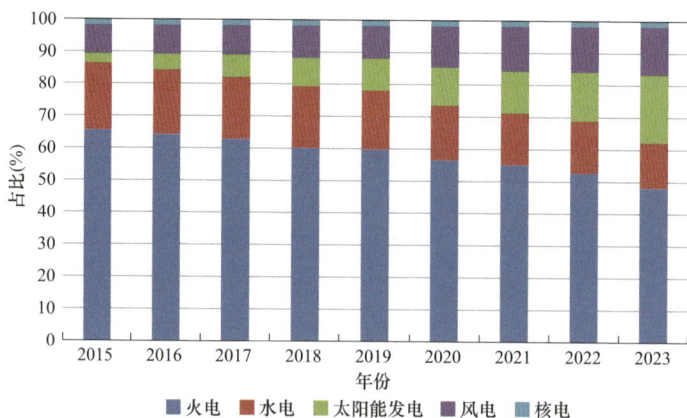

图 5-6　2015—2023 年中国电力装机结构情况

数据来源：中国电力企业联合会。

可再生能源和煤炭、煤电联营是大势所趋。由于风光等新能源具有随机性和波动性特点，无法独立支撑用电负荷稳定运行需求，要实现新能源的可靠替代，必须相应配置储能和调峰能力，尤其是近中期需要充分发挥煤电机组的调峰调频等支撑作用。以沙漠、戈壁、荒漠地区为重点建设大型风电光伏基地，无论是本地消纳还是外送消纳，目前条件下离不开煤电的支撑。为确保沙漠、戈壁、荒漠化地区风电光伏基地高效利用，需要坚持源网荷协同发展，明确项目利用率及消纳方向，推动新能源与其他电源、储能协调建设，实现以沙漠、戈壁、荒漠化地区为重点的大型风电光伏基地与配套电网、储能及分布式调相机同步规划、同步建设、同步投运。推动煤炭和新能源优化组合既是中国能源发展目标与现实结合的需要，也是风光新能源技术特点与发展阶段的客观要求。

土地资源成为可再生能源布局的重要影响因素。风电、光伏等新能源能量密度较低、占地面积大，在"双碳"目标要求下，新能源规模将快速扩大，土地资源成为可再生能源布局的重要影响因素。中国陆地土地资源较为紧张，人地矛盾突出，尤其是中东部地区，土地资源更加紧张，新能源项目更应在节约集约利用土地资源上下足功夫。即使在西部人烟稀少、面积广阔的沙漠、戈壁和荒漠地区，也要节约集约利用土地，最大限度地发挥土地资源的效益。总体来看，中国八大沙漠、四大沙地面积约为 67.41 万 km^2，是中国今后发展集中式大型风光电基地的主要地区。规模化开发海上风电成为一条切实可行的发展之路，中国海上风能资源技术可开发潜力超过 35 亿 kW。中国海上风电装机容量在 2022 年就已达到 3144 万 kW，占亚太地区总装机量的 92%，占全球总装机量的 48%，却仅占技术可开发量的 1.1%，未来中国海上风电仍拥有巨大的发展潜力。

核电对中国能源安全和"双碳"目标实现作用不可忽视。积极推进核能产业高质量发展，是贯彻落实中国能源安全新战略、推动能源电力向清洁低碳发展的重要举措，也是建设核电强国、实现碳达峰碳中和目标的必然要求。充分发挥核电运行稳定、安全可靠等特点，作为基荷电源，推动核电与波动性强、不易于调配的风电光伏等清洁能源协调互补发展。统筹兼顾安全性和经济性，核准建设沿海地区三代核电项目，做好内陆与沿海核电厂址保护。适时推进沿海核电机组实施热电联产，实现核电合理布局与可持续均衡发展。

5.3 新型能源供应体系发展态势

5.3.1 总体形势

5.3.1.1 全球能源供应形势

近几年，全球清洁能源发展迅猛，能源转型进程加快，但现阶段可再生能源尚未完全满足世界发展需求，传统化石能源仍占据主导地位。非经合组织国家能源需求持续增加，化石燃料占全球能源供应的 82%，石油仍然是消费量最大的化石能源。另外，风能和太阳能发电存在波动等不稳定现象，增加供给压力，而且能源绿色转型仍依赖化石能源兜底保障，中短期内难以摆脱资源需求。地源政治格局加速演变、能源市场持续振荡、乌克兰危机影响加深了各国对能源安全的重视程度，但从长期来看，能源绿色低碳转型趋势不会改变。清洁能源是保障能源安全更加坚实的基础，全球多个国家和地区都在积极谋求通过加大可再生能源的发展力度，向清洁、低碳、高效的能源体系过渡，可再生能源资源分散的特征意味着未来全球能源供应更趋多极化、多元化。

亚太地区是煤炭供应核心区，中长期全球煤炭贸易呈下降趋势。对于亚太地区众多的发展中国家来说，煤炭是保证经济发展、储量丰富和价格低廉的化石能源，经济增长刺激了更高的电力需求，而煤炭是发电的核心支柱，推动煤炭清洁高效开发利用是这些国家发展经济、应对气候变化的最佳途径。而在俄乌冲突、欧洲天然气预期供给紧张的背景下，欧盟国家也在试图减少对俄罗斯天然气的依赖，转向寻求支付得起的、安全和可持续能源，预计欧盟短期削减煤炭消费趋势比预期的慢，也在一定程度上进一步拉动全球煤炭需求增长。从长期来看，低碳、绿色的清洁能源逐步替代高碳、高污染的化石能源，是全球各国合理应对气候变化、有效保护生态环境和保障能源供应安全的必然选择。北欧等发达地区的国家在可再生能源利用方面的成功经验表明，清洁能源能够在能源体系中发挥主导作用。美国退出《巴黎协定》、欧洲多国拟重启煤电等事件对全球清洁能源的发展带来一定的负面影响，延缓清洁能源的发展速度，但不会改变清洁能源取代化石能源的大趋势。尤其是地缘冲突下能源安全的重要性更加凸显，无论是从气候目标还是实现能源独立与自主的角度，欧盟以及其他国家和地区都会加大决心和力度加速可再生能源的发展。因此，中长期煤炭贸易规模必然随着可再生能源的快速发展而逐步下降。

美国加速成为全球最大油气出口国，"欧佩克＋"影响力将大幅下降。非常规油气和海域常规油气是全球油气产量的主要增长力量和重要接替来源，有力保障了全球日益增长的油气需求。得益于页岩油气革命，美国油气产量大幅提高，石油日产量2022年已接近1800万桶，几乎占世界石油供应量的1/5。与此同时，美国油气出口量也大幅提升，进口量大幅减少，逐渐成为油气净出口国，其石油和天然气分别于2020年和2017年实现净出口。在俄乌冲突背景下，美国将进一步扩大向欧盟等国油气出口规模，未来美国将超过沙特阿拉伯和俄罗斯，成为全球最大油气出口国，且页岩油气与传统油气相比具有勘探开发周期短的优势，美国有望替代俄罗斯形成新的"欧佩克＋"联盟，成为未来全球油气市场最具影响力的国家。

可再生能源的地位持续上升，成为气候承诺和减排的主要手段。应对气候变化、推动能源转型已成为国际社会的普遍共识和一致行动，世界各国纷纷制定能源绿色低碳发展战略，并将发展可再生能源作为应对气候变化和推动能源转型的重要抓手。截至 2023 年年底，全球超过 137 个国家和地区提出了"零碳"或"碳中和"目标，超过 100 个国家制定了可再生能源扶持政策。例如，欧盟委员会承诺到 2030 年，可再生能源占一次能源比例达到 40%；东盟提出到 2025 年可再生能源发电装机占比达到 35%；美国总统拜登提出 5550 亿美元可再生能源和电动车投资法案；印度总理莫迪承诺 2030 年可再生能源将满足印度 50% 的能源需求，2070 年印度将实现零净碳排放。

氢能将逐渐崭露头角，成为全球能源体系不可或缺的一部分。氢能是交通运输、工业和建筑等高碳排放领域实现大规模脱碳、降碳的重要抓手。交通运输领域是全球碳排放的第二大排放源，约占总量的 25%。氢燃料电池运载工具具有加氢时间短、续航里程长、零排放的特点，在大载重、长续驶、高强度的交通运输体系中具有先天优势。在工业领域，氢能利用自身还原剂和燃烧热值高的特性，在钢铁、冶金、石化、水泥的生产过程中被用作原料或提供高位热能，是工业领域深度脱碳的重要手段。在建筑领域，利用氢替代天然气供暖是实现建筑领域能源消费低碳转型的重要发展方向。可再生能源和低碳氢对于实现《巴黎协定》中难以减排行业的脱碳目标至关重要，据预测，到本世纪中叶，氢能需要满足世界能源需求的 15% 左右。从现在到 2050 年，全球生产能源用氢的支出将达到 6.8 万亿美元。

绿色关键金属供应链成为能源地缘政治关注的焦点。全球能源转型导致绿色关键金属需求长期持续上升，矿产资源丰富的国家将显著获益进而引发生产国的资源民族主义行为和消费大国的竞争博弈，进一步加剧关键金属的供需失衡。而关键金属矿石的分布集中度和垄断性比油气资源更高，很多金属矿石仅分布在两三个国家，从而，能源地缘政治关注的焦点可能由油气资源转移至绿色关键金属供应链。陆上风力发电站的金属需求量是天然气发电站的 10 倍，电网需要大量的铜和铝，电动汽车的金属使用量是普通燃油汽车的 6 倍。未来，预期中国与美国及西方国家围绕关键矿产的占有、萃取、精炼、加工和应用的竞争博弈将趋于激烈。

5.3.1.2　中国能源供应形势

中国能源综合生产能力稳步提升，但能源对外依存度仍然较高。为减少对化石能源的需求，降低化石能源进口，中国实施了一系列能源绿色低碳转型的政策措施，并取得了积极成效。2023 年中国新能源发电量超过 1.6 万亿 kWh，清洁能源消费占比达 26.4%，风光发电装机容量突破 10 亿 kW，水电、风电、太阳能发电、生物质发电装机容量均居全球第一位，但全年仍然进口煤炭 4.7 亿 t、石油 6 亿 t、天然气 1.2 亿 t，中国能源整体对外依存度在 15% 以上。

非化石能源将逐步成为能源供应的主体能源。煤炭已于"十四五"时期进入峰值平台期，峰值约 46 亿 t。"十四五"期间，石油需求仍有一定增长空间，预计 2025 年前后达峰。天然气是相对清洁的化石能源，将在能源转型过程中发挥重要的过渡作用，未来天然气消费仍有较大增长潜力，预计将在 2040 年前后达峰。以风能、太阳能为代表的非化石能源迅猛发展，逐步成为能源供应的主体能源。预计 2025、2030 年，非化石能源占一次能源需求的比重将分别升至 20%、25% 左右。2035 年后，非化石能源占比加速上升，预计 2060 年达到 80% 以上。

电源装机结构将呈现加速清洁化发展趋势。2030 年以前，电源装机增量以非化石能源发电为主，但由于新能源装机的"大装机，小电量"现象，为保障电力供应安全，煤电、气电装机容量仍保持一定增长态势，储能规模快速提升。2030 年以后，水、核、生物质等传统非化石能源受资源和站址约束，新能源发展速度进一步加快，煤电装机容量占比将持续降低，电源装机清洁化水平稳步提升，煤电装机容量占比由 2030 年的 30% 降低至 2060 年的 4.5%，2060 年新能源装机容量占比提升至 82%，非化石能源发电装机容量占比提升至 92%。

氢能具有燃料和原料属性，是电能替代的重要补充，未来可能以不同氢能载体形态使用。氢是自然界存在最普遍的元素，为氢能大规模开发利用奠定了物质基础。氢气燃烧性能好，燃烧速度快，单位质量热值高，可以作为化石燃料的替代，不但能够进行发电、供热，也可以通过燃料电池或燃气轮机提供动力，并通过燃烧快速形成窑炉等工艺所需的高温环境。氢气具有实物属性，可以作为还原剂替代冶炼过程中的焦炭，也可以进行合成氨和合成甲醇，替代部分原料用能和液体燃料需求。因此，氢能可作为清洁电力的有力补充，在冶金、化工、重型运输等领域实现深度脱碳。氢能由于存在易燃易爆、气态运输体积大、液态储运条件严苛等问题，未来也可能发展出其他种类的氢元素载体，例如绿氨、绿色甲醇等，可作为氢的储运媒介，也可作为终端能源直接利用。

5.3.2　主要影响因素

5.3.2.1　资源禀赋

资源集中分布导致能源供给集中在少数国家。全球石油、天然气和煤的前五大储量国的储量分别占全球已探明总储量的 91.7%、64% 和 75%，前五大生产国产量分别占全球消费量的 75.3%、56.7% 和 86.3%，前五大出口国出口量分别占全球出口量的 73.3%、54.5% 和 84.1%。新能源的关键矿产、加工和组件生产较传统能源更为集中。钴、石墨、锂和稀土的前三大储量国的储量分别占全球的79.2％、63.9％、84.4％和68.4％。由此导致全球主要能源运输渠道的可替代性较低。全球六成以上石油和其他液体能源通过海上运输，而全球主要海上运输航线大多由霍尔木兹海峡、马六甲海峡、苏伊士运河等7个要塞贯通。以霍尔木兹海峡为例，其承载的海运石油贸易量约占全球总量的1/3，承载的液化天然气贸易量约占全球总量的1/4，因此，任何一个要塞的暂时堵塞，都会导致能源成本和世界能源价格大幅上升。少数国家和企业控制了一些重要能源资源的探明储量和供给数量，进而掌握了市场价格的主导权。全球石油、天然气储量已基本被分割完毕，产油国组织欧佩克通过协同限制油气产量，维持其卖方垄断地位以获取超额收益。除了产业资本外，华尔街金融资本也渗透其中，间接控制了全球石油和天然气的贸易规模，并利用金融衍生品操纵现货价格，从中攫取交易价差收益。全球70％铁矿石资源的贸易量均被三大矿商所控制，致使铁矿石价格连年上涨，让众多钢铁企业买家苦不堪言。

5.3.2.2　技术进步

　　能源技术进步是改变能源供应格局的关键。1970—1999年，在多次石油危机的刺激下，各国不断加大能源技术研发投入，全球能源研发预算在1980年达到约230亿美元的峰值，其中投入最大的是核能（60％）、化石能源（20％）和可再生能源（16％）。其中，美国能源研发投入金额最高，推动了页岩气开采技术的突破。从2000年至今，全球能源研发投入再次出现持续增长，但其投资方向更加多元化，同时涉及交叉技术（23％）、核电（21％）、能源效率（21％）、新能源（15％）等技术。这一阶段，由技术突破改变全球能源格局的典型代表就是美国的页岩革命。页岩气技术的成熟帮助美国从能源进口国变为主要供应国，其能源净进口在2005年达到峰值，能源自给率从69.3％上升至2019年的101％。

　　美国页岩油气开发始于2005年，共经历了三个阶段、两次革命。第一阶段为2005—2010年，即第一次页岩革命。第一次页岩革命发起于巴内特页岩气产区，包括美国南部的鹰滩、海因斯维尔及东部的马塞勒斯页岩气等主力产区，主体开发技术是"水平井＋水力压裂"。第二阶段为2011—2014年，页岩革命推动美国本土天然气产量快速增长，天然气价格持续走低，借高油价契机，油气作业者开始探索使用"水平井＋水力压裂"技术开采页岩油，并率先对美国北部的威利斯顿盆地巴肯页岩油开展先导性开发试验和规模化工业开发，随后扩展到对二叠纪盆地页岩油的大规模开发。第三阶段为2015年至今，即第二次页岩革命。2014年国际油价暴跌并持续低位运行，期间美国上百家页岩油气公司申请破产。但也有很多页岩油气公司加强内部运营管理，通过立体开发降低开发成本，桶油完全成本由 98 美元降低至 33 美元，实现了效益开发，成为美国第二次页岩革命取得成功的重要原因之一。

5.3.2.3　地缘政治

地缘政治冲击事件短期内对能源供应影响显著。1970 年以来全球几次重大的石油供应中断和价格冲击都与地缘政治冲突密切相关，包括 1973—1974 年的阿拉伯石油禁运、1979 年的伊朗革命、20 世纪 80 年代初的两伊战争、1990 年的波斯湾战争。2022 年爆发的俄乌冲突同样对全球能源价格及欧洲能源供应造成了显著影响。2022 年欧盟通过管道进口约 600 亿 m^3 的俄罗斯天然气，与 2021 年相比进口量下降 800 亿 m^3。美国成为欧洲寻求传统能源多渠道供应的主要来源。2022 年 1—10 月，美国对欧洲共出口液化天然气约 898 亿 m^3，同比上涨 12%，其中 63% 运往欧盟和英国，占欧盟和英国进口总量的 42%。全球新能源相关产品需求持续上升。传统能源供应波动加速了全球新能源替代节奏，进一步推升新能源关键矿产和组件产品价格。相较于 2021 年 4 月，2022 年 4 月全球锂价上涨约 5.5 倍、钴价上涨约 1.8 倍、镍价上涨约 1.5 倍。新能源需求上涨推动中国光伏组件出口大幅增长。仅 2022 年 1—8 月，中国对欧盟的光伏面板出口同比增长约 138%，价值超 160 亿美元。

从长期影响来看，一方面，欧洲已经放缓煤炭淘汰节奏，部分国家重启煤电以弥补天然气供应缺口。目前，希腊已明确将弃煤进程从 2025 年推迟到 2028 年。英国、意大利、德国和波兰等国也通过延长燃煤机组服役时限、启动煤炭战略储备、提高煤矿产量等措施保障煤电供应。另一方面，欧洲各国努力拓展北欧、北非、中亚、美国、澳大利亚等天然气进口渠道，多元化进口来源，以减少对单一国家的能源依赖。

5.3.2.4　生态环境

20 世纪中叶以来，全球每 10 年的平均温度增速达 0.15℃，预计到 21 世纪中期，气候系统的变暖仍将持续，气候变化不利影响和风险将不断加剧。国际社会已日益认识到气候变暖对人类当代及未来生存与发展造成的严重威胁和挑战，采取积极措施应对气候变化已成为全球共识。

《联合国气候变化框架公约》第 26 次缔约方会议上，气候协议首次明确提及化石燃料，呼吁各国"逐步减少"煤炭的使用并降低"低效的"化石燃料补贴量。46 个国家以及 32 家企业和其他机构签署《全球煤炭向清洁能源转型的声明》，承诺将逐步淘汰现有燃煤电厂，其中 23 个国家为首次承诺淘汰煤电。巴基斯坦、马来西亚、印度尼西亚、孟加拉国和斯里兰卡等国此前都有大规模发展煤电的计划，目前已通过取消项目或政策承诺的方式不再新建煤电项目，日韩等国则承诺退出煤电的海外融资。中国也宣布不再新建境外煤电项目。

全球气候行动最重要的趋势就是推动化石燃料向可再生能源转型。考虑基准情景（维持 2015 年各国能源、气候政策）、2℃情景（21 世纪末全球平均温升较工业化前水平控制在 2℃以内）、1.5℃情景（21 世纪末全球平均温升较工业化前水平控制在 1.5℃以内）下，中长期能源供应总量和结构变化情况见表 5-1。以 2℃情景为例，2030、2050 年相对于 2015 年，全球煤炭供给将下降 47％、70％，天然气供给将增加 10％、3％，石油供给将增加 2％、−23％，而太阳能将增长 10 倍、47 倍，风能将增加 5、15 倍，生物质能将增长 19％、1.25 倍，核能将增长 88％、1.75 倍。

表 5-1　　　　　不同温升情景相对基准情景的全球一次能源供给变化　　　　　　　　％

情景	分类	2025 年	2030 年	2035 年	2040 年	2045 年	2050 年
基准情景	煤炭	−11	−20	−24	−24	−27	−26
	石油	−3	−6	−5	−5	−5	−4
	天然气	−5	−7	−8	−7	−8	−7
	核能	13	18	23	26	26	28
	生物质能	2	6	4	5	6	7
	可再生能源（生物质能除外）	9	15	20	20	24	20
	一次能源合计	−4	−7	−8	−7	−8	−7
2℃情景	煤炭	−29	−55	−70	−78	−82	−81
	石油	−6	−13	−25	−30	−36	−41
	天然气	−12	−21	−37	−36	−47	−44
	核能	22	44	51	67	58	92
	生物质能	2	6	21	43	65	84
	可再生能源（生物质能除外）	13	33	63	65	78	73
	一次能源合计	−11	−19	−28	−29	−31	−30
1.5℃情景	煤炭	−41	−66	−79	−83	−86	−86
	石油	−11	−25	−36	−50	−58	−69
	天然气	−19	−31	−48	−48	−61	−59
	核能	32	65	69	96	73	138
	生物质能	4	20	34	69	106	140
	可再生能源（生物质能除外）	18	45	74	85	102	101
	一次能源合计	−17	−26	−35	−35	−37	−35

5.3.3 未来全球及中国能源供应格局

5.3.3.1 全球能源供应格局

（1）煤炭供应格局。世界煤炭资源分布很不均衡，90%以上集中在北半球中高纬度地带，其中有90%左右储藏在美国、中国、俄罗斯、印度、澳大利亚、南非、德国等10个国家。在五大洲中，欧洲煤炭资源最丰富，其次为美洲，再次为亚洲，大洋洲、非洲的煤炭资源较少。世界上有煤炭的国家和地区约为80个，不到世界总数的1/2，而2012年探明储量达1亿t以上的国家只有32个。2012年世界煤炭探明储量分布见表5-2。

表 5-2　　　　　　　　　　2012 年世界煤炭探明储量分布

国家/地区	储量（亿 t）	占世界总量的比例（%）	储产比（年）
（一）北美地区	2450.88	28.5	244
美国	2372.95	27.6	257
加拿大	65.82	0.8	98
墨西哥	12.11	0.1	88
（二）中南美地区	125.08	1.5	129
巴西	45.59	0.5	*
哥伦比亚	67.46	0.8	76
委内瑞拉	4.79	0.1	292
（三）欧洲和欧亚地区	3046.04	35.4	238
保加利亚	23.66	0.3	72
捷克	11	0.1	20
德国	406.99	4.7	207
希腊	30.2	0.4	50
匈牙利	16.6	0.2	179
哈萨克斯坦	336	3.9	289
波兰	57.09	0.7	40
罗马尼亚	2.91	* *	9
俄罗斯	1570.1	18.2	443
西班牙	5.3	0.1	85
土耳其	23.43	0.3	33
乌克兰	338.73	3.9	384
英国	2.28	* *	14
（四）中东和非洲地区	328.95	3.8	124
南非	301.56	3.5	116

续表

国家/地区	储量（亿 t）	占世界总量的比例（%）	储产比（年）
津巴布韦	5.02	0.1	196
（五）亚洲和太平洋地区	2658.43	30.9	51
澳大利亚	764	8.9	177
中国	1145	13.3	31
印度	606	7	100
印度尼西亚	55.29	0.6	14
日本	3.5	＊＊	265
新西兰	5.71	0.1	115
朝鲜	6	0.1	19
巴基斯坦	20.7	0.2	＊
韩国	1.26	＊＊	60
泰国	12.39	0.1	68
越南	1.5	＊＊	4
全球合计	8609.38	—	109

注　"＊"代表储产比大于 500 年，"＊＊"代表占比低于 0.05%。

亚太地区主导世界煤炭市场。2018—2022 年世界主要煤炭出口国和进口国分别见表 5-3、表 5-4。从煤炭出口看，世界煤炭出口前两大国家为澳大利亚和印度尼西亚，2022 年共出口煤炭 6 亿 t 标准煤，占世界煤炭贸易量的 54%。从煤炭进口看，世界煤炭进口前两大国家为中国和印度，2022 年共进口煤炭 3.7 亿 t 标准煤，占世界煤炭贸易量的 33%。世界煤炭进出口贸易量持续向东转移，亚太地区已成为世界煤炭生产、消费和贸易中心。

表 5-3　　　　　　　　　　**2018—2022 年世界主要煤炭出口国**　　　　　　　　亿 t 标准煤

国家/地区	2018 年	2019 年	2020 年	2021 年	2022 年
印度尼西亚	2.92	2.9	2.9	2.93	3.14
澳大利亚	3.33	3.29	3.16	3.29	2.86
俄罗斯	1.97	1.97	1.93	2.04	1.83
美国	0.98	0.75	0.55	0.73	0.77
南非	1.03	0.55	0.56	0.66	0.60
哥伦比亚	0.83	0.71	0.57	0.59	0.54
加拿大	0.35	0.35	0.33	0.36	0.33
蒙古国	0.34	0.36	0.27	0.15	0.30
其他独联体	0.18	0.18	0.18	0.23	0.22
其他亚洲国家	0.13	0.1	0.08	0.13	0.15
合计	12.45	11.42	10.97	11.42	11.08

表 5-4   **2018—2022 年世界主要煤炭进口国**   亿 t 标准煤

国家/地区	2018 年	2019 年	2020 年	2021 年	2022 年
中国	2.09	2.18	2.26	2.23	1.99
印度	1.94	1.6	1.44	1.67	1.71
欧洲	2.2	1.75	1.33	1.49	1.66
日本	1.71	1.67	1.55	1.66	1.64
韩国	1.34	1.27	1.11	1.16	1.14
中南美	0.41	0.38	0.35	0.43	0.37
独联体	0.21	0.22	0.2	0.23	0.17
非洲	0.27	0.22	0.17	0.23	0.25
中东	0.13	0.12	0.11	0.1	0.08
其他亚洲国家	1.89	1.9	2.2	2.07	1.95
合计	12.45	11.42	10.97	11.42	11.08

（2）油气供应格局。2022 年非常规油气技术剩余可采储量油气当量为 1125.29 亿 t，占全球的 25.91％。重油是全球非常规油气中储量最大的类型，致密油次之，页岩油储量最少。美洲是非常规油气储量最大的地区，非常规油气技术剩余可采储量油气当量为 918.14 亿 t，占全球非常规油气储量的 81.59％，其主要非常规油气类型为重油、致密油、油砂、页岩气、致密气等；其次是中东地区，非常规油气储量油气当量为 152.76 亿 t，占全球非常规油气储量油气当量的 13.58％，主要类型是致密气与页岩气。2022 年全球非常规油气技术剩余可采储量类型构成与储量分布情况如图 5-7 所示。

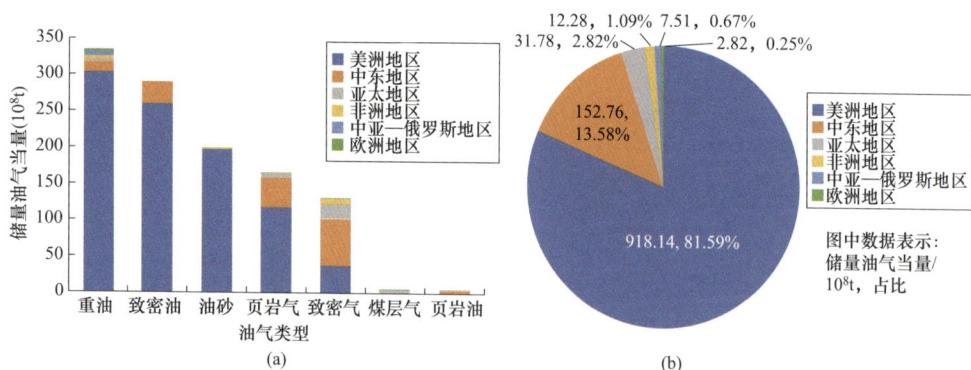

图 5-7   2022 年全球非常规油气技术剩余可采储量类型构成与储量分布

（a）类型构成；（b）储量分布

2022 年全球海域常规油气技术剩余可采储量油气当量为 1501.3 亿 t，占全球的 34.57％。中东地区是海域常规油气储量最大的地区，海域常规油气技术剩余可采储量油气当量为 862.11 亿 t，占全球海域常规油气储量的 57.42％，其主要油气类型为浅水油气。深水油气主要位于非洲、美洲和亚太地区，超深水油气主要位于美洲和非洲地区。2022 年全球海域常规油气技术剩余可采储量类型构成与储量分布情况如图 5-8 所示。

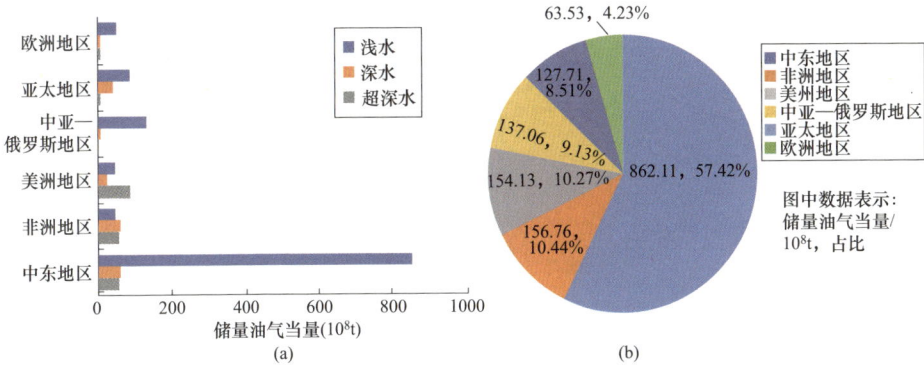

图 5-8　2022 年全球海域常规油气技术剩余可采储量类型构成与储量分布情况

（a）类型构成；（b）储量分布

2022 年全球陆上常规油气技术剩余可采储量油气当量为 1715.85 亿 t，占全球的 39.51%。中东地区陆上常规油气技术剩余可采储量油气当量为 734.47 亿 t，占比 43%；中亚—俄罗斯地区油气当量为 642.28 亿 t，占比 37%；美洲地区油气当量为 135.58 亿 t，占比 8%。从陆上常规油气技术剩余可采储量国家分布来看，俄罗斯储量位居世界首位，油气当量为 536.03 亿 t，其次是沙特，油气当量为 197.11 亿 t。2022 年全球陆上常规油气技术剩余可采储量国家构成与大区构成情况如图 5-9 所示。

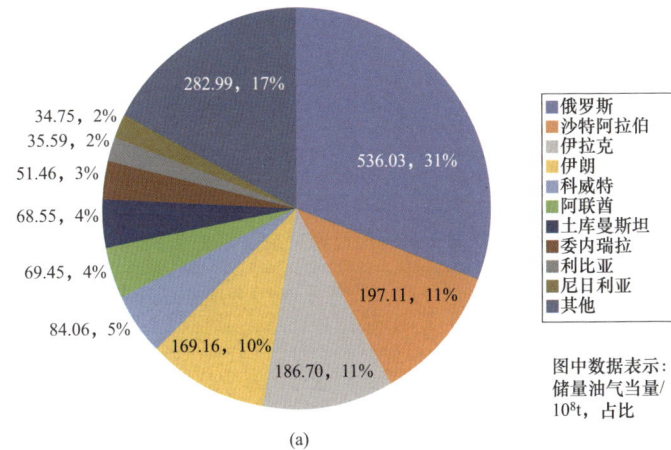

图 5-9　2022 年全球陆上常规油气技术剩余可采储量国家构成与大区构成情况（一）

（a）国家构成

145

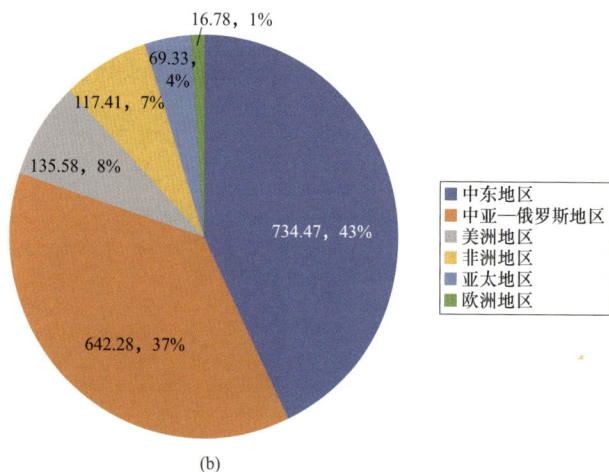

图 5-9　2022 年全球陆上常规油气技术剩余可采储量国家构成与大区构成情况（二）

（b）大区构成

2022 年前十大油田、气田产量及可采储量情况分别见表 5-5、表 5-6。

表 5-5　　　　　　　　　　　2022 年前十大油田产量及可采储量

油田	国家	地区	初产年份	2022 年产量（万 t）	技术剩余可采储量（亿 t）
加瓦尔油田	沙特阿拉伯	中东	1951	16807.89	56.65
阿布扎比陆上油田	阿联酋	中东	1963	8954.55	32.23
大布尔甘油田	科威特	中东	1946	7221.16	40.2
鲁迈拉油田	伊拉克	中东	1954	6701.4	17.61
库阿斯油田	沙特阿拉伯	中东	1963	6487.88	25.99
尤甘斯克油田	俄罗斯	中亚—俄罗斯	1977	6481.67	25.12
谢拜油田	沙特阿拉伯	中东	1998	5596.55	25.3
北都油田	科威特	中东	1960	4155.53	22.71
萨法尼亚油田	沙特阿拉伯	中东	1957	3962.08	45.16
上扎库姆油田	阿联酋	中东	1982	3838.34	14.22

表 5-6　　　　　　　　　　　2022 年前十大气田产量特征及可采储量

气田	国家	地区	初产年份	2022 年产量（亿 m³）	技术剩余可采储量（亿 m³）
南帕斯气田	伊朗	中东	2002	2046.24	85300
北方气田	卡塔尔	中东	1996	1778.22	85600
鲍瓦年科气田	俄罗斯	中亚—俄罗斯	2012	946.98	20500
扎波利亚尔气田	俄罗斯	中亚—俄罗斯	2001	762.48	11100
哈西鲁迈勒油气田	俄罗斯	中亚—俄罗斯	1983	555.24	17600
加瓦尔气田	阿尔及利亚	非洲	1961	532.71	9400

续表

气田	国家	地区	初产年份	2022 年产量（亿 m³）	技术剩余可采储量（亿 m³）
特罗尔气田	挪威	欧洲	1995	371.62	6500
加瓦尔气田	沙特阿拉伯	中东	1951	340.36	13400
南塔姆别伊斯凯气田	俄罗斯	中亚—俄罗斯	2017	301.06	8700
祖尔气田	埃及	非洲	2017	278.72	4900

（3）电力供应格局。自 2005 年以来，全球发电装机呈平稳较快增长的趋势，金砖国家发电装机增长引领全球装机增长。2005—2022 年全球发电装机容量及增速变化情况如图 5-10 所示。2005—2022 年，全球发电装机增速总体为 3.2%～5.8%。以七国集团为代表的发达国家发电装机容量年均增长 1.6%，低于全球装机年均增速 4.3%；金砖国家年均增速达 7.8%，是全球发电装机增长的主要推动力量。"一带一路"国家年均增速为 4.4%，略高于全球平均水平。

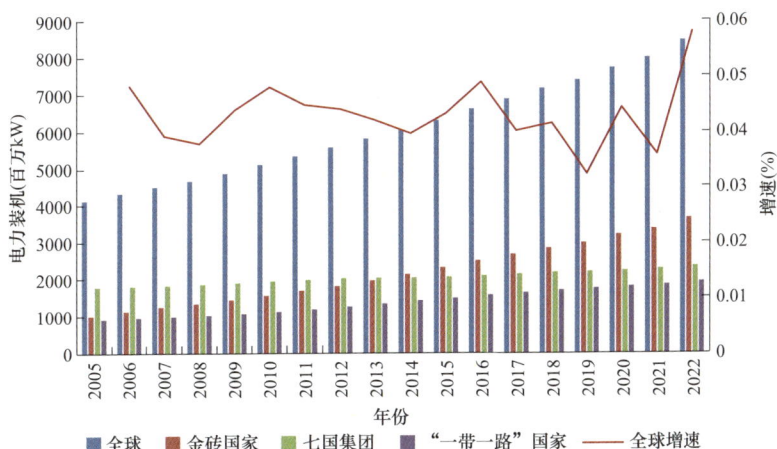

图 5-10　2005—2022 年全球发电装机容量及增速变化情况

2005 年，金砖国家发电装机容量与七国集团有较大差距，但随着装机的快速增长，于 2014 年超过七国集团。2022 年全球发电装机容量 84.8 亿 kW，2005—2022 年年均增长 4.3%。七国集团发电装机容量 23.5 亿 kW，占全球的比重为 27.8%，2005—2022 年年均增长 1.6%，低于全球年均增速 2.7 个百分点；金砖国家发电装机容量 36.6 亿 kW，占全球比重达 43.2%，2005—2022 年年均增长 7.8%，比全球增速快 3.5 个百分点；2005 年"一带一路"国家发电装机容量仅 9.3 亿 kW，随着"一带一路"战略逐步推进，电力基础设施建设进入高峰期，2022 年"一带一路"国家发电装机容量 19.4 亿 kW，2005—2022 年年均增长 4.4%，比全球年均增速快 0.1 个百分点。

全球发电装机仍以化石能源发电为主，主要为燃煤发电。2022 年全球发电装机结构情况如图 5-11 所示。2005—2022 年全球化石能源发电装机年均增速 3%，其中七国集团、金砖国家、"一带一路"国家化石能源发电装机年均增速分别为 −0.1%、6.2%、3.9%。随着各国逐渐重视气候变化，全球能源加快清洁低碳转型，化石能源发电装机增速呈持续下行趋势，尤其是典型发达国家更多地使用清洁能源，对火电投资明显下降，火电装机出现负增长。水电装机受资源条件影响较大，2005 年以来全球水电装机容量基本保持相对平稳的增长态势。核电发展受资源、技术以及各国民众意愿等多方面因素影响，发展较缓慢，一些国家出现负增长，但总体保持稳定。

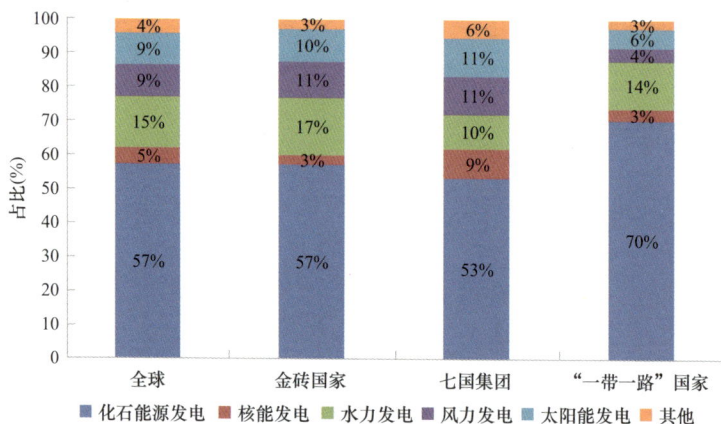

图 5-11　2022 年全球发电装机结构

中国发电量 2022 年已达到 8.8 万亿 kWh，在全球占比超过三成，继续在火力发电、水力发电、风力发电和太阳能发电量方面领跑全球。可再生能源发电量占比最高的地区是欧洲，高达 43.3%，其次依次为美洲 36.3%、亚太地区 28%、非洲国家 23.8%、独联体国家 17.8%、中东国家 2.9%；煤炭发电量占比最高的地区是亚太地区，高达 55.8%；天然气发电量占比最高的是中东，占 72%；核能发电量占比最高的是欧洲，达 19%。2022 年全球各国发电量情况见表 5-7。

表 5-7　　　　　　　　　　　2022 年全球各国发电量情况　　　　　　　　　　　TWh

国别	石油	天然气	煤炭	核能	水电	非水可再生	其他	总计
加拿大	2.7	81	34.1	86.6	398.4	52.1	4.7	659.6
墨西哥	34.2	191.8	21.9	10.8	35.7	46.2	—	340.7
美国	25.1	1816.6	904.2	812.1	258.6	719.5	11.5	4547.7

续表

国别	石油	天然气	煤炭	核能	水电	非水可再生	其他	总计
北美洲总计	62	2089.4	960.2	909.6	692.7	817.8	16.2	5548
阿根廷	16.7	80.4	2.1	7.5	23.9	19.4	0.8	150.8
巴西	10.1	42.1	16.5	14.6	427.1	164.5	2.3	677.2
其他中南美洲国家	66.3	114	38	—	295.2	68.8	—	582.4
中南美洲总计	93.1	236.5	56.6	22	746.2	252.8	3.1	1410.4
法国	2.3	46.9	3.1	294.7	44.6	68	8.1	467.7
德国	4.4	79.8	180.6	34.7	17.5	236.5	23.8	577.3
意大利	9.7	156.3	17.6	—	28.2	72	3.6	287.3
荷兰	1.6	47.8	17.3	4.2	0.1	48.3	2.7	122
波兰	1.7	11.6	127.4	—	2	34.7	1.7	179.1
西班牙	10.1	89.3	9.4	58.6	18.2	103.3	4.9	293.7
土耳其	3.1	71.8	112.8	—	67.2	71.4	—	326.2
乌克兰	0.5	7.2	24.8	62.1	11.1	7	—	112.7
英国	2.1	125.3	5.6	47.7	5.3	129.5	10.5	326
其他欧洲国家	17.1	132	151.4	239.5	372.8	269.4	26.6	1208.8
欧洲总计	52.6	768	650	741.5	566.9	1040.1	81.9	3900.9
哈萨克斯坦	0.1	23.7	76.8		9.2	4.2		114
俄罗斯	6.7	533.9	192.3	223.7	197.7	7.4	5.3	1166.9
其他独联体国家	4	159.8	6.2	7.5	40.9	1.6	0.6	220.7
独联体国家总计	10.7	717.3	275.4	231.2	247.8	13.3	5.8	1501.6
伊朗	31.2	300.2	0.8	6.6	7.5	2	—	348.1
沙特阿拉伯	131.4	269.4	—	—	—	0.8		401.6
阿联酋	—	127.7	—	20.1	—	7		154.7
其他中东国家	134.8	285.8	17.8	—	4.9	17.2	0.2	460.6
中东国家总计	297.3	983	18.5	26.7	12.4	27	0.2	1365.1
埃及	17.6	159.3	—		13.8	10.2		200.8
南非	3.6	—	197.2	10.1	3.1	16.3	4.5	234.8
其他非洲国家	49.4	203.9	39.2	—	139.8	24.3	0.5	457.1
非洲国家总计	70.6	363.2	236.4	10.1	156.7	50.8	5	892.7
澳大利亚	5	46.3	130.9	—	17.1	73.7	0.5	273.6
中国	16.4	402.4	5519	441.6	1308.9	1383.2	65.3	9136.8
印度	2.5	47	1380.1	46.2	174.9	205.9	1.3	1858
印度尼西亚	6.1	56.1	205.3	—	27.3	38	0.6	333.4
日本	40.6	319.7	309	51.8	74.9	152.1	85.4	1033.6
马来西亚	1.8	68.4	76.4	—	32.5	3.9	—	182.9

续表

国别	石油	天然气	煤炭	核能	水电	非水可再生	其他	总计
韩国	6.9	173.3	208.7	176.1	3.5	47.7	4.2	620.3
泰国	1.7	114.6	35.5	—	6.6	21.9	—	180.4
越南	0.7	27.8	100.8	—	96	34.8		260
其他亚太地区国家	60.5	218.2	154.4	22.3	169.7	41.5	1	667.6
亚太地区总计	142.2	1473.9	8120.1	737.9	1911.5	2002.6	158.3	14546.4
全球总计	728.6	6631.4	10317.2	2679	4334.2	4204.3	270.5	29165.1

资料来源：《世界能源统计年鉴2023》。

（4）地热能供应格局。全球地热资源总量丰富，但空间分布上极不平衡。全球地热带分布如图5-12所示。高温地热资源主要分布在离散板块边界和汇聚板块边界，空间分布上与全球板块边界、地震带、火山带具有相关性，最为显著的特征是热流高、高温水热活动强烈、活火山与地震活动频繁。4个全球性的高温地热带是环太平洋带、大西洋中脊带、东非裂谷带、地中海—喜马拉雅带；而中低温地热资源则广泛分布在板块内部，主要分布于造山带及山间盆地和中—新生代沉积盆地。

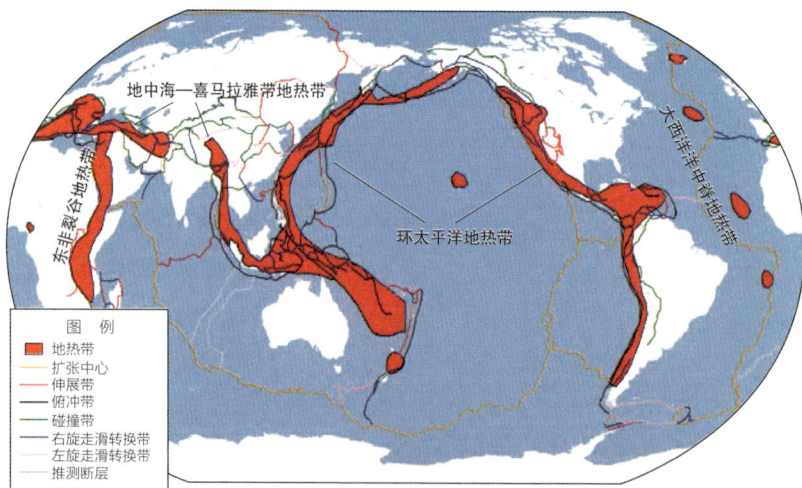

图5-12 全球地热带分布

地热发电是地热能最主要的利用方式之一。早在20世纪初，世界范围内就开始了地热发电的探索。1904年，意大利托斯卡 Larderello 地热田首次利用地热能驱动小型发电机发电。1913年，在该地热田建立了世界首座地热发电站，装机容量为250kW。1958年，第一个商业化闪蒸式地热电站在新西兰 Wairakei 地热田建成。

1960 年，美国在加利福尼亚州 Geysers 地热田建成第一座装机容量 11MW 的干蒸汽地热电站。20 世纪七八十年代的石油危机、20 世纪八九十年代的政治动荡和经济冲击促进了地热发电装机容量的显著增长。近年来，地热发电装机容量增速放缓。截至 2022 年年底，全球地热发电装机容量为 14.9GW。主要分布在亚洲、北美洲、欧亚大陆和大洋洲。其中，美国、印度尼西亚、菲律宾、土耳其、新西兰和墨西哥等国家的地热发电容量超过 1GW，累计占比超过全球地热发电总装机容量的 80％。2012—2022 年全球地热发电装机情况如图 5-13 所示。

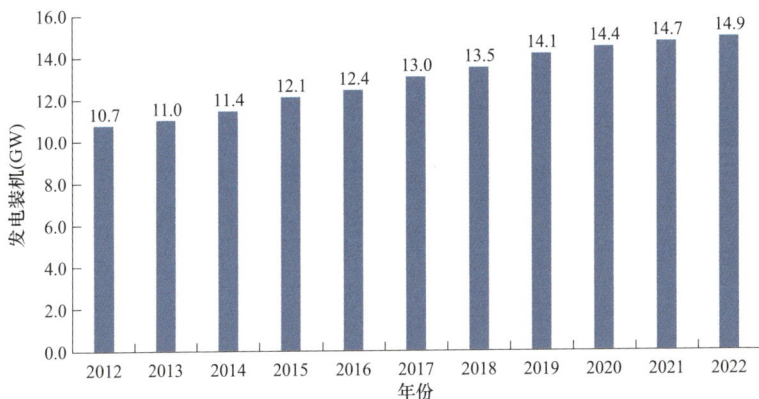

图 5-13　2012—2022 年全球地热发电装机情况

地热能直接利用是最古老、最通用和最常见的热能利用形式之一。截至 2022 年年底，全球供热和制冷热能装机容量相当于 1.73 亿 kWh，比 2020 年增加了 60％，主要应用领域是建筑物供暖和制冷，其次是健康娱乐和旅游、农业和食品加工。地源热泵装机容量最大的五个国家是中国、美国、瑞典、德国和土耳其，占世界的 71.1％。地源热泵年能源利用最多的五个国家是中国、美国、瑞典、土耳其和日本，占世界使用量的 73.4％。从人均装机来看，前五名依次为冰岛、瑞典、芬兰、瑞士和挪威；从人均利用量来看，前五名则为冰岛、瑞典、芬兰、挪威和新西兰。

5.3.3.2　中国能源供应格局

（1）煤炭供应格局。

1）煤炭生产。中国煤炭资源分布受东西向、南北向"两横"和"两纵"构造带控制，呈"井"字形分布特征。"井"字形"九宫"分区格局体现了含煤盆地和煤炭资源的分布特征，也展现了区域自然地理、生态环境以及社会经济发展水平等要素分异。中国煤炭资源"井"字形分区示意图如图 5-14 所示。

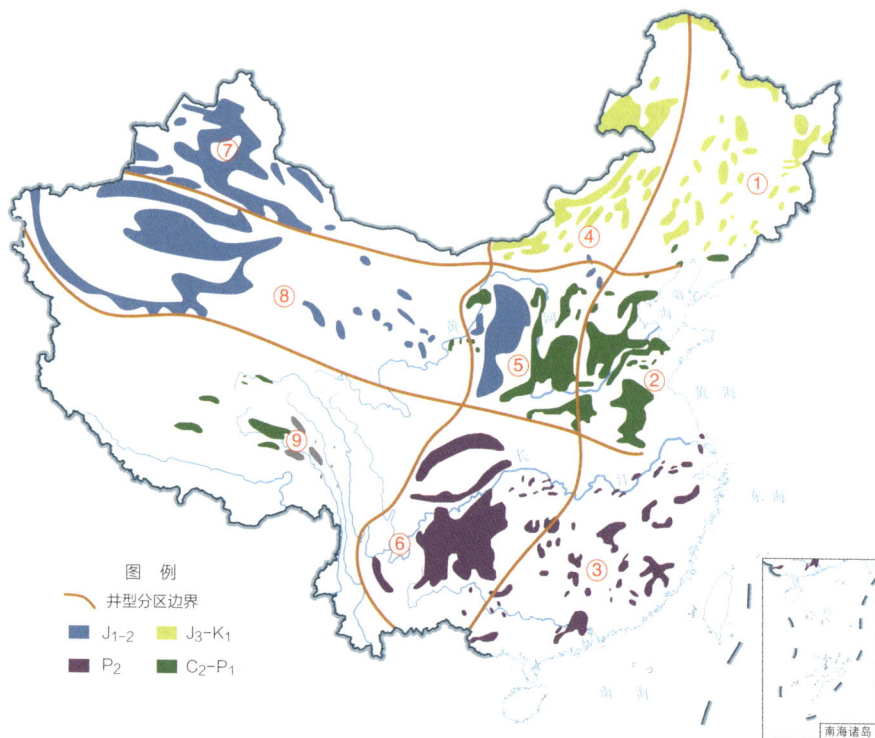

图 5-14 中国煤炭资源"井"字形分区示意图

　　"井"字形构造格局下，①"东北宫"包括东北辽宁、吉林、黑龙江三省；②"黄淮海宫"包括北京、天津、河北、河南、山东、皖北、苏北五省区；③"东南宫"包括皖南、苏南、浙江、福建、江西、湖北、湖南、广东、广西、海南、台湾十一省区；④"蒙东宫"主要为内蒙古呼和浩特以东地区；⑤"晋陕蒙（西）宁宫"包括山西、陕西关中和陕北、内蒙古中部准格尔东胜地区、宁夏东部、甘肃陇东的鄂尔多斯盆地部分；⑥"西南宫"包括贵州、云南东部、四川东部以及重庆地区；⑦"北疆宫"包括乌鲁木齐及其以北准噶尔盆地区、吐哈盆地区、伊犁盆地区；⑧"甘青南疆宫"包括青海、甘肃河西走廊以及南疆塔里木盆地区；⑨"西藏宫"则主要为四川云南西部及西藏地区。

　　据中国煤炭地质总局 2017 年完成的《中国煤炭资源潜力评价》，中国 2000m 以浅的煤炭资源总量为 5.90 万亿 t，其中查明和预测的资源为 2.02 万亿 t，其中生产井、在建井已占用近 4200 亿 t；中国潜在资源为 3.88 万亿 t，共圈定预测区 2880个，总面积 42.84 万 km²。总体上，中国煤炭资源受成煤环境后期构造运动，特别是煤炭开发强度不均衡的影响，目前保有煤炭资源埋藏深度差异较大，一般东部煤层埋藏深，西部埋深相对较浅。

　　中国煤炭资源"井"字形构造"九宫"分区的煤炭保有资源量分布情况如图 5-15 所示。"蒙东宫""晋陕蒙（西）宁宫""西南宫""北疆宫"的保有煤炭资源量最多，均超过 1000 亿 t，其中"晋陕蒙（西）宁宫"的保有量为 5707.81 亿 t，"蒙东宫"的保有量为 2330.8 亿 t，"西南宫"的保有量为 2094.82 亿 t，"北疆宫"的保有量约为 2533 亿 t。"黄淮海宫""东北宫""甘青南疆宫"的保有资源量次之，分别为 662.89 亿、309.12 亿 t 和 161.63 亿 t。其余分区的保有资源量较少，均不超过 100 亿 t。

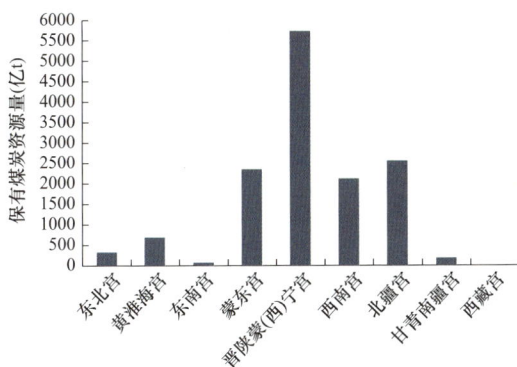

图 5-15　中国煤炭资源"九宫"分区的保有煤炭保有资源量分布情况

　　随着中国经济发展对能源需求增长，虽然煤炭占能源结构比例下降，但煤炭需求量仍逐年增长。依据中国煤矿矿井平均回采率为 42.1% 计算，2023 年年底中国煤炭保有储量 2070.12 亿 t，可采出资源仅 869.5 亿 t，若不考虑原煤产量增长，按照 46.6 亿 t 的年产量计算，可供开采煤炭仅 19 年左右。中国煤炭资源"井"字形构造"九宫"分区各个宫内剩余可采资源量的保障年限，见表 5-8。

表 5-8　　　　　　　　　2023 年中国煤炭剩余可采资源量

中国煤炭资源"井"字形构造"九宫"分区	剩余可采资源量（亿 t）	年产量（亿 t）	开采年限（年）
东北宫	75.42	1.6	<19
黄淮海宫	202.98	4.5	<18
东南宫	3.92	0.3	<5
蒙东宫	313.09	3	<42
晋陕蒙（西）宁宫	1618.83	25.4	<25
西南宫	150.07	2.9	<21
北疆宫	702.02	3	<94
甘青南疆宫	64.23	0.6	<43
西藏宫	—	—	—

2）煤炭进口。自 2015 年以来，中国进口煤炭总量稳居全球第一。2023 年，中国从印度尼西亚、俄罗斯、蒙古国进口煤炭合计 3.84 亿 t，占总进口量的 81.9％。其中，印度尼西亚是中国主要进口动力煤来源国，俄罗斯、蒙古国是中国主要进口炼焦煤来源国。2023 年中国煤炭进口来源情况如图 5-16 所示。

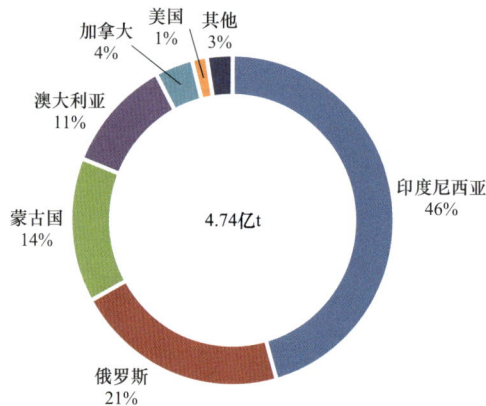

图 5-16　2023 年中国煤炭进口来源

数据来源：中国海关总署。

印度尼西亚是中国重要的煤炭进口来源国。2023 年，印度尼西亚煤进口占中国总进口量的 46.8％。近年来，印度尼西亚煤炭产量总体呈现上升趋势，产出的煤炭 74％用于出口，煤炭生产与国际能源需求紧密相连。印度尼西亚目前几乎全部为露天开采，生产成本较低，且煤炭质量具有低灰、低硫、高发热量的特点。印度尼西亚煤出口到中国具有较大的区位优势，印度尼西亚距离中国的海运距离约是澳大利亚的一半，运输天数可节省 5 天左右，且煤炭是印度尼西亚出口换汇的主要来源之一，未来煤炭资源的可获得性较高。

俄罗斯煤炭储量大、品质优良，2023 年俄煤占中国进口量的 21.3％。俄罗斯政府计划在库兹巴斯、罗斯托夫州以及东西伯利亚等地区建立新的煤炭开采中心，同时完善铁路、港口等基础设施建设，保障煤炭出口。俄乌冲突之后，欧洲对俄的煤炭禁令即将生效，俄罗斯煤炭出口已加快转向亚太市场，未来随着东部地区煤炭开发战略的推行，将有力提升俄罗斯煤出口到中国的竞争力。

3）煤炭运输。受煤炭生产与消费格局的影响，中国煤炭的基本流向是"北煤南运"和"西煤东运"。以铁路直达的方式供应京津冀华北地区，以下水煤方式供应华东、华南等地，海进江方式供应长江沿线省市。铁路运输运能大、运距长、速度快、运价低，是煤炭最重要的运输方式，占中国煤炭运输量的 50% 以上。公路运输主要作为铁路运输的补充，承担产煤地及周边省份煤炭短途运输，或铁路、港口煤炭集疏运输。从运输成本来看，公路运输是所有煤炭运输方式中成本最高的，但其解决了货到门的问题，对于铁路覆盖不到的区域或省内短途运输，公路通道仍能发挥重要作用。中国煤炭运输通道示意图如图 5-17 所示。

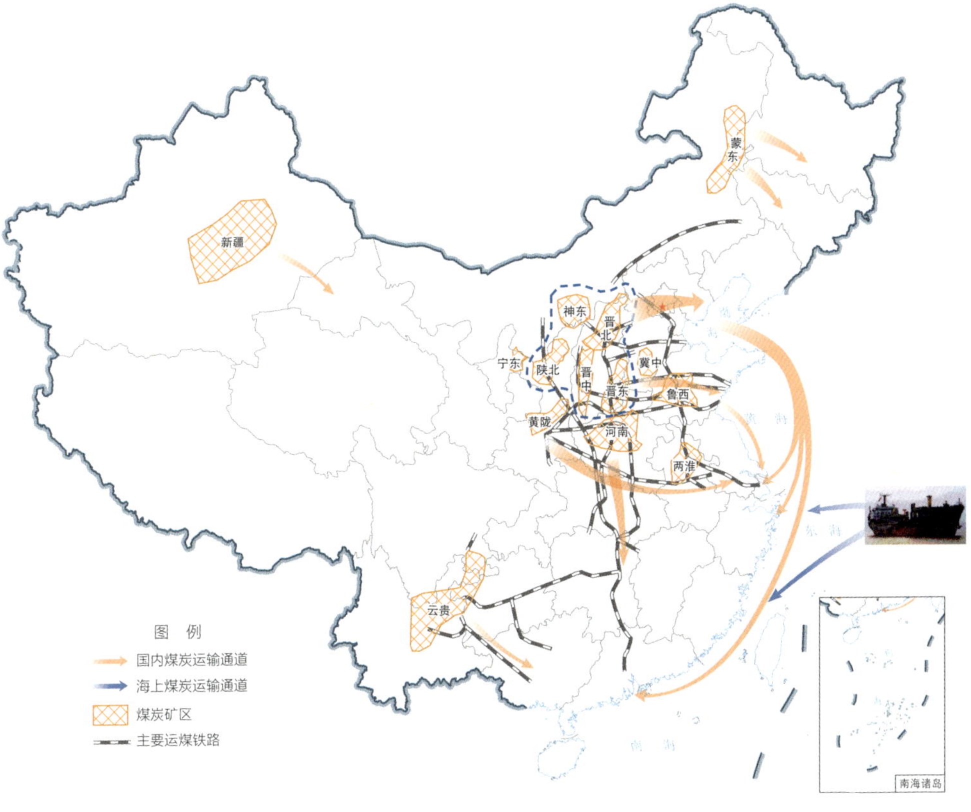

图 5-17　中国煤炭运输通道示意图

资料来源：中国能源发展系列报告。

　　中国煤炭铁路运输形成了"七纵五横"的煤炭物流运输网络，其中最重要的是晋陕蒙煤炭外运铁路干线。目前晋陕蒙煤炭外运主要集中在北通路、中通路和南通路三大煤炭运输通道，北通路承担了铁路运输的主要运力，其中大秦铁路设计运力达 4.5 亿 t，由山西大同发往河北秦皇岛，是"西煤东运"的运输主力。中国煤炭铁路运输流向见表 5-9。

表 5-9   中国煤炭铁路运输流向

三大通道	运往地点
北通路	秦皇岛、天津、京唐、曹妃甸、黄骅港等港口，通过海运往华南地区
中通路	与京广、京沪和京九三大主要南北通道交汇并发往青岛港
南通路	南通路的煤炭主要来自陕西地区，主要供应两湖等内陆省份

（2）石油供应格局。

1）石油生产。中国常规石油地质资源量为 1080.31 亿 t，其中陆上资源量为 792.16 亿 t，占比 73%；海域资源量为 288.15 亿 t，占比 27%。中国常规石油资源评价结果见表 5-10。陆上常规石油资源主要分布于渤海湾（陆上）、鄂尔多斯、松辽、准噶尔、塔里木和柴达木等 6 大含油气盆地，常规石油资源合计 627.54 亿 t，占陆上常规石油地质资源量的 79.22%。海域常规石油资源中，南海资源量为 163.41 亿 t，占比 57%，其中曾母与文莱—沙巴盆地资源量合计 93.16 亿 t，珠江口盆地资源量为 25.51 亿 t。

表 5-10   中国常规石油资源评价结果汇总表

区域	盆地	面积（km²）	地质资源量（亿 t）			技术可采资源量（亿 t）		
			总地质资源量	探明地质资源量	剩余地质资源量	总技术可采资源量	探明技术可采资源量	剩余技术可采资源量
陆上	松辽	260000	111.37	75.7	35.67	36.76	29.98	6.77
	渤海湾（陆上）	133200	214.94	109.3	105.64	54.54	28.63	25.91
	鄂尔多斯	250000	116.5	53.87	62.63	21.78	9.55	12.23
	塔里木	560000	75.06	21.29	53.77	19.12	3.66	15.46
	准噶尔	134000	80.08	26.08	54	17.35	6.39	10.96
	四川	200000	0	0	0	0	0	0
	柴达木	104000	29.59	6.23	23.36	5.54	1.31	4.23
	吐哈	53500	10.09	4.11	5.98	2.26	1.03	1.23
	二连	109000	13.39	3.3	10.09	2.54	0.61	1.93
	南襄	17000	5.15	3.06	2.09	1.53	0.98	0.55
	苏北	35000	6.22	3.54	2.68	1.4	0.8	0.6
	江汉	28000	5.15	1.62	3.52	1.51	0.49	1.02
	海拉尔	79600	10.1	228	7.82	2.01	0.45	1.56
	酒泉	13100	5.11	1.7	3.41	1.09	0.47	0.62
	三塘湖	23000	4.48	0.88	3.59	0.73	0.12	0.62
	百色	830	0.42	0.17	0.25	0.1	0.04	0.06
	其他	1153287	104.54	1.23	103.31	21.89	0.22	21.67
	小计	3153517	792.16	314.36	477.81	190.15	84.73	105.42

区域	盆地	面积（km²）	地质资源量（亿 t）			技术可采资源量（亿 t）		
			总地质资源量	探明地质资源量	剩余地质资源量	总技术可采资源量	探明技术可采资源量	剩余技术可采资源量
海域	渤海湾（海域）	61800	110.29	33.14	77.15	25.37	7.55	17.82
	东海	250000	7.23	0.27	6.96	1.48	0.08	1.4
	黄海	169000	7.22	0	7.22	1.57	0	1.57
	南海	1116752	163.41	59.71	103.71	53.93	19.89	34.04
	小计	1597552	288.15	93.12	195.03	82.35	27.52	54.83
合计		4751069	1080.31	407.48	627.84	272.5	112.25	160.25

非常规资源中致密油、页岩油、油砂油资源潜力大，是中国未来石油开发的重要战略接替资源。2023 年，长庆油田在甘肃陇东率先建成 200 万 t 页岩油规模效益开发生产基地。据估算，中国埋深 300～3000m 的页岩油技术可采资源量为 700 亿～900 亿 t，是常规石油可采总量的 3 倍以上，主要分布在鄂尔多斯、松辽和准噶尔等大型含油气盆地；如果页岩油原位转化技术在中国能够投入规模开发，将可能改变中国原油生产格局，极大提高中国原油自给能力，对保障国家油气供应安全意义重大。中国非常规石油资源评价范围统计见表 5-11。

表 5-11　　　　　　中国非常规石油资源评价范围统计

类型		盆地（坳陷、地区）
致密油	主要盆地	鄂尔多斯、松辽、准噶尔、海湾、三塘湖、柴达木、二连
	中小盆地	勃利、大杨树、虎林、鸡西、三江、延吉、银－额天草、银－额查干、雅布赖、巴彦浩特、民和、六盘山、石拐、中口子、武威、民乐、南祁连木里、武川、沁水、伊犁、精河、福海、吐拉
油页岩油	东部区	敦密、松辽、柳树河、大杨树、老黑山、林口、罗子沟、杨树沟、依兰一伊通、抚顺、黑山、朝阳、建昌阜新、丰宁、燕河营、渤海湾、胶莱、济宁
	中部区	鄂尔多斯、四川、六盘山
	南方区	茂名、那彭、钦州、句容、北部湾、新宁、湘乡、吉安、萍乡、楚雄、思茅—兰坪
	西部区	民和、西宁、柴达木、准噶尔、阿坝
	青藏区	羌塘、伦坡拉
油砂油	东部	松辽、二连
	中部	四川
	西部	准噶尔、塔里木、柴达木、酒泉、中口子
	南方	百色、桂中

2）石油进口。中国是石油净进口国，2023 年进口原油 5.6 亿 t，同比增长 11.0%，继续保持全球第一，原油对外依存度超 70%。2023 年中国原油进口来源情况如图 5-18 所示。排名前五的国家分别是俄罗斯、沙特阿拉伯、伊拉克、马来西亚和阿联酋，五个国家合计占中国全年进口总量的 62%。中东区域是中国原油贸易最大的区域，主要有沙特阿拉伯、卡塔尔、伊朗、伊拉克、阿联酋、阿曼等，其中，沙特在中国原油进口量占比稳居前二，伊拉克、阿曼等中东国家均位列前十。

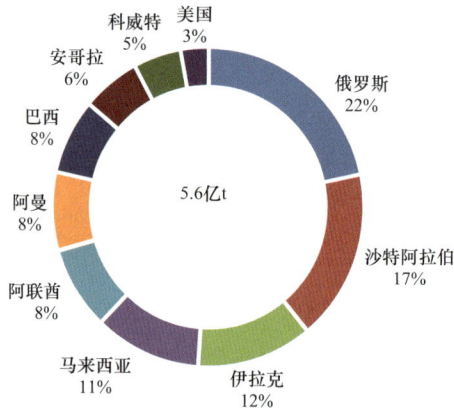

图 5-18　2023 年中国原油进口来源

数据来源：中国海关总署。

3）石油管网。中国有四大油气进口通道，除海上油气进口通道外，还有三条陆上通道，分别是东北（中国—俄罗斯）通道、西北（中国—中亚）通道、西南（中国—缅甸）通道。国内石油产销分离，运输总体格局是"西油东送"和"北油南送"。原油和成品油的主要运输方式有管道、铁路、公路和水路。原油运输中，主要是油田到炼油厂，管道运输占比 80% 以上。成品油运输中，长距离运输靠管道（炼油厂到城市），短距离运输（到加油站）主要是油罐车。中国石油运输通道示意图如图 5-19 所示。

（3）天然气供应格局。

1）天然气生产。截至 2023 年，中国累计探明天然气地质储量 21.22 万亿 m^3，剩余技术可采储量 7.76 万亿 m^3。2023 年天然气产量约 2324 亿 m^3，年增产量连续 7 年超过 100 亿 m^3。四川、鄂尔多斯、塔里木三大盆地是增产主阵地，2018 年以来增产量占中国天然气总增产量的 70%。非常规天然气产量突破 960 亿 m^3，占天然气总产量的 43%，成为天然气增储上产重要增长极。其中，致密气夯实鄂尔多斯、

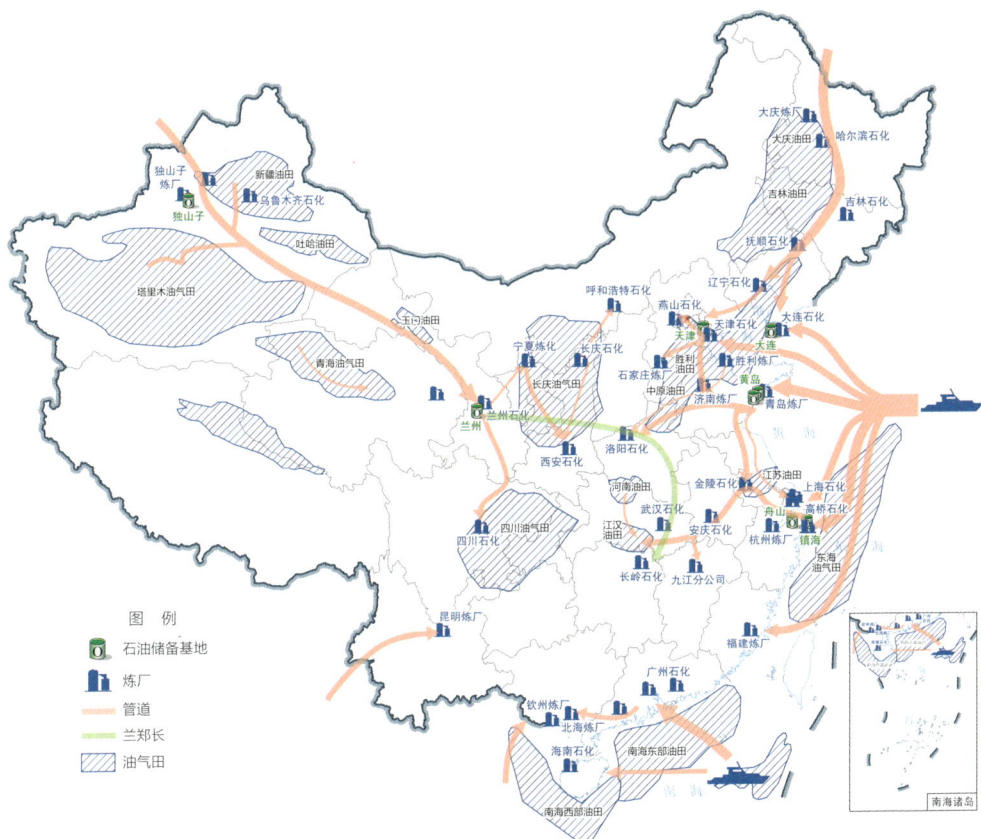

图 5-19　中国石油运输通道示意图

资料来源：中国能源发展系列报告。

四川两大资源阵地，产量稳步增长，全年产量超 600 亿 m³；页岩气新区新领域获重要发现，中深层生产基地不断巩固，深层持续突破，全年产量 250 亿 m³；煤层气稳步推进中浅层滚动勘探开发，深层实现重大突破，全年生产煤层气超 110 亿 m³。

国内天然气生产环节参与企业少，有较强的垄断性，目前具有天然气勘查、开采资质的主体只有中国石油天然气集团公司、中国石油化工股份有限公司、中海油能源股份有限公司、陕西延长石油（集团）有限责任公司四家国有企业。近年来天然气勘查开采技术不断进步，国家也更加重视天然气资源的勘查并加大投资，中国天然气新增探明地质储量连续增长。总体来看，中国天然气开发利用水平和进度目前正处于快速发展时期，已达到世界中上等水平。

2）天然气进口。当前中国天然气进口供应链网络存在西北、西南、东北及东部四大进口通道。其中东部通道是海上通道，以 LNG 海运进口为主，主要进口来自澳大利亚、卡塔尔、马来西亚、印度尼西亚等地的 LNG。西北、西南、东北通道为天然气管道，主要进口来自库曼斯坦、乌兹别克斯坦、哈萨克斯坦、俄罗斯的气态天然气。

2023 年，中国进口天然气 1.2 亿 t。其中，LNG 进口量 7132 万 t；管道气进口量 4865 万 t。LNG 进口来源国主要有澳大利亚、卡塔尔、俄罗斯、马来西亚、印度尼西亚、美国、巴布亚新几内亚、尼日利亚、阿曼。其中，澳大利亚和卡塔尔仍为中国第一、二大 LNG 进口来源国。管道气进口来源国为土库曼斯坦、俄罗斯、哈萨克斯坦、缅甸、乌兹别克斯坦，其中俄罗斯通过中俄东线加大了对中国天然气供应。2023 年中国天然气进口来源如图 5-20 所示。

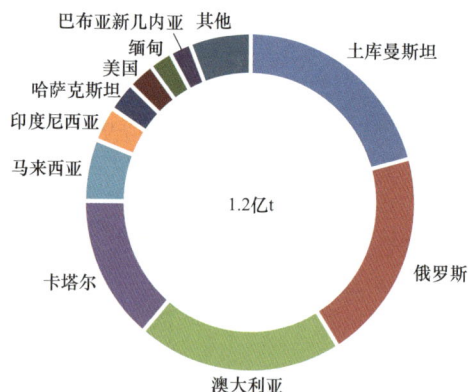

图 5-20   2023 年中国天然气进口来源

数据来源：中国海关总署。

3）天然气管网。进口的管道天然气流向是"北气南下，西气东输"，分别由中亚天然气管道、中缅天然气管道、中俄天然气管道承担。中国主要天然气进口管道情况见表 5-12。中亚天然气管道起始自土库曼斯坦，其中 A 线、B 线、C 线途经乌兹别克斯坦和哈萨克斯坦，D 线穿过塔吉克斯坦和吉尔吉斯斯坦，A 线、B 线、C 线和 D 线从新疆口岸进入中国境内后直接与西气东输二线、三线和五线连接，继续向东输送，辐射扩散至东部用气区域。中缅天然气管道起始自缅甸境内，由云南口岸进入中国境内，管道输送至贵州后与西气东输广南支线及中贵线交汇，主要供给云南、贵州和广西用气区域。中俄天然气管道东线起始于俄罗斯，进入国境后的起点为黑龙江、途经吉林、内蒙古、辽宁、河北、天津、山东、江苏，最终抵达上海的国内沿海天然气管网，主要供给京津冀地区、东部沿海省份及上海周边地区。天然气进口管道线路的气源、供给区域、长度和输送量见表 5-12。

表 5-12 　　　　　　　　　　　　　中国主要天然气进口管道情况

天然气管道	气源	主要供给区域	干线全长（km）	年输送量（亿 m³）
中亚 A 线	土库曼斯坦、乌兹别克斯坦、哈萨克斯坦	西气东输二线、西气东输三线、东南沿海地区	1830	150
中亚 B 线			1830	300
中亚 C 线			1830	250
中亚 D 线	乌兹别克斯坦、塔吉克斯坦	华北地区	1000	300
中缅	缅甸、中东地区 LNG	云南、贵州、广西	2520	120
中俄东线	俄罗斯	京津冀、长三角区域	4000	380

　　进口天然气管道进入中国境内后均与国内的天然气干线管道连接，进而运送至主要消费区域。国内自产天然气的资源流向是"西气东输，就近供应"。西气东输管道工程西起塔里木盆地的轮南，东至上海，将新疆生产的天然气输送到长江三角洲区域及管道沿线地区，将四川、重庆气区的天然气输送到湖北和湖南，将陕西、甘肃、宁夏气区的天然气输送到北京、天津、河北、山东、山西地区。就近供应则是指长途输送的同时优先供应气田周边地区。中国天然气运输通道示意图如图 5-21 所示。

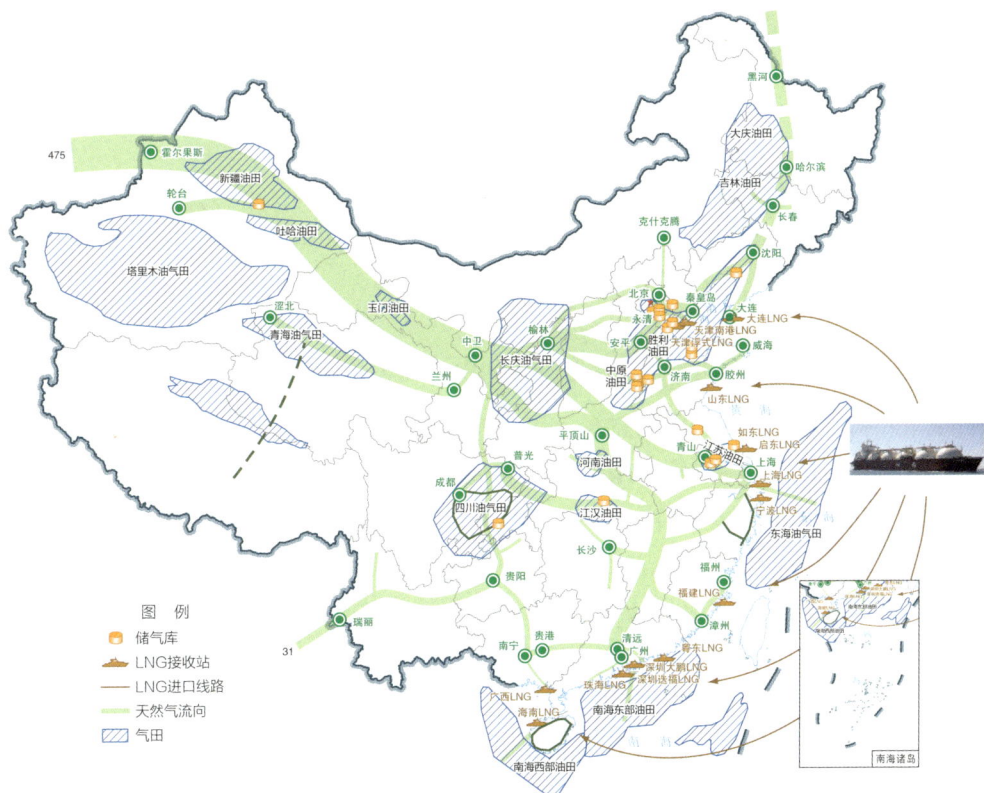

图 5-21　中国天然气运输通道示意图

资料来源：中国能源发展系列报告。

161

（4）电力供应格局。中国电力基础设施建设规模稳步增长，电力供应安全性和可靠性持续提升，为中国式现代化和新质生产力发展提供有力支撑。截至 2023 年年底，中国发电装机容量达到 29.2 亿 kW，"西电东送"规模超 3 亿 kW。大型风光基地规模化开发，电力绿色低碳转型不断加速。非化石能源装机容量达 15.7 亿 kW，占总装机容量的 54%，超过火电装机容量。非化石能源发电量达 3.4 万亿 kWh，占总发电量的 36%。其中，风电、光伏发电装机容量为 10.5 亿 kW，占总装机的 36%；风电、光伏发电量 1.5 万亿 kWh，占总发电量的 16%，分别比 2010 年和 2015 年提升 15 个、12 个百分点。2023 年中国各类电源装机容量和发电量占比如图 5-22 所示。

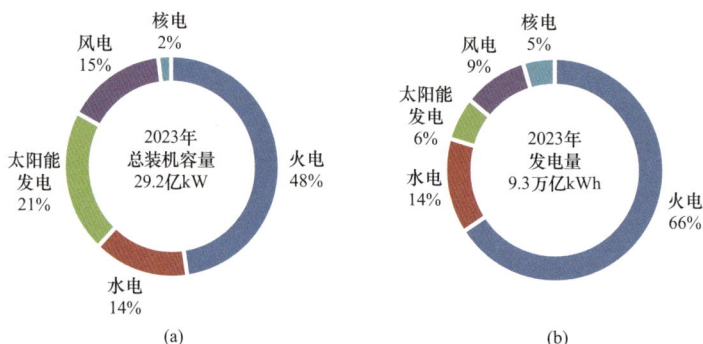

图 5-22　2023 年中国各类电源装机容量和发电量占比

（a）电源装机；（b）发电量

中国已经形成以东北、华北、西北、华东、华中、西南、南方七大区域电网为主体、区域间有效互联的电网格局，电力资源优化配置能力稳步提升。资源禀赋和电力需求逆向分布决定了中国"西电东送"和"北电南送"电力流格局。中国清洁能源资源超过 70% 集中在西部北部地区，电力消费超过 60% 分布在东中部地区，与能源资源呈逆向分布。东中部耕地红线、空间管理等要求高，年平均风功率密度、太阳能年平均辐照强度分别相当于西部、北部地区的 25% 和 67%，利用小时数低。西北部清洁能源基地开发加快，送电至东中部电价仍具有较强竞争力。

立足中国能源资源与用电需求呈逆向分布的国情，面对电力需求持续增长的需要，中国范围能源资源优化配置成为必然选择，需要发展远距离、大容量、低损耗、占地省的特高压输电技术。截至 2023 年年底，中国在运直流特高压线路 20

条，主要电压等级为±800kV，最大输电容量已达到 1000 万 kW。与传统输电技术相比，特高压输电技术的输送容量最高提升至 3 倍，输送距离最高提升至 2.5 倍，输电损耗可降低 45%，单位容量线路走廊宽度减小 30%，单位容量造价降低 28%，可以更安全、更高效、更环保地配置能源。2023 年中国在运直流特高压线路基本情况见表 5-13。

表 5-13　　　　　2023 年中国在运直流特高压线路基本情况

序号	线路名称	电压等级（kV）	输电容量（万 kW）	输电距离（km）	投产时间
1	楚穗直流	±800	500	1373	2010 年 6 月
2	复奉直流	±800	640	1907	2010 年 7 月
3	锦苏直流	±800	720	2059	2012 年 12 月
4	天中直流	±800	800	2210	2014 年 1 月
5	宾金直流	±800	800	1653	2014 年 7 月
6	普侨直流	±800	500	1413	2015 年 5 月
7	灵绍直流	±800	800	1720	2016 年 8 月
8	祁韶直流	±800	800	2383	2017 年 6 月
9	雁淮直流	±800	800	1119	2017 年 6 月
10	锡泰直流	±800	1000	1620	2017 年 6 月
11	鲁固直流	±800	1000	1234	2017 年 12 月
12	新东直流	±800	500	1959	2018 年 5 月
13	昭沂直流	±800	1000	1238	2018 年 10 月
14	吉泉直流	±1100	1200	3293	2018 年 10 月
15	青豫直流	±800	800	1587	2020 年 12 月
16	昆柳龙直流	±800	800	1452	2020 年 12 月
17	雅湖直流	±800	800	1696	2021 年 6 月
18	陕武直流	±800	800	1137	2021 年 8 月
19	建苏直流	±800	800	2080	2022 年 7 月
20	金塘直流	±800	800	2121	2022 年 12 月

1）清洁能源基地建设情况。中华人民共和国国民经济和社会发展第十四个五年规划和 2035 年远景目标纲要指出，建设金沙江上下游、雅砻江流域、黄河上游和几字湾、河西走廊、新疆、冀北、松辽等九大清洁能源基地。"十四五"大型清洁能源基地布局如图 5-23 所示。

第一个大型清洁能源分布区域是"北方地区能源基地"，包括松辽清洁能源基地、冀北清洁能源基地和黄河几字湾清洁能源基地，主要涉及的省份包括辽宁、吉林、黑龙江、河北、内蒙古、山西、陕西和宁夏等地。第二个大型清洁能源分布区域是"西北地区能源基地"，包括河西走廊清洁能源基地、黄河上游清洁能源基地

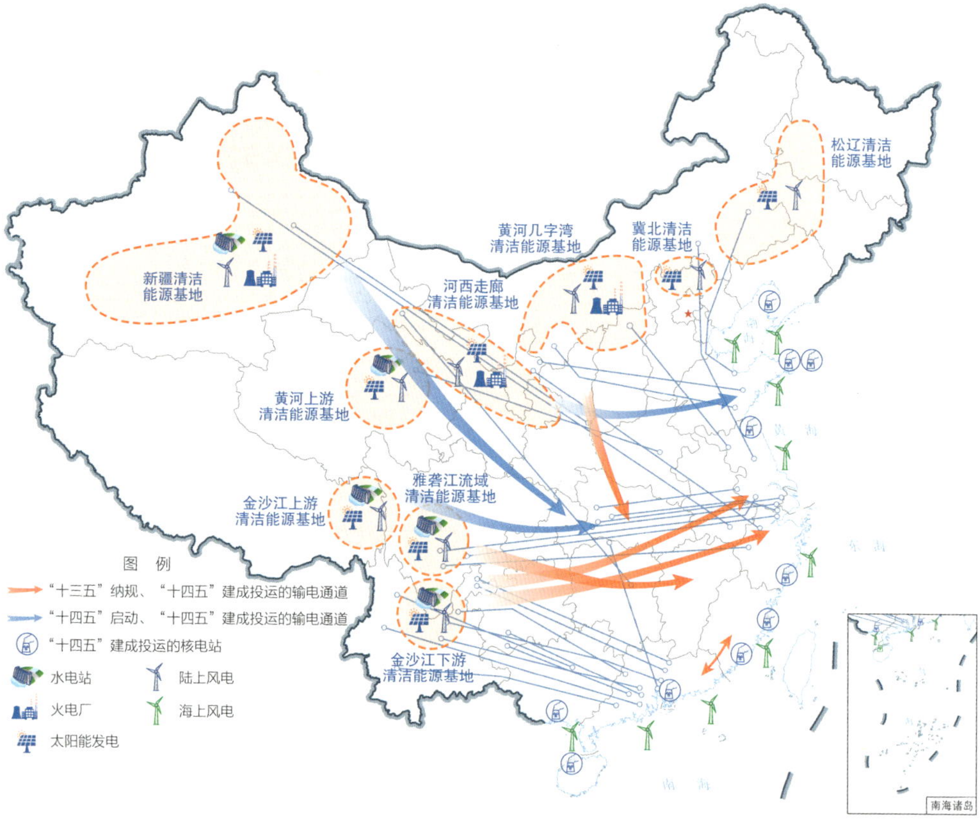

图 5-23 "十四五"大型清洁能源基地布局示意图

和新疆清洁能源基地，主要涉及的省份包括内蒙古、宁夏、甘肃、青海和新疆等地。第三个大型清洁能源分布区域是"西南地区能源基地"，包括金沙江上游清洁能源基地、雅砻江流域清洁能源基地和金沙江下游清洁能源基地，主要涉及的省份包括西藏、四川和云南等地。九大清洁能源基地规划和开发情况见表 5-14。

表 5-14　　九大清洁能源基地规划和开发情况

序号	基地	主要省份	"十四五"清洁能源发展规模	"十五五"清洁能源发展规模	2023 年建成规模
1	松辽清洁能源基地	辽宁、黑龙江、吉林	辽宁：风电、光伏装机达到 3700 万 kW 以上。 吉林：风电、光伏装机达到 3000 万 kW。 黑龙江：可再生能源装机到 3000 万 kW	辽宁：2030 年清洁能源装机及发电量占比达到 70% 以上，核电发电量占比达到 30% 以上，清洁能源强省基本建成。 吉林：风电、光伏装机达到 6000 万 kW	辽宁：风光新能源装机容量达 2387 万 kW，装机占比 33%。 吉林：风光新能源装机容量达 1728 万 kW，装机占比 40%。 黑龙江：风光新能源装机容量达 1692 万 kW，装机占比 38%

序号	基地	主要省份	"十四五"清洁能源发展规模	"十五五"清洁能源发展规模	2023 年建成规模
2	冀北清洁能源基地	河北	建设冀北清洁能源基地新型电力系统全域综合示范区，建设张家口国家可再生能源示范区，冀北新能源装机容量超过 8000 万 kW	冀北新能源装机容量占总装机容量的 85% 左右，新能源发电量占全社会用电量的比重将达 80% 左右	冀北新能源装机容量突破 5000 万 kW，占总装机容量的 76%。发电量占总发电量的 51%，在中国率先实现以新能源为主的发电体系
3	黄河几字弯清洁能源基地	宁夏、内蒙古、山西、陕西	宁夏：风电、光伏装机容量达到 5000 万 kW。内蒙古：风电、光伏装机容量达到 1.34 亿 kW。山西：风电、光伏装机容量达到 1.2 亿 kW。陕西：风电、光伏装机容量达到 6500 万 kW	宁夏：风电、光伏装机容量达到 7450 万 kW。内蒙古：风电、光伏装机容量超过 3 亿 kW。山西：风电、光伏装机容量达到 8000 万 kW。陕西：风电、光伏装机容量达到 8000 万 kW	宁夏：风电、光伏装机容量达 3601 万 kW，成为单位国土面积新能源装机开发强度最大的省份。内蒙古：风电、光伏装机容量突破 9000 万 kW，占总装机的 43%。山西：风电、光伏装机容量达 4990 万 kW，装机占比 38%。陕西：风电、光伏装机容量达 3577 万 kW，装机占比 37%
4	河西走廊清洁能源基地	甘肃	可再生能源装机容量达到 5622 万 kW，占总装机比例为 40% 以上	新能源装机容量突破 1.3 亿 kW	新能源装机容量突破 5000 万 kW，占总装机的 60%
5	黄河上游清洁能源基地	青海	清洁能源装机容量达到 8906 万 kW，占总装机比例 96% 以上	风电、光伏装机容量为 1 亿 kW 以上、清洁能源装机容量超过 1.4 亿 kW，国家清洁能源产业高地基本建成	风光新能源装机容量达 3745 万 kW，占总装机容量的 68%
6	新疆清洁能源基地	新疆	新能源装机容量达到 11600 万 kW 以上，占比超过 50%	建成准东、哈密北、南疆等千万千瓦级新能源基地	新能源装机容量达到 6204 万 kW，占总装机容量的 43%
7	金沙江上游清洁能源基地	四川、西藏	可再生能源装机容量达到 12700 万 kW，占总装机容量 85% 左右。新增风电 600 万 kW、光伏 1000 万 kW、水电 2400 万 kW	风电、光伏装机容量达到 5000 万 kW	风光新能源装机容量达到 1344 万 kW，占总装机容量的 10%
8	雅砻江流域清洁能源基地	贵州	新能源与可再生能源发电装机容量达 6546 万 kW 以上，地热能供暖制冷面积达到 2500 万 m² 以上	风电、光伏发电总装机容量达到 7500 万 kW	风光新能源装机容量达到 2260 万 kW，占总装机容量的 27%
9	金沙江下游清洁能源基地	云南	新增风光装机容量 5000 万 kW 以上	清洁能源总装机容量达到 1.3 亿 kW，最大电力外送能力超过 5000 万 kW	新能源总装机容量达 3489 万 kW，其中风电装机容量 1530 万 kW、集中式光伏装机容量 1959 万 kW

2）海上风电基地建设情况。"十四五"期间，中国规划了五大千万千瓦海上基地，包括山东半岛、长三角、闽南、粤东和北部湾五大海上风电基地。各地出台的海上风电发展规划规模已达 8000 万 kW，推动海上风电实现更高速发展。

粤东海上风电基地规划"十四五"时期新增海上风电装机容量约 1700 万 kW。长三角海上风电基地主要建设地点包括浙江温州市、江苏盐城市等地。山东半岛海上风电基地主要为渤中、半岛北和半岛南三大沿海风能片区，着力打造山东半岛千万千瓦级海上风电基地。闽南海上风电基地有中国风力最强劲的海岛，沿海全年 7 级以上大风的天数可达 100 多天，已经建成全球首个大功率海上风电样机试验风场以及中国首个全产业链的海上风电产业园，预计 2025 年福建海上风电装机容量超 500 万 kW。北部湾海上风电基地重点推进北部湾近海海上风电项目开发建设，预计 2025 年广西海上风电装机容量超 300 万 kW。

3）沿海核电建设情况。核电是新型电力系统安全稳定运行的重要支撑性电源。基于电力和电量需求平衡分析，未来中国核电需维持一定的建设速度与规模，在确保安全的前提下，积极有序推动沿海核电项目建设。

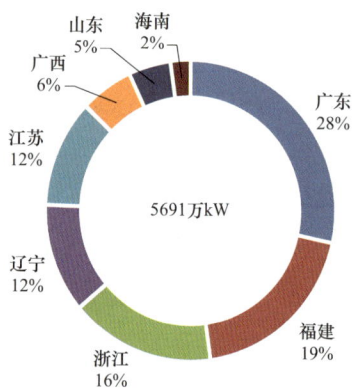

图 5-24　2023 年中国分地区核电装机容量占比

自 1985 年秦山核电开工建设以来，经过近 40 年的发展，中国已跻身世界核电大国行列。2023 年中国分地区核电装机容量占比情况如图 5-24 所示。中国商运核电机组超 50 台，主要集中在沿海的辽宁、山东、江苏、浙江、福建、广东、广西和海南 8 省（区），总装机容量超 5600 万 kW，位列全球第三，仅次于美国和法国。在建核电机组超 20 台，在建机组装机容量已连续十多年保持全球第一。"华龙一号"机组陆续投运，标志着中国实现了由二代向自主三代核电技术的全面跨越。全球首座球床模块式高温气冷堆核电站石岛湾高温气冷堆示范工程首次并网发电，标志着中国成为世界少数几个掌握第四代核能技术的国家之一。

（5）地热能供应格局。受构造背景、岩浆活动、水文地质条件、地层发育等因素的综合影响，中国地热资源分布广泛，但分布具有明显的规律性和地带性。按类型划分，浅层地热资源广泛分布，336 个地级以上城市浅层地热能资源年可采量折合 7 亿 t 标准煤，其中 31 个省会城市 80% 的土地面积适宜利用浅层地热能；水热型地热资源总量约折合 1.25 万亿 t 标准煤，年可采资源量约折合 19 亿 t 标准煤，其中沉积盆地型地热资源约折合 1.06 亿 t 标准煤，主要分布在中国中东部地区的渤海湾盆地、松辽盆地、华北盆地、关中盆地等中新生代断陷型沉积盆地中，是中国地热资源开发的重点领域；陆域 3～10km 埋深的干热岩地热资源潜力超过 856 万亿 t 标准煤，西藏南部、云南西部、东南沿海、华北（渤海湾盆地）、汾渭地堑、东北（松辽盆地）等地区为有利靶区。

地热发电方面，2023 年中国在运地热发电装机容量仅约 26MW，开发程度不及预期。华北、云南、河北等地有中低温地热发电项目建设，但是项目建设规模不大，且比较分散；高温地热发电项目主要集中在西藏地区。发电技术主要采用闪蒸发电、双工质循环发电和全流发电技术。从中国地热资源分布与用能需求的匹配来看，高温水热型地热资源集中分布在青藏高原及周边地区，水能、太阳能、风能等其他可再生能源丰富，同时人口和工业规模较小，对地热能开发的需求不旺盛，在一定程度限制了中国地热发电的发展。

地热能直接利用方面，中国浅层和中深层地热的直接利用规模均居世界首位，2023 年世界地热大会公布的数据显示，中国地热直接利用装机容量在全球占比达 57.8%，利用热量占世界总量的 56.1%。通过理论创新和技术突破，中国地热能实现了工程规模化应用，特别是中深层水热型地热资源供暖利用规模持续扩大，在北方清洁供暖和大气污染防治中发挥了重要作用。

5.4　新型能源供应体系构建路径与主要策略

5.4.1　一次能源供应峰值研判

不同研究机构对中国一次能源供应达峰的研判见表 5-15。预计基准情景下中国一次能源供应将在 2030—2035 年达峰，峰值为 63 亿～67 亿 t 标准煤，低碳政策强化情景下中国一次能源供应达峰将提前至 2030 年左右，峰值为 60 亿～63 亿 t 标准煤。

表 5-15　不同研究机构对中国一次能源供应达峰的研判

研究机构	一次能源供应达峰研判
清华大学气候变化与可持续发展研究院	政策情景：2050 年前趋于稳定，基本达峰，约 62 亿 t 标准煤。强化政策情景：2035 年达峰，约 60 亿 t 标准煤。2℃情景：2030 年左右达峰，约 57.5 亿 t 标准煤。1.5℃情景：2025 年达峰，约 54.5 亿 t 标准煤
国网能源研究院	常规转型情景：2030 年达峰，约 59.5 亿 t 标准煤。电气化加速情景：2030 年达峰，约 58 亿 t 标准煤。深度减排情景：2025 年达峰，约 56 亿 t 标准煤

研究机构	一次能源供应达峰研判
中国石油集团经济技术研究院	参考情景：2040 年前进入峰值平台期，峰值约为 58 亿 t 标准煤。碳中和情景：2030—2035 年达峰，峰值为 55.9 亿 t 标准煤
中国石化集团经济技术研究院	协调发展、安全挑战和绿色紧迫三大情景下，能源供应总量都将于 2030—2035 年间达峰，峰值为 62 亿~63.4 亿 t 标准煤，峰值平台期约为 10 年

煤炭、石油、天然气供应依次达峰，非化石能源逐步成为能源供应的主体能源。煤炭于"十四五"已经进入峰值平台期，峰值约为 32 亿 t 标准煤；"十四五"期间，石油仍有一定增长空间，预计 2025 年前后达峰；天然气是相对清洁的化石能源，将在能源转型过程中发挥重要的过渡作用，未来天然气供应仍有较大增长潜力，预计将在 2040 年前后达峰。以风能、太阳能为代表的非化石能源迅猛发展，逐步成为能源供应的主体能源。

5.4.2 一次能源供应可持续发展路径

根据国家总体战略安排，2030 年前实现碳达峰，到 2035 年基本实现社会主义现代化，到本世纪中叶把中国建成富强民主文明和谐美丽的社会主义现代化强国，努力争取 2060 年前实现碳中和。制定新型能源供应体系"三步走"发展路径，即初步形成期（当前至 2030 年）、全面建立期（2030 年至本世纪中叶）、优化提升期（本世纪中叶至 2060 年）。

（1）初步形成期：煤炭仍然是中国的主体能源。煤炭供应先升后降，于"十四五"期间达峰，峰值约为 46 亿 t 左右。石油仍有一定增长空间，预计 2025 年前后达峰，峰值约为 8 亿 t。天然气是相对清洁的化石能源，将在能源转型过程中发挥重要的过渡作用，天然气供应比重持续提升，预计 2030 年天然气供应突破 5000 亿 m³。以风能、太阳能为代表的非化石能源迅猛发展，预计 2025 年、2030 年，非化石能源占一次能源需求的比重将分别升至 20%、25%左右。能耗强度持续下降，年均下降 1%。能源领域二氧化碳排放缓慢上升，并于"十五五"期间达峰，峰值约为 100 亿 t。

（2）全面建立期：非化石能源逐步成为能源供应的主体能源。工业用煤大幅减少，以电代煤、以气代煤加速推进，到 2045 年煤炭供应减少一半左右。石油更多体现原料属性，燃料用油基本清零，交通领域加速以电动汽车为代表的电气化转型，航空领域"油改电"不断探索，石油年均下降 2.5%左右，到 2045 年石油供应约 5 亿 t 左右。天然气进入峰值平台期，工业用气和居民生活用气达到顶峰，峰值约为 6000 亿 m^3。非化石能源对存量化石能源加速替代，以新能源为主体的新型电力系统初步建成，风电、光伏比重超过煤电成为第一大主体电源，到 2045 年，非化石能源供应超过 50%，成为能源供应的主体能源。

（3）优化提升期：技术突破引领能源生产和供给发生革命性变化。化石能源清洁低碳高效开发利用、可再生能源利用、高效安全核能、碳捕集利用与封存、先进储能、氢能等革命性技术得到解决。期间，煤炭作为战略储备资源，退为中国能源体系的重要兜底，煤电全面转为系统调节性电源，到 2060 年，煤炭供应占能源供应总量的 5% 左右，其中发电用煤约占煤炭供应比重的 2/3。石油替代明显加快，主要用于化工原料，少部分用于航空和水运及润滑油，到 2060 年，石油供应占能源供应总量的 7% 左右。随着能源系统绿色低碳转型深入，来自天然气使用的碳排放在总碳排放中的比例持续升高，得益于技术突破，氢能成本快速下降，此时天然气将被电力和氢能取代，到 2060 年，天然气供应占能源供应总量的 9% 左右。非化石能源发电或直接利用广泛渗透各行业、各领域，到 2060 年，非化石能源供应占能源供应总量的 80% 左右，如期实现碳中和目标，为全球气温控制目标作出中国贡献。中国一次能源供应结构变化趋势如图 5-25 所示。

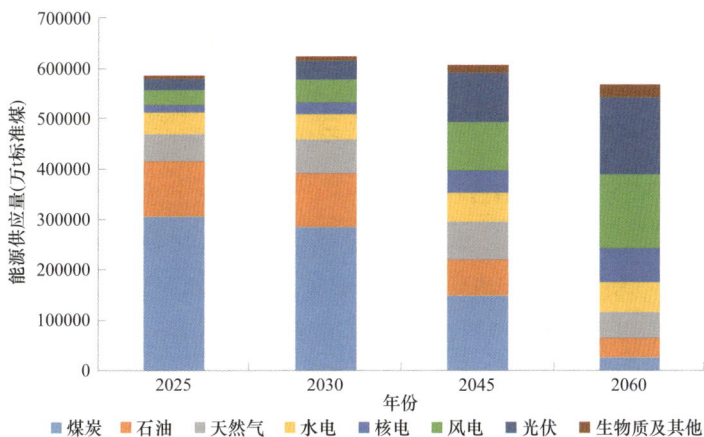

图 5-25　中国一次能源供应结构变化趋势

5.4.3　新型电力系统可持续发展路径

构建新型电力系统是一项复杂而艰巨的系统工程，不同发展阶段特征差异明显，需统筹谋划路径布局，科学部署、有序推进。锚定 2030 年前实现碳达峰、2060 年前实现碳中和的战略目标，基于中国资源禀赋和区域特点，以 2030 年、

2045年、2060年为新型电力系统构建战略目标的重要时间节点，制定新型电力系统"三步走"发展路径（见图5-26），即加速转型期（当前至2030年）、总体形成期（2030—2045年）、巩固完善期（2045—2060年），有计划、分步骤推进新型电力系统建设的"进度条"。

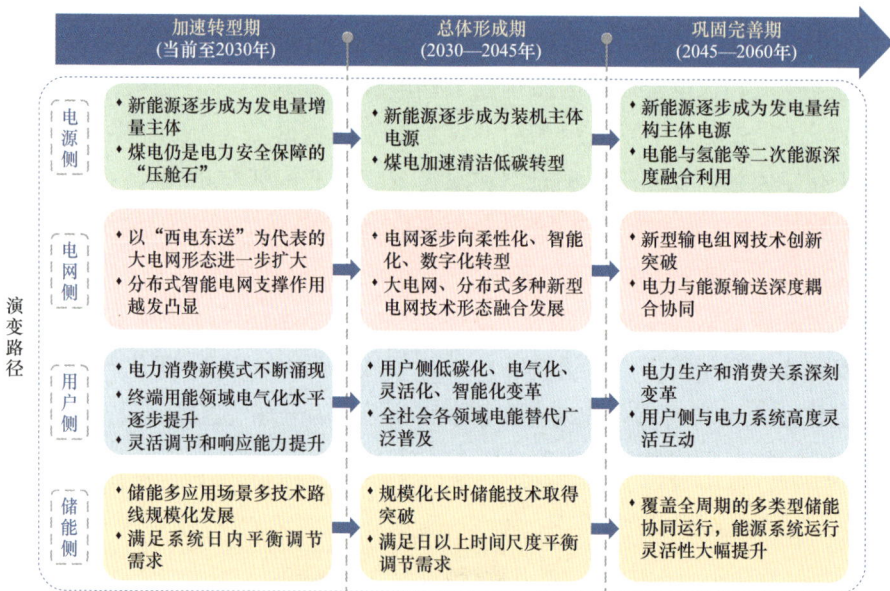

图 5-26　新型电力系统建设"三步走"发展路径

（1）加速转型期：新能源占比逐步提高，但仍以煤电为主体。按照"双碳"战略部署，当前至2030年是碳达峰阶段。在这一阶段，随着风电、太阳能发电等新能源的快速发展，新能源发电在总发电量中所占的比重将逐步提高。预计新能源发电量将从2023年的1.6万亿kWh增加到2030年的近3.5万亿kWh，新能源发电比重从2023年的18%提高到2030年的29%左右，并带动非化石能源发电比重从2023年的36%提高到2030年的48%左右，进而实现2030年非化石能源消费比重提高到25%左右的能源转型和"双碳"战略的阶段性目标。

但是，在这一阶段煤电仍然占据主体地位。非化石能源发电增量占电力需求增量的比重为80%左右，其余的20%仍需要由化石能源发电提供。化石能源发电比重预计将从2023年的64%下降到2030年的51%左右，考虑到气电的发展和比重稳步提高，预计煤电发电比重将从2023年的58%下降到2030年的47%。总体上看，碳达峰阶段煤电仍将是主体电源。

（2）总体形成期：初步建成以新能源为主体的新型电力系统。按照"双碳"战略部署，2030 年之后中国进入总量减碳阶段，必然要求非化石能源加快替代化石能源。经过第一阶段的技术创新和体制机制改革，电力系统将进入系统变革阶段，进一步提升新能源发电比重。预计 2030 年之后，非化石能源发电将在存量上替代煤电，这意味着煤电不仅在比重上将进一步下降，在绝对量上也将逐步减少。到 2040 年非化石能源发电比重将超过 60%，即煤电和气电发电比重将降低到 40% 以下。预计 2040 年煤电发电比重将降低到 1/3 左右，而风电和太阳能发电比重将超过 1/3。到 2040 年，风光电发电比重将超过煤电成为第一大主体电源，这标志着中国将基本建成以新能源为主体的新型电力系统。预计到 2045 年，非化石能源发电比重超过 70%，煤电发电比重将降低到 1/4 以下。新能源发电进一步提升，到 2045 年新能源发电占比将达到 50%，是煤电占比的两倍左右。

（3）巩固完善期：新型电力系统逐步成熟。2045 年之后，新型电力系统将在初步建成以新能源为主体的基础上逐步成熟，其标志是新能源的主体地位不断加强。预计到 2060 年，风电和太阳能发电比重将超过 60%，新能源发电比重提高到 68% 左右。这意味着，从发电量占比的角度看，到 2060 年新能源发电在电力系统中的地位和当前的煤电、气电等传统火电相当。在新能源主体地位不断加强的同时，传统火电将从电量市场中加速退出，预计煤电和气电发电量将从 2045 年的 4 万亿 kWh 左右减少到 2060 年碳中和情景下的 1 万亿 kWh 左右，传统火电发电比重将从 2045 年的 30% 降低到 2060 年的 5% 左右。中国发电装机容量和发电量现状及预测情况见表 5-16。

表 5-16　　　　　　　中国发电装机容量和发电量现状及预测情况

分类	2023 年（现状）		2030 年（预计）		2045 年（预计）		2060 年（预计）	
	装机容量（亿 kW）	发电量（亿 kWh）	装机容量（亿 kW）	发电量（亿 kWh）	装机容量（亿 kW）	发电量（亿 kWh）	装机容量（亿 kW）	发电量（亿 kWh）
燃煤发电	11.7	53790	14	56400	10	35000	4	4000
燃气发电	1.3	3016	2.2	5000	2.8	5500	3	5760
光伏发电	6.1	5833	15	13500	26	25000	38	40000
光热发电	—	—	0.1	400	0.5	2000	1.5	6000
风力发电	4.4	8858	9.5	18400	22	42500	32	61000
常规水电	3.7	12263	4.2	14300	5.4	17500	5.4	17500
核能发电	0.6	4341	1.1	8600	2.2	16000	3.5	25000
生物质发电	0.4	1993	0.6	2860	1.2	5270	1.5	6350
合计	28.1	90094	46.7	119460	70.1	148770	88.9	165610

注　抽水蓄能和新型储能本身不发电，暂未计入电源装机容量。

5.4.4　规划建设举措

（1）增强化石能源兜底保障能力。发挥好煤炭"压舱石"作用，高标准建设山西、蒙西、蒙东、陕北、新疆五大煤炭供应保障基地，持续优化煤炭产能结构。保持煤炭产能合理充裕，增强煤炭供给弹性和灵活度，有效应对煤炭供应中的周期性和季节性波动等情形。科学统筹矿区生态建设、环境保护与煤炭资源开发，全方位、高标准营造生态矿区，建设绿色矿山。油气资源是当前及未来较长时间需要筑牢的能源安全底线，仍需加大油气资源勘探开发和增储上产力度。全力推进建设国家油气供给保障基地，推动在资源富集区域加大投资、集中勘探、规模建产。加强深海油气勘探开发，加快建设海洋强国。深入推进页岩革命，推动页岩气实现二次跨越发展、页岩油成为原油稳产的战略接替。加快油气勘探开发与新能源融合发展，加大 CCUS 技术推广应用力度，积极稳妥推进油气行业绿色低碳转型。

（2）推动清洁能源高质量发展。以沙漠、戈壁、荒漠地区为重点，加快建设大型风电光伏基地，加强源网协调，统筹推进开发外送和就地消纳。有序开发建设海上风电基地，推动向深水远岸布局，循序渐进发展海上光伏。规模化发展太阳能热发电。加快东中南部地区分布式新能源开发，实施"千乡万村驭风行动"和"千家万户沐光行动"，推动农村地区分散式风电、分布式光伏发展，助力乡村振兴。统筹水电开发和生态保护，制定中国主要流域水风光一体化规划，重点推进雅砻江、金沙江等主要流域水风光一体化规划建设。加大核能在中国"十四五"及中长期清洁能源消费中的比重，确保中国能源安全，推动能源消费高质量发展。统筹兼顾安全性和经济性，核准建设沿海地区三代核电项目，做好内陆与沿海核电厂址保护。因地制宜推动生物质能、地热能等发展，加强潮汐等海洋能的科研攻关和利用。

（3）提升非化石能源安全可靠替代能力。充分发挥新型电力系统的平台和枢纽作用，提升电网消纳新能源的能力。逐步推动煤电由基础保障性电源向系统调节性电源转型，开展煤电机组灵活性改造，存量煤电机组实现"应改尽改"。在新能源占比较高、调峰能力不足的地区，在确保安全的前提下探索煤电机组深度调峰，最小发电出力达到30%额定负荷以下。在气源有保障、气价可承受、调峰需求大的地区，适度布局一批调峰气电项目，充分发挥燃气机组快速启停优势，提升系统短时顶峰和深度调节能力。开展梯级水电站协同优化调度，提升水电调峰能力。充分发挥光热发电的调峰作用。推动系统友好型新能源电站建设，通过加强高精度、长时间功率预测技术和智慧集控技术的应用，实现风光储协调互补，推动电站具备一定的电网调峰和容量支撑能力。

做好抽水蓄能电站规划建设。综合考虑电力系统需求和抽水蓄能站点资源建设条件，合理布局、科学有序开发建设抽水蓄能电站。推动新型储能技术多元化协调发展。着力攻克长时储能技术，解决新能源大规模并网带来的日以上时间尺度的系统调节需求。探索推动储电、储热、储冷、储氢等多类型新型储能技术协调发展和优化配置，满足能源系统多场景应用需求。全面推进需求侧资源常态化参与电力系统调峰。深入挖掘可调节负荷、分布式电源等资源潜力，支持通过负荷聚合商、虚拟电厂等主体聚合形成规模化调节能力。

（4）促进分布式发电、微电网与大电网融合发展。实现分布式发电、微电网与大电网融合发展，充分发挥大电网基础平台作用，支撑服务新能源跨越式发展。从经济性和资源利用角度来看，随着新能源和储能技术经济性不断提高，应优先考虑分布式发电及微电网等就地平衡方式满足中东部新增电力需求。中东部完全依靠分布式发电难以满足全部新增电量和电力平衡需求，仍需发挥大电网的大范围清洁资源优化配置和互济作用，通过提高跨区输送清洁能源电量比重、送受端协调调峰以及优化跨区输电通道运行方式，促进清洁能源大规模跨区输送消纳。

（5）加快前沿科技难题攻关。推动先进燃煤发电、"煤电机组＋CCUS"等清洁高效开发利用技术示范及应用。突破高性能晶硅、钙钛矿、有机薄膜等光伏发电技术，推动大规模、直流化、数字化远海风电技术发展，加快地热能、海洋能等新型清洁能源发电技术产业化发展。加快模块式小型堆、高温气冷堆等先进核电技术的攻关，积极探索可控核聚变技术。加快电化学储能、压缩空气储能、飞轮储能、超级电容及超导储能等新型储能技术攻关，争取在大容量、高安全、长寿命、低成本等方面取得重大突破。积极推动高效可再生能源制氢和燃料电池等关键技术，研究探索电—氢—热耦合利用技术及模式，加快氢能在跨季节、跨行业的可再生能源存储与灵活调节等场景的示范应用。

（6）构建适应新能源高效消纳的电力市场机制。构建中国统一电力市场，完善中长期市场、现货市场和辅助服务市场，高度重视新能源利用成本问题，探索系统成本分摊和疏导机制，以市场化手段解决成本增加问题。探索适合中国国情的可再生能源电力配额制与绿色证书交易机制，实现电力市场与绿证市场的协调运作。加强碳市场与电力市场在市场范围、市场空间和价格机制等方面的协同。建立健全促进调节资源发展的价格机制。综合考虑电力系统需要和终端电价承受能力，落实煤电容量电价机制，健全储能价格形成机制。指导地方进一步完善峰谷分时电价政策，综合考虑系统净负荷曲线变化特征，动态优化时段划分和电价上下浮动比例，通过实施尖峰电价等手段提高经济激励水平，引导用户侧参与系统调节。

第6章
新型能源技术创新体系

6.1 新型能源技术创新体系的基本内涵

以中国的能源安全、能源结构转型以及实现"双碳"目标为基础导向，中国正着力构建一个清洁、低碳、安全、通用互联、高效和智能化的能源技术创新体系。这一体系积极响应国家能源发展的战略需求，旨在解决绿色低碳能源转型的紧迫问题，推动煤炭资源的清洁与高效利用、新能源的开发利用和可再生能源的高效转化、融合发展等方面的技术革新。因此，新型能源技术体系是通过科技创新驱动能源产业的革命，促进化工、建筑、交通等关键行业的绿色低碳转型，并促进跨学科、跨行业技术的深度融合与协作，以此孕育新质生产力，确保能源科技在新型能源体系中的支柱作用。新型能源技术创新体系的内涵包含以下几个重要方面：

（1）绿色低碳能源转型技术。在以煤炭为主的资源基础上，开发清洁、高效、低碳和灵活的煤炭利用技术，掌握新能源和可再生能源技术，推广智能电网和数字化技术以促进能源结构的转型升级，同时加强新型高效储能技术及其安全技术的研发，推动可再生能源制氢、储氢和氢能安全技术的突破，以及提高能源开采、转换、运输和使用过程中的电能转换效率和能源使用效率。

（2）低碳与零碳工业流程创新技术。针对钢铁、水泥、化工、有色金属等行业，采用原料和燃料替代、短流程制造和低碳技术集成优化等措施，结合大数据、人工智能等前沿技术，形成支持降低这些行业二氧化碳排放的技术成果，并推动低碳流程技术在工业规模上的应用。

（3）建筑节能和绿色智慧交通技术。重点发展脱碳和节能技术，建立新型建筑能源系统，突破化石能源载具的降碳技术和非化石能源替代技术，以及交通基础设施的能源自给系统，强化建筑电气化、热电协同、低碳建筑材料和规划设计等方面的技术研究，推动新能源载具和绿色智慧交通技术的发展，实现交通领域的绿色、电气化和智能化。

（4）CCUS 技术。将 CCUS 技术与工业流程紧密结合，开发矿化封存、陆地和海洋地质封存技术，以及甲烷、氧化亚氮和其他含氟温室气体的检测和减排替代技术。

（5）前沿颠覆性能源低碳技术：聚焦新能源开发、二氧化碳捕集利用、前沿储能等领域，引领能源产业和经济的可持续发展，包括新型高效光伏电池、新型核能发电、新型绿色氢能、前沿储能、电力多元高效转换、二氧化碳高值化利用和二氧化碳直接空气捕集等技术的开发和应用。

6.2　新型能源技术创新体系重点领域与关键技术

新型能源技术创新体系将深入能源消耗的主要部门，包括电力、工业、交通和建筑行业等重点领域，旨在促进这些领域迈向净零排放的目标，以有效应对能源转型和全球气候变化的挑战。预计到 2030 年，电力行业将成为减排的主要贡献者。进一步到 2040 年，电力行业有望率先实现零排放，同时工业和交通部门的减排进程将加速。展望 2050 年，电力行业不仅将达到零排放，甚至可能实现负排放，而工业和交通部门则将接近零排放水平。能源技术关键领域的减碳进展如图 6-1 所示。在实现净零排放的愿景下，全球能源活动减碳的关键策略将涵盖提高能源效率、改变消费行为和需求、推动能源电气化、扩大可再生能源的使用、推广氢及其衍生燃料的运用，以及 CCUS 技术的应用。图 6-2 展示了在净零排放情景下，2020—2050 年间不同减排措施预计将带来的减碳效益。为了构建一个涵盖常规与

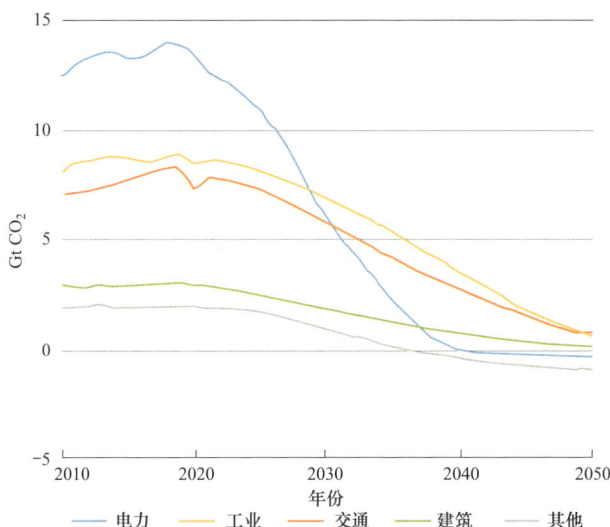

图 6-1　能源技术重点领域减碳排放趋势

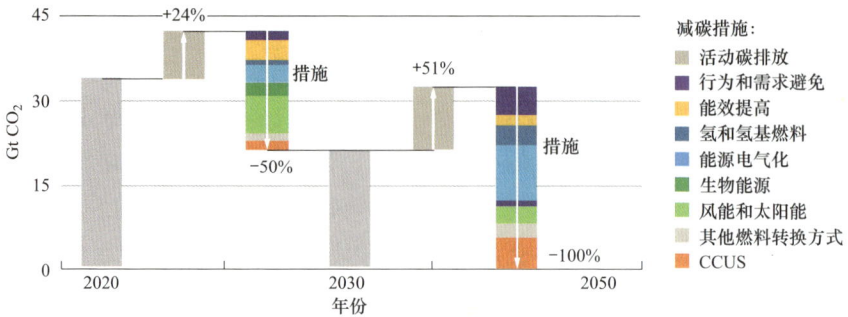

图 6-2　2020—2050 年不同减排措施贡献的减排量（净零排放情景）

注　①活动碳排放＝经济和人口增长引起的能源服务需求变化；②行为＝能源使用者决定引起的能源服务需求变化，需求避免＝技术发展（如数字化）引起的能源服务需求变化；③其他燃料转换方式＝从煤炭和石油转向天然气、核能、地热能、海洋能。

非常规能源、化石与非化石能源、能源与化工行业以及多种能源形式之间相互转换的多元化新型能源技术体系，未来的技术研发将集中在一系列关键技术上，包括可再生能源的利用、安全高效核能技术、二氧化碳的捕集利用与封存技术、先进储能技术、氢能技术、煤炭的清洁高效利用和无害化开采技术，以及能源数智化技术。这些关键技术的突破将推动能源结构的转型和优化，提升能源产业链的安全性和保障能力，增强能源产业的竞争力，并确保能源行业高质量发展的动力和活力。

6.2.1　可再生能源利用技术

未来一段时期内，世界将迎来能源转换的关键时期。全球能源体系正快速向低碳和零碳方向转变，可再生能源正逐步成为推动经济社会发展的主要能源力量。在过去的五年里，全球新增发电能力中有大约 70％来自可再生能源，而在新增发电量中，可再生能源的占比约为 60％。据预测，到 2050 年，全球大约 80％的电力消费将依赖于可再生能源。

在中国，可再生能源实现了飞跃式的发展。首先，开发规模不断扩大，截至2023 年年底，中国可再生能源发电装机容量已达到 15.7 亿 kW，占全国总发电装机容量的 53.7％，风电、光伏发电、水电、生物质发电装机连续多年保持全球领先地位[3]。其次，利用效率显著提高，2023 年可再生能源发电量接近 3 万亿 kWh，约占总用电量的 1/3。再次，技术水平持续提升，水电、风电、光伏发电等技术领域均取得了重大进展，中国已经掌握了百万千瓦级水轮机组的设计和制造技术，陆上低风速风电技术和海上大容量风电机组技术已与国际先进水平接轨，光伏技术也多次创下电池转换效率的世界纪录。此外，产业优势不断增强，中国在水电产业方面具有明显优势，成为全球水电建设的重要力量；风电产业链完整，风电整机制造企业位居世界前列；光伏产业在全球占据主导地位，多晶硅、硅片、电池片和组件的全球产量占比分别达到 76%、96%、83% 和 76%。最后，政策体系逐步完善，可再生能源发电的全额保障性收购管理办法和可再生能源电力消纳保障机制得到稳步实施，市场化竞争性配置有序推进，监测预警机制也在不断完善。

中国在可再生能源发展上面临着既要扩大开发规模，又要提升利用效率，同时确保电力供应的安全性和可靠性等多重挑战。下面，对可再生能源利用技术体系中关键技术的发展现状和未来趋势进行详细阐述。

6.2.1.1　高效太阳能利用技术

（1）光伏发电技术。光伏发电技术涉及使用太阳电池将太阳光能直接转换为电能的过程，这种光电转换技术以其无噪声、安装便捷、寿命长、维护需求低、重量轻和成本低廉等特点，成为太阳能利用的主要形式。在过去的十年中，全球光伏市场维持了迅速增长的势头，截至 2023 年，全球太阳能光伏的累计装机容量已经达到 1.42TW，预计到 2050 年，光伏发电将占据总发电量的 40% 以上。观察制造业的布局，中国已经建立起完整的光伏产业链，随着光伏组件生产企业的不断扩产，2023 年中国的光伏组件产量达到了 499GW，预计在 2024 年将达到 600GW。同时，中国光伏组件生产企业在国际市场上的竞争优势也在不断扩大，2023 年光伏组件的出口量达到了 211.7GW。然而，制造过程中使用的部分零部件或原材料仍然主要依赖海外进口。

太阳电池是光伏发电技术的核心。目前最主流的是晶硅太阳电池，其市场份额超过 90%，而钙钛矿太阳电池则被认为具有最大的发展潜力。2022 年 2 月 15 日，全球首个钙钛矿集中式光伏电站在衢州市开始建设。此外，由于硅材料优异的稳定性和柔性硅的发现，新型硅基太阳电池近年来也受到了广泛关注。在晶硅太阳电池领域，随着制造成本的降低和高效晶硅组件的成熟，单晶硅在太阳能级硅片市场的渗透率从 2017 年的 36% 大幅提升至 2021 年的 94.5%，大幅超越了多晶硅太阳电池。晶硅太阳电池技术的主要发展趋势是从 P 型晶硅电池向 N 型晶硅电池的转变。在钙钛矿太阳电池领域，过去 15 年间其光电转换效率从 3.8% 猛增至 25.7%，增长速度远超其他类型的太阳能电池。为了推动钙钛矿太阳电池的商业化应用，当前的研究重点在于进一步提高电池效率和运行稳定性，以及实现大规模生产。钙钛矿太阳电池的研发还在向大面积组件制备、绿色生产、防止铅泄漏等方向发展。在新型硅基太阳电池领域，通过光管理技术解除太阳电池光电性能与厚度的关联，实现高效的光吸收，对提升超薄硅基杂化太阳电池的效率起到关键作用，目前 PEDOT：PSS/Si 杂化太阳电池的最高转换效率已经达到 17%。

（2）光热利用技术。集热器能够将太阳的辐射能量转换为热能以供利用，通过聚光装置来提升工质的温度、增加能量的品位并扩大应用范围。根据不同的工作温度，太阳能光热利用可以分为低温利用（小于 100℃）、中温利用（100～250℃）和高温利用（超过 250℃）。在低温热应用方面，主要应用于民用供暖、建筑物采暖、生活热水等；中温利用主要用于海水淡化和工业用热；而高温利用则主要体现在太阳能光热发电上。

太阳能光热发电技术在调峰调频方面具有优势，其连续稳定性好，灵活可调。根据太阳能聚光形式的不同，主要分为槽式、塔式、碟式和线性菲涅尔式四种类型。槽式和塔式是当前主流的两种光热发电技术，其中槽式热发电技术已较为成熟，而塔式热发电技术发展迅速，并在商业上取得了成功应用。近年来，中国在热发电技术方面取得了显著进步。例如，2012 年在八达岭建成了国内首个、亚洲最大的塔式热发电示范电站，随后德令哈 50MW 导热油槽式、敦煌 100MW 熔盐塔式等光热示范电站也相继投入运营。截至 2023 年年底，中国太阳能热发电累计装机容量为 588MW（含兆瓦级以上规模的发电机组），在全球太阳能热发电累计装机容量中占比 7.8%。在中国现存的 11 组座并网光热电站中，熔盐塔式、导热油槽式和线性菲涅尔式占比分别为 64.9%、26.3% 和 8.8%。基于蒸汽朗肯循环的光热发电技术是目前商业应用的主流方向，但存在聚光集热面积大、循环温度较低、效率较低等问题。超临界 CO_2 布雷顿循环所需的温度范围与塔式集热装置的集热温度相契合，具有进一步提升太阳能热发电效率的潜力。

太阳能建筑采暖与制冷是光热利用技术的另一个重要应用方向，充分利用太阳能进行采暖、降温和热水供应是实现建筑节能的有效途径。太阳能光热技术在建筑采暖应用领域可分为"被动式"利用技术和"主动式"利用技术。太阳能"被动式"采暖技术主要通过建筑朝向、方位和构造布局等设计，提高建筑冬季吸收热量、控制夏季室内过热、加强自然通风等效果，例如太阳能集热面与幕墙的一体化设计。太阳能"主动式"采暖技术则是利用各种太阳能集热设备对太阳能进行吸收、转化、存储后，通过泵或风机将热量传输到采暖房间，通常与电磁炉、热泵等辅助供能设备耦合以增加系统适用性与稳定性，如太阳能热泵系统。太阳能制冷目前主要以太阳能吸收式制冷技术为主，通过集热器产出热源驱动溴化锂吸收式制冷机，其热源温度通常为 72.5～95℃。

太阳能海水淡化技术主要分为热法和膜法两大类。热法利用太阳能产热加热海水，经浓缩蒸发冷凝后产出淡水，而膜法则是利用太阳能发电驱使海水无相变地通过半透膜实现淡化。典型的热法太阳能海水淡化方法包括太阳能多级闪蒸、太阳能多效蒸馏、太阳能增湿除湿、太阳能膜蒸馏等。例如，2013 年，中国在海南建成了首个太阳能海水淡化示范项目，采用菲涅尔式聚光集热系统加热产出 170℃热蒸汽作为热源，年均产出蒸馏水约 2000t。

光热利用技术的经济性以光热发电技术为例进行分析。目前，中国光热发电技术处于初级阶段，其大规模发展的主要障碍是成本问题。由于光热电站主要以集中式开发为主，建设成本较高，且中国对光热发展的补贴政策相对不完善，投资风险较高。尽管光热发电的平准化发电成本已从 2010 年的 0.34 美元/kWh 降至 2020 年的 0.108 美元/kWh，但目前光热电站的总装机成本仍是陆上风电的 3～4 倍、光伏的 5～6 倍。随着大规模间歇性可再生能源发电并网，电力系统灵活资源的缺乏使得光热发电的灵活性效益凸显。如果将光热电站视为发电与储能相结合的整体，光热发电的储热成本比现有的储能技术更低廉，造成光热电站中储热系统的单位投资成本仅为 30～60 美元/kWh，比同时投资风电/光伏与电储能电站项目更有技术经济优势。

（3）光伏光热一体化技术。光伏发电技术因其低成本而受到青睐，然而，其对太阳辐射的依赖性和不稳定性，以及间歇性的发电特点，可能会对电网稳定性造成影响。相对而言，光热转换技术使用的设备与传统火力发电设备相似，能够实现大规模的热能储存，并能够直接产生高质量的交流电，更好地与电网兼容，尽管其成本较高。光伏和光热技术的结合可以互补彼此的不足，通过这种集成，可以降低整体的发电成本，并更有效地利用太阳能资源，因此，太阳能光伏光热一体化（PV-T）技术正逐渐受到关注。这种一体化技术通过循环使用空气或液态工质来冷却电池板，不仅能够产生电能，还能同时提供热能，从而提升光伏电池的转换效率和太阳能的综合利用效率，减少所需的占地面积，并降低成本。PV-T 系统可以根据用户对热能和电能的需求，调整光伏电池板的密度，以改变热电输出的比例，确保系统运行的经济性。尽管如此，目前 PV-T 的生产成本仍然较高，市场售价约为 2500 元/m²。

6.2.1.2　先进风电技术

风力发电技术依赖于风力对风机的驱动，将风的动能转化为机械能，再将机械能转换为电能，最终以稳定的电能频率输入电网。截至 2023 年年底，中国的风电累计装机容量达到了约 4.4 亿 kW，占全国发电装机总量的 15.11%，而中国新增风电装机容量达到了 75GW，占全球新增装机容量的 65%。中国的风电机组企业通过技术引进、消化吸收和再创新，掌握了关键核心技术，并在适应低风速条件和恶劣环境的风电机组开发方面取得了突破性进展，处于全球领先地位，在大容量机组开发上也基本实现了与世界同步。然而，中国在风电机组领域的基础研究和共性技术研究方面相对不足，风电机组设计软件及载荷评估所用的软件绝大部分为欧洲公司产品，设计标准和理念方面基本全部遵循 DNV.GL 公司提出的风电机组认证规则和国际电工委员会提出的 IEC 61400 系列风电机组技术标准。

在市场需求和竞争的双重推动下，中国的大型风电机组开发技术升级和国际化进程正在加速。目前，中国在 1.5～4MW 的风电机组领域已经形成了充足的供应能力，2021 年，国内 5～6MW 的风电机组样机开始下线，例如东方风电自主研制的 DEW-5.5S-172 型永磁直驱陆上风电机组于 2021 年 4 月在天津成功下线。截至2023 年，中国宣布下线的陆上风电机型最大单机容量已达到 11MW，较 2022 年提升了 3MW，平均单机容量达到 8.9MW。例如，2023 年 2 月，三一重能下线的8.5～11MW 陆上风电平台首次采用了双箱变压器上置技术，2023 年 10 月，明阳智能自主研制的 MySE11-233 陆上风电机组也于内蒙古下线。在风电机组零部件配套方面，中国风电产业已经形成了一个包括叶片、塔筒、齿轮箱、发电机、变桨和偏航系统、轮毂、变流器等在内的零部件生产体系。然而，在高端轴承、油脂、传感器、控制器等方面，国产零部件尚未完全替代进口零部件。中国风电整机和零部件配套行业在一定程度上存在规模大而不强、技术泛而不精的问题，尤其是在基础材料和工艺技术方面的研究相对欠缺，长期可靠性和产品一致性方面与进口产品仍存在差距。在风电试验平台方面，2010 年，中国在张北建立了国家风电技术检测与研究中心。目前，中国仅有部分风电企业拥有自己的动力试验平台，例如东方电气风电于 2023 年 4 月在山东建成的全尺寸叶片试验平台，具备 20MW 以上和 160m以上等级风电叶片的静力和疲劳测试能力。此外，目前全球最大的海上风电机组传动系统试验研究平台"40MW 级风电机组电气及动力学六自由度试验平台"已于2023 年 11 月在广东汕头正式投入建设。尽管如此，中国风电试验平台的测试功能仍相对单一，缺乏公共性和独立性，多数试验平台根据自身的经验、认识和产品开发的侧重点来开展研究性试验。

在海上风电业务领域，技术和资金投入的门槛以及工程经验的要求相较于陆上风电更为严苛。中国的海上风电开发主要集中在东南沿海地区，这些地区经常受到台风、盐雾、高温和高湿度等恶劣气候的影响。目前，中国针对这些特定的风电应用环境，尚未建立起系统性的专业检测技术，因此迫切需要加强相关检测能力的建设。同时海上风电的度电成本较高，为了应对这些挑战，中国需要通过对风电机组控制策略、叶片设计、塔架结构以及并网特性的深度定制和研究，实现风电机组与海上风电工程设计的整体优化。这将有助于避免因各部件单独设计而导致的过剩和浪费，从而有效降低海上风电的度电成本。

　　展望未来，中国将继续推动陆上大型风电基地建设、陆上分散式并网开发以及海上风电基地建设，并融入国家制造业转型升级的战略中，积极促进整机设备和零部件的出口。风电机组为最大化利用风能资源并降低发电成本，正朝着大型化、智能化和数字化的方向发展，技术突破更多地依赖于信息化、集群化以及多学科的交叉融合。预计到 2050 年，中国将突破 30MW 级超大型风电机组的关键技术，掌握不同海域规模化风电开发的成套技术与装备，构建完整的风能利用自主创新体系和产业体系。

6.2.1.3　水力发电技术

　　水电作为一种技术成熟、运行灵活的清洁能源，不仅直接提供大量零碳、清洁电力，还能发挥重要的容量支撑作用，提升电力系统的灵活性，促进新能源的大规模发展和高比例消纳。中国水能资源丰富，技术可开发量高达 6.87 亿 kW，年均发电量约 3 万亿 kWh，已建电站的扩机改造潜力巨大。通过进一步系统优化，已建水电的深度开发潜力预计超过 1 亿 kWh。中国水电资源主要集中在金沙江、长江、雅砻江、黄河、大渡河、红水河、乌江和西南诸河等主要河流，规划总装机容量达到 3.75 亿 kW，占全国总资源量的 54.5％以上。其中，雅鲁藏布江、怒江等两条河流具有较大的开发潜力，待建装机容量超过 1.2 亿 kW，约占流域水电开发规划容量的 70％。雅砻江、澜沧江、黄河上游等三条河流已建在建比例为 69％～79％，见表 6-1。预计到 2025 年，中国常规水电装机容量将达到 3.8 亿 kW，2030 年将达到 4.2 亿 kW。在 2060 年实现碳中和之前，中国大江大河的水电资源将基本开发完毕。

表 6-1　　　　　　　　2023 年中国十大流域水电基地开发基本情况　　　　　　　万 kW

序号	河流名称	范围	技术可开发量	已建规模	在建规模	已在建比例（％）
1	金沙江	巴塘河口至宜宾	8167	4312	2258	80
2	怒江	东巴至国界	3633	0	0	0
3	澜沧江	昌都至国界	3294	2135	140	69
4	长江上游	宜宾至宜昌	3128	2522	0	81
5	雅砻江	呷依寺至攀枝花	2881	1620	642	79
6	黄河上游	湖口至青铜峡	2665	1508	380	71
7	大渡河	双江口至乐山	2496	1737	464	88
8	红水河	清水江口至梧州	1508	1208	160	91
9	乌江	河源至河口	1158	1110	48	100
10	雅鲁藏布江	里孜至国界	8577	87	66	2
合计			37507	14943	4158	54

6.2.1.4 其他可再生能源利用技术

（1）生物质能利用技术。生物质能源自植物通过光合作用产生的物质，包括农林废弃物、生活垃圾以及畜禽粪便等。这些资源可以通过物理转换（如固体成型燃料）、化学转换（如直接燃烧、气化、液化）以及生物转换（如发酵生成甲烷）等途径转化为固态、液态和气态燃料。近年来，中国在生物质资源利用方面呈现出多样化的趋势，包括规模化沼气工程、生物质供热和生物质发电/耦合发电等多种方式。随着技术的不断进步，生物质资源的规模化利用取得了显著进展。中国生物质供热产业的规模化发展始于 2006 年。生物质供热在构建城镇分布式清洁能源供热体系、减少农村秸秆露天焚烧和替代燃煤方面发挥着重要作用。秸秆成型燃料专用供热锅炉和燃料燃烧技术日益成熟，为规模化、产业化发展奠定了基础。目前，中国生物质成型燃料的年利用量约为 $8.0 \times 10^6 \mathrm{t}$，主要用于农村居民的炊事和取暖、工业锅炉以及发电厂的燃料需求。

在中国，生物质发电涵盖了农林生物质发电、垃圾焚烧发电和沼气发电等多个方面。生物质发电产业近年来保持了稳定增长，截至 2023 年年底，生物质发电的装机容量已达到 44.14GW。中国已基本构建了一个涵盖生物质发电全产业链的产业体系，但在发展过程中也面临一些挑战。例如，产业结构存在失衡现象，创新能力有待提升，以及电价补贴拖欠问题严重，这些问题对生物质能的利用和行业的健康发展构成不利影响。此外，生物质发电/耦合发电领域也面临着一些问题，如难以准确计量、补贴政策不明确等，这些都在一定程度上限制了该领域的发展。

生物液体燃料主要包括燃料乙醇和生物柴油。在"十三五"规划期间，燃料乙醇已在中国得到了广泛的推广和应用。近年来，纤维素乙醇的研究逐渐受到关注，但由于中国人口众多、耕地资源有限，粮食供需紧张，因此以粮食为原料的燃料乙醇产业未来发展面临较大不确定性。相比之下，中国生物柴油产业尚处于起步阶段，与国际水平相比存在一定的差距，主要生产活动由民营企业承担。生物基产品是指以可再生生物质为原料生产的新型材料和化学品等，这些产品在自然环境中易于分解，对环境保护和可持续发展具有重要意义。例如，中国已有一些企业建立了生物基塑料、生物基乳酸等生产线。2020 年 7 月，安徽丰原集团有限公司成功投产了一条年产 $5.0 \times 10^4 \mathrm{t}$ 的聚乳酸生产线，该生产线从乳酸菌种培育、发酵、提纯、丙交酯合成到聚合，产品广泛应用于服装、床上用品等领域，可替代石油基一次性塑料和化学纤维。

总体来看，中国在生物质技术方面的发展水平和市场潜力如图 6-3 所示。生物质成型燃料供热技术已经发展成熟，能够为农村和城镇提供替代煤炭的热源。规模化沼气工程技术也日臻完善，能够替代天然气进入管网，或作为车用燃料。生物质发电和热电联产在未来一段时期仍将是规模化利用的重要方式之一，而生物质能的梯级综合利用将是主要的发展方向。随着科技的不断进步，纤维素类、微藻等生物质能资源将持续发展；聚乳酸、非粮燃料乙醇等在技术上也将取得突破。未来的生物质能研究将重点关注第二代生物液体燃料技术、生物质制氢/合成气/工业燃气、生物基产品等方面，同时也面临着相应的挑战和难题。

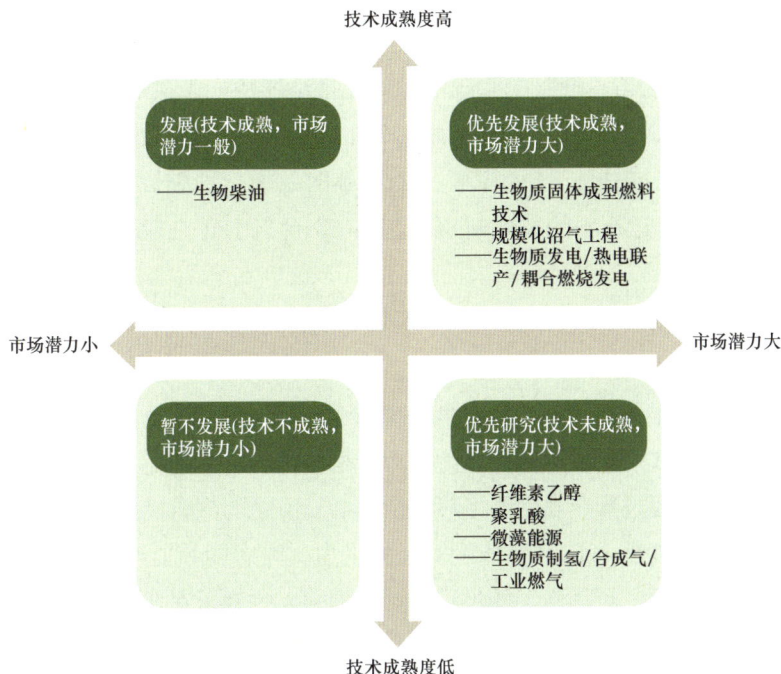

图 6-3　中国在生物质技术方面的发展水平和市场潜力

（2）地热能利用技术。中国拥有丰富的地热资源，市场潜力巨大，发展前景广阔。开发利用地热能对于调整能源结构、节能减排、改善环境具有重要意义，同时对培育新兴产业、促进新型城镇化建设、增加就业等方面也具有显著的推动作用。中国将因地制宜地开发利用地热能，以改善京津冀、长三角地区以及汾渭平原的空气质量，并推进北方地区的清洁取暖。地热能分为高温地热资源、中温地热资源和低温地热资源，其利用方式与温度密切相关。地热资源的直接利用是指利用中低温地热资源进行供暖、制冷、医疗、旅游、工业烘干和农业养殖等。经过长期的发展，地热资源的直接利用已经从小范围的独立利用，逐步演变为大规模的工程应用。

"地热能＋"的创新模式，正逐渐成为构建能源综合利用的新趋势。例如，在雄安新区，采用了"地热＋"多能互补的方案，管理和运营着 4 座大型综合能源站和 22 座卫星站，为新区 1200 万 m² 的居民住宅和公共建筑提供供热服务。

中国的地热能产业正经历着快速的增长期。目前，该行业的规划布局主要以供暖为主。预计到 2025 年，中国将基本建立起一个完善规范的地热能开发利用管理体系，全国的地热能开发利用信息统计和监测体系也将基本完善。此外，地热能供暖和制冷面积预计将比 2020 年增加 50%。

6.2.2　安全高效核能技术

核电作为一种清洁、低碳的基础能源，在推动能源向低碳转型方面发挥着关键作用。发展核能有助于改善能源与负荷的分布结构，优化能源的整体布局，并确保能源供应的安全性。中国已经构建了一个完整的核能产业链。截至 2023 年，中国大陆地区共有 55 台运行中的核电机组，另有 36 台机组正在建设中或已获得批准，装机规模位居世界第三，发电量位居世界第二，核电在全国累计发电量中的占比超过 5%。在大型压水堆、小型压水堆、第四代先进核能技术以及聚变核能利用等领域，中国均取得了显著的成就。

（1）大型压水堆核能技术。压水堆核电站由核蒸汽供应系统、汽轮机发电系统以及其他辅助系统构成，它使用轻水作为冷却剂和慢化剂。冷却剂在堆芯吸收核燃料裂变产生的热能后，通过蒸汽发生器将热量传递给二回路的汽轮机，进而驱动发电机发电。大型压水堆核能技术是中国核能发展的主力，为中国核能产业奠定了坚实的基础。在"引进—消化—再创新"的过程中，中国的大中型压水堆核电技术攻克了许多核心技术，逐渐形成了具有完全自主知识产权的"华龙一号"和"国和一号"三代核电技术品牌。这些技术充分展现了安全性、经济性、先进性和成熟性，预计未来将继续作为核能供电的主要堆型。目前，"华龙一号"的首堆福清核电站的 5 号和 6 号机组以及海外的华龙巴基斯坦卡拉奇核电站的 2 号和 3 号机组均已成功投入商业运行。

（2）小型压水堆核能技术。多用途模块化小型核反应堆是一种扩展核能应用范围的清洁能源形式，它主要用于局部区域的电力或非电力能源供应。这些小型堆采用了多种固有安全特性技术、模块化设计和非能动安全技术，具有较高的灵活性和建造性，能够满足热电冷联产、水电热联产、分布式发电等多种用途的需求。基于中国大中型压水堆核能技术的研究，经过十多年的科研攻关，中国成功研发出了具有自主知识产权的多用途模块化小型堆品牌——"玲龙一号"。2021 年 7 月 13 日，玲龙一号在海南昌江开工建设，成为全球首个开工的陆上商用模块化小型核反应堆。

（3）第四代核能技术。中国在第四代核能系统的研发方面，已经形成了世界上最全面的研发体系。在超高温气冷堆技术方面，石岛湾的 200MW（电）高温气冷堆核电站示范工程在 2021 年 12 月完成了并网发电，并于 2024 年 1 月成功完成了 168h 的连续运行测试，正式投入商业运行，这标志着中国在第四代核电技术的研发和应用领域达到了世界领先水平。在钠冷快堆技术方面，中国试验快堆工程在 2014 年 12 月 18 日实现了满功率运行，福建霞浦的示范快堆 CFR600 的两台机组已于 2021 年 2 月开工建造。铅基冷却快堆的关键技术攻关和工程示范验证工作也在全面推进。

（4）聚变核能技术。核聚变作为一种利用原子能的方式，与核裂变互为镜像。核裂变是通过将重原子核分裂成轻原子核来释放能量，而核聚变则是通过轻原子核的聚合反应形成重原子核来释放能量。目前，实现受控聚变的方法主要有磁约束和惯性约束两种。在磁约束聚变领域，科学家们正在验证聚变能源在技术和工程上的可行性，而惯性约束聚变，如 Z 箍缩，还需要解决点火问题，以满足聚变能源的要求。中国的核聚变能研究始于 20 世纪 60 年代初，经过持续的研究投入，取得了重要的阶段性成果。在磁约束聚变领域，托卡马克研究是中国的核心，自 20 世纪 70 年代起，中国将托卡马克作为主要的研究方向，并成功建成了 CT-6、KT-5、HT-6B、HL-1、HT-6M 等托卡马克实验装置。目前，中国主要的托卡马克装置包括华中科技大学的 J-TEXT 装置、核工业西南物理研究院的 HL-2M 装置以及中国科学院等离子体物理研究所的 EAST 装置。2021 年 5 月，中国科学院的全超导托卡马克核聚变实验装置（EAST）成功实现了可重复的 1.2 亿℃持续 101s 和 1.6 亿℃持续 20s 的等离子体运行，这是向核聚变能源应用迈出的重要一步。2022 年 10 月，中国核工业集团有限公司的中国环流器三号装置等离子体电流达到 100 万 A，并于 2023 年 8 月首次在 100 万 A 等离子体电流下实现了高约束模式运行，突破了等离子体大电流高约束模式运行控制、高功率加热系统注入耦合、先进偏滤器位形控制等关键技术难题，这是中国核聚变能开发进程中的一个重要里程碑。

中国正积极参与国际热核聚变实验堆（ITER）项目的建设和研究工作，同时也在自主设计和研发中国聚变工程试验堆（CFETR）。未来，中国将在国内的两台主要磁约束装置（EAST、HL-2M）上进行高水平的实验研究。目前，EAST 装置已经完成了升级，其研究能力和实验条件得到了显著提升，可以进行大量针对未来 ITER 装置和下一代聚变工程堆稳态高性能等离子体的研究。目标是实现磁场稳定运行在 3.5T、等离子体电流 1.0MA，并获得 400s 稳定、可重复的高参数近堆芯等离子体，从而成为能够为 ITER 装置提供重要数据库的国际大型先进试验平台。此外，在全面消化和吸收国际热核聚变实验堆的设计及工程建设技术的基础上，中国正在开展 CFETR 的详细工程设计及关键部件的预研工作。CFETR 装置相较于目前在建的 ITER 装置，在科学问题上主要解决未来商用聚变示范堆必需的稳态燃烧等离子体的控制技术、氚的循环与自持、聚变能输出等 ITER 装置未涵盖的内容；在工程技术与工艺上，重点研究聚变堆材料、聚变堆包层及聚变能发电等 ITER 装置无法开展的工作。

图 6-4 展示了世界先进核能技术的发展路线。考虑到中国核能技术的发展现状和应用需求，未来中国将致力于推动液态金属快堆的发展，并加强钍基熔盐堆技术的研究，以提高燃料的可持续性。此外，中国还将重点发展先进小堆的综合应用和创新应用，构建高效、低碳、灵活的智慧能源系统。在基础研究和共性技术方面，中国将加大燃料和特殊材料研发的力度，推动先进核能分析模型的开发和设计分析体系的升级，加强闭式燃料循环技术的研发，并加强标准规范和安全监管的研究。预计到 2050 年，中国将掌握铀资源的成矿理论，具备规模化经济开采深部铀资源和非常规铀资源的能力，以确保核能的长期发展。同时，中国将进入世界先进水平的核燃料自主设计能力，四代核能系统将全面满足"可持续性、安全性、经济性和核不扩散"的要求。核能在供热、化工、制氢、冶金等领域将具备规模建设的条件，并建设 100 万 kW 量级的聚变原型电站，实现核聚变能源的商用化应用。

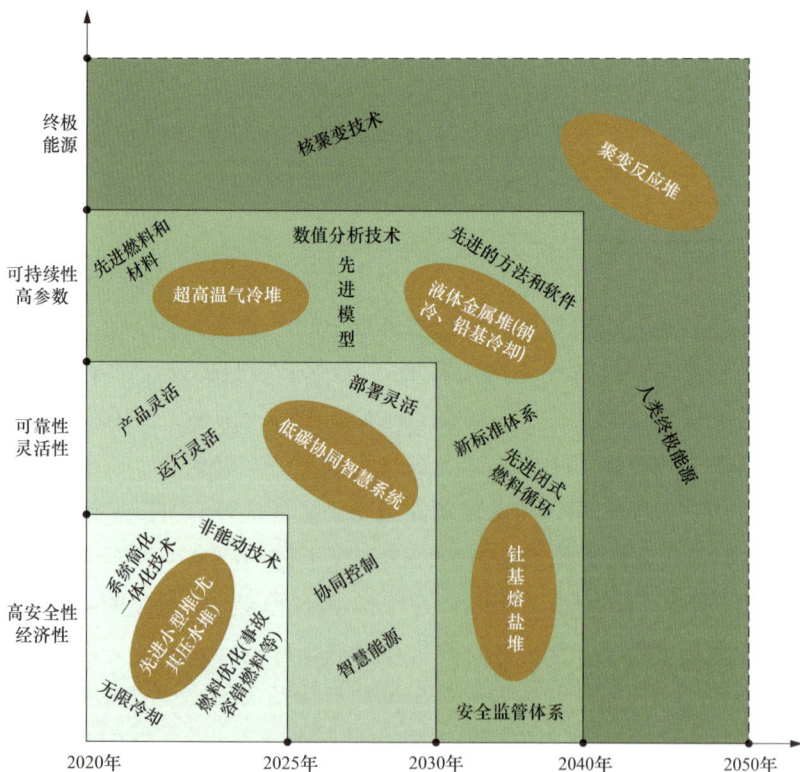

图 6-4 世界先进核能技术发展路线

6.2.3　CCUS 技术

CCUS 技术涉及从碳基燃料使用过程中捕集 CO_2，并对其进行资源化利用或安全封存于地质层中，这一过程包括两个主要方面：①从高排放行业捕集、利用和封存 CO_2，例如热电厂、水泥厂和冶炼厂等；②捕集空气中的 CO_2（direct air CO_2 capture and storage，DACCS）和生物质能源中的碳（bio-energy CO_2 capture and storage，BECCS），以实现碳的负排放。CCUS 技术对于实现化石能源的大规模可持续低碳利用、构建低碳工业体系具有重要意义，是中国碳中和技术体系的重要组成部分。随着新的应用场景和深度减排需求的出现，CCUS 技术的范围和内涵不断扩展。根据 IPCC 第六次评估报告，CCUS 技术可根据碳捕集源、碳去向和减碳效应的不同，分为一系列技术组合，包括碳捕集与封存、碳捕集与利用、生物质能碳捕集与封存和直接空气捕集与封存，如图 6-5 所示。这些技术在多个技术环节上共用，主要区别在于捕集的 CO_2 来源（化石燃料/原料碳、生物质碳或空气碳）和封存方式（地质、陆地、生物圈、海洋碳库或工业产品）。

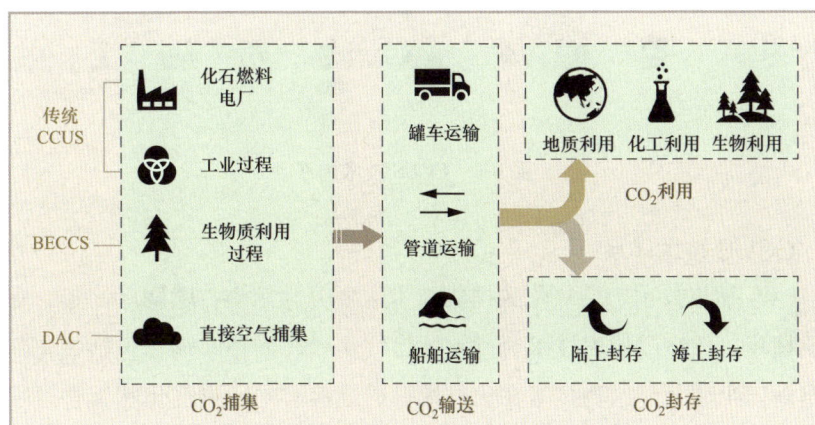

图 6-5　碳中和目标下的 CCUS 技术定义

随着应用领域的不断扩展，CCUS 技术正在经历一个重新定位的过程。《中国碳捕集利用与封存技术发展路线图（2019 版）》将 CCUS 技术定义为"一种能够实现化石能源大规模低碳利用的战略储备技术"。如今，它已成为中国碳中和技术体系的重要组成部分，是实现化石能源近零排放的唯一技术途径，是钢铁、水泥等行业深度脱碳的可行技术方案，也是未来支持碳循环利用的关键技术手段。近年来，中国在 CCUS 各环节技术方面取得了显著的进展，具备了 CO_2 大规模捕集、管道输送、利用与封存系统设计能力和实现规模化应用的基础。随着技术的不断更新，这一技术体系正在逐步完善和丰富，如图 6-6 所示。

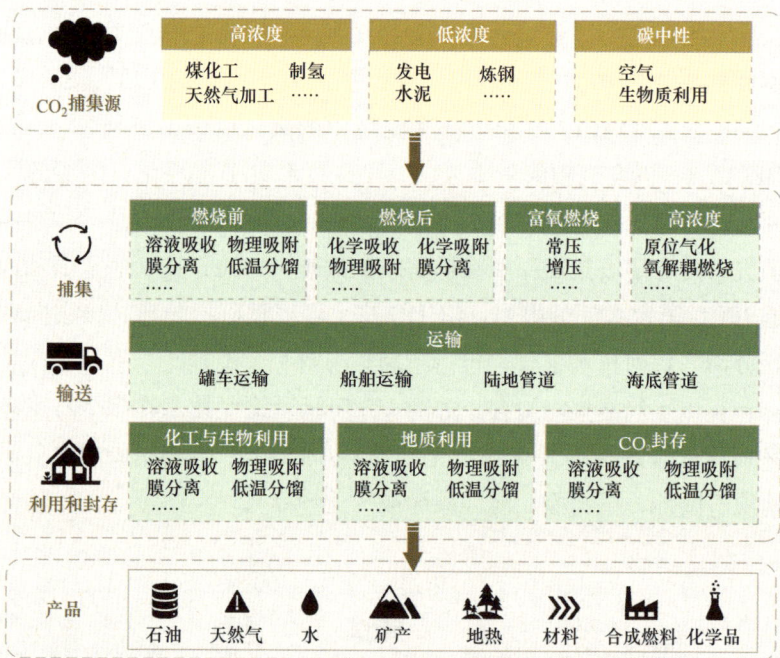

图 6-6　CCUS 技术体系

6.2.3.1　CCUS 技术体系

（1）CO_2 捕集技术。二氧化碳捕集技术主要分为三类：燃烧后捕集、富氧燃烧和燃烧前捕集。燃烧前捕集技术通过整体煤气化联合循环实现，包括气化岛、净化岛和发电岛三个部分。这种技术在化石燃料燃烧前，先通过气化和重整过程将燃料转化为以 CO 和 H_2 为主的混合气，然后通过水煤气变换反应将 CO 转化为 CO_2，以提高 CO_2 浓度，并实现 CO_2 的分离和捕集。

燃烧后捕集技术主要从燃烧后的烟气中分离和捕集 CO_2。这种技术工艺成熟，系统相对简单，运行灵活且可靠性高，与已建成的煤粉电站兼容性良好，适用于现有电站的改造。然而，其主要缺点是燃烧后烟气中 CO_2 分压较低，浓度通常在 15% 以下，导致捕集能耗较高，系统效率下降 9%～11%；同时，捕集设备庞大，造价较高。传统燃烧后捕集技术包括化学吸收法、物理吸附法、钙基技术以及新兴的膜基捕集技术和离子液体等。

富氧燃烧技术是一种燃烧过程中的碳捕集技术，通过使用高纯度的氧代替助燃空气，并采用烟气循环调节炉膛内的介质流量和传热特性，可以获得富含 CO_2 的烟气，实现 CO_2 的大规模富集和减排。这种技术具有成本相对较低、易于规模化、适用于存量机组改造等优势。根据富氧燃烧反应器形式和换热介质的不同，主要可以分为常压煤粉炉富氧燃烧、常压流化床富氧燃烧和加压富氧燃烧三类。其中，常压煤粉炉富氧燃烧技术目前已具备商业化规模示范条件。

化学链燃烧是一种新型的具有 CO_2 捕集功能的燃烧方式，通常由两个串联的流化床反应器构成：空气反应器和燃料反应器。载氧体在两个反应器之间循环，一般是一种金属氧化物或多种金属氧化物的混合物。空气反应器中，载氧体被空气中的氧气氧化，出口为氮气和未消耗的氧气；在燃料反应器中，燃料将载氧体还原，出口为燃料氧化的气体产物：CO_2、H_2O。通过冷凝将 H_2O 分离后，可以得到高浓度的 CO_2，且分离过程不需要额外能量。在化学链燃烧过程中，氧由载氧体从空气传递到燃料，因此燃料和空气没有直接混合，减少了燃料型 NO_x 的产生。燃料反应器和空气反应器的运行温度较低，有效控制了热力型 NO_x 的产生。此外，由于燃料主要在燃料反应器中反应，释放的污染物也主要集中在燃料反应器的出口气体中，因此化学链燃烧在富集处理污染物方面也具有优势。

CO_2 捕集技术正逐步从第一代向第二代演变，同时第三代技术也显示出其潜力。第一代捕集技术，如传统的燃烧后化学吸收技术和燃烧前的物理吸收技术，已经完成了工程示范并投入商业运行，其发展与国际先进水平保持同步。相比之下，第二代和第三代捕集技术的发展相对缓慢，目前增压富氧燃烧和化学链燃烧技术仍处于中试阶段。第二代捕集技术，包括新型吸收剂的化学吸收技术和化学吸附技术，预计将在 2025 年之前实现商业化部署。第三代捕集技术，以化学链燃烧技术为代表，预计将在 2035 年开始投入商业运行。值得注意的是，清华大学在"中欧污染物减排技术研究"国际科技创新合作重点专项的支持下，通过中欧国际合作，成功突破了化学链技术从实验室走向商业化应用的瓶颈。清华大学已经完成了全球最大化学链燃烧全流程示范装置的原理验证，热功率达到 4MW，为中国在国际上率先掌握化学链燃烧关键技术奠定了基础。

（2）CO_2 运输技术。CO_2 的运输方式主要包括罐车运输、船舶运输和管道运输。这些运输技术正从传统的罐车和船舶运输转向陆上管道和海底管道运输。罐车和内河船舶运输主要适用于年输送量在 10 万 t 以下的 CO_2，而中国已投入运营的 CCUS 示范项目多数规模较小，因此多采用罐车运输。CO_2 的船舶运输属于液化气体运输技术范畴，中国已经具备制造这类船舶的能力，例如华东油气田和丽水气田

的部分 CO_2 通过船舶运输。管道运输被认为是 CO_2 运输中潜力最大的方式，目前已有一些工程实践正在进行。例如，中石化集团齐鲁石化—胜利油田项目已经建成了百万吨级的陆上 CO_2 运输管道，全长 109km，设计最大输量为 170 万 t/年。

（3）CO_2 利用/封存技术。CO_2 的利用技术主要分为地质利用、化工利用和生物利用三大类。这些技术正从早期以 CO_2 强化石油开采（CO_2-EOR）和强化煤层气开采（CO_2-ECBM）为代表的地质利用，向 CO_2 在化工和生物领域的应用拓展，逐步实现通过合成高附加值化学品和生物产品转化等途径，实现对二氧化碳这一绿色碳源的有效利用。

在 CO_2 地质利用领域，中国的 CO_2 强化石油开采（CO_2-EOR）和 CO_2 地浸采铀技术已经达到了较高的水平，接近或达到了商业应用的标准。此外，强化深部咸水开采技术也已经完成了先导性试验研究，与国外的发展水平相当。然而，在强化天然气、页岩气开采以及置换水合物等技术的应用方面，与国际先进水平相比仍存在一定的差距，目前这些技术还处于基础研究阶段。

在 CO_2 化学和生物利用技术方面，中国的技术与国际发展水平基本同步，整体上处于示范阶段。在 CO_2 化工利用方面，大多数项目采用 CO_2 矿化利用的方式，制备和养护混凝土砌块等建筑材料，其余项目则利用 CO_2 制备高价值化学品。在矿化利用方向上，钢渣和磷石膏的矿化利用技术已经接近商业应用水平，例如，包钢集团开展的碳化法钢渣综合利用产业化项目，利用 CO_2 与钢渣生产高纯碳酸钙，每年可利用钢渣 10 万 t。2022 年年底，国家能源集团国电大同电厂牵头的国内首套 CO_2 化学矿化捕集利用示范项目通过 168h 试运行，连续产出成品碳酸钙浆液。

在利用 CO_2 制备高附加值化学品方面，CO_2 重整制备合成气和甲醇技术较为先进，例如中科院大连化学物理研究所和中煤能源集团有限公司在内蒙古鄂尔多斯开展的 10 万 t/年 CO_2 加氢制甲醇工业化项目。此外，CO_2 合成化学材料技术已经实现了工业示范，包括合成有机碳酸酯、可降解聚合物和氰酸酯/聚氨酯，以及制备聚碳酸酯/聚酯材料等。

在 CO_2 生物利用方面，还处于初期发展阶段。国内 CO_2 生物利用的主要方式是 CO_2 微藻养殖并制备高附加值产品，例如浙江大学与广东能源集团合作在广东粤电湛江生物质发电有限公司建成的国内首个生物质电厂原始烟气微藻固碳工程示范。

CO_2 封存技术根据地质封存体的类型，可以分为陆上咸水层封存、海上咸水层封存和枯竭油气田封存等几种方式。近期，中海油等企业开始探索离岸封存的可行性，为未来在沿海地区进行大规模 CO_2 封存提供了探索路径。在封存技术方面，继国家能源投资集团在鄂尔多斯的示范项目之后，中海油在恩平海上石油生产平台成功建设了中国首个海上 CO_2 封存示范工程项目，预计在高峰期每年可封存约 30 万 tCO_2。

6.2.3.2　CCUS 技术减排潜力和综合效益

从已投入运行的示范项目的捕集成本来看，CCUS 技术的示范成本相对较高。在中煤化工和石油化工领域的一体化驱油示范项目中，捕集成本相对较低，为 105～250 元人民币/tCO_2。而在电力和水泥行业，国内捕集成本较高，分别为 200～600 元人民币/tCO_2 和 305～730 元人民币/tCO_2。中国的 CCUS 技术与国际水平相比具有一定的成本优势，但与其他减排技术相比，其竞争优势并不明显。例如，陆上风电、光伏、水电等可再生能源利用技术的成本更低。预计短期内，CCUS 技术的发展将面临较大阻力。尽管中国的 CCUS 技术发展迅速，但目前仍面临应用成本高、商业模式不成熟、激励和监管措施不足、源汇匹配困难等多方面的挑战，距离大规模商业化运行还有很长的路要走。CCUS 成本受到技术成熟度、排放源 CO_2 浓度、工业流程、项目布局、碳价等多个因素的影响。预计到 2050 年，新一代的捕集技术将发展成熟并实现商业化推广，与当前技术相比，能耗和成本都将降低 30％以上。未来全球碳价的增长，也将有效提升 CCUS 技术的收益空间，大大改善其经济可行性。预估 2050 年 CO_2 不同利用路径的成本和减排潜力评估见表 6-2。

表 6-2　　　　预计 2050 年 CO_2 不同利用路径的成本与减排潜力评估

CO_2 利用路径	全球 CO_2 移除潜力（亿 t CO_2/年）	全球 CO_2 利用潜力（亿 t CO_2/年）	CO_2 利用成本（美元/t CO_2）
化工产品	10～30	300～600	−80～320
燃料	0	1000～4200	0～670
微藻	0	200～900	230～920
混凝土建筑材料	100～1400	100～1400	−30～70
驱油	100～1800	100～1800	−60～−45
BECCS	500～5000	500～5000	60～160
增强风化	2000～4000	—	<200
林业技术	500～3600	70～1100	−40～10
土地管理	2300～5300	900～1900	−90～−20
生物炭	300～2000	170～1000	−70～−60

注　CO_2 利用成本表示每吨 CO_2 利用的盈亏平衡成本，故有正负之分。

6.2.4　先进储能技术

新型能源体系将是一个以新能源为主导，多种能源形式共同构成的多元化能源系统。新型储能技术是能源转型过程中的关键支撑技术。它对于解决可再生能源的大规模接入、提升电力系统和区域能源系统的效率、安全性和经济性具有重要意义。目前，中国储能行业正处在从商业化初期向规模化发展的转变阶段。在技术研发、示范项目、商业模式、政策体系等方面都取得了显著进展。预计到 2025 年，新型储能技术将从商业化初期阶段迈入规模化发展阶段，具备大规模商业化应用的条件；到 2030 年，新型储能技术将全面进入市场化发展阶段，全面支撑中国能源领域实现碳达峰的目标。

中国目前主要的储能技术涵盖了抽水储能、压缩空气储能、热能储存、飞轮储能、铅酸电池、锂离子电池、液态电池、钠离子电池和超级电容器。而新兴的储能技术，如重力储能、热泵储能、压缩二氧化碳储能、液态金属储能、有机电池和双离子电池等，正迅速发展。图 6-7 展示了中国储能技术与全球先进水平的成熟度对比，而图 6-8 则展示了中国各类储能技术的集成示范和产业化现状。国内外在液态电池、钠离子电池、锂离子电池和压缩空气储能等储能技术领域的基础研究和工程应用方面都取得了显著进步。2023 年中国储能技术的关键技术及集成示范项目进展见表 6-3。

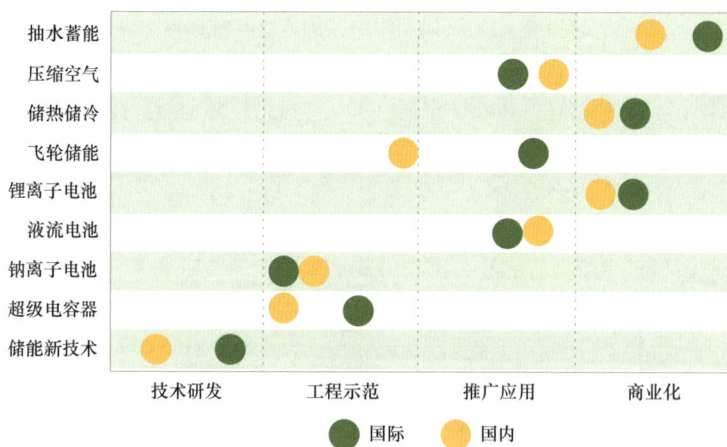

图 6-7　2023 年中国储能技术与世界先进水平的比较成熟度

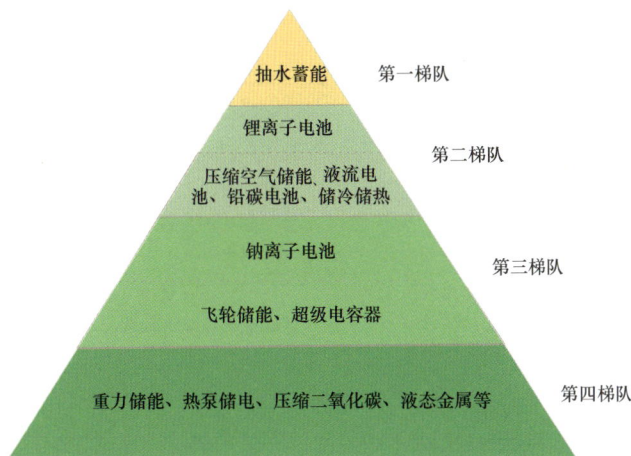

图 6-8　2023 年中国储能集成示范和产业化梯队

表 6-3　　　　　　　2023 年中国储能关键技术与集成示范进展

技术类型	关键技术进展	集成示范进展
抽水蓄能	（1）大型全功率恒频抽水蓄能机组变速抽水机组； （2）13 叶片、9 叶片等新型转轮水泵水轮机； （3）大容量蓄能机组导水机构数字化虚拟预装技术； （4）多厂站集中监控技术等	（1）百万千瓦级抽水蓄能电站成套设备实现国产化； （2）中国首台全功率变速恒频抽蓄机组成功投运； （3）中国首个单机 40 万 kW 全功率变速恒频抽蓄机组启动
压缩空气储能	（1）突破 300MW 多级膨胀机、高效蓄热换热器等关键技术； （2）首台 100MW 系统压缩机和膨胀机完成第三方测试；效率分别为 87.5% 和 91.8%； （3）首台 100MW 系统蓄热器完成第三方测试，蓄热效率超过 98%	（1）山东肥城 10MW 先进 CAES 示范项目商业运行 2 周年； （2）河北张家口国际首套 100MW 先进压缩空气储能示范项目顺利并网发电； （3）湖北应城 300MW 示范项目即将投运（2024 年 4 月 9 日正式并网投运）
储热储冷	（1）多种以多孔材料和石墨为骨架的复合相变和定形相变储热材料完成制备； （2）多通道结构相变储热单元技术； （3）储热系统耦合燃煤发电系统技术； （4）新一代直接蒸发冰浆技术	（1）相变储热等蓄热技术应用于冬奥会场馆； （2）甘肃敦煌国内最大的电极锅炉储热供暖项目； （3）江苏靖江首个熔盐储热 75MWh 火电调峰调频项目； （4）青海贵南高海拔地区单体容量最大的固体蓄热式电锅炉投运
飞轮储能	（1）300kW 磁悬浮永磁同步电机技术； （2）飞轮储能结合其他储能实现短时高功率、长时大能量的复合储能技术； （3）飞轮阵列协调控制技术	（1）2MW 飞轮储能在铁路牵引回收制动能量示范； （2）MW 级飞轮阵列在青海风光储项目实现示范； （3）两台 1MW 飞轮储能在青岛地铁 3 号线顺利并网

续表

技术类型	关键技术进展	集成示范进展
锂离子电池	（1）预锂化技术、液冷技术、超大电池技术等； （2）高能量密度半固态电池技术； （3）硫基电池、锰基电池技术等	（1）宁德时代推出长寿命液冷储能集装箱 EnerC； （2）宁夏液冷型 100/200MWh 储能电站成功并网； （3）混合固液锂电池首次实现 MWh 级的应用示范等
液流电池	（1）高功率 60kW 全钒液流电堆技术； （2）非氟阳离子传导膜技术； （3）30kW 级锌溴液流电池电堆集成技术	（1）全球首套 100/400MWh 全液流电池储能调峰电站正式并网发电； （2）兆瓦级铁铬液流电池储能系统投入运行
钠离子电池	（1）正负极材料制备及放大技术； （2）电解液/隔膜体优选技术； （3）高安全、高倍率和宽温电芯设计制造技术； （4）电池的安全性设计与评价技术等	（1）全球首款 12.6kWh 钠离子电池家用储能系统发布； （2）百兆瓦时级钠离子电池储能技术项目示范工程在广西南宁投运； （3）率先实现了钠离子电池材料和吉瓦时电芯量产
超级电容器	（1）活性炭制备技术、隔膜制备技术、器件制备技术、模组快充技术； （2）高电压宽温区微型电容器高效运行技术； （3）能量型锂离子超级电容技术； （4）高电压耐热性超级电容技术	（1）5MW 超级电容＋15MW 锂电池混合储能调频系统投入运行； （2）超级电容和燃料电池复合组成的全球首列时速 160km 列车研制成功； （3）世界首艘纯超级电容动力渡轮"新生态"号运行
储能新技术	（1）重力储能技术； （2）热泵储电技术； （3）压缩二氧化碳； （4）液态金属技术； （5）双离子电池技术； （6）有机储能电池技术等	—
集成技术	（1）电池功率变换拓扑技术； （2）电池系统智能诊断技术和内功率分配技术； （3）高效智能温控技术和液冷技术； （4）规模化集群控制技术	（1）高效智能风冷和浸没式液冷两种高能量密度 1500V 磷酸铁锂储能系统示范； （2）采用构网型储能变流器的储能示范项目应用
消防安全技术	（1）纳米强化、微热管、混合式等热管理新技术； （2）热失控火灾预警技术； （3）热失控抑制及灭火技术，相变隔热、全氟己酮、液氮灭火技术等	（1）多参数融合预警技术和全氟己酮补偿式喷射技术示范； （2）管网式七氟丙烷灭火系统结合供水管网的自动喷水灭火系统

6.2.4.1　抽水蓄能

抽水储能系统因其大容量储能能力、高系统效率、长寿命周期、快速响应能力、灵活的运行条件和技术成熟度，成为当前大规模储能技术的主流选择之一。目前，抽水储能技术的研究重点包括机组性能退化和故障诊断、运行控制和调度优化，以及新型抽水储能技术。技术研发和示范的焦点在于变速机组的关键技术、高水头大容量机组的监测与控制技术，以及抽水储能与可再生能源的联合控制技术。

在技术领域，2022 年中国成功并网发电了首台自主研发的 5MW 级全功率变速恒频抽水蓄能机组，位于四川春厂坝抽水蓄能电站。这一成就标志着中国在快速响应的全功率变速恒频可逆式抽水蓄能成套设备设计、制造和协同控制等关键技术方面取得了重大进展，为后续攻克大型变速机组的技术难题奠定了基础。同一年，文登抽水蓄能电站也开始了试运行，采用了国内首次应用的 22 个导叶配 9 叶片转轮的水泵水轮机，实现了高水力性能与低相位共振概率、高稳定性的技术突破。此外，大容量蓄能机组的制造安装技术也取得了突破，首套国产化开关成套设备成功应用于梅州抽水蓄能电站的 4 号机组，机组导水机构的数字化虚拟预装技术在永泰抽水蓄能电站首次应用。中国抽水蓄能电站的集成示范项目也在加速推进，沂蒙、敦化、梅州、阳江、荒沟、长龙山、周宁、金寨等抽水蓄能电站相继全面投产发电。

6.2.4.2　压缩空气储能

压缩空气储能（compressed air energy storage，CAES）技术以其大容量、长储能周期、高系统效率、长运行寿命和较低的单位投资成本等优势，被公认为极具发展潜力的大规模储能技术之一。中国在压缩空气储能系统的总体特性研究、关键部件内部流动与传热研究、压缩机和膨胀机等关键技术领域，以及 300MW 级集成示范项目方面，均取得了显著的进展。

空气储能系统的关键技术涵盖压缩机技术、蓄热（冷）换热器技术、膨胀机技术、系统设计、集成与控制技术等。2022 年，中国科学院工程热物理研究所成功自主研发了 100MW 系统的压缩机、膨胀机和蓄热换热器样机。这些样机的性能表现出色，其中压缩机效率达到 87.5%，膨胀机效率达到 91.8%，蓄热换热器的保温效率分别达到 8h98.95% 和 16h98.73%，这些数据代表了目前压缩空气储能系统中蓄热装置的最高效率纪录。

在集成示范项目方面，应城 300MW/1500MWh 压气储能电站示范工程并网一次成功，标志着全球压气储能电站正式迈入 300MW 级单机商业化新时代，验证了大容量、高效率、超长时"压气储能系统解决方案"的可靠性。单机功率达到了 300MW，储能容量达到 1500MWh，转换效率接近 70%，创造了单机功率、储能规模、转化效率三项世界纪录，储能一次所存储的电量，可以满足一个中小城市连续用电 5h。

6.2.4.3　储热储冷

储热（包括储冷）技术以其规模大、成本低、寿命长等优势，在电力、建筑、工业等多个领域得到广泛应用。根据存储热能的方式不同，储热技术分为显热、潜热和热化学储热三类，目前的研究主要集中在储热材料、储热单元、储热系统与控制技术等方面。在中国，储热材料制备与性能调控机理、储热单元换热强化与系统集成示范等取得了重要进展。在新型储热材料方面，进行了多种陶瓷储热材料、水合盐、高温合金以及固固相变储热材料的制备及其优化技术研究；在储热单元方面，开展了多种通道结构的固体蓄热装置储释热性能与优化研究；在储热系统及其应用方面，研究了水蓄热、固体蓄热等蓄热技术与热泵系统、太阳能斯特林系统、区域能源系统等相耦合的性能及运行特性分析。储热集成示范方面，江苏靖江电厂熔盐储能调峰供热项目使用了 1260t 无机盐实现储热达 75MWh，成为全国首个采用熔盐储热技术的大规模火电调峰调频供热项目。储冷集成示范方面，广州珠江新城集中供冷站的 82000t 冰蓄冷系统成功接入广州市负荷侧响应的调度平台，成为国内首个参与夏季城市电力负荷调度响应的超大型储冷项目。热化学储热的能量密度是显热和潜热方式的 4～6 倍及以上，储热温度高，目前正处于中试验证阶段，预计未来将得到快速发展。

6.2.4.4　飞轮储能

飞轮储能是高频次、高效率、长寿命、低循环成本的分秒级物理储能技术，适用于数百千瓦至数十兆瓦、持续数秒至数分钟、频次 10 万次以上的电储能应用场景，是实现电压稳定、频率调节的重要技术。中国在飞轮、电机、轴承、变流器部件研究以及储能系统集成示范应用方面均有重要进展。总体上，中国中高速飞轮储能单机储能量正在从 5～20kWh 向 50～100kWh 发展、功率正在从 200～400kW 向 500～2000kW 发展。关键技术方面，国内学者在飞轮轮毂制造、磁轴承结构、永磁电机优化设计、变流器拓扑以及应用技术上取得了新的进展。

中国在铁路牵引变电质量治理、新能源发电调节、地铁制动能回收利用等方面，实现了飞轮储能的集成示范应用，如青海西宁韵家口风光储示范基地开展了兆瓦级先进飞轮储能阵列并网控制示范项目测试，1MW 飞轮阵列实现了单日 300 次、累计 2000 余次充放电测试。

6.2.4.5　锂离子电池

锂离子电池以其高储能密度、高充放电效率和快速响应速度等优势，成为当前发展最快的储能技术。当前锂电池技术研发的重点在于提高比能、安全性、成本效率和寿命，其中材料升级和结构创新是优化性能、降低成本的关键手段。固态和半固态锂离子电池成为研究的新热点，同时液态电解质锂离子电池的研究保持活跃并开始大规模应用。

在关键技术方面，关于材料升级，正极材料主要集中在结构改进和涂层改性，例如常州锂源新能源研发团队成功研制的新型球状磷酸铁锂产品"铁锂 1 号"，在 $-40℃$ 条件下放电容量保持率从接近零提升至 57%，并保持了良好的快速充电能力。负极材料主要集中在碳材料以及碳基、硅基复合材料的制备和改性，大部分采用元素掺杂、包覆等方法以改善材料性能，提高其储锂能力。电解质技术主要集中在高浓度液态电解液和全固态电解质方面。结构创新方面，宁德时代开发了基于预锂化技术的长寿命锂离子储能电池，并推出了第三代 CTP 技术——"麒麟电池"，该电池包的体积利用率提升至 72%，能量密度可达 $255Wh/kg$。

在集成示范项目方面，国内已完成了多个标志性锂离子电池储能电站示范项目，100MW 级锂离子电池储能系统已成为常态。例如，宁夏首批电网侧液冷大型储能项目——中核同心泉眼 100MW/200MWh 储能电站成功并网，项目共建设 30套 3.45MW/6.7MWh 磷酸铁锂离子电池储能系统，可有效实现电网削峰填谷，缓解高峰供电压力。

6.2.4.6 液流电池

液流电池以其高安全性、长寿命、大规模部署能力和灵活的功率和容量配置，在大规模和长时间储能领域显示出巨大的应用潜力。随着"双碳"战略的实施和新能源的迅速发展，中国在液流电池储能集成示范和产业化项目方面取得了显著进展，尤其是全钒液流电池技术取得了重大突破。

在关键技术方面，中国科学院大连化学物理研究所在新一代高功率密度全钒液流电池和高能量密度锌基液流电池的关键技术方面取得了重要进展。他们正在研发的 70kW 全钒液流电池电堆，在保持体积不变的条件下，功率密度从 30kW 提高至 70kW，单位成本较 30kW 电堆降低了约 40%，这将有助于推动全钒液流电池的商业化进程。

在集成示范方面，大连融科建设的 100MW/400MWh 全钒液流电池储能调峰电站，作为目前全球功率最大、容量最大的液流电池示范项目，已于 2022 年正式并网发电。此外，国家电投集团公司一期规划建设的 50MW 铁—铬液流电池示范生产线已完成建设，二期规划将再建设 300MW 产能。

6.2.4.7 钠离子电池

2022 年，锂资源的价格持续处于高位，这使得钠离子电池因其资源丰富、低温性能良好、充放电速度快等优势而受到储能领域的高度关注。正负极工艺路线的研究活动十分活跃，多家企业已经开始布局产业化进程。

钠离子电池的关键技术研究主要集中在材料设计与规模化制造、电芯制造与成组技术。电芯技术可以借鉴锂离子电池的经验，但钠离子补偿、电池管理、寿命预测等技术仍需进一步开发。目前，材料技术仍然是钠离子电池研究的关键。在钠离子电池的正极材料技术路线中，层状氧化物相关的量产技术已经基本解决，材料的一致性和性能稳定性使其成为量产的首选方案。碳基负极材料则是最接近产业化的技术路线，电解液溶剂与锂离子电池基本保持一致，钠盐主要分为无机钠盐（如 $NaPF_6$ 和 $NaClO_4$）和有机钠盐（如 NaFSI 和 NaTFSI）。

在集成示范方面，2023 年 6 月，三峡新能源在安徽阜阳南部风光储基地建设的 30MW/60MWh 钠离子电池储能系统，首期项目已实现全容量并网，成为全球最大的电网侧钠离子储能项目。

6.2.4.8　超级电容器

超级电容器以其高功率密度、快速充放电速度、长循环寿命、良好的安全性能和宽泛的使用温度范围，在轨道交通、新能源发电、智能电网、电动汽车、工业装备以及消费类电子产品等领域拥有重要的应用潜力。中国在超级电容器储能技术的基础研究、单体制备技术、成组管控技术、系统集成与应用等方面均取得了显著进展。

在关键技术方面，关于活性炭制备技术，中科院山西煤化所突破了高温连续活化和批次稳定性控制技术，实现了 500t/年高品质淀粉基电容炭的产业化。在隔膜制备技术方面，中国制浆造纸研究院解决了工程化制备技术的难题，建成了年产百吨级的超级电容器纸示范生产线。在模组快充技术方面，中国科学院电工研究所开发了适用于锂离子电容器模组的快充技术。在高电压超级电容器方面，清华大学开发了具有 150℃耐热性和 4V 宽电压窗口的超快电化学电容器。在锂离子赝电容方面，风华高科推出了容量比相同规格尺寸碳基超级电容器大 10 倍的能量型锂离子超级电容器产品。

在集成示范方面，2022 年三峡乌兰察布兆瓦级锂离子电池/超级电容器混合储能系统成功并网示范运行，锂离子电池负责削峰填谷及响应调频的持续分量，超级电容器负责响应调频的随机分量和脉动分量。此外，由超级电容器和燃料电池复合组成的全球首列时速 160km 的列车研制成功，青岛地铁 4 号线基于超级电容器能量回馈系统正式开通运营。

6.2.5　氢能技术

在实现碳中和目标的框架下，可再生能源发电的波动性和间歇性使得氢能成为一种重要的能源形式。通过"电—氢"转换，波动性的绿色电力可以大规模转化为氢能，进而实现长周期的储存、运输和能源化应用，这使得氢能有望在未来能源体系中扮演关键角色。

　　尽管目前全球能源消费中氢气的比例还不到 1‰，但氢能产业正迎来一个全新的发展阶段。在政策支持、技术创新、市场需求和资本投入等多重因素的共同推动下，全球氢能产业链的各个环节都将实现全面的突破性发展。预计在未来十年内，氢能将成为下一个万亿级新能源市场的重要组成部分，为全球能源的绿色低碳转型提供新的动力。中国的氢能产业发展中长期规划如图 6-9 所示。预计到 2025 年，燃料电池车辆的保有量将达到约 5 万辆，同时将建设一批加氢站。可再生能源制氢的产量将达到 10 万～20 万 t/年，成为新增氢能消费的重要组成部分，同时实现二氧化碳减排 100 万～200 万 t/年。到 2030 年，中国将形成一个较为完善的氢能产业技术创新体系、清洁能源制氢及供应体系，产业布局将更加合理有序，可再生能源制氢将得到广泛应用，从而有力支撑碳达峰目标的实现。到 2035 年，中国将构建一个包括交通、储能、工业等多个领域的多元氢能应用生态，其中可再生能源制氢在终端能源消费中的比重将显著提升，对能源绿色转型发展起到重要的支撑作用。

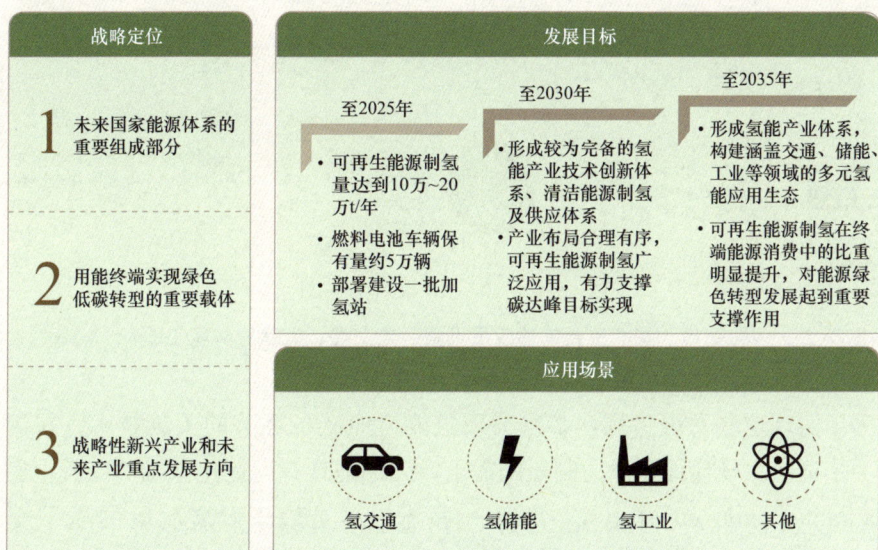

图 6-9　中国氢能产业发展中长期规划（2021—2035 年）

氢能产业的发展依赖于氢能在终端应用场景中的规模化应用，这有助于推动整个氢产业链的形成。氢的主要应用领域包括交通、能源和工业，这些领域分别为氢交通、氢储能和氢工业。这三个场景都蕴含着巨大的市场潜力，如图 6-10 所示。在氢交通领域，特别是在燃料电池汽车方面，已经建立了一定的发展基础。随着技术的持续突破和商业化模式的成熟，氢交通有望在短中期内成为氢能产业发展的"先导性应用"，推动从制氢到用氢的全产业链商业化进程和持续发展。氢储能被认为是氢最具前景的应用领域，通过利用氢的长时储能特性，可以增强可再生能源的应用，从而提升可再生能源在全球能源结构中的比重。氢工业是当前氢最主要的消纳场景，随着氢能产业链的成熟和成本的持续降低，工业领域将通过"绿氢替代灰氢"，推动全球工业逐步实现低碳转型。

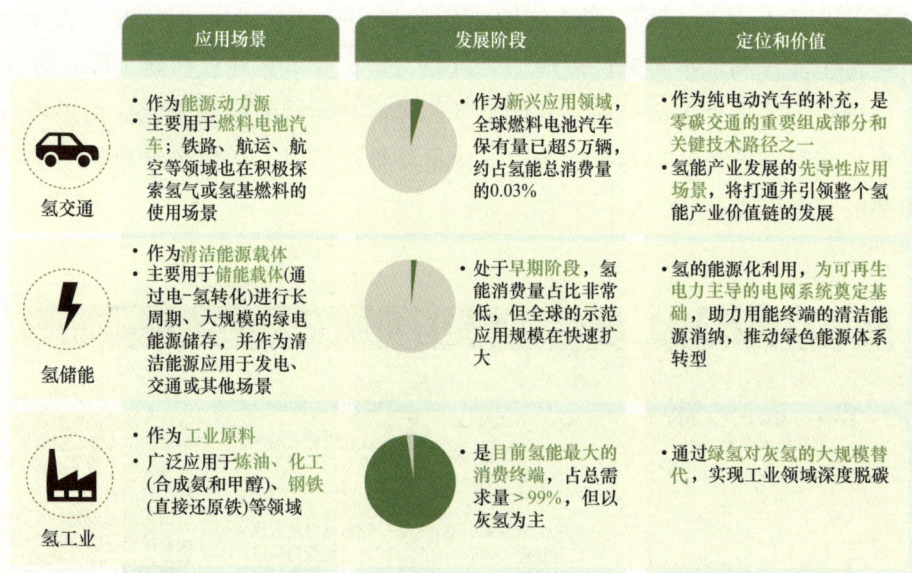

应用场景	发展阶段	定位和价值
氢交通 • 作为能源动力源 • 主要用于燃料电池汽车；铁路、航运、航空等领域也在积极探索氢气或氢基燃料的使用场景	• 作为新兴应用领域，全球燃料电池汽车保有量已超5万辆，约占氢能总消费量的0.03%	• 作为纯电动汽车的补充，是零碳交通的重要组成部分和关键技术路径之一 • 氢能产业发展的先导性应用场景，将打通并引领整个氢能产业价值链的发展
氢储能 • 作为清洁能源载体 • 主要用于储能载体(通过电-氢转化)进行长周期、大规模的绿电能源储存，并作为清洁能源应用于发电、交通或其他场景	• 处于早期阶段，氢能消费量占比非常低，但全球的示范应用规模在快速扩大	• 氢的能源化利用，为可再生电力主导的电网系统奠定基础，助力用能终端的清洁能源消纳，推动绿色能源体系转型
氢工业 • 作为工业原料 • 广泛应用于炼油、化工(合成氨和甲醇)、钢铁(直接还原铁)等领域	• 是目前氢能最大的消费终端，占总需求量>99%，但以灰氢为主	• 通过绿氢对灰氢的大规模替代，实现工业领域深度脱碳

图 6-10　氢能主要终端应用场景（氢交通、氢储能和氢工业）

为了实现这些发展目标，必须突破氢能产业链各环节的关键技术。在制氢方面，为了适应大规模绿色电力制氢的需求，无论是具有商业化基础的碱性电解水制氢（alkaline water electrolysis，AEC）技术，还是处于发展阶段的质子交换膜（proton exchange membrane electrolysis cell，PEMEC）技术，以及更早期的阴离子膜（anion exchange membrane electrolysis cell，AEMEC）技术与固体氧化物（solid oxide electrolysis cell，SOEC）技术，都需要在成本效益、安全性以及智能化管理等方面实现系统性的技术突破。在氢的储存和运输领域，压缩气态氢是中国目前主流的氢储存和运输方式。研发创新的主要方向是提高工作压力以增加氢气的密度，同时确保安全性。液态氢储存和运输已在海外市场实现商业化。其他类型的氢载体储存和运输技术目前也处于积极的商业应用探索阶段。"氢—电"转化是氢能利用的关键技术。目前，在小功率分布式场景下，主要以固定式燃料电池发电为主；而在大功率集中式发电方面，将采用氢燃气轮机或锅炉掺氨燃烧方案。

接下来，简要概述影响氢能产业链发展的关键技术的发展情况和趋势。

（1）制氢技术。在实现碳中和的背景下，绿氢生产场景对电解制氢系统提出了新的要求：能够大规模扩展并适应吉瓦级规模的应用；能够直接连接绿色电力并适应其波动性；具有高效率、安全稳定的制氢能力；以及易于维护的系统。目前主要的制氢技术路线包括四种，它们本质上对应着酸性、碱性和固态三种电解水技术体系。其中，AEC 和 PEMEC 技术在商业化应用方面较为先进，而 AEMEC 和 SOEC 技术则仍处于实验和研究阶段。

酸性电解水技术主要指的是 PEMEC 技术路线。由于双极板和膜电极的制造工艺限制，单堆酸性电解制氢难以实现规模化。此外，由于使用了较多的贵金属如铂，其成本会随着电解系统规模的扩大而增加。酸性电解水技术由于规模效应不如碱性电解水技术显著，因此在短期内更适合用于分布式小规模制氢场景。碱性电解水技术以 AEC 为主，也包括 AEMEC。碱性电解水技术的关键零部件制造工艺成熟，制造成本因供应链的发展而降低。碱性电解水技术的发展更适合大规模绿电制氢场景，但仍需在绿电波动适应性、产品易维护性等方面进行进一步提升。固态电解水技术仍处于早期研究阶段。

在中国市场，碱性电解水制氢技术占据了主导地位。在近两年的大规模绿色电力制氢项目中，市场普遍倾向于选择 AEC 技术路线，而 PEMEC 技术路线则更多地应用于小型和分散式的项目。预计在未来，面向全球不同规模的绿氢应用场景，AEC 技术路线仍将是主流的选择。总的来说，碱性电解水制氢系统可能是绿色制氢中最广泛采用的方法，但其在未来的竞争力将取决于技术创新和对特定应用的适应性。碱性电解水制氢系统的特点包括较低的电解槽投资成本、较长的使用寿命以及大规模生产的能力。未来的碱性电解水制氢系统产品将朝着提高标准化程度、增加氢气压力的技术方向发展。该技术发展的核心目标是提高效率，通过全面的创新和技术突破来解决单片、电堆和系统层面各参数指标的平衡优化问题，以更好地适应大规模绿色电力制氢的应用场景。未来，碱性电解水制氢系统将在电流密度、系统能耗、系统灵活性、运行压力和维护便捷性等方面进行技术创新。同时，将积极采用数字化工具和智能系统来管理电解槽，通过利用工业物联网和数字化技术实现电解系统的智能升级、安全状态在线监测和系统预测性维护。

（2）氢储运技术。氢气具有极高的单位质量能量密度，但其单位体积能量密度相对较低，且具有易燃、易爆和易泄漏的特性，这为氢气的储存和运输带来了诸多挑战。因此，为了实现规模化、安全和经济的储运，需要对氢气进行压缩、液化或转化处理。根据氢气不同的状态，可以选择合适的储运方法。图 6-11 展示了不同氢气状态的运输路径及其优劣势，而图 6-12 则比较了常见的储氢技术路线。目前，压缩气态氢是应用最广泛、最成熟的技术。气态氢可以通过从小容量的钢瓶、球罐到大容量的盐穴等多种方式进行储存。长管拖车运输压缩气态氢具有灵活方便的优点，但由于载氢量有限，更适合短途运输。对于长途输送，管道输氢在成本效益上更具优势，但建设专用输氢管道需要较大的初始资金投入。另一种替代方案是将氢气掺入天然气中，利用现有的天然气管道进行运输。

氢气状态		过程描述	成熟度	能耗需求		体积密度	优势	弊端
				kWh/kg H_2	LHV[2]	kg H_2/m^3		
物理储运	气氛@15MPa	通过压缩氢气气体密度，形成高压气氛进行储运		小于1	>90%	11	目前相对高效和成熟的技术，可在常温下进行	效率较低；由于氢气具有易燃特性，故对高压条件下的氢气进行安全管理具有一定挑战性
	气氛@30MPa			小于4	>85%	23		
	气氛@70MPa			小于6	>80%	38		
	液氢	通过低温压缩技术，在-253℃将氢气液化，采用超低温容器进行储运		小于9	65%~75%	71	储运加注效率较高，规模化潜力更大，且液氢路线可实现氢的全球贸易	液化的能耗及成本较气氢更高，氢的蒸发损失和安全性挑战有待攻克
化学储运	氨(NH_3)/甲醇(MeOH)	合成氨气或甲醇进行储运，再through还原反应释放氢气再利用		以氨为例：氨合成：小于3逆反应：小于8	以氨为例：氨合成的效率为82%~93%，逆反应氢气释放效率约30%	以氨为例：121	可以利用氨和甲醇及现有成熟基础设施高效储运，且可作为燃料或化工原料进行利用	逆反应的能量转化效率低，所需能量较高，氨具有毒性
	液态有机氢载体(LOHC)	与LOHC(如MCH[2])进行化学反应形成载氢物，再通过还原反应释放氢气再利用		合成转化放热，逆反应：小于12	逆反应效率约65%	110	合成转化放热，且LOHC更易于运输	逆反应的转化效率低，易产生杂质气体，且LOHC通常有毒、易燃
	金属储氢	与金属氢化物通过化学键结合实现储运，通过加热再释放氢气	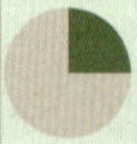	小于4	88%	80~100	效率高于其他方案	单位质量储密度低、充放氢效率低

图 6-11　不同氢气状态的运输路径和优劣势

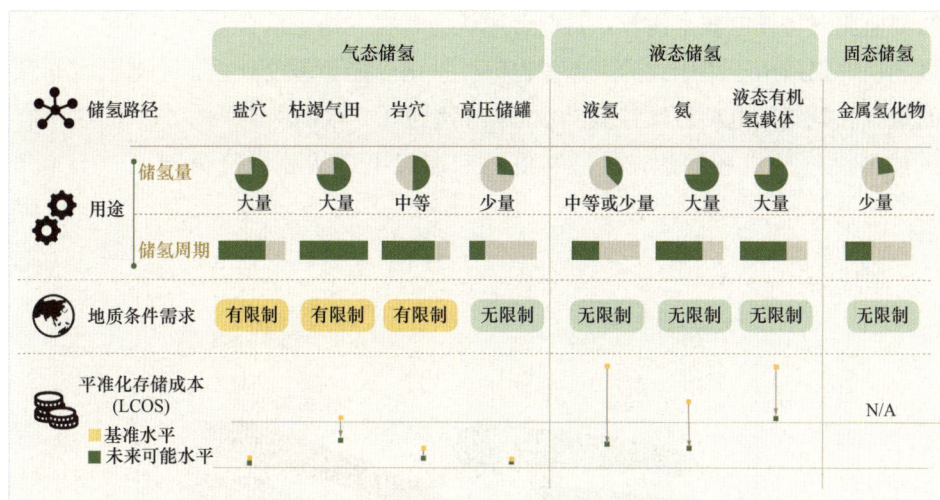

图 6-12　常见储氢技术路线比较

液态氢由于具有更高的体积能量密度，被视为未来规模化氢储运的重要途径。然而，目前的液态氢储运技术与基础设施不如气态氢成熟。液态氢可以中规模储存在液氢容器或储罐中，并通过液氢槽罐车进行陆上运输，以及使用液氢运输船进行国际贸易。除了物理状态的转化，氢气还可以通过化学反应转化为其他非氢液体，如氨、甲醇和液态有机氢载体（LOHC），从而利用这些物质现有的成熟基础设施进行储运。氨和甲醇不仅可以作为储运载体，还可以作为船舶燃料或化工原料直接利用，对氢能产业的发展具有积极作用，因此也被视为有前景的氢储运发展方向。然而，这些化学反应过程相较于物理状态转化，会导致额外的能量损失和成本增加，高效的逆反应技术仍有待突破。

（3）氢—电转化技术。以氢能为中心的化学储能系统涉及氢气的制备、储存和运输，以及以氢为燃料的发电。氢储能的核心在于氢与其他能量形式（尤其是电能）之间的转换。在"电—氢—电"的双向过程中，富余的可再生能源通过电解制氢系统转化为氢气，然后储存起来，用于燃气轮机或燃料电池发电，这一过程不产生碳排放，副产物仅为水和热量。在单向的"电—氢"过程中，储存的氢气可以作为商品进行运输，并在工业和交通等多个领域得到应用。

因此，通过"氢—电"转化实现高效的氢能利用，是绿色氢能产业发展中的关键环节，也是实现清洁能源转型的重要途径。然而，氢电转化的经济性高度依赖于上游制氢和中游储运的成本降低，大规模发展可能需要5～10年时间。氢电转化依赖于能量转换装置，包括燃气轮机、锅炉和燃料电池。根据图 6-13 所示的不同技术的输出功率与发电效率比较，目前普遍认为燃料电池更适合分布式发电，而燃气轮机和锅炉则适用于集中式的大型发电厂。据国际能源署的数据，全球已宣布和在建的氢气和氨气发电项目预计到 2030 年将达到 3.5 GW，其中约 85％ 的装机容量为氢或氨燃气轮机和锅炉，氢燃料电池和燃煤电厂掺氨燃烧分别占 10％ 和 6％ 左右。

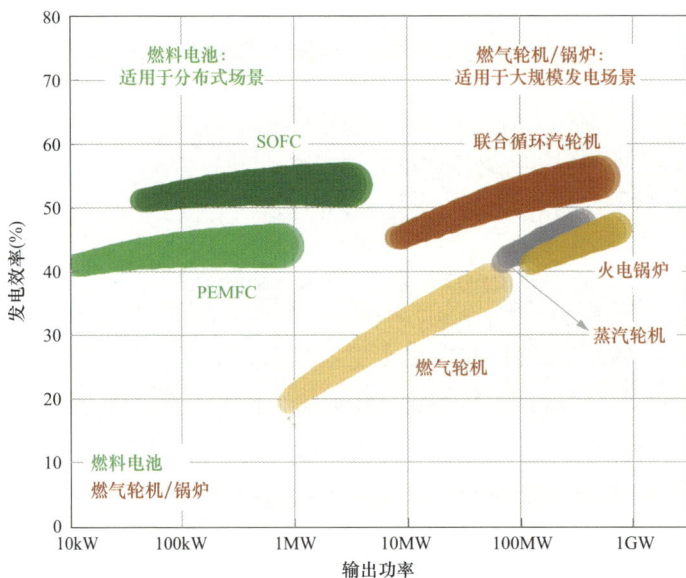

图 6-13　燃料电池和燃气轮机/锅炉的输出功率与发电效率的比较

6.2.6　煤炭清洁高效利用及无害化开采技术

尽管中国正在大力推广清洁能源，但目前仍居世界煤炭生产和消费首位。为了推动煤炭行业的技术革新，实现煤炭资源的安全生产、高效开发和智能化管理，以及推动煤炭资源的绿色开发和生态矿山的建设，已成为当务之急。目前中国正从以下几个方面进行技术研究：矿井地址的保障与安全建井、煤炭的高效开采和智慧矿山建设、致灾因素的探查及重大灾害的监测预警、煤炭的绿色开采与环境保护，以及矿区的生态治理与修复。

随着煤炭开采活动的持续扩大，目前面临一系列挑战：矿区生态环境脆弱，含水层结构遭到破坏；煤矿安全事故的预防机制不够完善，安全生产形势严峻；对绿色矿山建设的认识不足，任务艰巨且长远；煤矿智能矿山建设进展缓慢，未能实现智能综采工作面的建设。为应对这些挑战，必须转变发展思路，迈向本质安全、资源节约和环境友好的科学煤炭开采模式，即"全周期全价值链无害化开采技术体系"。这一体系包括煤矿安全技术体系、煤炭高效开采技术体系、煤炭绿色开采技术体系和资源节约技术体系，如图 6-14 所示。

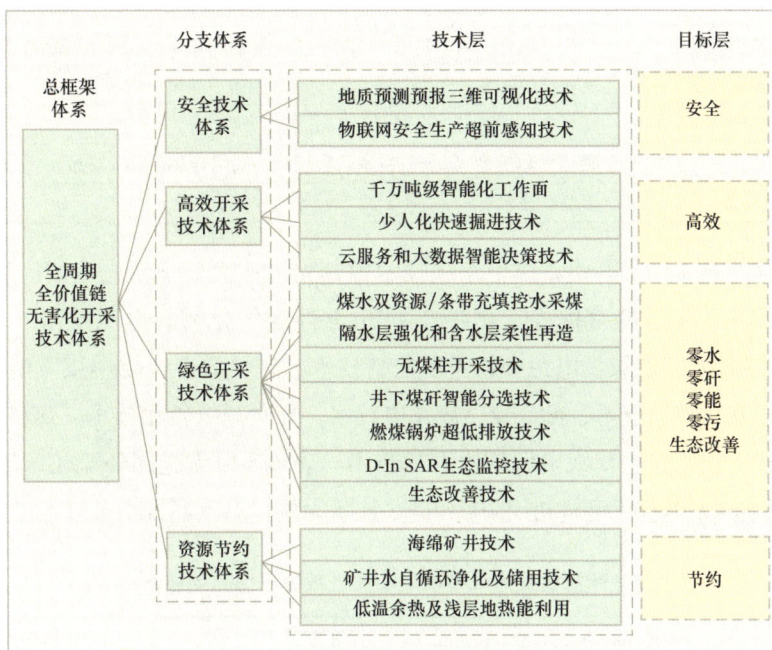

图 6-14　煤炭无害化开采技术体系框架

中国的电力结构中，燃煤发电扮演着关键的基础角色，预计到 2030 年，燃煤发电的比重仍将占据约 50%。燃煤产生的 CO_2 排放量约占中国化石燃料排放总量的 80% 左右。未来 10~15 年将是中国煤炭清洁高效利用技术发展的关键时期。在此期间，积极发展先进且具有颠覆性的煤炭转化与利用技术，将有助于推动中国煤基能源的可持续发展，增强中国煤炭企业和行业的科技竞争力，并引领世界煤炭清洁转化与利用的新兴产业。这将有助于中国构建绿色低碳、安全高效的新型能源体系，支持能源革命和能源强国的建设。

煤炭清洁高效利用技术，也称为洁净煤技术或清洁煤技术，涉及煤炭利用过程中（不包括煤炭开采环节）的污染减排和效率提升，涵盖燃烧、转化合成、污染控制、废物综合利用等多个领域。这些技术可以根据煤炭利用流程分为三大类：前端包括煤炭加工与净化技术；中端包括煤炭燃烧、转化和污染物控制技术；后端包括废弃物处理、碳减排及综合利用技术。这些技术的主要方向可参考表 6-4。

表 6-4   煤炭清洁高效利用技术（洁净煤技术）分类

技术类型	子项主要技术
煤炭加工与净化技术	选煤、洗煤、型煤、水煤浆、配煤技术
煤炭高效洁净燃烧技术	循环流化床燃烧、加压流化床燃烧、粉煤燃烧、超临界发电、超超临界发电、整体煤气化联合循环、整体煤气化燃料电池联合循环、富氧燃烧
煤炭转化与合成技术	气化、液化、氢燃料电池、煤化工、煤制烯烃、分质分级转化技术
污染物控制技术	工业锅炉和窑炉、烟气净化、脱硫、脱硝、除尘、颗粒物控制、汞排放
废弃物处理技术	粉煤灰、煤矸石、煤层气、矿井水、煤泥
碳减排技术	碳捕集和封存（CCS）技术，碳捕集、利用与封存 CCUS 技术
综合利用技术	多联产技术

在洁净煤技术的最前沿，以下十项技术因其先进性而处于领先地位：700℃超超临界发电技术、先进的整体煤气化联合循环/整体煤气化燃料电池技术（IGCC/IGFC）、CCUS 技术、燃煤发电污染物深度控制技术、高灵活性智能燃煤发电技术、煤制清洁燃料和化学品技术、循环流化床发电技术、煤炭分级转化技术、煤转化废水处置与回用技术、共伴生稀缺资源回收利用技术。表 6-5 以先进循环流化床发电技术、700℃超超临界发电技术和先进 IGCC/IGFC 技术为例，对上述技术进行了详细说明。

表 6-5   洁净煤前沿技术（举例说明先进性位于前列的技术）

技术类型	技术特点	发展重点	示范应用
先进循环流化床发电技术	（1）燃烧效率高、负荷调节性能好、燃料适应性广；（2）以较低成本实现污染物排放控制，可同时实现节能、替代、捕集的目标	（1）开发超临界/超超临界 CFB 锅炉机组，推进中小型机组的节能减排改造；（2）发展生物质 CFB 燃烧技术，研究劣质燃料与 CFB 燃烧技术的结合特性；（3）结合 CCUS 技术，推动开发高效低能耗的 CFB 富氧燃烧技术、化学链燃烧技术，加装碳捕集与封存装置，进行炉内流态重构和燃烧调整等	（1）2021 年哈电集团开展神华国能彬长低热值煤 660MW 超超临界 CFB 发电项目；（2）2022 年陕西彬长 660MW 低热值煤 CFB 示范电厂项目开工
700℃超超临界发电技术	（1）属 700℃/35MPa 及以上的条件下的机组发电技术；（2）再热次数增加，效率可达 50%以上；（3）节能减排经济效益高，可以降低 CO_2 的捕获成本，推进 CCUS 技术的应用	（1）突破锅炉和汽轮机高温材料研发、加工性能测试及关键部件测试等技术；（2）搭建 700℃关键部件验证实验平台，推动 700℃超超临界燃煤示范电站建设	（1）2010 年中国成立了 700℃超超临界燃煤发电技术创新联盟；（2）2011 年设立 700℃超超临界燃煤发电关键设备研发及应用示范项目；（3）2015 年 12 月，全国首个 700℃关键部件验证试验平台成功实现投运

续表

技术类型	技术特点	发展重点	示范应用
先进 IGCC/IGFC 技术	（1）IGCC 煤气化制取合成气后，通过燃气—蒸汽联合循环发电方式生产电力，供电效率可达 60%，极大降低供电煤耗； （2）IGFC 以气化煤气为燃料进行高温燃料电池发电，可提高煤电效率，降低 CO_2 捕集成本	（1）开展高温燃料电池电堆、发电系统和相关基础科学问题的研究，推动关键材料的低成本批量化生产，实现关键材料的产业化； （2）推动 IGCC/IGFC 系统相关技术研发，开展相关发电系统试验平台示范	（1）2012 年 11 月中国首套自主研发 IGCC 示范工程，华能天津 250MW IGCC 示范机组投入商业运行； （2）2017 年启动了"CO_2近零排放的煤气化发电技术"国家重点研发项目

6.2.7　能源数智化技术

在能源转型和实现"双碳"目标的指导下，中国正迎来能源数字化、智能化技术与能源产业深度融合的关键时期。这一时期需要将数智化技术全面融入能源的产、运、储、销、用等各个环节，构建能源系统各环节的数智化创新应用体系，加速推动能源系统运行和管理模式向全面标准化、深度数字化和高度智能化转变。这不仅有助于提升能源系统中新能源的比例和全要素生产率，还能实现能源发展的质量变革、效率变革和动力变革，从而支撑能源行业的提质增效和碳排放的"双控"。能源数智化技术主要聚焦于新一代信息技术与能源产业的融合发展，涵盖智能传感与测量、特种智能机器人、装备数字孪生、人工智能与区块链、大数据与云计算、物联网等基础共性关键技术。这些技术不仅推动了煤炭、油气、电厂、电网等传统行业与数智化技术的深度融合，还引领了能源产业的转型升级，包括智慧能源系统集成与综合能源服务技术。这些技术的发展和应用见表 6-6。

表 6-6　　　　　　　　　　　　　　　**能源数智化关键技术**

技术类型	关键技术	技术特点及研究目标
基础共性技术	智能传感与测量技术	（1）以能源领域专用的传感材料、核心器件设计与制备为核心； （2）开展传感器参量值校验与可靠性评价，建立安全可靠的能源信息采集与互动平台
	特种智能机器人技术	（1）面向能源厂站建设、巡检、检测、清理等领域的工程运用； （2）开展以智能路径规划、复杂激动反馈控制为代表的机器人交互技术，保障能源厂站智能运维
	能源装备数字孪生技术	（1）针对发电设备、油气田工艺设备、柔性输变电等关键能源设备； （2）构建关键能源装备的数字孪生系统，实现设备状态的智能预测和风险诊断

技术类型	关键技术	技术特点及研究目标
基础共性技术	人工智能与区块链技术	（1）以图像识别、自然语言处理、群智优化、深度强化学习为代表，可应用于分布式能源交易、可再生能源消纳等场景； （2）搭建具备自治管理能力的能源电力区块链平台，实现能源交易等业务的智能化处理和融合发展
	能源大数据与云计算技术	（1）可支撑能源跨异构云平台、跨数据中心、多站融合、云边协同等环境； （2）构建能源大数据模型和能源大数据中心，打造新型能源数字经济平台，实现能源数据资源集成和安全共享
	能源物联网技术	（1）以能源网络为基础，以大数据为核心，可实现异构能源系统互联和源荷两侧平等接入； （2）开展适应能源领域标准的物联网通信协议，形成云边协同全域物联网架构，建立具接入和管理设备能力的支撑平台
行业智能升级技术	油气与炼化行业智能升级技术	（1）以新一代数字化油田和低成本绿色安全地面工艺技术为示范核心； （2）研发油气勘探开发一体化智能云网平台，搭建资源全流程价值链优化及生产智能运营平台
	可再生能源发电行业智能升级技术	（1）水电：完善流域水电综合管理信息化支撑技术，构建智能化调度和大坝安全管理平台； （2）风电：完善叶片自动化生产工艺技术、数字化选址及设备智能管理技术，构建上下游协同制造体系并形成智能风电控制运维体系； （3）光伏发电：攻关基础材料生产及部件智能化制造技术，开展光伏系统数字孪生和智慧运维技术，推动光伏产业创新升级
	核电行业智能升级技术	（1）以全生命周期大数据系统、反应堆堆芯模拟预测等技术为核心； （2）构建核电研发、设计、制造、建造、运维及退役全周期业务领域的数智化标准体系及平台体系，实现人机物全面智联、少人干预和值守的智能核电
	传统燃煤发电行业智能升级技术	（1）煤矿：建立煤矿智能化技术规范与标准体系，实现开拓、采掘、运输、通风、洗选、安全保证等过程的智能化运行； （2）火电厂：综合利用数字化共性技术，建设快速灵活、少人值守、无人巡检、按需检修等特征的智能电厂
	电网行业智能升级技术	（1）以调度运行控制与运维技术的智能化为核心； （2）突破电网一体化智能应急和基于物联网的高效精益化运维等技术，构建新一代调度技术支持系统，实现设备故障智能研判和不停电作业
智慧系统集成及综合能源服务技术	区域综合智慧能源系统技术	（1）以各类主体深度参与、高效协同、共建共治共享的智慧能源服务生态为核心； （2）建立面向多种应用和服务场景的区域智慧能源服务平台，实现多能流优化运行及智慧运维
	多元用户友好智能供需互动技术	（1）对多元用户进行行为识别和可调节潜力分析，可实现多元可调符合与智能电网的良性互动； （2）基于5G和边缘计算技术研制可调负荷互动相应终端，融合互联网技术建立可调负荷互动系统

6.3　新型能源技术创新体系的发展态势

6.3.1　总体形势

中国已经连续多年成为全球最大的能源生产国、消费国和碳排放国。在"双碳"目标的引导下，中国能源产业正面临一系列严峻挑战，包括确保能源安全、转变发展方式、调整产业结构以及弥补技术短板等。这些挑战对能源科技创新的需求比以往任何时候都要迫切。在前两个五年规划期间，中国已经初步建立了一个"四位一体"的新型能源技术创新体系，该体系包括重大技术研发、重大装备研制、重大示范工程和科技创新平台。这一体系为重大能源工程建设提供了强有力的支持，对保障能源安全、促进产业转型升级发挥了重要作用。

在可再生能源技术方面，中国的风电和光伏技术总体上处于国际先进水平，中国的风机和光伏电池产量及装机容量居世界首位。太阳能热发电技术已进入商业化示范阶段。中国在水电工程建设能力和百万千瓦级水电机组的成套设计制造能力方面处于全球领先地位。中国已全面掌握了 1000kV、±1100kV 直流及以下等级的输电技术，柔性直流输电技术在世界占据领先地位。

在油气安全供应技术方面，常规油气勘探开采技术已达到国际先进水平，非常规和深海油气勘探开发技术取得了较大进步。中国已建成一批国家级页岩气开发示范区，成为北美之外首个实现页岩气规模化商业开发的国家。油气长输管线技术取得了重大突破，千万吨级炼油工程成套设备已实现自主化。

在核电技术方面，中国已形成了较为完备的大型压水堆核电装备产业体系。自主研发的百万千瓦级三代核电的主要技术和安全性能指标达到世界先进水平。自主研发的具有四代特征的高温气冷堆已投产，模块化小型堆、海洋核动力平台等先进核反应堆技术正在加速研发。

在化石能源清洁高效开发利用技术方面，煤炭开发利用技术装备实现了规模应用，一批煤炭深加工重大示范工程已建成投产。世界首创的超超临界二次再热机组已投入运行，煤电超低排放水平进入世界领先行列。自主研发的 50MW 燃气轮机已实现满负荷稳定运行。

在能源新技术、新模式、新业态方面，主流储能技术总体上达到世界先进水平，电化学储能、压缩空气储能技术已进入商业化示范阶段。氢能及氢能电池技术的迭代升级正在加速，氢能产业正向多元化示范发展，能源基础设施智能化、能源大数据、多能互补、电动汽车应用等领域的创新活动非常活跃。

6.3.2 主要影响因素

中国的能源技术创新能力与全球能源科技领先国家相比，仍存在一定的差距，这些差距主要影响了新型能源技术创新体系的建立和发展，具体体现在以下几个方面：

（1）能源技术创新环境。推动社会形成一个多元包容、尊重创新、良性竞争的能源技术创新文化，并完善能源领域的相关法律法规以及科技成果转化、知识产权保护、标准化的配套政策法规，建立完善的能源技术标准体系，能源技术装备的检测、认证和质量监督组织体系，以及项目全生命周期的闭环评价体系，以能力和贡献为导向的能源技术人才评价和激励机制，以及能源技术创新成果的使用、处置和收益管理机制的改进，也能激励能源技术创新成果的转化。

（2）企业技术创新活力。构建以企业为主导、产学研紧密合作的产业技术创新联盟，特别是在新兴和关键的能源技术领域。建立健全企业主导的能源技术创新机制，促使国有能源企业成为重大能源技术装备研制和工程应用的主力军，同时鼓励民营企业参与能源技术创新，并完善中小微企业在能源领域的创业孵化等创新服务体系。

（3）技术创新基础建设。科研机构和高等教育机构在能源技术创新中发挥着关键作用。原始创新能力的提升依赖于全国重点实验室在能源技术创新基础研究、重大战略研究方面的加强、国家能源技术创新平台的建设，以加强能源技术创新的基础，加速关键能源技术的突破。此外，从研发、转化、生产到管理的人才培养体系的建立也是能源技术创新的关键环节。

（4）技术创新投融资机制。推动风险投资、私募股权投资等资本力量支持能源技术创新，拓宽融资渠道，降低融资成本，增强对能源重点领域技术研发和示范应用的支持，深化金融领域改革和科技计划（专项、基金）管理改革，研究设立能源产业科技创新投资基金，发挥政策性金融、开发性金融和商业金融的优势，构建多元化、多层次、多渠道的能源技术创新投融资体系。

（5）创新税收价格保险支持机制。持续优化和完善有利于能源技术创新的税收政策，这将为企业创新的全生命周期提供支持，鼓励企业增加研发投入，引导创新资源向企业集中，增强企业的发展信心。

（6）能源科技国际合作交流。充分整合国内外能源技术资源，制定能源技术创新的国际化战略，全面、多层次、高水准地开展能源技术国际合作，融入全球创新网络，建立开放、合作、先进的新型能源技术体系。

6.3.3　未来发展方向

新型能源技术创新体系的构建是加速形成新质生产力的核心环节，要充分发挥科技创新在能源发展中的引领作用，确保能源技术发展紧密对接能源产业需求，加强科技创新基础，突破关键技术难题，培育一批能源领域的技术优势，完善能源技术创新体系。通过能源技术创新，有效支撑能源产业的高质量发展，为能源技术革命提供坚实基础，助力构建清洁低碳、安全高效的新型能源体系。未来新型能源技术的发展方向主要包括：促进化石能源的清洁、低碳、高效开发利用，优先大规模高比例的可再生能源开发利用，构建新能源比例逐渐增加的新型电力系统，积极发展先进储能和氢能技术，推动能源产业的数字化和智能化升级，新型能源技术未来发展方向如图 6-15 所示。

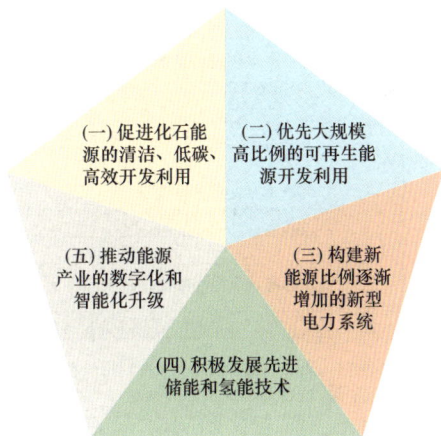

图 6-15　新型能源技术未来发展方向

6.4　新型能源技术创新体系构建路径与主要策略

6.4.1　可持续发展路径

针对新型能源技术体系亟须发展的七项重点领域关键技术任务——可再生能源利用技术、安全高效核能技术、CCUS 技术、先进储能技术、氢能技术、煤炭清洁高效利用及无害化开采技术、能源数智化技术，根据各领域目前的技术发展情况和已有政策目标，依据《能源技术革命创新行动计划（2016—2030 年）》和《"十四五"能源领域科技创新规划》，预计到 2050 年各重点领域的技术创新目标和对应可持续发展路线如下：

（1）可再生能源利用技术。预计到 2030 年，风电和太阳能发电总装机容量达 12 亿 kW 以上，可再生能源加速替代化石能源，产业竞争力进一步巩固提升，基本建成清洁低碳、安全高效能源体系；到 2050 年，80％左右电力消费来自可再生能源，如图 6-16 所示。

			2020年	2025年	2030年 预期成果	2050年	
可再生能源利用技术	高效太阳能利用技术	新型光伏系统及关键部分技术					(1) 突破大型光伏高效直流电解系统技术，掌握大功率中亚全直流发电系统技术、近海漂浮式光伏系统技术。(2) 掌握并积极探索更高效、低成本、长寿命的不同类型的新型高效太阳能电池技术（包括钙钛矿电池、高效低成本光伏电池）。(3) 掌握晶硅光伏组件低成本绿色拆解、高价值组分高效环保分离技术。(4) 突破并开发太阳能热化学转化与其他可再生能源互补集成系统，研发中温太阳能驱动热化学燃料转化反应技术
		高效晶体硅太阳能电池及新概念光电转换器件					
		晶硅光伏组件回收处理与再利用技术					
		高参数太阳能热发电与太阳能综合梯级利用系统					
	先进风电技术	大型风力发电关键设备					(1) 掌握100m级及以上叶片设计制造技术，突破15MW级及以上大功率海上风电机组研制技术。(2) 突破大型海上风电机组基础结构形式设计建造技术，掌握远海深水区大容量海上风电场选址、布置、建造、施工及运行维护技术。(3) 完成退役风电机组无害化回收及再利用关键技术示范，转入推广应用
		深远海域风电系统建设及大型海上风机技术					
		退役风电机组回收与再利用技术					
	水力发电技术	复杂地质水电开发关键技术					(1) 掌握稳定安全运行和满足市场需求的流域梯级水电站联合调度技术，开展基于梯级水电站的大型储能项目工程示范。(2) 构建风光水储多能互补、容量优化配置的调度模型，开展特高压直流送出水电基地可再生能源多能互补协调控制技术工程示范。(3) 研发水电工程健康诊断、升级改造和灾害防控技术，并开展示范试验
		水电工程健康诊断、升级改造和灾害防控技术					
	其他可再生能源	生物质能转化及利用技术					(1) 构建生物质高效合成/转化生产交通运输燃料/低碳能源产品技术体系，开展生物质燃料乙醇/柴油/燃油等生物液体燃料，以及不同类型原料的生物燃气的工程示范。(2) 掌握中深层高温储热关键技术并完成规模化示范，建成复合取热及干热岩型地热资源综合梯级利用规模化示范，实现水热性地热推广应用
		地热能转化及利用技术					

集中攻关　　试验示范　　应用推广

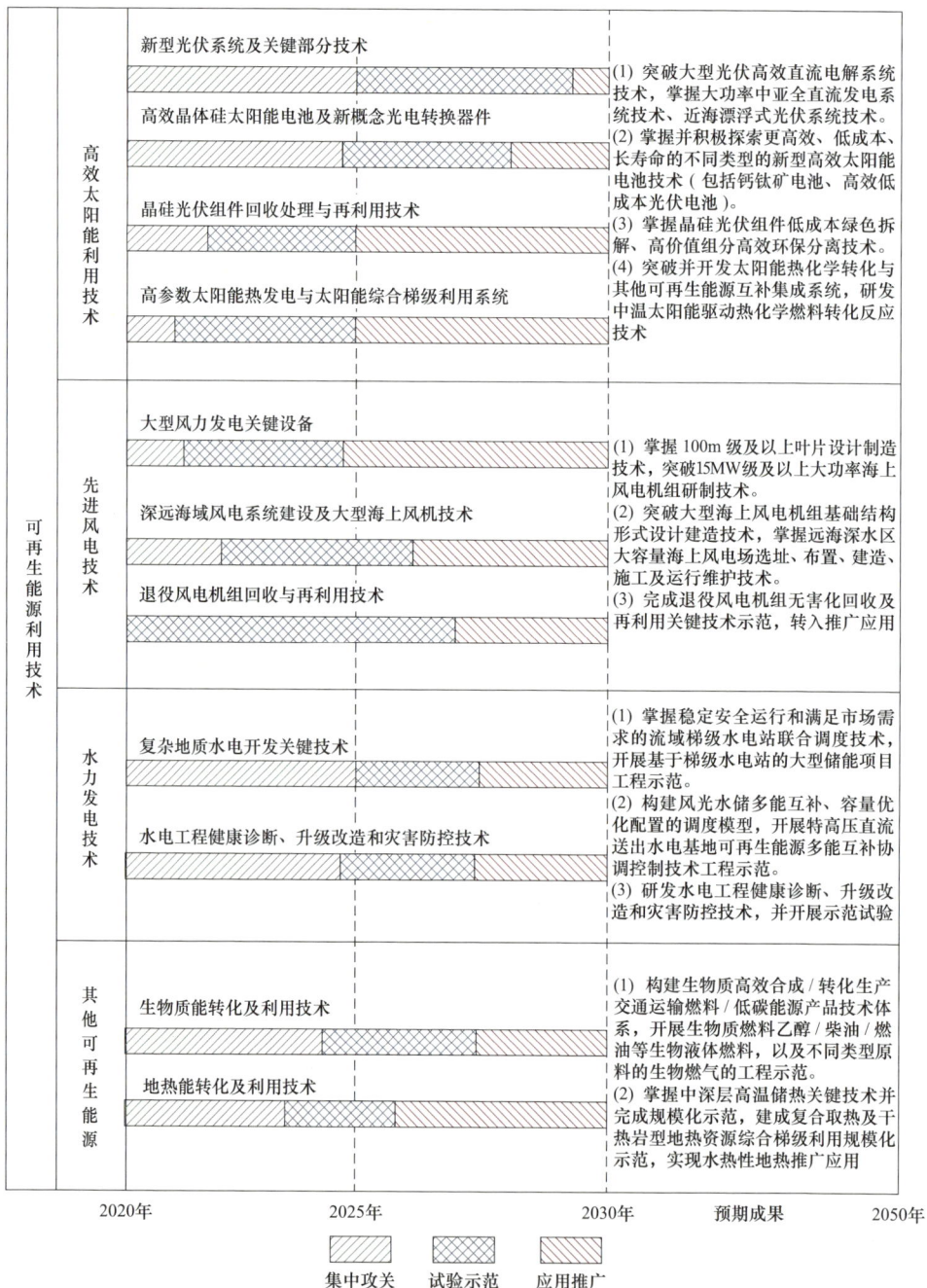

图 6-16　可再生能源利用技术路线图

（2）安全高效核能技术。其路线图如图 6-17 所示，预计到 2030 年，中国将建立起国际领先的深部铀成矿理论和技术体系，具备先进的核燃料研发设计能力，快堆金属元件将具备规模化应用的条件，第三代压水堆将实现系列化发展，先进模块化小型堆将实现标准化和规模化建设，同时掌握聚变堆芯燃烧等离子体实验、运行和控制技术。展望到 2050 年，中国将完全掌握铀资源成矿理论、深部铀资源和非常规铀资源的规模化经济开采能力，核燃料自主设计能力将进入世界领先水平。智

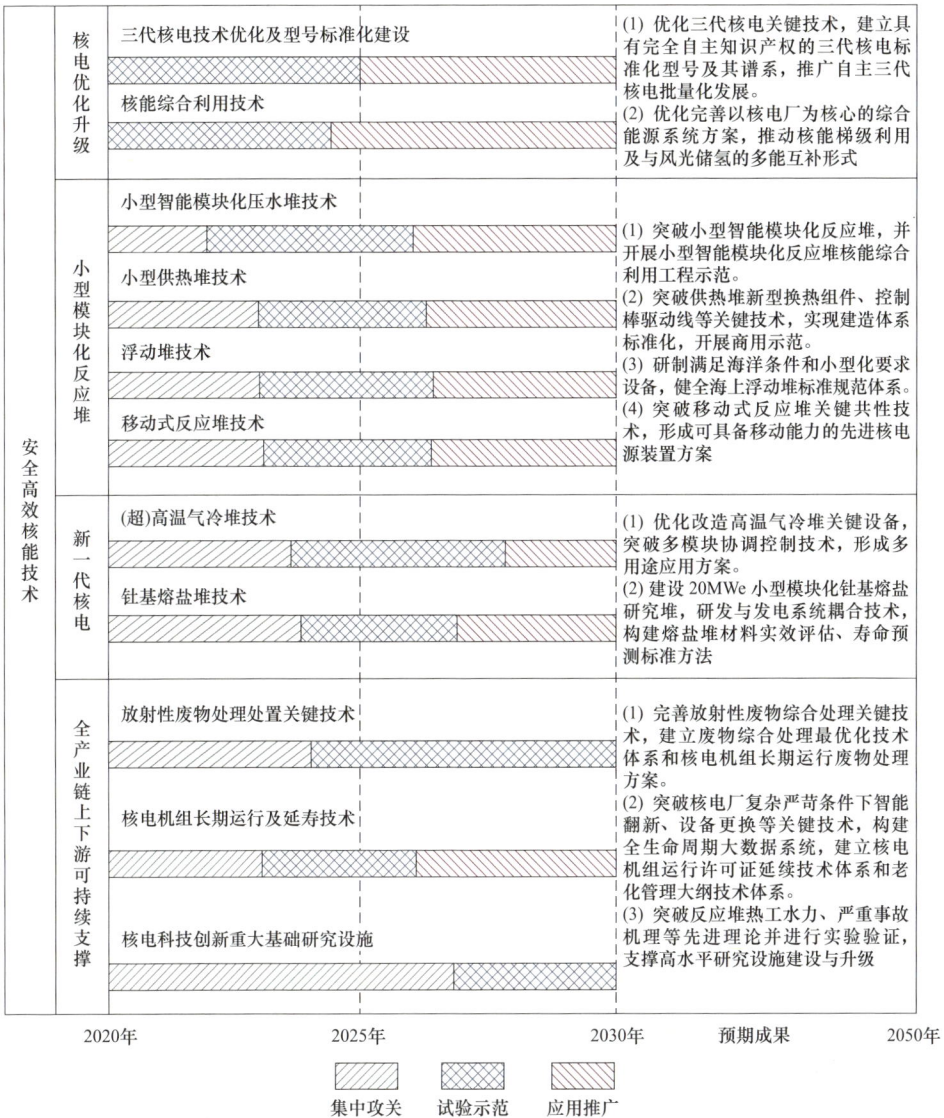

			2020年　　　2025年　　　2030年　　预期成果　　2050年	预期成果
安全高效核能技术	核电优化升级	三代核电技术优化及型号标准化建设		（1）优化三代核电关键技术，建立具有完全自主知识产权的三代核电标准化型号及其谱系，推广自主三代核电批量化发展。（2）优化完善以核厂为核心的综合能源系统方案，推动核能梯级利用及与风光储氢的多能互补形式
		核能综合利用技术		
	小型模块化反应堆	小型智能模块化压水堆技术		（1）突破小型智能模块化反应堆，并开展小型智能模块化反应堆核能综合利用工程示范。（2）突破供热堆新型换热组件、控制棒驱动线等关键技术，实现建造体系标准化，开展商用示范。（3）研制满足海洋条件和小型化要求设备，健全海上浮动堆标准规范体系。（4）突破移动式反应堆关键共性技术，形成可具备移动能力的先进核电源装置方案
		小型供热堆技术		
		浮动堆技术		
		移动式反应堆技术		
	新一代核电	(超)高温气冷堆技术		（1）优化改造高温气冷堆关键设备，突破多模块协调控制技术，形成多用途应用方案。（2）建设 20MWe 小型模块化钍基熔盐研究堆，研发与发电系统耦合技术，构建熔盐堆材料实效评估、寿命预测标准方法
		钍基熔盐堆技术		
	全产业链上下游可持续支撑	放射性废物处理处置关键技术		（1）完善放射性废物综合处理关键技术，建立废物综合处理最优化技术体系和核电机组长期运行废物处理方案。（2）突破核电厂复杂严苛条件下智能翻新、设备更换等关键技术，构建全生命周期大数据系统，建立核电机组运行许可证延续技术体系和老化管理大纲技术体系。（3）突破反应堆热工水力、严重事故机理等先进理论并进行实验验证，支撑高水平研究设施建设与升级
		核电机组长期运行及延寿技术		
		核电科技创新重大基础研究设施		

图例：集中攻关　试验示范　应用推广

图 6-17　安全高效核能技术路线图

213

能制造、柔性制造等先进技术将得到广泛应用，四代核能系统将全面实现"可持续性、安全性、经济性和核不扩散"的要求。届时，中国将具备供热、化工、制氢和冶金等方面的规模建设条件，并实现核聚变能源的商业化应用。

（3）CCUS 技术。预计到 2030 年，燃烧后捕集、富氧燃烧和化学链燃烧等技术将实现重大突破，形成包括石油、化工、电力、煤炭和生物工程在内的 CCUS 技术产业项目集群。同时，将建立系统的 CO_2 地质封存和转化利用技术规范和安全保障体系，掌握 CO_2 长距离安全运输技术。展望到 2050 年，CO_2 减排成本预计将较 2015 年降低 60％以上，CCUS 技术将发展成熟，全流程 CCUS 系统将在电力、煤炭、化工、矿物加工等系统中实现覆盖性和常规性应用，如图 6-18 所示。

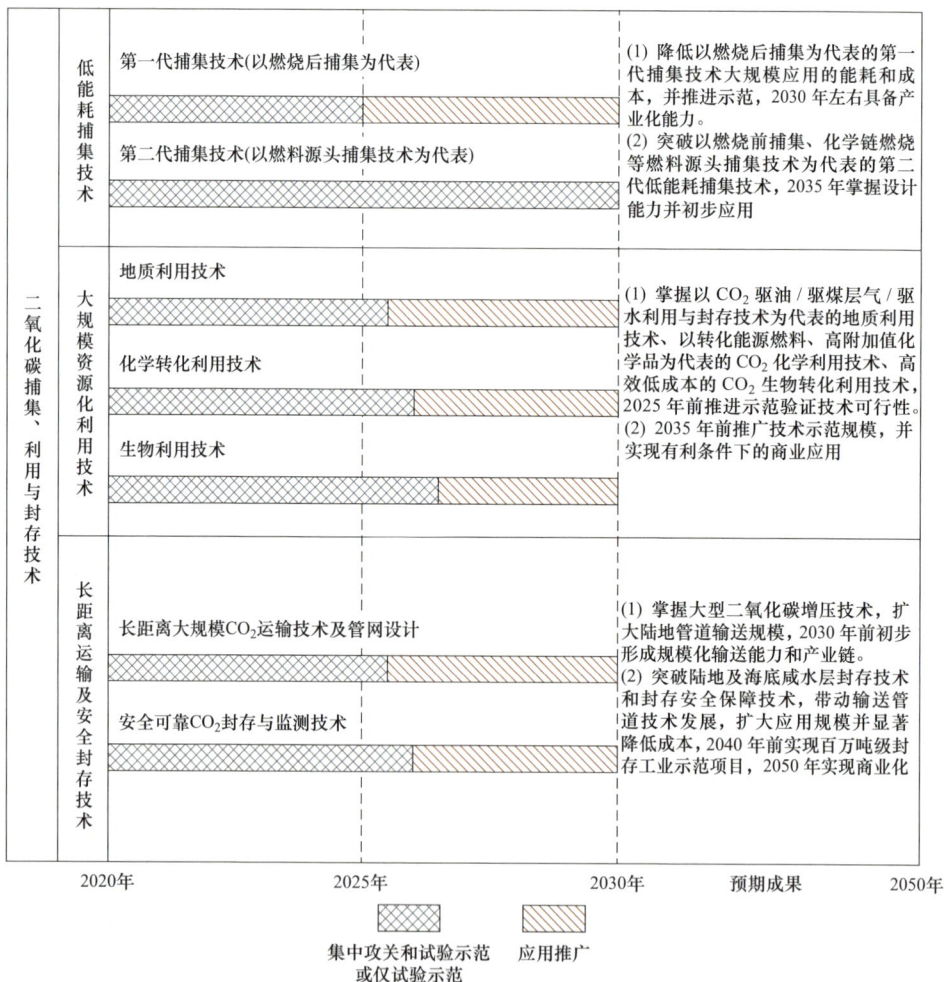

图 6-18　CCUS 技术路线图

（4）先进储能技术。预计到 2030 年，中国将基本掌握容量型、功率型、变速抽水蓄能以及分布式储能技术，并实现不同规模的示范验证。届时，将形成一个相对完整的储能技术标准体系，并建立一个较为完善的储能技术产业链。展望到 2050 年，中国将全面建成储能技术体系，并积极探索新材料和新方法，以实现具有优势的先进储能技术储备，整体技术水平达到国际领先，如图 6-19 所示。

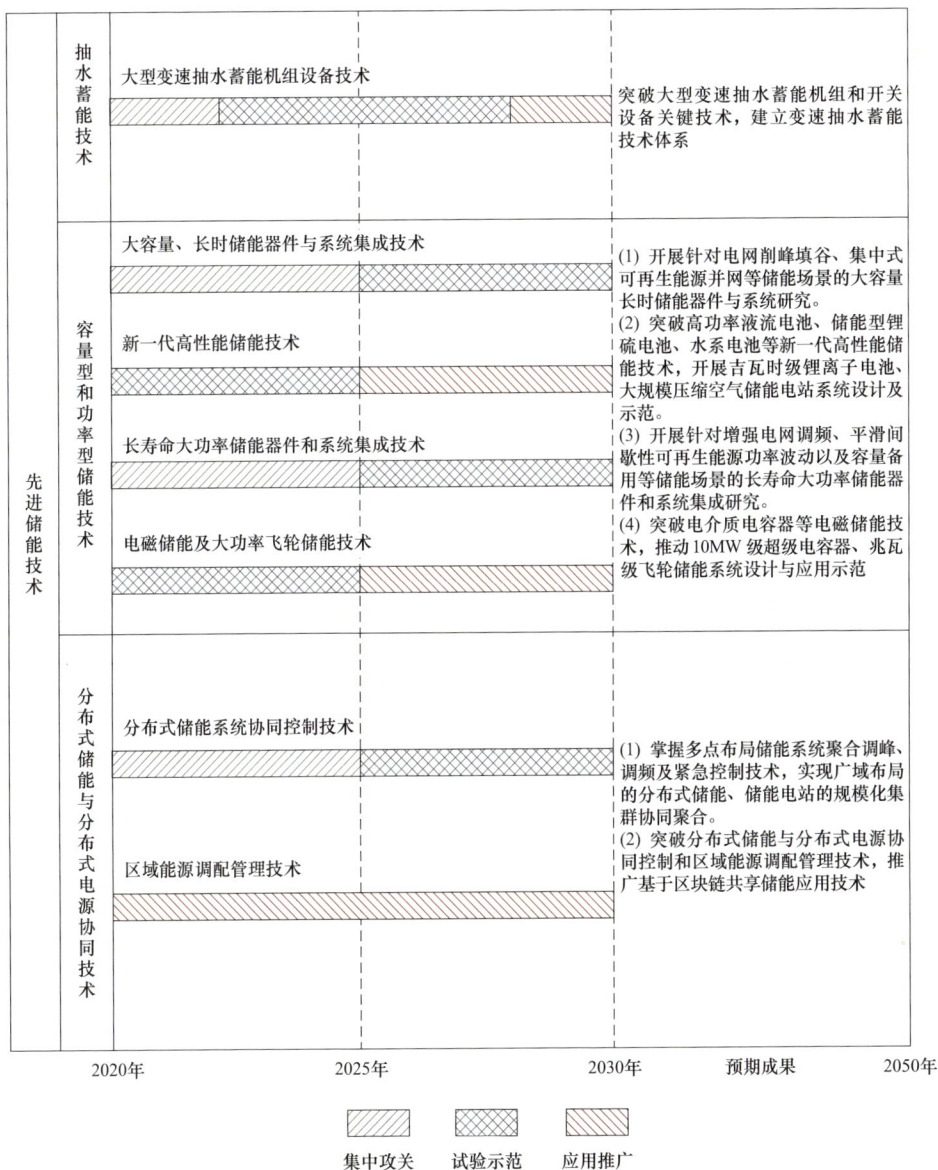

图 6-19　先进储能技术路线图

（5）氢能技术。预计到 2030 年，中国将实现大规模氢气的制取、存储、运输和应用的一体化，实现加氢站现场储氢、制氢模式的标准化和推广应用。同时，将掌握燃料电池的核心关键技术，并建立一个完备的燃料电池材料、部件和系统的制备与生产产业链，实现燃料电池和氢能的大规模推广应用。展望到 2050 年，中国将实现氢能和燃料电池的普及应用，并取得氢气制取和利用方面的突破性进展，如图 6-20 所示。

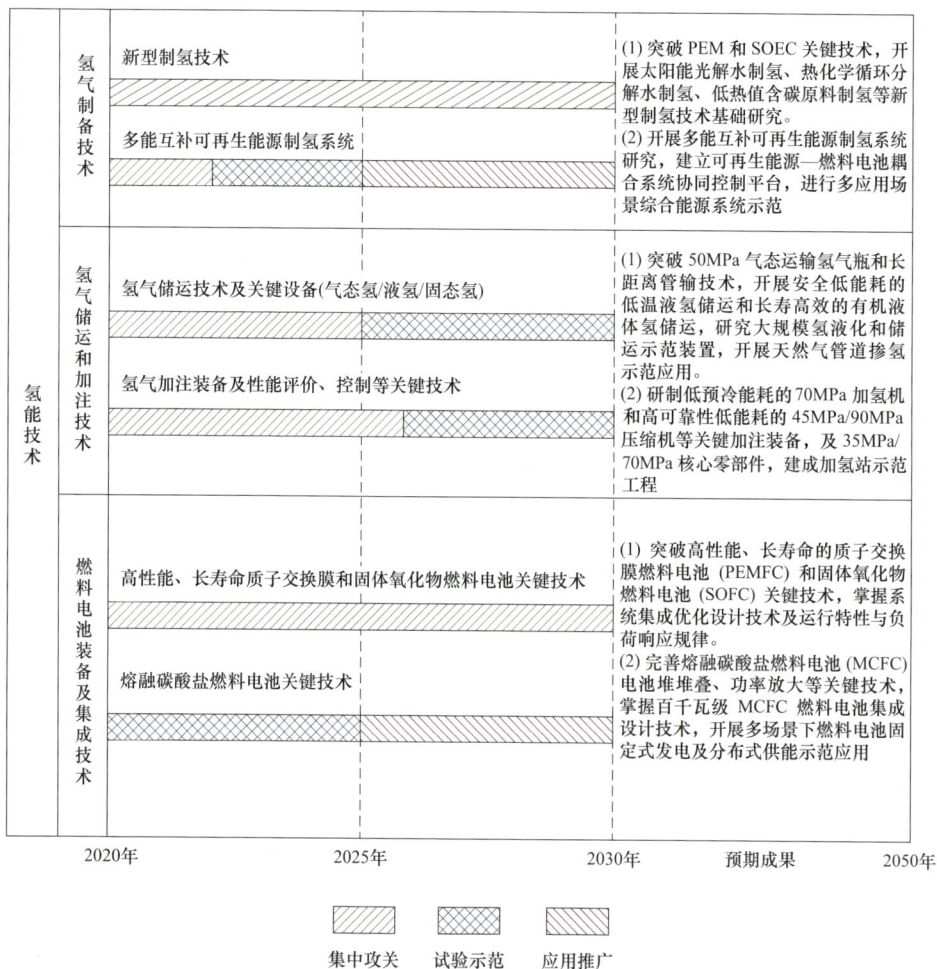

氢能技术	氢气制备技术	新型制氢技术	（1）突破 PEM 和 SOEC 关键技术，开展太阳能光解水制氢、热化学循环分解水制氢、低热值含碳原料制氢等新型制氢技术基础研究。
		多能互补可再生能源制氢系统	（2）开展多能互补可再生能源制氢系统研究，建立可再生能源—燃料电池耦合系统协同控制平台，进行多应用场景综合能源系统示范
	氢气储运和加注技术	氢气储运技术及关键设备(气态氢/液氢/固态氢)	（1）突破 50MPa 气态运输氢气瓶和长距离管输技术，开展安全低能耗的低温液氢储运和长寿高效的有机液体氢储运，研究大规模氢液化和储运示范装置，开展天然气管道掺氢示范应用。
		氢气加注装备及性能评价、控制等关键技术	（2）研制低预冷能耗的 70MPa 加氢机和高可靠性低能耗的 45MPa/90MPa 压缩机等关键加注装备，及 35MPa/70MPa 核心零部件，建成加氢站示范工程
	燃料电池装备及集成技术	高性能、长寿命质子交换膜和固体氧化物燃料电池关键技术	（1）突破高性能、长寿命的质子交换膜燃料电池 (PEMFC) 和固体氧化物燃料电池 (SOFC) 关键技术，掌握系统集成优化设计技术及运行特性与负荷响应规律。
		熔融碳酸盐燃料电池关键技术	（2）完善熔融碳酸盐燃料电池 (MCFC) 电池堆电堆叠、功率放大等关键技术，掌握百千瓦级 MCFC 燃料电池集成设计技术，开展多场景下燃料电池固定式发电及分布式供能示范应用

2020年　　　　　2025年　　　　　2030年　　　预期成果　　　2050年

集中攻关　　试验示范　　应用推广

图 6-20　氢能技术路线图

（6）煤炭清洁高效利用及无害化开采技术。如图 6-21 所示，预计到 2030 年，中国将基本建成绿色矿山，实现煤炭的安全智能化开采。重点煤矿区将基本实现工作面的无人化操作，全国煤矿的采煤机械化程度将达到 95％以上。此外，规模化地下气化开采矿井也将实现工业示范。中国将形成能够适应不同煤种的系列化先进煤气化技术体系，实现百万吨级低阶煤热解转化技术的推广应用。同时，将开发并实

		技术	2020年 ～ 2030年	预期成果
煤炭清洁高效利用及无害化开采技术	煤炭绿色智能开采技术	煤矿智能开采关键技术与装备		(1) 开发适应煤矿各类巷道条件的智能化快速掘进成套技术装备，突破 9m 以上高效智能开采技术装备，建成"透明矿井"平台。 (2) 改善矿区生态环境，实现关闭矿井资源的深度开发，建成矿区大宗固废规模化多元利用及井下废热等地热能利用技术示范工程。 (3) 开发出机械破岩装备，研制井下智能钻孔防灾机器人，建成煤与煤层气共采示范矿井，实现智能传感器国产化。 (4) 实现煤炭及共伴生资源的有效开发，开展煤系"三气"(煤层气、页岩气、致密砂岩气) 的综合开发
		煤矿绿色开采和资源化利用技术		
		煤矿重大灾害及粉尘智能监控预警防控技术		
		煤炭及共伴生资源综合开发技术		
	煤炭清洁高效转化技术	煤炭精准智能化洗选加工技术		(1) 形成煤炭精确分选技术工艺及装备，突破自适应原煤性质全流程智能控制、数字孪生运维等技术，构建智能化选煤技术体系。 (2) 推进中阶煤的清洁高效和分质利用，开展多套煤基协同气化成套技术及百万吨级低阶煤热解和产品深加工技术的研发与示范，建成 3000t/ 天高效柔性气化炉。 (3) 突破百万吨级煤油共加氢制芳烃和特种燃料油技术，优化升级百万吨级大型煤炭间接液化成套技术装备，进行工业化前期筹备。 (4) 突破煤化工高盐高浓度难降解有机废水深度处理技术，达到国际领先水平
		新型柔性气化和煤与有机废弃物协同气化技术		
		煤制油工艺升级及产品高端化技术		
		低阶煤分质利用关键技术		
		煤转化过程中多种污染物协同控制技术		
	先进燃煤发电技术	先进高参数超超临界燃煤发电技术		(1) 开展 700°C 等级高温合金材料及关键部件的制造、加工等关键技术研究，进行 650°C 等级超超临界燃煤发电技术示范。 (2) 建成低成本超低排放 CFB 锅炉示范工程，实现炉膛出口 NO_x、SO_2 基本达到超低排放浓度要求。 (3) 研究提升 IGCC 联产制氢、灵活性发电技术，研发 IGFC 系统关键设备，并适时开展工程示范验证。 (4) 建成 20~50MW 等级超临界 CO_2 发电示范工程。 (5) 完成现役煤电机组延寿改造技术示范，并实现推广应用
		高效超低排放循环流化床锅炉技术		
		超临界CO_2发电技术		
		IGCC及IGFC系统集成优化技术		
		老旧煤电机组延寿及灵活高效改造技术		

2020年　　2025年　　2030年　　预期成果　　2050年

集中攻关　　试验示范　　应用推广

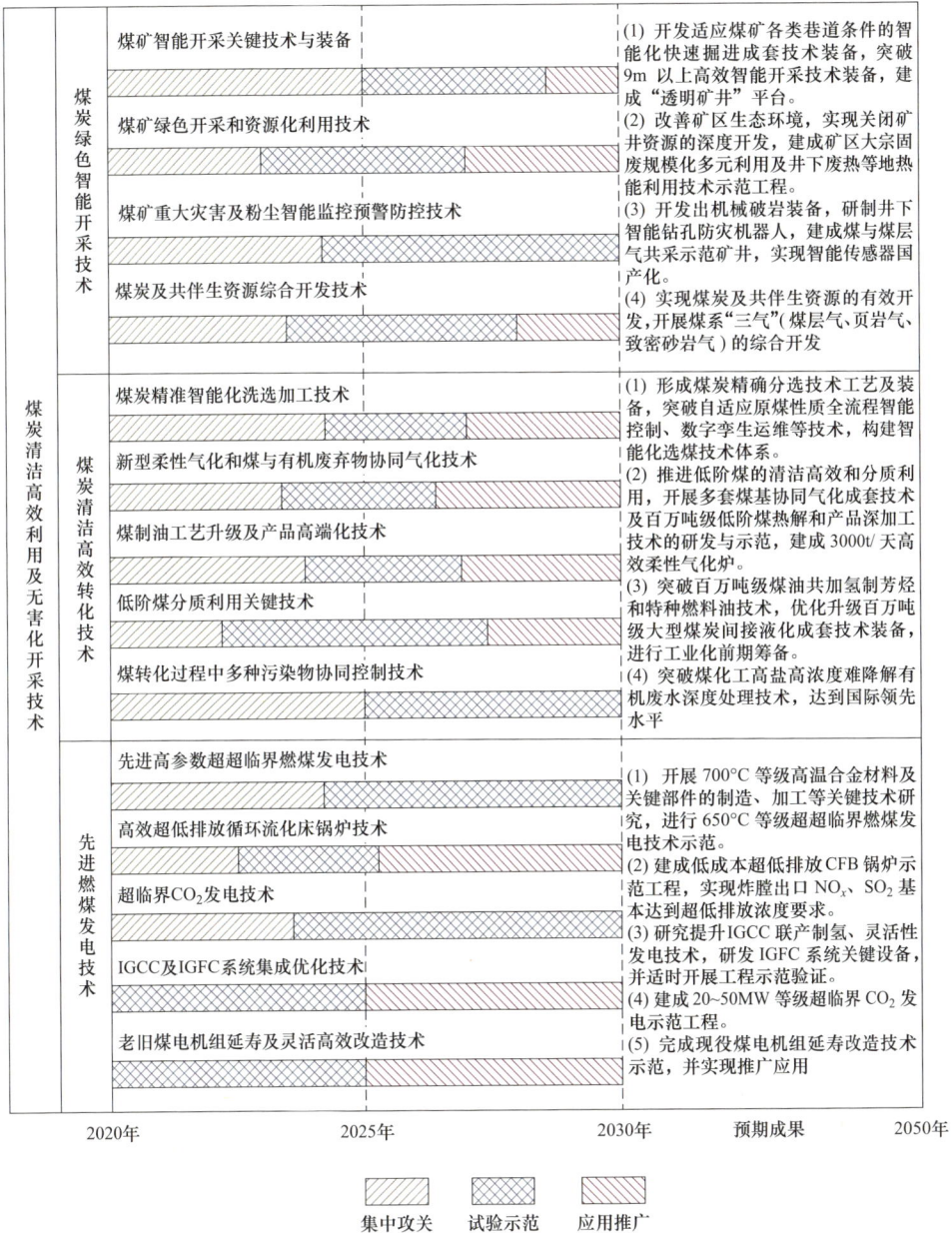

图 6-21　煤炭清洁高效利用及无害化开采技术路线图

现一系列高效、低耗、低成本的煤制燃料和化学品新技术的工业化应用。此外，将突破煤化工与炼油、石化化工、发电、可再生能源的耦合集成技术，并完成工业化示范。同时，将形成具有自主知识产权的燃煤污染物净化一体化工艺设备成套技术。展望到 2050 年，中国将全面建成一个安全、绿色、高效、智能的矿山技术体系，实现煤炭的安全、绿色、高效和智能生产。中国将形成一个完整的煤炭清洁高效利用技术体系。煤炭加工转化的全生命周期经济、社会和环保效益将显著提高。700℃常规煤电技术的供电效率将达到56％～60％，所有煤电机组将实现低成本的污染物超低排放。重金属污染物的控制技术将得到全面应用。

（7）能源数智化技术。如图6-22所示，预计到2030年，以能源大数据、区块链技术为代表的数智化共性技术将基本实现与能源领域的融合发展。油气炼化、电

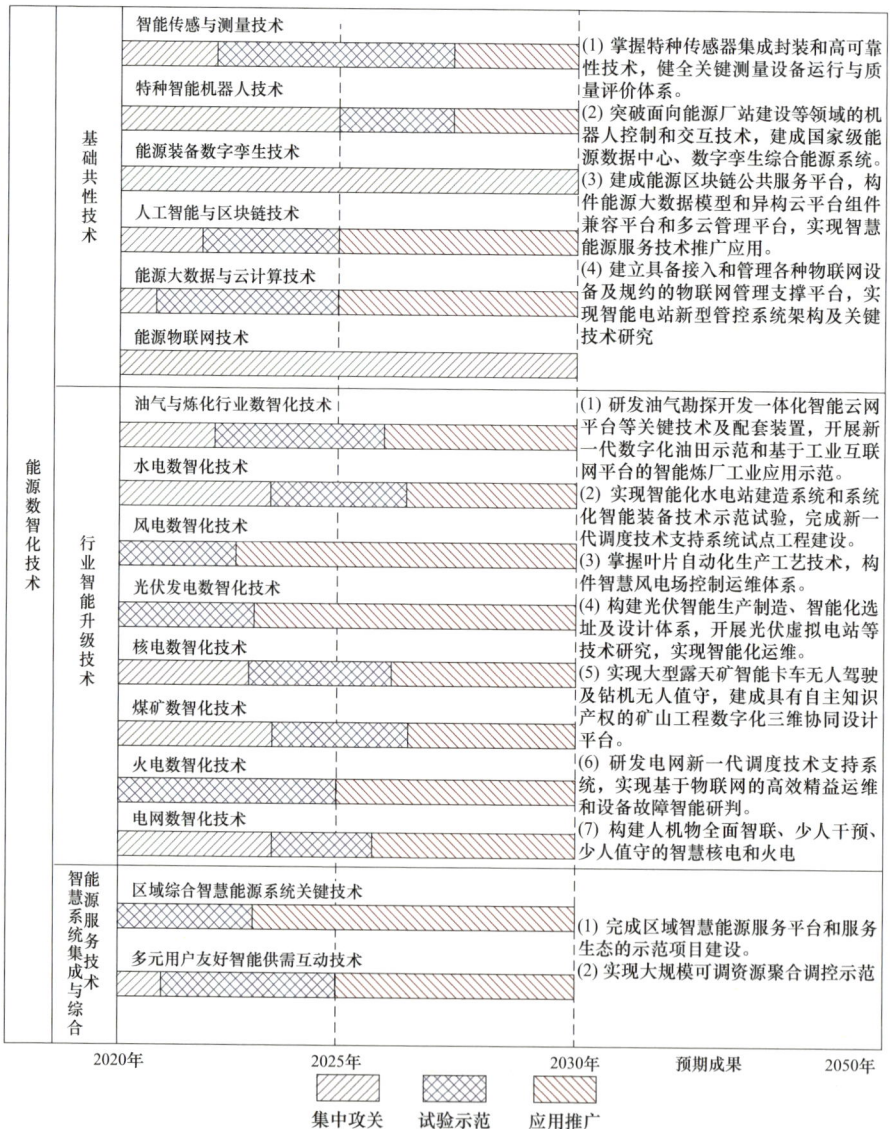

能源数智化技术	基础共性技术	智能传感与测量技术 特种智能机器人技术 能源装备数字孪生技术 人工智能与区块链技术 能源大数据与云计算技术 能源物联网技术	(1) 掌握特种传感器集成封装和高可靠性技术，健全关键测量设备运行与质量评价体系。 (2) 突破面向能源厂站建设等领域的机器人控制和交互技术，建成国家级能源数据中心、数字孪生综合能源系统。 (3) 建成能源区块链公共服务平台，构件能源大数据模型和异构云平台组件兼容平台和多云管理平台，实现智慧能源服务技术推广应用。 (4) 建立具备接入和管理各种物联网设备及规约的物联网管理支撑平台，实现智能电站新型管控系统架构及关键技术研究
	行业智能升级技术	油气与炼化行业数智化技术 水电数智化技术 风电数智化技术 光伏发电数智化技术 核电数智化技术 煤矿数智化技术 火电数智化技术 电网数智化技术	(1) 研发油气勘探开发一体化智能云网平台等关键技术及配套装置，开展新一代数字化油田示范和基于工业互联网平台的智能炼厂工业应用示范。 (2) 实现智能化水电站建造系统和系统化智能装备技术示范试验，完成新一代调度技术支持系统试点工程建设。 (3) 掌握叶片自动化生产工艺技术，构件智慧风电场控制运维体系。 (4) 构建光伏智能生产制造、智能化选址及设计体系，开展光伏虚拟电站等技术研究，实现智能化运维。 (5) 实现大型露天矿智能卡车无人驾驶及钻机无人值守，建成具有自主知识产权的矿山工程数字化三维协同设计平台。 (6) 研发电网新一代调度技术支持系统，实现基于物联网的高效精益运维和设备故障智能研判。 (7) 构建人机物全面智联、少人干预、少人值守的智慧核电和火电
	智能源系统服务技术集成与综合	区域综合智慧能源系统关键技术 多元用户友好智能供需互动技术	(1) 完成区域智慧能源服务平台和服务生态的示范项目建设。 (2) 实现大规模可调资源聚合调控示范

2020年　　　2025年　　　2030年　　　预期成果　　　2050年

集中攻关　　试验示范　　应用推广

图6-22　能源数智化技术路线图

网、火电等传统能源行业将实现全产业链智能化水平的全面提升，形成各类主体深度参与、高效协同、共建共治共享的智慧能源服务生态。展望到 2050 年，将形成一个完善的以能源物联网为基础、源网协同的有效支撑系统和能源行业服务体系，实现数智化技术与能源的深度融合，全面引领能源产业的发展和升级。

6.4.2 规划建设举措

当前，发展新质生产力是中国顺应新技术革命和产业变革趋势的必然选择。先进科技是新质生产力生成的内在驱动力，因此，规划建设新型能源技术创新体系也应以新技术的深化应用为驱动。需要加快能源领域关键核心技术和装备的研发，推动绿色低碳技术的突破，并加速能源全产业链的数字化和智能化升级。同时，还要统筹推进补短板、锻长板，构筑支撑能源转型变革的优势。主要措施包括以下几个方面。

6.4.2.1 提升能源科技创新能力

（1）加强能源创新优势。保持非化石能源领域的技术装备优势，提高可再生能源开发利用的技术水平和经济性，加强高比例可再生能源系统技术创新和应用。加快新型电力系统和新一代先进核能等领域的技术突破。提升化石能源清洁高效利用技术水平，加强煤炭智能绿色开采、灵活高效燃煤发电、现代煤化工和油气高效勘探开发等技术攻关。

（2）加强前沿科技研发。加快实现储能核心技术的自主化，推动储能成本下降和规模化应用，完善储能技术标准和管理体系。着力攻克可再生能源制氢和氢能储运、应用及燃料电池等核心技术，推动氢能全产业链关键技术的突破和示范应用。

（3）实施科技创新示范工程。重点在先进可再生能源发电和综合利用、煤炭清洁高效开发利用、小堆及核能综合利用等关键核心技术领域。对新型电力系统、高效储能、氢能、二氧化碳捕集利用与封存等前沿领域实施具有前瞻性、战略性的国家重大科技示范项目。

6.4.2.2 加速能源产业的数字化和智能化转型

（1）推进能源基础设施的数字化进程。加速信息技术与能源产业的融合，积极推进能源领域设备设施和工艺流程的智能化升级，增强能源系统的灵活感知和高效运行能力，实现源网荷储的互动和多能协同互补。

（2）建立智慧能源平台和数据中心。加强能源数据资源的开放共享，发挥能源大数据在行业管理和社会治理中的服务支持作用。

（3）实施智慧能源示范项目。依托多能互补的清洁能源基地、源网荷储一体化项目和智能微网等新模式新业态，建设能源大数据和数字化管理示范平台。

6.4.2.3　完善能源技术和产业创新体系

（1）优化科技资源配置。加强能源技术创新平台的建设，发挥社会主义市场经济条件下的新型举国体制优势，推动科研院所、高等院校和企业科研力量的优化配置和资源共享。

（2）激发企业和人才创新活力。建立和完善能源技术创新的市场导向机制，构建以企业为主体、市场为导向、产学研用深度融合的技术创新体系。加强知识产权保护，健全科技人才评价体系，优化创新创业环境。

（3）优化能源行业技术标准体系。推动技术专利化、专利标准化、标准产业化，坚持能源标准化与技术创新、工程示范的一体化推进，建立能源标准化信息平台，推动能源标准的国际化和公开化。

（4）优化能源技术创新投入机制。鼓励各类所有制企业围绕能源科技创新规划目标和任务加大研发资金投入，吸引社会资本投资能源科技创新领域。同时，加强能源科技创新的国际合作，引导国内外能源相关企业、科研机构、高校在能源科技领域的实质性合作。

第7章
新型能源产业体系

7.1 新型能源产业体系的基本内涵

7.1.1 能源产业的历史变迁

7.1.1.1 国外能源产业的历史变迁

能源产业发展与能源利用形式高度相关。与能源利用形式发展历程类似，能源产业发展主要分成柴薪能源时期、煤炭能源时期、油气能源时期和可持续发展时期四个阶段。

（1）柴薪能源时期。该时期未形成一个独立的产业，薪柴作为该时期主要的能源形式之一，为后期能源革命奠定了基础。

（2）煤炭能源时期。18世纪中叶，在英国，工场手工业的生产已经不能满足市场的需要，工厂手工劳动时积累的经验和生产技术的进步，引发了第一次工业革命，即蒸汽机的发明和改造，开启了蒸汽机时代，实现了能源消费从薪柴到煤炭的转型，煤炭变成了主要能源，由此而衍生的龙头企业主要为煤炭企业。由于蒸汽机的应用，棉纺织品的生产效率大幅提升，铁、钢和煤的供应量大幅增加，采矿和冶金工业得到了进一步的发展，与此同时，在第一次工业革命期间诞生的新兴行业还包括机器制造业、交通运输业、电力工业、电气产品制造业、汽车工业等。

（3）油气能源时期。19世纪中叶，美国宾夕法尼亚州的德雷克油井标志着现代石油工业的发端，世界进入了"石油时代"，在该时期，人类使用石油生产或将其作为燃料的需求大增，尽管自古以来未精制的石油已用于各种用途，但是从该时期开始才有精细的石油开采技术和汽油发动机。石油时期的起源和发展引发了全球范围内的石油工业发展和能源结构的变革，对世界经济产生了深远的影响。衍生的企业包括 Standard Oil（标准石油公司）、BP（英国石油公司）、Shell（壳牌石油公司）等。电力的普及和内燃机的发明是第二次工业革命的标识，推动了石油开采业的发展和石油化工工业的生产，实现了从煤炭到石油的转型，以蒸汽机和内燃机发明推动的两次工业革命推动了主体能源由薪柴转向煤油气电等现代能源，第二次工业革命诞生的新兴行业包括电力行业、石油行业、化学行业、汽车制造业行业、飞机制造业。衍生的龙头企业包括 General Electric（通用电气）、Siemens（西门子）、ABB（艾波比集团）等。

（4）可持续发展时期。核能起源于 20 世纪初，1938 年，哈恩和斯特拉斯曼发现核裂变现象，1942 年 12 月 2 日费米领导的科学家团队在美国芝加哥大学成功启动世界上第一座核反应堆，上述发现和成就标志着人类正式进入了核能时代。1954 年苏联建成第一座核电站——奥布宁斯克核电站，也称为第一核电站，成为人类和平利用原子能的典范，开创了核能广泛应用的新纪元。衍生的龙头企业包括 Rosatom（俄罗斯国家原子能公司）、Westinghouse Electric Company（西屋电气）、Areva（法国阿海珐集团）等。20 世纪 70 年代，爆发了第四次中东战争，成为石油危机的导火索，阿拉伯产油国为了表示对美国援助以色列政策的不满，对美国及其西方盟国进行石油禁运。同时，石油输出国组织的其他国家也积极配合会议的决定，导致石油价格上涨。经历上述石油危机后，可再生能源开始受到重视，形成一个以可再生能源为核心的新兴产业生态。衍生的龙头企业包括 First Solar、SunPower、Vestas Wind Systems（丹麦维斯塔斯风能系统公司）、Siemens Gamesa Renewable Energy（西门子歌美飒可再生能源公司）等。2000 年至今，全球气候变化问题日益严重，清洁能源和能源效率成为能源产业发展的重点，由此而衍生的龙头企业包括 Tesla（特斯拉）、Enphase Energy（安费诺能源公司）、NextEra Energy（NextEra 能源公司）等。

能源产业的发展是社会不断进步、人类不断追求更高需求和适应突变的结果，能源产业的更新是需求与现实不断碰撞和缓冲的必然手段。

7.1.1.2　中国能源产业的历史变迁

中国能源产业的历史变迁反映了国家经济发展的需要和全球能源趋势的变化。其能源产业的历史变迁可以追溯到古代，但现代能源产业的发展主要始于 20 世纪。

（1）柴薪能源时期。柴薪是人类最早的能源利用方式，从大约 170 万年前开始，直到 18 世纪中叶。在该时期，人们主要以木柴和其他生物质作为能源来源，但并未形成独立的能源产业。

（2）煤炭能源时期。从 19 世纪末开始，国内煤矿开采业得到迅猛发展，相继开设了开滦煤矿、枣庄煤矿、安源煤矿和焦作煤矿等多个矿厂，单个煤矿年产煤炭超百万吨。1882 年，英国人立德尔在上海创办的上海江边电厂是中国第一家电厂，也是远东第一大电厂，电厂开始正式供电后，上海 15 盏电弧灯点亮，标志着中国电力工业诞生。新中国成立后，中国煤炭产业发展可分为煤炭产业恢复时期

（1949—1952 年）、建设和调整期（1953—1976 年）、改革开放时期（1977—1991 年），以及市场化改革时期（1992 年至今）四个阶段，其发展历程如图 7-1 所示。衍生的龙头企业包括但不限于中国神华、中煤能源和兖矿能源等。

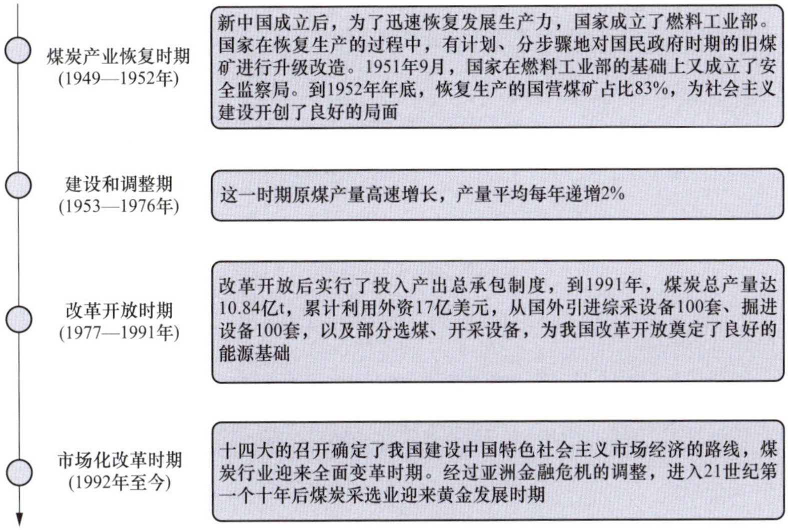
煤炭产业恢复时期
(1949—1952年)
新中国成立后，为了迅速恢复发展生产力，国家成立了燃料工业部。国家在恢复生产的过程中，有计划、分步骤地对国民政府时期的旧煤矿进行升级改造。1951年9月，国家在燃料工业部的基础上又成立了安全监察局。到1952年年底，恢复生产的国营煤矿占比83%，为社会主义建设开创了良好的局面
建设和调整期
(1953—1976年)
这一时期原煤产量高速增长，产量平均每年递增2%
改革开放时期
(1977—1991年)
改革开放后实行了投入产出总承包制度，到1991年，煤炭总产量达10.84亿t，累计利用外资17亿美元，从国外引进综采设备100套、掘进设备100套，以及部分选煤、开采设备，为我国改革开放奠定了良好的能源基础
市场化改革时期
(1992年至今)
十四大的召开确定了我国建设中国特色社会主义市场经济的路线，煤炭行业迎来全面变革时期。经过亚洲金融危机的调整，进入21世纪第一个十年后煤炭采选业迎来黄金发展时期

图 7-1　中国煤炭产业的发展历程

（3）油气能源时期。中国的石油和天然气的开发始于 20 世纪后期，油气产业的发展历程如图 7-2 所示，工业化和现代化的加速，对石油的需求急剧增加，大庆油田的发现（1959 年）是中国石油工业发展的历史性转折点，大大加快了石油工业的发展进程。20 世纪 50～70 年代，国家面临着重建和发展的艰巨任务。首先，为了支持工业化和经济建设，国家迫切需要大量的能源供应，尤其是煤炭和石油两种基础能源。其次，在冷战背景下，中国面临着国际封锁和制裁的压力，促使国内开始更加重视资源的开发；同时，随着地质勘探技术的进步，中国有能力更有效地开发地下的煤炭和石油资源。改革开放后（1978 年后），随着经济体制的改革，中国开始由计划经济向市场经济过渡，在该转型过程中，能源产业作为国民经济的基础行业，其市场化改革成为推动整体经济改革的重要组成部分。随着国内对外资需求的增加以及国际能源合作意愿的增强，为了提高能源生产和分配的效率，政府开始寻求多元化的能源供应和投资渠道，国内能源产业在该时期开始引入市场机制，外资和民间资本被允许进入能源领域。在该时期，煤成气新理论和页岩气理论的推动，使大批以煤系为主要烃源岩的气田和页岩气田得以被发现，中国天然气产业也开始加速发展，天然气的勘探、开发和输送基础设施得到了显著改善。此外，中国

也开始从国外进口 LNG，以满足国内日益增长的能源需求。在此背景下，国家开始重视煤炭和油气资源的开发，并成立了一系列国有能源企业，如中国石油天然气集团公司、中国石油化工集团公司和中国海洋石油总公司等。在体制方面，中国石油天然气体制经历了多次变革。1998 年进行的产业重组和改革，形成了以中石油和中石化两大集团行政性垄断为主导的油气体制。

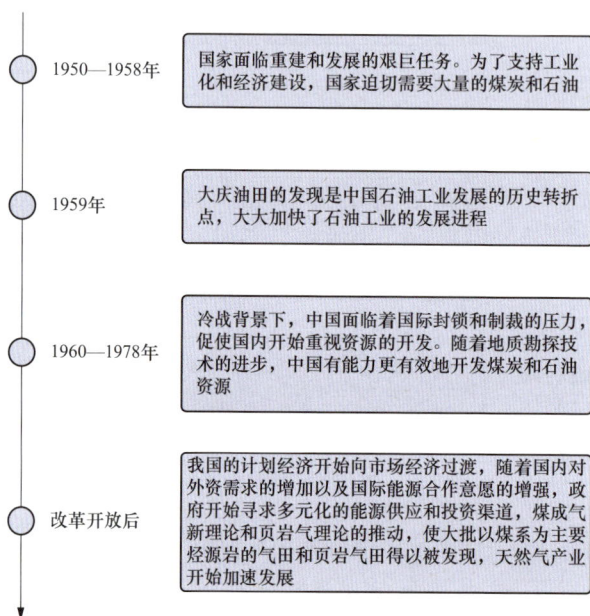

图 7-2　中国油气产业的发展历程

（4）可持续发展时期。随着中国经济的快速增长，能源需求激增，能源产业经历了快速发展阶段，尤其是工业和居民用能的增长，推动了煤炭、石油、天然气等传统能源消费的大幅增加。中国政府开始着力调整能源结构，减少对煤炭的依赖，增加清洁能源的比例，包括大力发展水电、风能、太阳能等可再生能源，以及推动天然气的使用。中国新能源产业的发展历程如图 7-3 所示，在 21 世纪初，中国开始大力发展新能源技术，如风电、太阳能光伏、电动汽车等，上述技术的发展不仅推动了能源产业的变革，也促进了相关制造业的快速发展。同时，国家开始重视可再生能源和清洁能源的发展，出台了一系列法律法规和政策措施，2006 年《可再生能源法》的出台是中国可再生能源发展历程的一个重要里程碑，为能源产业的健康发展提供了法制保障。自 2011 年以来，中国持续出台支持氢能产业发展的政策，从战略定位、产业结构、科技创新、财政金融等方面相继发布了一系列支持政策，引导鼓励氢能产业发展。衍生的国有能源龙头企业包括国家能源投资集团有限责任公司（CEIC）、中国广核集团有限公司（CGN）、国家电力投资集团、中国华能集团有限公司和中国核工业集团有限公司等。民营龙头企业包括隆基股份、晶科能源、阳光电源、金风科技、远景、明阳等。近年来，由于环境保护的需求日益增长、能源安全意识不断增强，中国经济结构由高速增长向高质量发展调整，传统能源如石油和煤炭的国际市场价格波动较大，而清洁能源成本随着技术的进步而逐步降低，清洁能源在经济上更具竞争力。中国能源产业正经历从传统能源向清洁能源的转型，同时在能源科技创新方面也取得了显著进展。衍生的龙头企业包括比亚迪（BYD）、宁德时代（CATL）、蔚来汽车（NIO）、小鹏汽车（XPeng Motors）等新能源汽车和电池制造商。

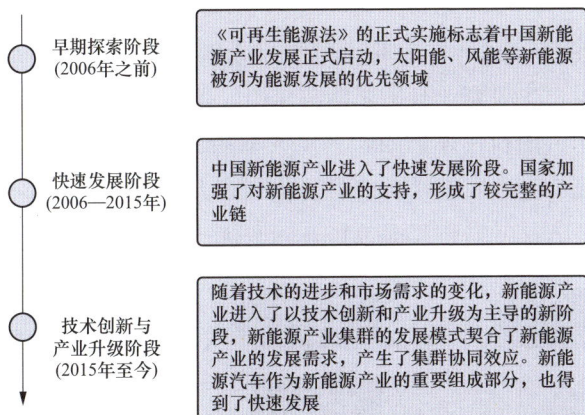

图 7-3　中国新能源产业的发展历程

能源产业的历史变迁是国家发展的重要组成部分，两者相互影响、相互促进，其产业变革直接影响着国家的经济结构、增长模式、社会进步以及环境保护等多个方面。随着经济的成熟和多元化，中国开始从以重工业为主的经济结构转向更加平衡的产业结构。该过程中，能源产业的转型（如从煤炭向石油、天然气和可再生能源的转变）为新兴产业提供了必要的能源支持。能源产业的变革促进了相关技术的研发和创新，如高效清洁燃烧技术、智能电网、新能源材料等，上述技术的进步又反过来推动整个能源产业的升级和转型。

7.1.2　中国能源产业发展现状

7.1.2.1　现实基础

各产业布局已初具规模。中国的能源产业体系由煤炭、油气、电力、核能和新能源五大产业组成。目前各产业均在世界能源产业体系中占据一席之位。

（1）煤炭产业。中国是世界上最大的煤炭生产和消费国，中国煤炭产业在全球煤炭市场占据主导地位，通过行业技术创新和产业升级，中国煤炭产业有望继续保持全球领先地位。煤炭长期以来一直是中国能源结构中的主要组成部分，2023年，煤炭消费量占能源消费总量的比重为55.3%，同比下降0.7个百分点，全国原煤产量超过5000万t的企业集团达到17家。近年来，中国原煤产量持续增长。2023年，中国原煤产量超过47亿t，其中7个省份的原煤产量超过亿吨，山西、陕西、内蒙古、新疆四省份的原煤产量占全国的81.3%，该数据较2020年提高了3个百分点，显示出中国煤炭产业在规模上的显著扩张。以上数据均表明中国煤炭产业市场集中度较好、产量仍在增长。中国煤炭产业链全景和煤炭行业企业区域分布分别如图7-4和图7-5所示，煤炭行业上游主要包括原煤、生产设备、智能化系统等，主要企业有华科电气、双环、圣亚机械等设备制造商；中游包括末煤、块煤、精煤、泥煤、矸石等，主要企业有国家能源集团、晋能控股集团、中煤集团、山东能源集团、陕煤集团、山西焦煤集团，上述大型能源集团也布局上游相关设备制造；下游主要应用在火力发电、钢铁、建材、化工四大行业。2023年全国规模以上煤炭企业营收达到3.5万亿元，煤炭采选行业固定资产投资超5000亿元。

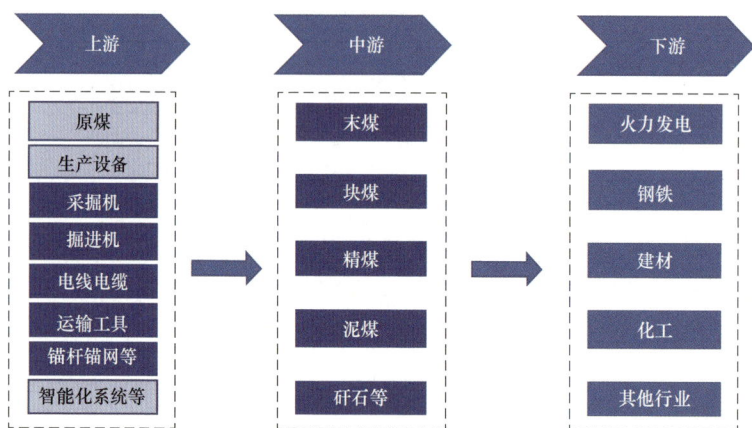

图7-4　中国煤炭产业链全景图

（2）油气产业。中国是世界最大的石油进口国之一和重要的石油生产国。同时也是全球最大的天然气消费市场之一。截至2023年，中国石油和化工行业占据了全球市场40%的份额。2023年中国原油进口量为56399.4万t，原油产量为2.08亿t，原油加工量为73477.8万t。在推动清洁能源替代煤炭的政策背景下，天然气消费量近年来快速增长，2023年全年天然气产量达到2324亿m³。同时，进口天然

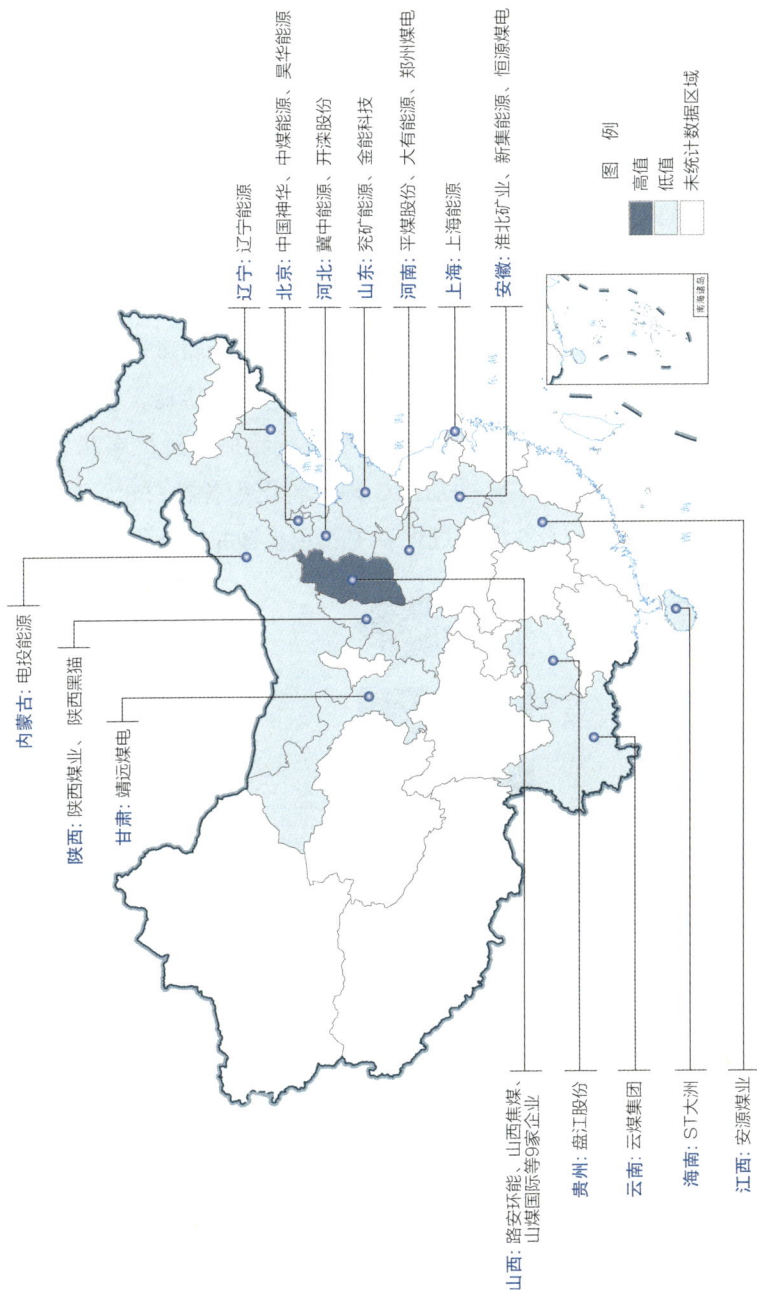

图 7-5　煤炭行业企业区域分布图

注　颜色越深，数量越多。

辽宁：辽宁能源

北京：中国神华、中煤能源、昊华能源

河北：冀中能源、开滦股份

山东：兖矿能源、金能科技

河南：平煤股份、大有能源、郑州煤电

上海：上海能源

安徽：淮北矿业、新集能源、恒源煤电

图　例

高值
低值
未统计数据区域

内蒙古：电投能源

陕西：陕西煤业、陕西黑猫

甘肃：靖远煤电

山西：潞安环能、山西焦煤、山西煤业等9家企业

贵州：盘江股份

云南：云煤集团

海南：ST大洲

江西：安源煤业

227

气量也在增加，2023 年，中国进口天然气总量为 1.2 亿 t。尽管国内天然气产量和进口量均有所增加，但供需矛盾依然存在。LNG 进口量逐年增加，三大石油公司为争夺 LNG 市场纷纷在沿海圈地，市场竞争激烈。从国际趋势看，天然气在世界能源消费结构中占比 23%，未来仍具增长潜力。中国油气产业不仅在全球市场中占据了重要的份额，而且在技术进步、产量增长、企业盈利等方面均显示出强大的竞争力和引领作用。未来，随着技术的进一步发展和市场的深入开拓，中国有望继续引领行业发展，并在全球油气产业中实现更大的突破和发展。中国油气产业链分布如图 7-6 所示，中国油气行业上游主要涉及油气资源的勘探、开发和生产阶段，包括油气勘探与开发、油气设备制造以及油气技术服务提供等产业。主要企业有中国石油、中国石化、中国海油。中游主要包括油气资源的存储和运输环节，包括油气运输服务、油气管道以及储罐等的生产、管道建设及运营等活动。主要企业有国家管网公司。下游则主要指成品油炼制与销售、石化产品加工及终端制备制造等环节。在该阶段，油气资源经过进一步的加工处理，转化为各种石化产品和成品油，最终供应给消费者或用于其他工业生产过程。主要企业有炼化企业和城燃企业。

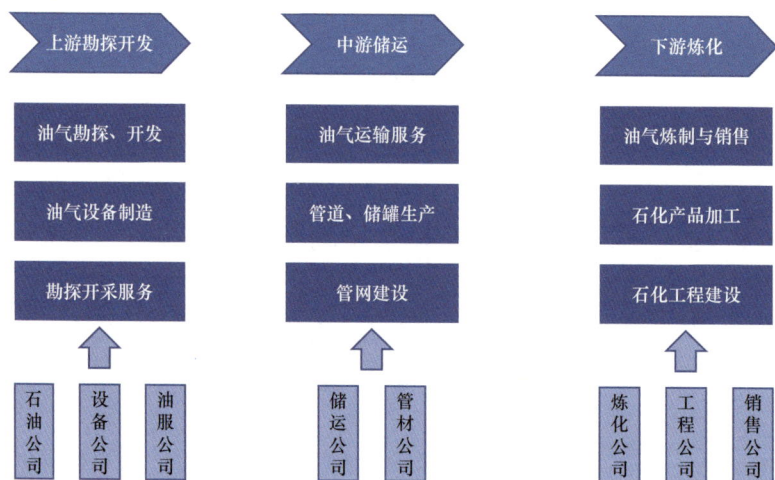

图 7-6　中国油气产业链分布图

（3）电力产业。中国的新能源装机容量居世界前列，水电、风电装机容量均超过 3 亿 kW，海上风电装机容量跃居世界第一。中国在超超临界燃煤发电技术、循环流化床燃烧技术、水电站建设技术、第三代核电技术等方面具有领先优势。根据国际能源署的预测，未来几年全球电力需求增长的 70% 以上将来自中国。2023 年，全国可再生能源发电累计装机容量达到 15.7 亿 kW，可再生能源发电量达到 3 万亿

kWh，约占全社会用电量的 1/3。电力投资持续攀升，电源投资占比增加，非化石能源装机占比超过 50%，是中国电力新增装机的主体。随着技术进步和政策推动，中国电力产业有望继续引领行业发展，并在全球范围内实现更大的突破和赶超。中国电力产业链分布如图 7-7 所示，电力上游产业涉及能源开采与供应、发电设备制造和原材料供应。能源开采与供应包括煤炭、天然气、石油（用于火力发电）、水力资源（水力发电）、铀矿（核能发电）、风能、太阳能等可再生能源的采集。此外，还包括新能源技术的研发，如光伏材料、风力涡轮机制造等。发电设备制造涵盖各类发电机组的制造，如火电的锅炉、汽轮机、发电机，水电的水轮机和发电机，以及核电站的核心设备、风电和光伏组件等。原材料供应为上述设备制造提供钢材、铜材、硅片、稀土元素等关键材料。上游企业主要包括中石油、中石化、中海油、中煤集团等。电力中游产业涉及发电、电力传输与配送。发电是将上游提供的能源转换为电能，包括火力发电厂、水力发电站、核能发电站、风力发电场、太阳能电站等。电力传输与配送是将发电厂产生的电能通过高压输电网输送到各地，再通过变电站降压，最后通过配电网分配给用户。这一环节涉及电网建设、维护及运营，包括输变电设备、变压器、电线电缆等。中游企业主要包括国家电网、中国南方电网等电网运营商。电力下游产业涉及售电与服务、电力用户等。售电与服务包括供电公司直接向终端用户销售电能，以及提供相关的客户服务，如计量、计费、维修、咨询服务等。电力用户覆盖居民、商业、工业、农业等多个领域，不同用户对电力的需求和使用特性各异。

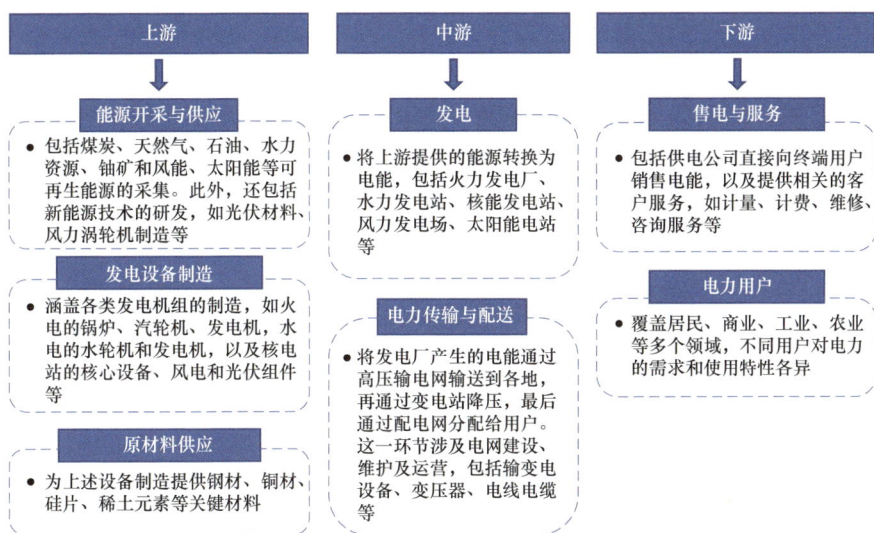

图 7-7　中国电力产业链分布图

（4）核能产业。中国核能产业在世界产业中的地位较为领先，具有明显的竞争优势。截至 2023 年年底，中国在建核电机组 26 台，总装机容量达到 3030 万 kW，连续 17 年居全球第一位。2023 年，中国核能发电量同比上升 3.98%，且有望在2030 年前成为世界第二。中国核电自主创新能力显著增强，核电技术水平已跻身世界前列，特别是"华龙一号"机组的陆续投运，标志着中国实现了由二代向自主三代核电技术的全面跨越。此外，中国第四代核电技术达到世界领先水平，高温气冷堆等先进堆型示范取得新突破。可以预见，中国核能产业在未来的发展前景十分广阔，有望在全球核能产业中继续保持并扩大其领先地位。中国核能产业链分布全景如图 7-8 所示，核能产业上游主要指核燃料的供应，包括铀矿开采加工精炼、铀转化浓缩和核燃料组件制造等环节。此外，还包括核电设备及辅助设备系统的设计与制造，如铸锻件、特种材料等。主要代表企业有中广核矿业、中盐化工、东方电气等。中游主要是核电站的建设与运营，包括不同类型的核电站建设，如气冷堆型核电站、轻水堆型核电站、重水堆型核电站等。中游还涉及核电设备的制造，包括核岛设备、常规岛设备和辅助设备等。主要企业有中国广核、中国核电、大唐发电等。下游则主要是核电站建成运营后的乏燃料处理与维修，以及电力的生产和供应。主要企业包括中国核电和中国广核。

图 7-8　中国核能产业链分布全景图

（5）新能源产业：中国新能源产业在全球产业中的地位和优势表现为引领者。在风能和太阳能光伏产业方面，中国的装机容量和产量均位居世界前列。在投资方面，2023 年，中国风电完成投资额超过 3800 亿元，新能源整体完成投资额同比增长超过 34%，表明中国能源投资保持快速增长，特别是新业态项目的快速增长，为新能源产业的发展提供了强有力的资金支持。装备方面，光伏组件、风力发电机等关键零部件生产占全球市场份额的 70%。中国新能源汽车产业不仅在全球市场中占有较大份额，而且在技术和产量上也处于领先地位，例如比亚迪公司的销量连续多年保持全球第一。在全球市场中，中国新能源汽车的市场份额达到了 53%～63%，远超其他主要国家和地区。数据表明中国在全球新能源汽车市场中占据主导地位。以上数据显示出新能源产业已经成为新兴科技产业的重点投资领域和发展领域。新能源产业链分布如图 7-9 所示，新能源产业上游包括矿产资源开采、材料加工及零部件制造，如锂电池等电动汽车核心零部件的生产，以及储能材料、电动机、电子控制器等的生产，此外还涉及光伏组件、风力发电设备等的生产。中游主要是指产品的组装和整合，主要包括整车制造，涉及新能源汽车的核心技术，如电池、电机、电控等，包括风能和太阳能等能源转换设备的制造和安装。下游则主要涉及产品的销售、服务和应用，包括新能源汽车的市场推广、销售、售后服务以及充电基础设施的建设和运营；包括终端用户的风能和太阳能使用和相关服务。

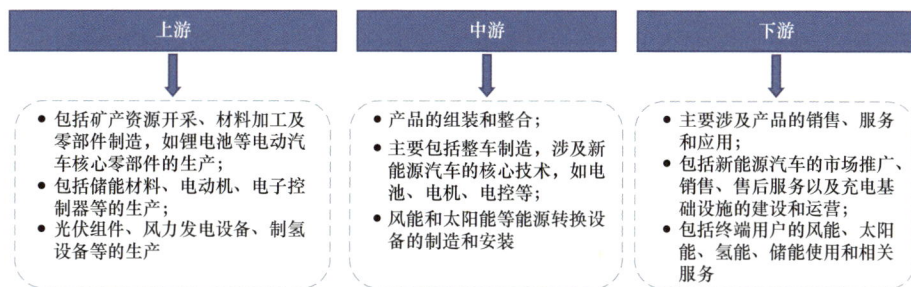

上游	中游	下游
• 包括矿产资源开采、材料加工及零部件制造，如锂电池等电动汽车核心零部件的生产； • 包括储能材料、电动机、电子控制器等的生产； • 光伏组件、风力发电设备、制氢设备等的生产	• 产品的组装和整合； • 主要包括整车制造，涉及新能源汽车的核心技术，如电池、电机、电控等； • 风能和太阳能等能源转换设备的制造和安装	• 主要涉及产品的销售、服务和应用； • 包括新能源汽车的市场推广、销售、售后服务以及充电基础设施的建设和运营； • 包括终端用户的风能、太阳能、氢能、储能使用和相关服务

图 7-9　新能源产业链分布图

产业链不断完善和延伸。中国光伏产业链条较为成熟，光伏组件主产业链主要生产硅料、硅片、电池和组件等核心产品，其总产量占全球产量的比重超过 80%；光伏材料和设备作为副产业链，主要生产光伏玻璃、逆变器、切片机、单晶炉等核心产品。中国风电连续多年新增装机居全球首位，是全球第一风电大国，也是全球最大的风电零部件制造供应链基地。超大型风电光伏基地、海上风电和低速风电开发持续发展中，整套风电机组、海上升压站、海底电缆、运输吊装设备和大型化的叶片、齿轮箱等也在同步发展。新能源汽车产业已形成整车、汽车后市场和后新能源汽车产业，在整车制造产业链中，包括上游的矿产资源开采及回收，中游电池生产和三电系统，以及下游的制造设备和整车制造等。产业延伸到汽车销售后围绕消费者购买后的一切服务，包括保险、金融、IT、维修配件等，以及新能源汽车旧动力电池回收、拆解和提炼等。生物质能产业方面，农林废弃物燃烧发电、沼气发电机组等不断建设，未来生物质能的利用场景将逐步增加。

氢能被认为是21世纪极具发展前景的二次能源，中国氢能发展迅速，已成为全球第一产氢国，氢气产量占比超过30％，初步掌握氢能制备、储运、加氢、燃料电池和系统集成等主要技术和生产工艺，在部分区域实现燃料电池汽车小规模示范。预计到2025年，氢能产业产值将达到10000亿元，未来10年将是我国氢能产业的"黄金发展期"，产业链年产值有望达到12万亿元。

目前中国能源产业已形成若干各具特色的产业集聚区块：①能源新材料产业：优势企业集聚发展形成7个能源新材料类国家先进制造业集群，成为区域经济增长的"加速器"。②高端装备产业：中国能源高端装备制造业已形成环渤海、长三角、珠三角和中西部等多个产业集聚区。③新能源汽车产业：珠三角地区已形成广州、深圳、佛山等新能源汽车核心集聚区，以及以东莞、惠州、肇庆等为代表的关键零部件及新材料配套项目集中区。长三角地区已然形成以上海为总部，在苏浙皖设立制造基地的联动模式。京津冀地区中，北京新能源汽车产业重点布局在北京经济技术开发区、顺义、昌平、大兴等地，天津新能源汽车产业重点布局在滨海新区、天津经济技术开发区、东丽区、西青区、宁河区等地，河北新能源汽车产业重点布局在保定、沧州等地。④新一代能源信息技术产业：中国新一代能源信息技术产业已形成珠三角、长三角、环渤海和中西部四大产业集聚区。

7.1.2.2 制约因素

中国能源产业发展的制约主要包括传统能源产业的制约和新型能源产业的制约两部分。其中传统能源产业的制约主要体现在富煤贫油少气的能源国情和综合效率偏低的发展现状，以及难以同时兼顾能源安全、能源可持续和能源公平的能源"不可能三角"瓶颈，而新型能源产业的发展同样面临诸多制约因素。

（1）"卡脖子"核心技术封锁。中国能源领域仍有部分关键核心技术面临受制于人的风险，如石油炼化等行业仍在大量使用国外工控系统，核电、燃气轮机部分配件等关键设备依赖进口，油气管网、电力等领域的部分核心处理器依赖美国企业，高端风电主轴承市场长期被跨国巨头垄断等，中国新能源产业经过多年发展与积累，在工程科技领域具备了相对技术优势，部分已达到或接近世界领先水平，但在高端新能源材料领域，中国与国外先进水平相比仍存在较大差距。如光伏胶膜的核心原材料之一聚烯烃弹性体全部依赖进口，2017—2022年，中国的进口量持续增加，年复合增长率高达 25.3%，2023 年 POE 进口量达到 86 万 t，同比增长 24%；高性能硅碳负极、高端隔膜材料与国际先进水平还有差距。氢燃料电池方面还存在质子交换膜、膜电极、碳纸以及储氢材料等关键材料的"卡脖子"问题。新能源汽车行业芯片供需不平衡导致芯片短缺问题持续存在。

（2）资源端控制和原料垄断。中国新能源产业是典型的"中国制造、世界市场"，在原料资源供给端，中国新能源产业家底薄弱、内供不足。镍、钴、铜、铝、锰、铬、锆、铍、铂族金属等资源储量全球占比不足 5%，锂仅占 7%。境外资源分布和生产又高度集中，上述资源储量和产量居前三位的国家全球占比超 60%。中国未来对锂等稀有矿物质的需求将继续飙升，风能、太阳能和电池技术将继续面临越来越多的供应链障碍。

（3）国际市场排挤的脆弱性。在市场销售端，中国风电、光伏、储能、新能源车全产业链飞跃式发展，相关产品在海外市场竞争力快速提升。在光伏领域，2023年年底，全球超过 80% 的光伏硅料、硅片、电池片、组件四个主要环节的年产能来自中国，到 2025 年，中国的光伏产业链将提供全球 95% 的产能。在风电制造领域，中国已成为全球最大的风电装备制造业基地，风机产量在新增装机容量方面，已达到全球的一半以上。中国新能源产业高度依赖国外市场同样表明了其脆弱性。

（4）标准、规则等制约性。中国新能源产业的技术标准、产品检测、碳排放测算、认证等体系还不完善，没有形成支撑新能源产业发展的技术服务体系。新能源产品出口的国内行业标准未完全与国际标准接轨，而西方国家掌握着标准和认证的话语权，增加了中国能源产业进入国际市场的限制性风险。

7.1.2.3　能源产业对 GDP 的贡献

传统能源产业对全国 GDP 的影响显著，但也较为复杂，无法直接获取其相对应的 GDP 数据，可从传统能源产业产量、营业收入、利润总额、从业人数、投资情况和市场规模等角度分析传统能源产业对 GDP 的影响。

（1）煤炭产业。2023 年，中国的原煤产量达到了 46.6 亿～47.1 亿 t，同比增长率为 2.9%～3.4%，连续第三年创下新高。2023 年，全国煤炭采选业实现营业收入 34958.7 亿元，比上年下降了 13.1%，表明尽管产量增加，但煤炭行业的营业收入却有所下降。煤炭开采和洗选业的利润总额为 7628.9 亿元，同比下降了 25.3%，与前两年相比，利润降幅有所收窄，但仍显示出行业盈利能力的减弱。截至 2023 年年底，全国煤矿数量减少至约 4300 处，意味着从业人数的减少或行业结构调整。煤炭行业的投资策略显示，碳中和目标限制了煤炭产能扩张，但能源安全需要煤炭进行托底保障。煤矿新产能与智能化建设将加快，中国煤炭市场规模在近年来实现了大爆发，尽管整体呈下降趋势，但规上企业的营收保持在 2 万亿元以上的水平，表明尽管面临挑战，煤炭市场仍然具有较大的规模和发展潜力。

（2）油气产业。中国石化 2023 年油气当量产量达到 7092 万 t，同比增长 3.1%，其中原油产量 3544 万 t，天然气产量 379 亿 m³，同比增长 7.1%。中国石油 2023 年油气当量产量再创新高，进一步夯实了发展基础。中国石油 2023 年实现营业收入 3 万亿元，归属于母公司股东净利润 1611.5 亿元。中国石化 2023 年实现营业收入 3.21 万亿元，尽管与 2022 年相比有所下滑，但整体规模仍然庞大，显示出油气产业在经济中的重要地位。2023 年，中国石化行业实现利润总额 8733.6 亿元，虽然同比下降 1.1%，但在行业经济运行总体呈现低位回升、稳中有进的态势下，仍显示出良好的盈利能力。石油流通领域共有石油经营企业 11 万余家，从业人数达到 125 万人。油气产业为大量劳动力提供了就业机会，对促进就业具有重要作用。2023 年石油和天然气开采业累计完成固定资产投资额同比增长 15.2%，化学原料和化学制品制造业同比增长 13.4%。石油和天然气工程服务市场规模预计到 2024 年为 547 亿美元，预计到 2029 年将达到 785 亿美元。以上数据表明中国油气产业在产量、营业收入、利润总额、从业人数、投资情况和市场规模等方面均展现出积极的发展态势，对 GDP 的贡献显著。

除传统能源产业外，清洁能源产业在国民经济中的占比逐年增加，并对 GDP 的增长作出了重要贡献，趋势不仅体现在投资比例的增加上，也反映在能源消费结构的优化以及政策支持力度的加大上。根据 CREA（赫尔辛基智库能源与清洁空气研究中心）报告，2023 年中国的 GDP 增长中有显著部分是清洁能源的贡献。从产业发展的角度来看，新能源产业包括光伏产业、风电产业、生物质能产业等细分产业，各产业不仅关系到能源安全、经济安全、生态安全，而且市场潜力大、经济效益好、成长性高、关联度强，表明新能源产业已成为推动经济增长的重要力量。从投资方面来看，2023 年，清洁能源投资同比增长 40%，达到 6.3 万亿元人民币，在此基础上考虑产值，清洁能源为中国经济贡献了 11.4 万亿元人民币，同比增长 30%，使得该行业在经济增长中所占比重稳居首位，数据进一步强调了清洁能源产业在经济发展中的重要地位。从能源消费的角度来看，2023 年非化石能源消费占能源消费总量的比重较上年提高 0.2 个百分点，反映了中国在能源结构调整和优化方面的积极进展，同时也体现了清洁能源在能源消费中的比重逐渐增加。从政策支持的角度来看，"十四五"期间，中国坚持生态优先、绿色发展，壮大清洁能源产业，实施可再生能源替代行动，推动构建新型电力系统，促进新能源占比逐渐提高，上述政策措施将进一步促进清洁能源产业的发展，对经济增长产生积极影响。

可以预见，随着清洁能源技术的进步和政策环境的优化，能源产业将继续在促进中国经济高质量发展中发挥关键作用。

7.1.3　新型能源产业体系的定位

新型能源产业体系作为新型能源体系建设的重要载体，将围绕能源清洁低碳转型、数字化转型、产业升级等要求不断创新变革，成为新型能源体系价值形态升级、协同模式创新、空间布局优化的先行先试者和引领带动者。新型能源产业体系能在传统能源价值的基础上，协同更多能源产业主体与要素，助力产业空间布局合理升级，通过融合和互动催生一系列新模式和新业态，不断拓展新型能源体系的价值创造维度，主要体现在以下几个方面：①推动能源绿色低碳转型。新型能源产业体系通过发展清洁能源和提高传统化石能源的清洁高效利用，促进能源结构优化升级，实现碳达峰和碳中和目标，不仅是应对气候变化、保护环境的需要，也是推动经济社会可持续发展的必然选择。②科技创新驱动。新型能源产业体系的建设离不开科技创新的支撑。通过加强关键核心技术的研发和应用，推动新能源技术、智能电网技术等领域的创新，为新型能源体系的发展提供技术保障。③促进经济高质量发展。新型能源产业体系能够带动相关产业链的发展，促进产业结构优化升级。发展新能源汽车、智能制造等新兴产业，不仅可以创造新的经济增长点，还可以提高产业的技术水平和国际竞争力。④推动能源数字化智能化。新型能源产业体系的发展还涉及能源产业的数字化和智能化转型。通过建设数字电网、智能储能系统等，实现能源生产、传输、分配和消费的智能化管理，提高能源利用效率和系统运行效率。⑤保障国家能源安全。新型能源产业体系的发展有助于增强国家能源供应的安全性和稳定性。通过多元化能源供应和关键技术的突破，减少对外部能源的依赖，提高能源自给能力，从而有效保障国家能源安全。

新型能源产业是新型能源体系的重点内容，主要体现在以下几个方面：①技术创新与升级。新型能源产业体系强调通过技术创新和数字化升级来推动产业发展。例如，加大对新能源产业智能制造和数字化升级的支持力度，实现新能源产业与信息技术的深度融合。同时，关注新型技术路线的进步和跨越式发展，如光伏技术的迭代和硅片的大规模应用。②产业链现代化。推进能源产业体系现代化，完善能源科技创新体系，加强关键核心技术和战略性前瞻性重大科技攻关，包括退役风电机组、光伏组件回收处理技术和新产业链的发展，以及围绕产业链部署创新链，提高新能源技术的原始创新能力和协同创新能力。③高质量发展。新型能源产业体系注重高质量发展，通过技术进步、成本下降和核心技术国产化等措施，实现从追求数量增长到追求质量提升的转变。政策支持也是推动新能源产业高质量发展的重要因素。④绿色低碳转型。新型能源产业体系致力于构建清洁低碳、安全高效的能源体系，涉及新能源占比逐渐提高的新型电力系统的构建，以及绿色能源技术的突破和商业化。

新型能源产业的发展是培育形成新质生产力、实现现代化产业体系建设的重要途径之一。新型能源产业的发展不仅关乎能源安全和高质量发展，还涉及绿色低碳转型和可持续发展的战略目标。上述目标与现代化产业体系追求的智能化、绿色化、融合化特征相契合。新型能源产业的发展还促进了产业链上下游的协作配套和产业集群效应的形成，对于构建一个系统完备、高效实用、智能绿色、安全可靠的现代化产业体具有重要意义。上述产业链的优化和升级，正是现代化产业体系建设的关键内容之一。

新型能源产业不仅涉及能源的生产和供应，还包括能源的利用效率、技术创新、环境保护和经济发展等多个方面。新型能源产业体系是能源结构调整的主导力量，是推动能源结构从化石能源向可再生能源转型的关键，通过发展太阳能、风能、水能等清洁能源，减少对传统能源的依赖。新型能源产业体系是技术创新的核心领域，是能源技术进步的主要领域，包括提高能源转换效率、开发新型储能技术、智能化电网技术等。新型能源产业体系是产业链整合的关键环节，新型能源产业通过整合上下游产业链，形成高效、协同的能源生产和消费体系。新型能源产业体系是能源安全的重要保障，多元化的能源供应体系有助于提高能源自给率，减少对外部能源的依赖，增强国家能源安全。新型能源产业体系是经济可持续发展的驱动力，新型能源产业为经济增长提供新动力，通过创造就业机会、促进产业升级和提高能源安全，支持经济的长期稳定发展。

7.1.4 新型能源产业体系的基本定义与内涵

新型能源产业体系是指以煤、石油、天然气等传统化石能源的绿色开采运输、清洁高效利用产业为支撑，以可再生能源、清洁能源绿色生产输送和高效利用产业为主体的战略新兴产业，是新质生产力的主要内容，是现代产业体系的重要组成。传统化石能源绿色开采运行、清洁高效利用主要涉及煤炭开采行业以及油气田甲烷采收利用等行业。而可再生能源、清洁能源则涵盖了太阳能光伏、风能、电动汽车和电池、热泵、水电、生物质发电、氢能源、节能环保以及核电等多个行业。

新型能源产业体系的基本内涵为构建以新型能源体系为支撑，化石能源节能、清洁、低碳、高效利用，新能源高质量发展和能源数字化转型有序推进的现代化能源产业体系，全面提升能源产业的新质生产力，最终推动现代产业体系的构建。

从基本定义和内涵中可以引申出新型能源产业体系在现代产业体系中的作用和定位是多方面的，它是现代产业体系的重要基础，对于能源基础设施的改造升级、能源产业链供应链的现代化水平提升、能源工业的优化升级、能源效率的提升以及新能源的高质量发展等具有重要作用。新型能源产业体系的发展有助于加快规划建设现代化产业体系，通过加大新能源的开发力度和提升新能源在能源体系中的占比，促进传统能源探明储量增加和产能扩大。新型能源产业体系通过其在能源供应、技术创新、产业升级等方面的多重作用，已成为现代产业体系不可或缺的一部分。它不仅是实现能源结构转型和提升能源利用效率的关键，也是推动经济社会可持续发展的重要力量。

7.2　新型能源产业体系的主要特征

7.2.1　总体特征

新型能源产业体系的总体特征为协同增效、创新驱动、市场和国际化效应增强、政策引导。

（1）协同增效主要体现在以下几个方面：①多种用能方式的协同，通过"氢—电"耦合等方式，构建煤油气、电热氢等灵活转化、多元互补的现代能源协同供应体系，将大基地电力集中外送和就地消纳结合起来，最大化利用新能源。②源网荷储协同。在大基地外送通道有限的情况下，以配电网为主战场深化电力体制改革，发展源网荷储一体化的配电网络，实现虚拟电厂、智慧能源、综合能源、分布式电源等多元融合发展，促进新能源就地消纳。③产业协同，如交能融合，以交通和能源两者节能为共同目标，通过融合产生协同效应，建设"源—网—荷—储"一体化、人—车—路—能—信息协同互动的绿色交通能源系统，以逐步实现全方位、多领域交能融合发展格局，从而达到节能减碳的目的。④系统集成，包括产业链整合和资源的高效利用，通过产业集聚效应，促进产业链上下游企业协同发展，增强产业竞争力，促进园区资源共享，提升园区的资源利用效率，显著提升生产效率与能源效率。

（2）创新驱动主要体现在技术突破、结构整合和流程再造三个方面。新型能源产业体系以高水平科技自立自强加快形成能源领域新质生产力，意味着新技术、新产业、新模式的催生，以及低碳零碳负碳技术装备的大规模推广应用。同时，新型能源产业体系有助于推进能源产业体系现代化、信息化和智能化，完善能源科技创新体系，加强关键核心技术和战略性前瞻性重大技术的研发。通过整合科技创新资源，推动新能源产业链关键环节的技术突破和全产业链创新，并加快传统产业产品结构、用能结构、原料结构的优化调整。此外，流程再造涉及工业领域原料、燃料替代和工艺革新技术的发展，以及加快炼化工程短流程再造，可以有效降低能耗，减少环境污染，推动高耗能产业向低碳绿色转型。

（3）市场和国际化效应增强。主要体现在通过市场化改革提升能源资源配置效率和价格形成机制的完善，以及通过国际化战略和国际合作提升新能源产业的国际竞争力和影响力，如形成了国际化产业链，中国新型能源产业的产业链不断向全球延伸，从原材料供应到产品制造，再到服务支持，形成了跨国的产业链条。同时，中国在新型能源产业的国际标准制定中发挥越来越重要的作用，提升了中国企业的话语权和影响力等。

（4）政策引导。新型能源产业体系的发展受政策影响较大，可以通过鼓励新能源技术和装备的研发，以及信息技术与新能源产业的融合，推动能源产业原创性、引领性创新。政策推动数字技术与能源产业的融合，通过智能化升级提高能源系统效率和安全性；通过补贴、税收优惠等政策措施激励新能源产业的投资与发展；通过建立和完善市场机制，如电力市场改革，促进新能源产业的市场竞争力；通过制定相关法律法规和标准体系，为新能源产业的健康发展提供规范。

7.2.2 传统与新型能源产业体系差异对比

新型能源产业体系与传统能源产业体系的差异主要体现在以下六个方面。

（1）产业资源特性差异。传统的能源产业主要包括煤炭、石油和天然气等非可再生能源，其资源分布不均，存在地缘政治风险，通常需要大量的开采和运输。而新型能源产业体系除了传统能源产业外，还包括风能、太阳能、水能、生物质能等可再生资源，可再生能源资源普遍分布，可就近开发利用，但受自然资源条件影响较大，如天气和季节变化等。

（2）产业技术特点差异。传统能源产业涉及的技术成熟，有长期的运营和维护经验，依赖于复杂的开采和加工工艺。而新型能源产业技术发展迅速，对创新和突破有一定的要求；且侧重于转换效率和降低成本，通常需要新技术的不断突破和支持。

（3）产业环境影响差异。传统能源产业中，能源燃烧产生大量温室气体和其他污染物，对环境造成负面影响，可能导致严重的生态破坏和气候变化问题。新型能源产业体系中多使用清洁能源，使用过程中几乎不产生污染物排放，对生态环境的影响相对较小，有助于实现可持续发展。

（4）产业经济模式差异。传统能源产业通常与大型国有企业和跨国公司相关联，价格受国际市场和地缘政治因素影响较大，虽然拥有成熟的开采和利用技术，但在环境保护要求提高和资源枯竭的压力下，仍需要不断进行技术创新和产业升级。新型能源产业通常涉及多种商业模式，受政策支持和市场需求影响较大，新能源产业的技术创新能力强，能够催生新产业、新模式、新动能，为相关企业创造巨大的市场机遇，为社会创造大量的就业机会。

（5）产业政策和市场差异。随着环境问题日益严重，传统能源产业面临越来越严重的环境法规和碳排放限制，导致其发展面临较大的转型压力，市场需求也因此受到一定的影响。新型能源产业由于新能源占比高、环境属性较好，受到政府的大力支持，支持政策包括补贴、税收优惠和市场准入等，尤其在环保意识提升和清洁能源转型的背景下，市场需求增长快速。

（6）对现代产业体系的支撑差异。传统能源产业为现代产业体系提供了稳定的能源基础，而新型能源产业则为产业体系的可持续发展和技术创新提供了新的动力和新质生产力。随着全球对环境保护和可持续发展的重视，新型能源产业在现代产业体系中的重要性日益增加，而传统能源产业则面临着转型升级的压力。两者的平衡发展对于构建现代产业体系至关重要。

7.3　新型能源产业体系的机遇与挑战

7.3.1　发展机遇

新型能源产业体系的构建面临多重发展机遇，只有把握住发展机遇，才能让新型能源产业体系真正地推动中国新型能源体系的构建，进而推动中国"双碳"战略目标的如期实现。

（1）政策导向明确。在 2030 年实现碳达峰、2060 年实现碳中和的战略目标背景下，能源产业必将朝着绿色、清洁、低碳和可持续的方向发展，发展方向与新型能源产业体系的构建理念一致。

（2）科技创新扶持力度增强。为推动新型能源产业体系发展，各地政府纷纷出台一系列科技创新支持政策，如补贴、减税和优惠贷款等，扶持政策的出台将为能源企业提供一个更好的发展环境，从而激励出更多的投资和创新。

（3）技术研发活力高。随着经济和技术的发展进步，传统单一产业面临发展瓶颈，而产业融合和产业集群将打破该瓶颈，为传统产业向新型能源产业体系过渡带来新的方向。目前能源产业涌现出了一大批创新技术和新材料，如煤炭清洁高效利用技术、新型电力系统、柔性直流等输电技术、虚拟电厂技术和碳捕集与封存、利用技术等，上述技术的不断成熟，将给新型能源产业体系的构建注入强劲动力。

（4）市场需求大。目前，中国的市场需求大体现在多个方面，包括新能源汽车市场的快速增长，国产动力锂电池技术指标已达到国际先进水平，市场需求持续增长；新型储能技术的迅速发展；经过十余年技术积累和产业培育，中国光伏、风电等新能源产业迎来快速发展期，在"双碳"和能源安全的长期战略指导下，新能源产业仍处于高速发展的开端。

（5）产业链粗具规模。主要体现在光伏、风电、新能源汽车以及氢能等领域的发展，以及产业链现代化和技术创新的推进上。中国光伏产业链发展迅猛，已形成全球最完整的光伏产业链。在快速增长的同时，发电设备的智能化、绿色化水平不断提升。2023年，中国风电光伏发电新增装机容量突破2亿kW，风电光伏发电量占全社会用电量比重突破15％；中国新能源汽车产能规模连续多年居世界第一位；氢能产业链已初具雏形，处于规模化前夜。中国在风电、光伏发电和锂电池等主要新能源领域建立了规模世界领先、技术水平世界先进的产业链。

7.3.2 面临的问题和挑战

新型能源产业体系涉及面广，包括以传统能源为基础的产业和新能源产业等，以传统能源为基础的产业亟需能源绿色低碳转型、新能源产业迅速发展，其技术和设施更新、政策等均面临较大的挑战。

（1）煤炭的清洁高效利用程度不够。煤电仍旧是中国的基础保障性电源，其保供属性向调峰属性转变需要配套技术的更新迭代。如煤电低负荷运行时的供电煤耗增加，运行稳定性、热效率和爬坡速度等技术难题仍需进一步攻克；煤炭的高效清洁梯度利用技术推广力度不够，导致新上煤电机组先进性不足。

（2）新能源产业统筹规划不完善。主要体现在以下几个方面：一是新能源企业间缺乏统筹规划导致不良竞争激烈；二是产业发展布局不完善，部分地区新能源产业过剩，危机重重；三是关键环节和工艺脱节或者断层导致部分小型企业难以生存。四是风光设备回收利用产业化水平低。风电光伏使用寿命有限，同一批次安装容量较大，当设备集中退役时，需要处理的关键组件处置体量大，目前新能源组件回收利用政策不多，技术不成熟，标准体系不健全，项目分散程度较高，积极性不够，虽市场前景大，但现阶段回收利用市场规模小，产业化水平低、全产业链绿色设计与制造尚待加强。

（3）电力产业低碳转型任务艰巨。电力产业上游、中游和下游均面临不同的问题和挑战。上游：能源的大规模高比例发展面临土地约束问题；上游原材料价格的短期大幅上升给设备制造商带来较大的短期资金压力和成本控制压力；电价体系有待完善，当前电力上游至电力各产业链乃至用户侧价格仍以计划调控为主导，缺乏合理的市场化疏导机制。中游：输配电行业形成寡头垄断格局，影响了行业的健康发展；随着风电、光伏发电上网规模的不断扩大，电力系统将面临较大的波动。下游：新能源装机的高峰过后，新型电力系统的主要矛盾已经从电源侧悄然转移至电网侧，新能源消纳的难点是电网的挑战与机遇。中下游设备供给和下游装机数量均创历史新高，但下游需求的增长速度明显不及制造端产能扩张的速度，导致供需不平衡。

（4）迭代升级难度大。新能源系统面临如何解决大规模并网消纳的问题，需要在技术、市场机制等方面进行创新和改进，以适应新能源的大规模接入和利用；新旧能源接力的步调不一致使得中国能源转型面临断层危机。近年来，中国新能源技术迭代进入了新的高速通道，不仅迭代速度在加快、自主创新程度日益提升，创新方向与技术路线也更加多元化，要求持续的技术创新和研发投入，以保持在国际竞争中的领先地位。

（5）自主创新能力不够。新能源关键产品部件高度依赖进口，无法从根本上掌握核心技术，导致无法发挥制造大国的优势，从根本上更新优化技术部件和降低关键技术部件的成本。能源行业企业在支撑数字技术与能源业务深度融合的关键核心技术研发布局方面有待加强，攻关突破的力度不足。

（6）逆全球化趋势增长。随着全球化的深入发展，保护主义和地缘政治成为制约中国新能源产业发展的重要因素。中国新能源汽车在海外市场的成本普遍高于国内市场 50% 以上，主要是整车出口、关税、海运等成本增加导致的，成本差异极大地影响了中国新能源车的国际竞争力。中美贸易摩擦和疫情对全球能源贸易及产业链造成了冲击，美国及其盟友对中国的技术打压不断升级，逆全球化和贸易保护主义使中国外循环受阻。中国新能源汽车产业的快速发展带动了锂电池产业的高速发展，中国动力电池产业占全球市场份额的 60% 以上，过度依赖也暴露了在逆全球化趋势下可能面临的供应链风险。

7.4 新型能源产业体系构建路径与重点方向

7.4.1 可持续发展路径

新型能源产业体系的可持续发展离不开新型电力系统的建设和发展，而新型能源产业体系是现代产业体系的重点组成。应加强战略性、前瞻性重大科技攻关，积极推进新型电力系统建设，推动现代信息技术和能源产业深度融合，加快构建智慧能源系统。同时，建立新型电力系统产业链保障机制，推动电力装备、运营、服务产业链升级与绿色转型，提前布局中长期初级产品供给，提升自主化水平，支撑新型电力系统建设运行。此外，新型能源产业体系的可持续发展路径主要围绕先进技术的创新研发、能源资源供给保障、合理的能源产业结构以及能源市场机制等。

加强能源先进技术的研发和应用，加快能源自主创新。加快能源领域关键核心技术和装备攻关，推动绿色低碳技术重大突破，加快能源全产业链数字化智能化升级，统筹推进补短板和锻长板，加快构筑支撑能源转型变革的先发优势。进一步提升能源产业链自主可控水平，催生新技术、新产业、新模式，低碳零碳负碳技术装备大规模推广应用，新能源等战略性新兴产业发展成为新的增长引擎，新一代信息技术、人工智能等与能源系统深度融合，数字能源产业继续发展壮大。

增强能源资源供给保障能力。应该在能源基础设施改造升级、能源产业链供应链现代化水平提升、能源工业优化升级、能源效率提升、新能源高质量发展以及未来能源产业谋划等方面着力。在 2035 年建成与现代经济体系相匹配的现代新型能源产业体系，是保障经济安全、支撑经济高质量发展和助力产业结构调整升级的基础。

形成合理的能源产业结构。统筹产业培育上下游、左右岸，通过建链、补链、延链、强链，形成产业集群式发展。从传统能源和新能源两方面出发，探索两类能源产业的优化转型升级。

建立并完善现代能源市场体系。建立促进能源高质量发展的体制机制和政策体系，健全能源要素市场化配置体系，激发各种新模式新业态发展活力，加快形成适应新型能源产业体系的制度保障。

建立完善的能源产业环境监管和保护机制。全面监管能源产业的环境影响，确保环境保护标准的执行；同时推动清洁生产和循环经济，减少能源产业对环境的负面影响，形成能源产业治理闭环的管理模式。

7.4.2　重点发展方向

结合能源产业发展的现实基础和制约因素，从传统产业和新兴产业出发，分析未来针对两类产业可突破且发展前景最广的重点方向，其中传统产业主要包括煤炭、石油、天然气等的开采和利用；新兴产业按照能源类型划分，主要包括风电光伏高效利用产业、生物质综合利用、核能、地热能、风光氢氨制甲醇、新能源汽车、储能；按照低碳负碳和降碳角度划分，包括循环化产业、碳捕集利用与封存产业。按照智能化、信息化程度划分，主要包括产业数字化。

7.4.2.1　煤油气开采和利用

中国常规能源资源储量丰富，煤炭、石油和天然气已探明可采储量居全世界的比例分别为第一位、第十三位和第六位，持续提升煤油气开采效率和高效利用常规能源资源是中国能源保障的基石。中国煤炭、石油和天然气开采与利用行业的龙头企业主要包括国家能源集团、中国中煤能源集团、中国石油天然气集团公司、中国石油化工集团公司、中国海洋石油总公司等。上述企业在中国煤油气开采和利用行业中占据领导地位，不仅在国内拥有广泛的业务和市场影响力，同时也在全球能源市场中扮演着重要角色。

未来，中国发展煤油气开采和利用行业的优势主要包括以下几点：①丰富的资源储备。中国拥有相对丰富的煤炭、石油和天然气资源，为能源开采和利用行业的发展提供了坚实的基础。②完善的产业链。中国已经建立起了从勘探、开采到加工、转化和最终消费的完整能源产业链，有助于提高能源利用效率和市场响应速度。③大规模的市场需求。作为世界第二大经济体，中国的能源消费需求巨大，为煤油气开采和利用行业提供了广阔的市场空间。④能源结构优化。中国正在积极调整能源结构，减少对煤炭的依赖，增加清洁能源比例，提升天然气和石油在能源消费中的比重。⑤政策支持。中国政府高度重视能源安全和能源结构调整，出台了一系列政策支持能源行业的发展，包括鼓励非常规油气资源的开发、推动清洁能源利用等。⑥环境与可持续发展。随着环境保护意识的提高，中国在煤油气开采和利用过程中越来越注重环境保护和可持续发展，推动清洁生产和节能减排。⑦技术进步与创新。中国在煤炭开采、石油钻探和天然气开发等领域拥有一系列自主知识产权的核心技术，技术水平不断提升，部分技术达到或接近国际先进水平。⑧基础设施建设。中国拥有庞大的能源输送网络，包括油气管道、铁路和公路运输系统，以及电网系统，上述基础设施为能源的高效分配和利用提供了保障。

因此，面对巨大的市场需求，为确保中国的能源安全，减少地缘政治的影响，中国必须从自身出发，提高煤油气开采效率和利用效率，集中攻关煤炭绿色智能开采技术、清洁高效转化技术等；集中攻关常规深层油气勘探和非常规油气勘探开发技术，以进一步提升中国在国际能源市场的公信力，该产业社会效益与经济效益同样可观。

7.4.2.2 风电光伏高效利用产业

中国风电和光伏产业发展前景整体呈现积极趋势，连续多年保持全球领先地位，不仅展示了中国在可再生能源领域的强大实力，也为其未来发展奠定了坚实的基础。

从风电方面来看，根据行业预测结果，2024年预计新增装机容量将达到创纪录的115GW，其中海上风电装机容量的增长尤为显著。此外，中国风能市场规模预计在2024年达到495.79GW，并在2029年达到863.27GW，显示出风电产业的极快增长速度和巨大潜力。未来中国将重点聚焦开展新型高效低成本风电技术研究，突破多风轮梯次利用关键技术，显著提升风能捕获和利用效率；突破超长叶片、大型结构件、变流器、主轴轴承、主控制器等关键部件设计制造技术，开发16MW及以上海上风电机组整机设计集成技术、先进测试技术与测试平台；开展轻量化、紧凑型、大容量海上超导风力发电机组研制及攻关；突破深远海域海上风电开发及超大型海上风机技术。目前中国风电产业的龙头企业包括金风科技、远景能源和明阳智能等。

对于光伏产业，尽管面临产能过剩和技术迭代的挑战，但政策支持和技术进步仍然是推动其发展的主要动力。光伏行业的发展路径包括技术引领、穿越周期等，体现其通过技术创新实现降本增效的目标。同时，国家加强大型风电光伏基地建设和推动分布式能源开发利用，为光伏产业的健康发展提供了有力保障。此外，光伏产业的需求增长和技术进步也将继续推动行业快速发展。未来中国太阳能发电及利用技术的重点突破方向包括新型光伏系统及关键部件技术、高效钙钛矿电池制备与产业化生产技术、高效低成本光伏电池技术、太阳能热发电与综合利用技术等。中国光伏产业的龙头企业包括晶科能源、隆基绿能、天合光能和晶澳科技等。

7.4.2.3 生物质综合利用

生物质能作为一种重要的可再生能源，其在发电、燃料加工、电化学储能和制气等方面的应用发展前景广阔。预测到2030年，中国生物质发电装机容量将达到

5000 万 kW 左右，生物质清洁供热面积将达到 4 亿 m²，生物天然气年产量将超过 10 亿 m³，达到 30 亿 m³，而生物液体燃料的年产量也将达到 2500 万 t，生物质能在各个应用领域的发展潜力巨大。

在发电领域，生物质能已经取得了显著的进展。其广泛应用于发电、供热、供气等多个领域，是其他可再生能源无法替代的。从 2017 年到 2023 年，中国生物质发电量经历了显著的增长，从 795 亿 kWh 增长到超过 1800 亿 kWh，并继续保持增长态势。

在燃料加工方面，生物质成型燃料加工与应用技术的发展现状表明，中国应以降低使用成本为目标，在成型加工设备的实用性、系列化上下功夫，并积极推动生物质成型燃料在现有电厂掺烧发电利用技术中的发展。此外，生物质颗粒燃料作为生物质能源转化的一个重要领域，越来越受到人们的关注，其燃烧特性、节能减排效果、制造工艺技术等方面的研究与开发，对推动中国木煤产业健康发展具有重要意义。

在电化学储能方面，生物质作为超级电容器电极材料，是未来生物质综合利用的主要方向，也是将低品质能源向高品质能源转变的有效途径，能极大地提升生物质价值。当生物质在无氧或限氧的条件下热处理可得到高度芳香化的富碳材料，再将富碳材料活化造孔可制得活性炭。目前用于活性炭制备的生物质资源有农林废弃物（采用微波加热玉米芯制备活性炭示意图如图 7-10 所示）、工业有机固体废弃物、城市生活垃圾、禽畜粪便、海洋生物及其废弃物等，由生物质资源制得的活性炭孔隙结发达且活性位点较多，是一种性能优异的制备超级电容器电极的碳材料，是发展电化学储能的关键材料，具有循环寿命长、充放电效率高、导电性良好、功率密度高和成本低等特点。通常在使用过程中，为提高电极材料的性能，需要提高其比电容和工作电位，如可以在活性炭表面或者碳骨架中引入 N、O、B 等杂原子或者金属离子以增强电化学性能，增强原理示意如图 7-11 所示。

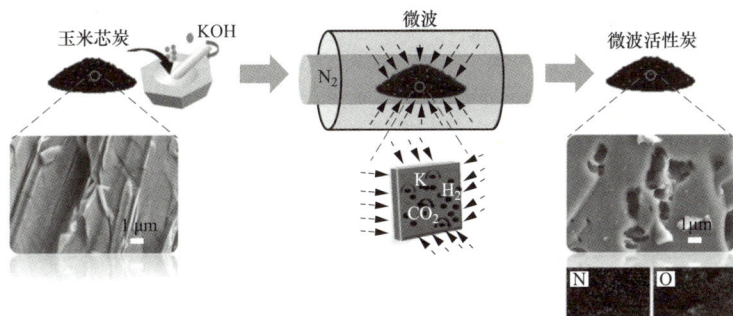

图 7-10　微波加热玉米芯制备活性炭

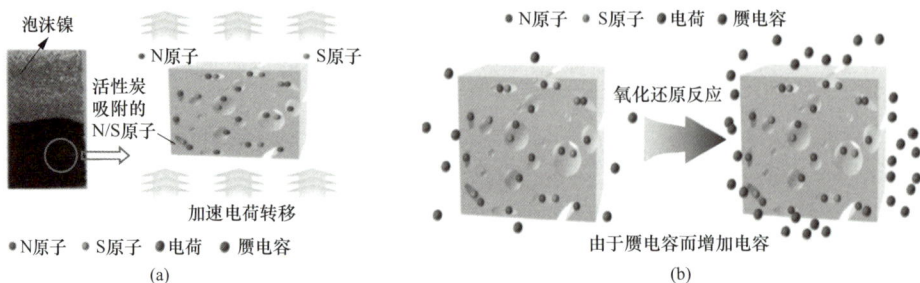

图 7-11　杂原子掺杂活性炭电化学储能的增强机理示意图
（a）N/S原子协同作用加速电荷转移；（b）原子氧化还原反应导致的伪电容增加

在制气方面，生物质气化技术的研究进展表明，该技术需要解决的问题包括原料种类和规模适应性强、实现分布式开发利用和可燃固体废弃物处理的有效途径等。生物质制备氢气的技术也显示出生物质制氢不仅可以为现代化发展提供大量的氢能支持，还能有效地处理多种农业及生活废弃物，使废弃物成为具有高附加值的宝贵资源。此外，将固体氧化物燃料电池与生物质气化联用可以实现生物质高效分布式发电及能源利用，主要通过生物质气化技术将有机成分转化为清洁燃气，再利用固体氧化物燃料电池进行高效的热电转化，固体氧化物燃料电池与生物质气化联用示意如图 7-12 所示。

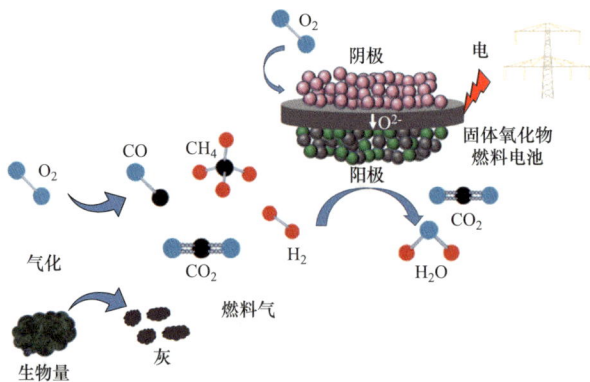

图 7-12　生物质气化与固体氧化物燃料电池系统示意图

生物质不论是作为活性炭等的原材料还是气化燃料，均能实现能源品质升级，从而带动生物质产业的发展，仅对生物质的部分应用进行分析，如上述讨论的应用于电化学储能和固体氧化物燃料电池时，预计在技术成熟后具备的年均产业价值将高达百亿元。

中国生物质行业的发展已经形成了一些龙头企业，企业在生物质能源的开发、生产和销售方面具有显著的市场份额和技术优势，主要包括国电集团、中粮集团、光大国际等。

7.4.2.4　核能

核能是中国构建"清洁低碳、安全高效"新型能源体系的重要组成部分。中国核能发展取得了举世瞩目的成就，但还存在发展不平衡、不充分的问题，在核电安全性、经济性、放射性废物管理、公众接受度等方面的挑战依然存在。2023 年 4 月中国核准了浙江三门、山东海阳、广东陆丰三个核电新建机组项目。其中，中核集团浙江三门核电二期、国家电投山东海阳核电二期项目均采用国产化 CAP1000 技术，中广核广东陆丰核电项目采用华龙一号技术，两种技术均为三代压水堆核电技术。至此，中国依然保持核准及在建核电机组 20 台以上的规模，稳居世界首位，产业复苏势头明显。截至 2023 年年底，中国大陆在运核电机组 55 台，总装机容量 57GW，核准及在建核电机组 36 台，总装机容量 44GW。预计，2025 年中国核电在运装机容量将达 7000 万 kW 左右，在建装机接近 4000 万 kW；2035 年核电在运在建总装机容量将达 2 亿 kW 左右。发达国家如美国、法国、德国等都建造了大量核电站，核电站发出的电量已占世界总发电量的 16%，其中法国核电站的发电量已占到该国发电量的 78%。中国前十大核电站分别为（广东）大亚湾核电站、岭澳核电站、台山核电站、（浙江）山东泰山核电厂、三门核电站、辽宁红沿河核站、江苏田湾核电站、福建宁德核电站、福清核电站、山东海阳核电站。中国 22 座核电站中，19 座核电站在世界核电运营者协会，综合指数排名都是世界第一。

从融资情况看，全球有超 30 家公司正致力于实现核聚变的商业化，目前这些公司共计获得了超 50 亿美元的融资。其中，2022 年，核聚变领域的私人投资额已接近 30 亿美元，一年的投资额超此前的投资总和。据预测，如若全球一半的能源由可控核聚变提供，那么市场金额则高达 15 万亿元以上，也就是说一旦哪家企业切实掌握可控核聚变技术，极大程度上或将成为全球能源巨头。

核反应堆的使用不限于电力行业，中国的海阳市已开创核能供暖先河。在 2023 年 11 月 15 日，该市核能供热项目正式投产。此外，核能还能提供制氢所需的热能和（或）电能的一次能源，为制氢过程中的化学反应提供适宜的温度水平。核能发电本身不产生温室气体排放，一座百万千瓦电功率核电站每年发电量相当于减少二氧化碳排放 600 多万 t。有关统计数据表明，一座 100 万千瓦的火力发电厂，每年要消耗 300 万 t 煤资源，而同样规模的核电站，只消耗数吨核燃料，极大地节约了煤炭资源。

因此，无论是从融资的商业价值还是从能源的利用效率和环境属性等出发，中国发展核电的前景广阔。

7.4.2.5 地热能

地热能资源是指能够被人类所利用的地球内部的地热能、地热流体及其有用组分，是一种可再生的清洁能源，储量大、分布广，具有清洁环保、用途广、安全稳定、可循环利用等特点，与风能、太阳能等相比，不受季节、气候、昼夜变化等外界因素干扰，是一种具有战略竞争力的新能源。按照地质构造、热流体传输方式、温度以及开发利用方式的不同可以划分为浅层地热能资源（0～200m）、水热型地热资源（200m～3km）和干热岩型地热资源（3～10km），其分类如图 7-13 所示。浅层地热能指从地表至地下 200m 深度范围内，储存于水体、土体、岩石中，温度低于 25℃，采用热泵技术，可提取用于建筑物供热或制冷等的地热资源。

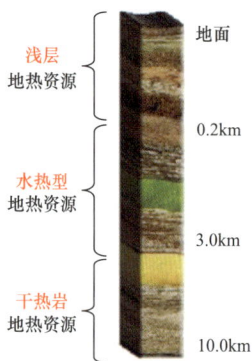

图 7-13　地热能的分类

目前全球在地热能领域处于领先地位的企业见表 7-1。

表 7-1　　　　　　　地热能领域龙头企业

序号	企业名称	企业特色
1	奥玛特科技公司	总部位于美国的 Ormat Technologies 是全球地热能发电和热能解决方案的领先供应商之一。公司提供从地热资源评估到发电设施设计、建设和运营的全套服务
2	意大利绿色发电公司	作为意大利能源公司 Enel 的子公司，Enel Green Power 在全球范围内运营多个地热能发电项目，是地热能领域的重要参与者
3	伯克希尔哈撒韦能源公司	沃伦·巴菲特旗下的 Berkshire Hathaway Energy（前身为 MidAmerican Energy Holdings Company）在美国和全球运营多个地热能发电项目
4	阿尔斯通公司	阿尔斯通（Alstom）是一家全球性的能源和交通基础设施公司，其在地热能领域提供包括涡轮机和发电机在内的关键设备
5	中国石化集团公司	不仅在石油化工领域有广泛业务，在地热能开发方面也有所布局
6	中国石油天然气集团公司	在地热资源的勘探和开发方面具有一定实力
7	中国节能环保集团有限公司	研发采用微换热器从地下深层岩土层取热的技术，成功打造了北京首个中深层地热供暖试点示范项目
8	中国能源建设集团湖南省电力设计院有限公司	牵头打造了首个应用中深层地热技术的大型综合交通枢纽（长沙黄花机场 T3 航站楼绿色能源工程示范项目）

　　中国适宜开发利用地热能资源的地区众多，区域分布范围广、资源储量大、资源可利用效率高，中国埋藏深度在 3km 以浅的中深层水热型地热资源总量约 1.25 万亿 t 标准煤，埋藏深度为 3～10km 的深层地热资源规模约 856 万亿 t 标准煤。中深层和深层地热能开发潜力巨大，但目前中国开发利用的主要是中低温地热能，高温地热资源勘查与开发利用和欧美发达国家尚有较大差距。中国在深部高温地热资源探测、评价、选区、钻完井、人工热储建造和开发技术方面起步较晚，特别是深部地热地质理论和变革性勘探开发技术研究工作仍显滞后。当下应突破高温钻井装备仪器瓶颈，支撑水/干热型地热能资源开发；攻关中低温地热发电关键技术；开展高温含水层储能和中深层岩土储能关键技术研究，实现余热废热的地下储能。因此，加大中深层和深层地热能的研究和利用将成为全国各地节能减排的重要举措。

　　积极推进地热能规模化开发，预计到 2025 年地热能供暖等非电利用规模达到 6000 万 t 标准煤以上，因地制宜建设以地热为核心的分区域利用方案。如在临近河、湖等地表径流的公共管理和商业服务建筑群体建设地表水源热泵系统；在污水处理厂主管道附近的建筑群体开发污水源热泵系统；在靠近中深层地热资源且回灌条件较好、负荷集中的建筑群里中开发中深层地热能；按照上述分区域的地热能利用方式，其造价低于传统的中央空调，运行费用较传统形式节约 30％以上，环境污染小，能较传统形式减少约 50％的碳排放，同时减少占地面积。从中国中深层和深层地热能可开采资源量折合成标准煤的经济性分析可知，因地制宜合理开发地热能资源将节省百万亿吨燃料。

7.4.2.6　氢能产业

　　氢能根据生产来源可划分为"灰氢""蓝氢"和"绿氢"三类。其中，"灰氢"指的是通过化石能源制取的氢气，通常会产生二氧化碳排放；"蓝氢"则是通过天然气或其他化石燃料制取的氢气，其碳排放较低；"绿氢"则是通过可再生能源（如水电）电解水制取的氢气，是一种清洁且无碳排放的氢气来源。氢能种类和制氢方式如图 7-14 所示。

　　构建清洁化、低碳化、低成本的多元制氢体系，加快建设加氢站，重点发展可再生能源制氢，严格控制化石能源制氢是未来氢能利用和发展的重点方向。在应对全球碳达峰碳中和战略目标背景下，中国非化石能源消费占比将逐步升高，2030 年和 2060 年中国非化石能源消费比重将分别达到 25％和 80％以上，意味着中国可再生能源发电装机容量将逐步提升。煤炭、石油等化石燃料的清洁替代量将逐渐增加，未来利用可再生能源制造可持续燃料也是保证能源供应安全的重要途径。

　　而新能源在利用过程中存在波动性、间歇性、对占地面积要求高和电网扰动大

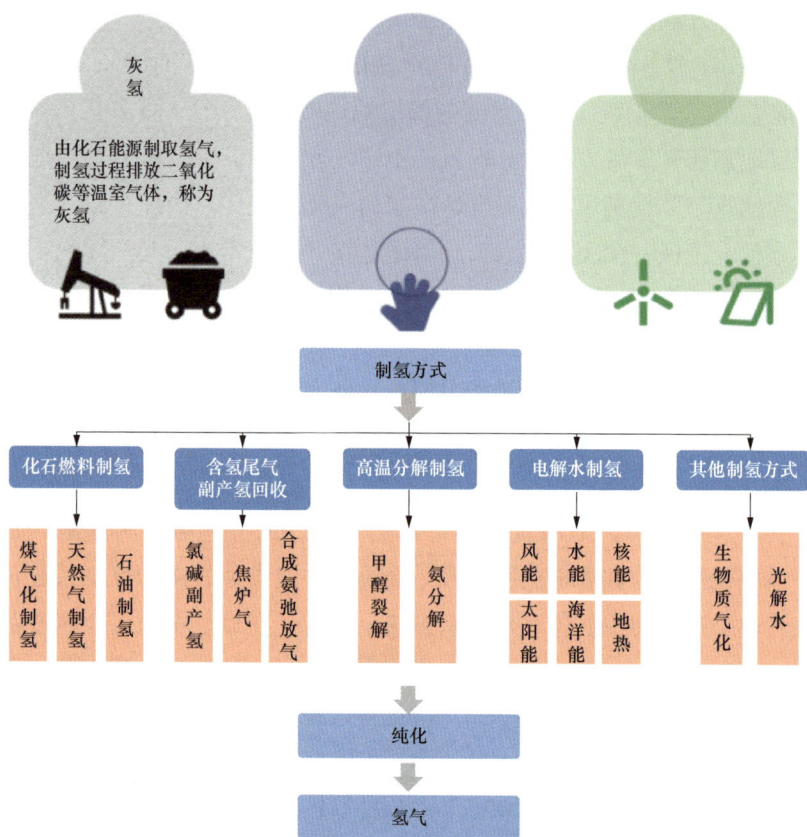

图 7-14 氢能种类和制氢方式

等问题，是其绿色高效利用的难点，仍依赖技术升级和政策配套。未来在中国，沙漠、戈壁和荒漠地区的新能源装机将占中国新能源装机的绝大部分，在此背景下，建设离网/联网"风光氢氨醇一体化"产业集群，由可再生能源作为电源生产绿氢和绿氨（见图 7-15），可以作为一种良好的储能元件和无碳燃料，同时绿氢和绿氨也可作为生产绿甲醇的原料，最大限度地发挥新能源的潜力，将新能源的经济价值最大化，其中离网"风光氢氨醇一体化"产业的发展能避免新能源的波动对电网的干扰。

在"风光氢氨醇"一体化产业集群中，每一个中间产物，包括绿氢和绿氨也可以被单独利用，如绿氢可以合成油气和其他化学品，也可以作为一种分布式能源或者用于交通燃料等；绿氨可以作为合成尿素的原料，也可以反向制氢等。据国际可再生能源机构发布的《可再生氨创新展望》认为，到 2050 年，在 1.5℃ 的温控情景下，全球绿氨的需求量估计将达到 6.88 亿 t，是 2025 年预期需求量的三倍多，因此在"风光氢氨醇"一体化产业集群中仅考虑绿氨中间产物，已拥有数万亿元市场规模。

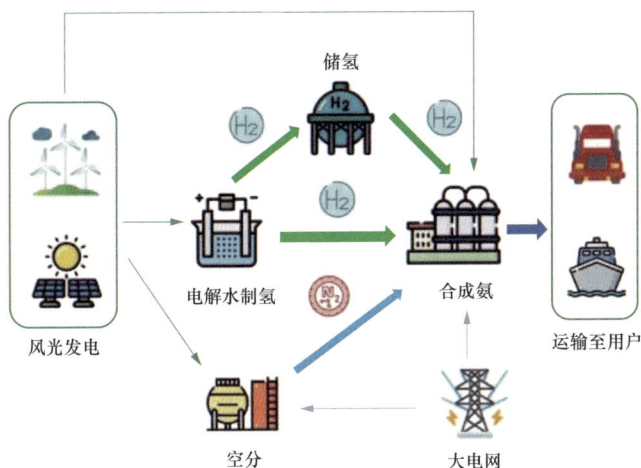

图 7-15　风光制氢合成绿氨流程示意图

当前，中国石化等企业积极推进全产业链氢能技术应用，建成了多个绿氢示范项目，如新疆库车的万吨级光伏绿氢示范项目和内蒙古鄂尔多斯的 3 万 t/年绿氢项目等。中国各省市到 2025 年的氢能规划产值总额已接近万亿元，显示出巨大的市场潜力和规模效应，这将是中国氢能产业迅速发展的基础。国内氢能领域具有显著影响力的龙头企业主要包括中国石化、国鸿氢能、中船派瑞氢能等。其中，中国石化在氢能基础设施建设和产业链整合方面发挥重要作用；国鸿氢能在氢燃料电池系统研发制造方面领先；中船派瑞氢能在装备制造和国际市场拓展方面有显著成就。

7.4.2.7　新能源汽车

电池技术的提升，尤其是锂离子电池的能量密度增加和成本降低，为新能源汽车提供了更为可靠和经济的动力来源。全球范围内，对新能源汽车的支持政策，包括购车补贴、税收减免、建设充电基础设施等，为产业发展提供了强有力的推动。全球气候变化和环境污染问题日益严重，推动了清洁能源汽车的发展，以减少交通运输领域的碳排放。随着环保意识的提高和新能源汽车性能的改善，消费者对新能源汽车的接受度逐渐增强。电站和充电设备的建设逐渐完善，为新能源汽车的普及提供了基础设施支持。目前该领域的龙头企业包括特斯拉、比亚迪、宁德时代、大众汽车集团、宝马、奔驰和奥迪等，新能源电池企业分布热力分布如图 7-16 所示。

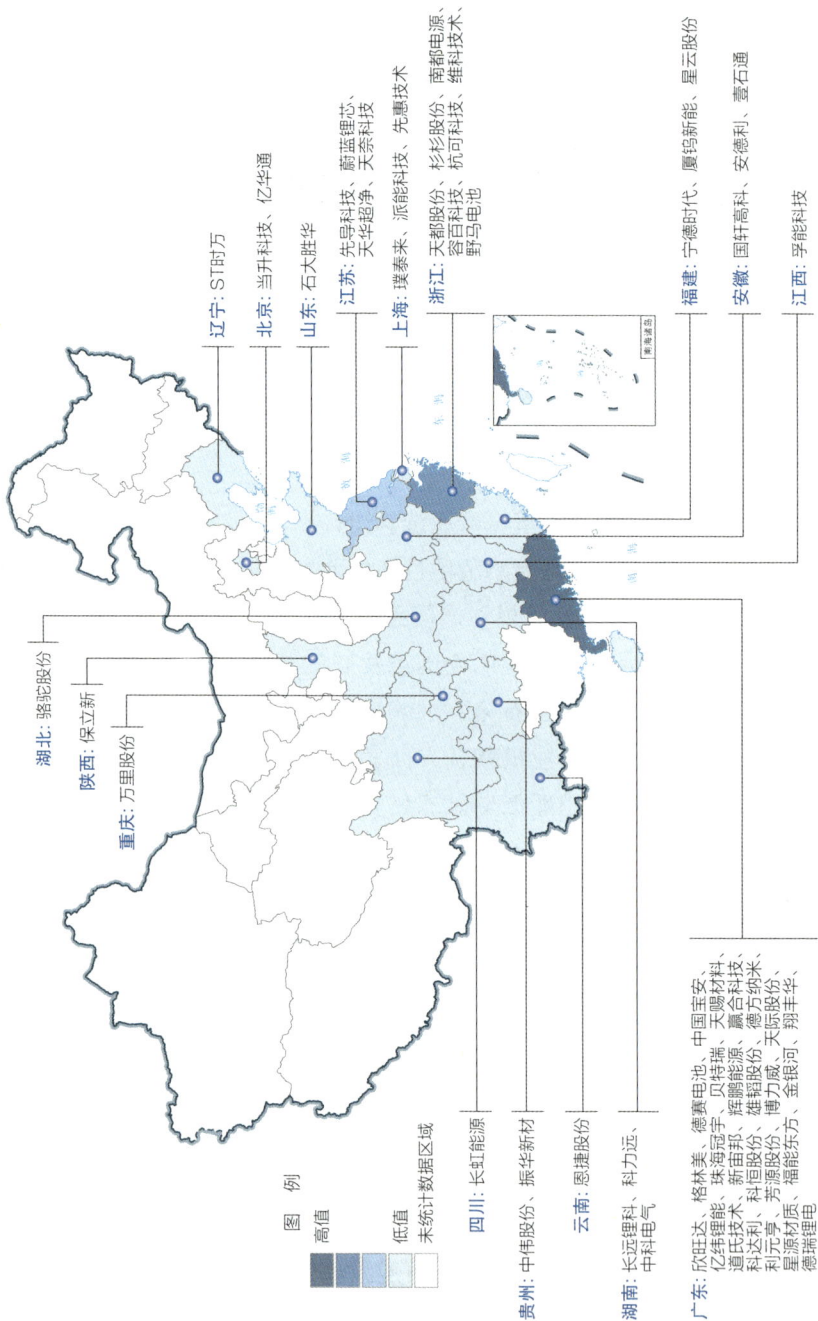

图 7-16 新能源电池企业分布热力图

注 颜色越深，数值越大。

图 例

高值

低值

未统计数据区域

辽宁：ST时万
北京：当升科技、亿华通
山东：石大胜华
江苏：先导科技、蔚蓝锂芯、天奈科技、天华超净
上海：璞泰来、派能科技、先惠技术
浙江：天都股份、杉杉股份、南都电源、容百科技、杭可科技、维科技术、野马电池
福建：宁德时代、厦钨新能、星云股份
安徽：国轩高科、安德利、壹石通
江西：孚能科技

湖北：骆驼股份
陕西：保立新
重庆：万里股份

四川：长虹能源
云南：恩捷股份
贵州：中伟股份、振华新材
湖南：长远锂科、科力远、中科电气
广东：欣旺达、格林美、德赛电池、中国宝安、亿纬锂能、珠海冠宇、贝特瑞、天赐材料、道氏技术、新宙邦、辉鹏能源、赢合科技、科达利、科恒股份、雄韬股份、德方纳米、芳源股份、博力股份、天际股份、星源材质、福能东方、金银河、翔丰华、德瑞锂电

未来，预计新能源汽车市场将继续保持快速增长，特别是在中国、欧洲和美国等市场。电池技术、电机效率、车载电子系统等方面的持续创新将进一步提升新能源汽车的性能和降低成本。从经济型微型电动车到高端豪华电动车，市场上将出现更多种类的新能源汽车，满足不同消费者的需求。新能源汽车将与自动驾驶、车联网等技术相结合，提供更加智能化和便捷的驾驶体验。国际合作将加速新能源汽车技术的研发和推广，包括跨国公司之间的技术共享和市场合作。

2023 年，中国新能源汽车产销分别完成 958.7 万辆和 949.5 万辆，新能源汽车销量达到新车总销量的 31.6%。全年汽车整车出口 491 万辆，跃居全球第一。中国 2023 年汽车保有量约为 3.36 亿辆，其中新能源汽车仅 2041 万辆。随着新能源汽车的推广力度和出口比例不断加大，新能源汽车占有比例将不断攀升，发展空间巨大。

7.4.2.8　清洁储能

在传统发电领域，储能主要起到辅助动态运行、取代或延缓新建机组的作用；在可再生能源领域，储能主要起到削峰填谷和跟踪计划出力的作用；在辅助服务领域，储能主要起到调频、调峰和备用容量的作用；在分布式能源与微网领域，储能主要起到分时电价管理、容量费用管理和提高供电可靠性的作用。

其中，压缩空气储能是极具发展潜力的大规模"长时"储能技术，具有建设周期短、单体项目容量小、调节性能优、环境友好等特点，调节时长通常可达到 4～6h，建设周期 2 年，储能效率通常为 65%～70%，适用于大规模应用，是近中期调峰电源规模化发展的优先选择，但其也有受地理资源限制等缺陷，因此，在电力紧平衡和调峰电源装机较少的区域，应加大压缩空气储能站址的选址力度，发挥对电力系统的调频调相和调峰作用。

电化学储能在参与调峰过程中具备快速响应、调节精准、有功/无功正负双向连续调节、无调节深度限制、灵活性选址布局和配置、建设周期短等优点，但同时也存在电化学储能的单体项目容量小、充放电时长有限、全寿命周期短、运行存在一定安全隐患、经济性相对较差等缺点。就中国来看，国内钒资源储量居世界前列，全钒液流电池是具有最大规模应用前景的电化学储能技术之一，但成本是制约全钒液流电池发展的核心问题，完善产业链布局的重点领域主要包括钒电解液和构成电堆的离子交换膜、电极、双极板等，其成本的降低主要依靠技术进步及隔膜、碳毡等部件的国产化来推动。未来应针对性地突破技术瓶颈，力争早日实现国产化。通常，对于大规模、中长时储能场景，全钒液流电池因其寿命长、容量大等特点，发展前景较好；而对于快速充放电的应用场景，如电动汽车和移动设备，锂离子固态电池由于其高能量密度和快速充电能力，发展前景较好。

抽水蓄能的出力范围较宽（-100%～+100%），爬坡速度较快 [10%～50% (P_n/min)]，启停时间较短（仅需要 15min），且可将电网负荷低时的多余电能，转变为电网高峰时期的高价值电能，在电力系统中具有削峰填谷、调频、调相、储能、系统备用、黑启动等六大功能。在水资源丰富、存在地势差和电力调峰装机电源较少的区域，抽水蓄能电站具有较大的发展前景。

目前国内外在该领域具有显著影响力的龙头企业见表 7-2。

表 7-2　　　　　　　　　　　清洁储能领域龙头企业

序号	企业名称	企业特色
1	特斯拉	不仅在电动汽车领域领先，其储能产品也在家庭、商业和电网规模储能市场中占据重要地位
2	LG 化学	是全球领先的锂离子电池制造商之一，其储能系统广泛应用于家庭、商业和工业领域
3	宁德时代	是中国最大的电池制造商，提供用于电动汽车和储能系统的锂离子电池
4	三星 SDI	是全球电池市场的重要参与者，提供用于电动汽车和储能解决方案的电池产品
5	比亚迪	不仅生产电动汽车，还提供电池储能系统，其产品广泛应用于家庭、商业和工业储能
6	松下	全球知名的电子产品制造商，其储能解决方案包括用于家庭和工业的锂离子电池
7	AES 公司	是全球领先的电力公司，其子公司 AES Energy Storage 在全球范围内开发和运营大规模电池储能项目
8	储能技术公司	提供多种储能解决方案，包括电池储能、热能储存和压缩空气储能

在"双碳"战略目标背景下，全球的可再生能源装机占比逐渐上升，但由于可再生能源装机在运行过程中存在不稳定、不连续等特性，为提高可再生能源装机比例和利用效率，储能必不可少。因此，伴随着新能源的发展，储能的发展需求越发紧迫，发展前景广阔。从具体数据来看，《2030 年前碳达峰行动方案》明确提出，到 2030 年，风电、太阳能发电总装机容量达到 12 亿 kW 以上。2021 年以来，湖南、广西、内蒙古、陕西等 18 省已相继发布新能源发电项目储能配置要求，整体储能配置比例区间为 5%～30%，备电时长为 1～4h。按照 15% 的整体储能配备率计算，到 2030 年，中国的风电和太阳能发电装机容量将达到 1.8 亿 kW 以上，储能配建规模较大。

同时，聚焦研制电池碳足迹、溯源管理等基础通用标准，正负极材料、保护器件等关键原材料及零部件标准，以及回收利用标准等也将进一步提升中国的社会效益，从而促进经济效益的转化。

7.4.2.9　循环利用产业链条延伸

未来在循环利用产业链具备发展前景且仍需突破的重点方向包括两个，一是风电光伏循环产业链；二是废旧电池拆解和回收资源循环化利用产业链。

风电光伏循环产业链：风电和光伏产业作为新型能源产业的重要组成部分，其循环利用产业链正在逐步形成和完善，但仍面临技术、市场和政策等方面的挑战。随着相关技术的进步和政策的完善，预计循环利用产业链将得到进一步的发展。目前，国内外风电和光伏产业的循环利用（回收和再利用）尚处于发展阶段，国内尚未出现该产业的龙头企业，但国外的一些企业，如 Lithium Werks（专注于风电叶片的回收，开发了一种名为"ReBlade"的回收技术，可以将废弃的风电叶片转化为有用的产品）、Global Fiberglass Solutions（提供风电叶片的回收解决方案，通过粉碎和熔融技术将复合材料转化为新的玻璃纤维产品）、First Solar（作为光伏组件制造商，First Solar 在其产品生命周期结束时提供回收服务，回收和再利用光伏组件中的材料）、Ecolife Recycling（英国公司，提供光伏组件的回收服务，旨在实现光伏材料的闭环循环）等开始在该领域崭露头角，成为行业的领先者。

风力发电机组设计寿命通常为 20 年，特别是随着风电项目"以大换小"增容改造行动的深入开展，预计将有大量老旧风电机组面临退役。此外，光伏组件的使用寿命一般为 20～25 年，预计 2025 年中国也将面临大批量的光伏设备退役浪潮。据估算，中国在未来 3～5 年内需要退役的机组数量将达上万台，拆除后将产生约 2000 万 t 废弃物资，其中，废钢铁、废铜、混凝土及复合材料等一般固体废物近 1970 万 t，废矿物油、废铅酸电池等危险废物约 30 万 t。中国 2030 年退役光伏组件将达到 150 万 t，2040 年达到约 700 万 t，到 2050 年将突破 2000 万 t。退役光伏和风电机组如不循环利用对环境的危害极大，环境治理的需求迫切。

因此，随着风电和光伏产业的快速发展，循环利用产业的市场潜力巨大，无论是从环境角度还是经济角度，均将会吸引越来越多的企业、投资者以及政府的关注。

废旧电池拆解和回收资源循环化利用是一个重要的环保领域，涉及电动汽车、移动设备等多个行业。目前，早期用于电动汽车的锂离子电池开始迎来退役潮，根据预测，2030 年全球将有超过 1100 万 t 退役锂离子电池。动力电池回收市场驱动主要来源于两方面：政策驱动和动力电池退役潮将至。未来十年报废电池及生产废物量预计以 43% 的复合平均增长率攀升，驱动全球锂电回收市场发展。全球动力电池回收市场即将提速，预计在未来五年突破千亿元规模。废旧电池的拆解和再利用将是未来资源循环利用和经济环境友好的有力手段。目前国内的锂电池回收处理方式主要以火法和湿法工艺为代表，其技术流程示意分别如图7-17、图7-18所示。

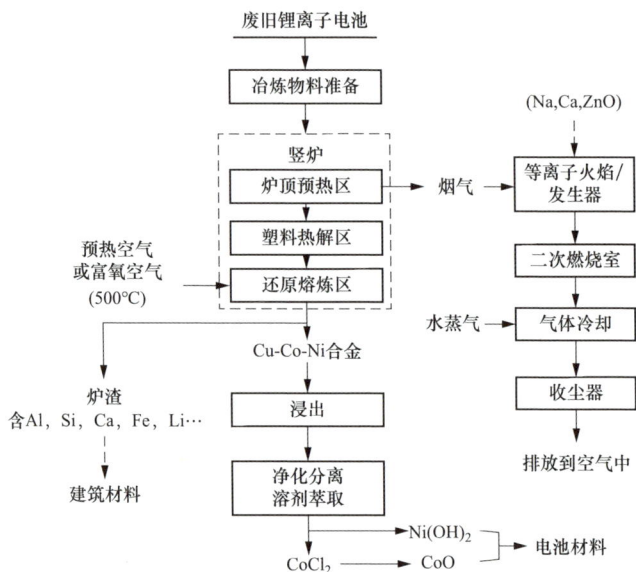

图 7-17　火法工艺流程示意图

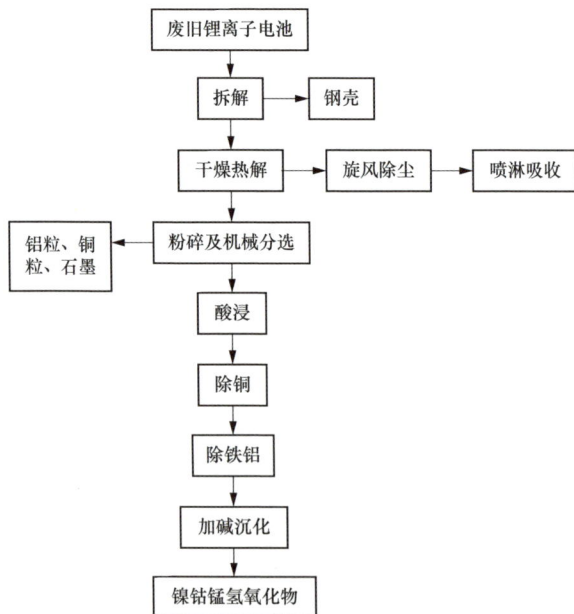

图 7-18　湿法回收工艺流程示意图

在该领域具有显著影响力的龙头企业见表 7-3。

表 7-3　　　　　废旧电池拆解和回收资源循环化利用领域龙头企业

序号	企业名称	企业特色
1	宁德时代（CATL）	作为全球领先的电池制造商，宁德时代也在电池回收和再利用方面进行了投资和研究，致力于建立完整的电池生命周期管理体系
2	比亚迪（BYD）	比亚迪不仅在新能源汽车和电池制造领域处于领先地位，同时也在废旧电池的回收和再利用方面进行了布局
3	赣锋锂业（Ganfeng Lithium）	赣锋锂业是一家综合性锂产品制造商，公司涉足废旧锂电池的回收业务，提取有价值的金属元素
4	华友钴业（Huayou Cobalt）	主要从事钴产品的生产和销售，同时也在废旧锂电池的回收和资源化利用方面有所布局
5	格林美（GEM Co.，Ltd.）	是一家专注于废旧电池回收和资源化利用的企业，通过先进的技术提取电池中的有价值材料
6	天齐锂业（Tianqi Lithium）	是一家锂产品制造商，公司也在电池回收领域进行探索，以实现锂资源的循环利用
7	中伟股份（Zhongwei United Small Oxides）	专注于废旧电池材料的回收和再利用，特别是钴、镍等关键电池材料的循环经济
8	广东邦普循环科技有限公司	是一家专注于废旧电池回收和再利用的高新技术企业，提供从电池拆解到材料再生的全套解决方案

此外，在促进新型能源产业体系发展壮大的同时，布局动力电池回收链也至关重要，目前梯次利用和拆解回收是动力电池回收利用的两种方式，梯次利用在现阶段发展局限性和瓶颈较显著，政策体系不够完善，仍处于试点阶段；而动力电池拆解回收的主要挑战在于前段电池回收渠道供应不稳定导致后端原料提炼难以规模化生产。针对上述现状和挑战，研发高效、绿色清洁的废旧电池拆解和回收利用技术，对未来电化学储能和动力电池的可持续发展至关重要，千万吨规模以上的动力电池回收市场，且每年以较高的复合平均增长率增长势必带来年产超千万元级别的市场。

7.4.2.10　碳捕集利用与封存产业集群

新型能源产业体系的构建与负碳技术的运用息息相关，负碳技术是化石能源低碳化利用的唯一技术选择，也是碳中和目标下保持电力系统灵活性的重要技术手段，是钢铁水泥等难以减排行业深度脱碳的可行技术选择，CCUS 与新能源耦合的负排放技术是实现碳中和目标的托底技术保障。因此，在新型能源产业体系的构建过程中，需要积极有力探索和实践碳捕集利用与封存产业集群，发展和落实产业融合政策等，如实现化石能源燃烧生成的烟气作为化工或油气开采的原料和工质（能源＋化工），从根本上实现 CO_2 的资源化、循环化和固碳化。

CCUS 还包括生物质能结合碳捕集与封存和直接空气碳捕集与封存（见图 7-19），二者是以传统的 CCUS 技术为基础发展而来的负排放技术。无论是 BECCS，还是 DACCS，二者的大规模发展以 CCUS 技术的成熟商业化应用为基础，当前还处于示范阶段，技术成本是制约其发展的重要因素，随着科技的进步和技术的突破，新型能源产业体系中也将逐步布局 BECCS（生物质能结合碳捕集与封存）和 DACCS（直接空气碳捕集与封存）。

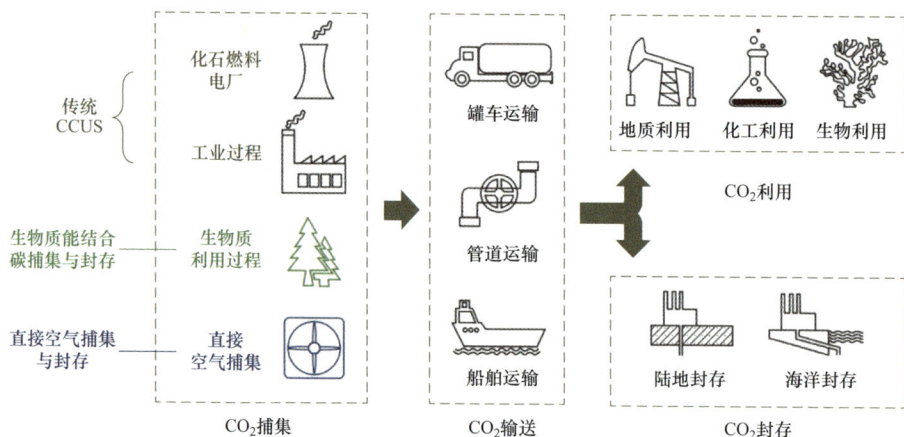

图 7-19　CCUS 技术环节及类型示意图

注　来自中国 21 世纪议程管理中心（2021）。

国内外 CCUS 领域的部分龙头企业见表 7-4。

表 7-4　　　　　　　　　　**国内外 CCUS 领域的部分龙头企业**

序号	企业名称	特点
1	Shell（荷兰皇家壳牌）	壳牌公司在 CCUS 领域有着长期的投资和研究，其 Quest 项目在加拿大运营着世界上最大的碳捕集设施之一
2	ExxonMobil（埃克森美孚）	埃克森美孚在碳捕集和储存技术上有着深入的研究，并在全球多个项目中实施了 CCUS 技术
3	BP（英国石油公司）	BP 正在推进多个 CCUS 项目，并计划在未来十年内显著增加对 CCUS 技术的投资
4	Equinor（挪威国家石油公司）	Equinor 是 CCUS 技术的先驱之一，其 Sleipner 项目是世界上最早的大规模 CO_2 封存项目之一
5	Total（道达尔）	道达尔公司也在 CCUS 领域积极投资，旨在减少其运营的碳足迹，并支持全球碳减排目标
6	中国石油化工集团公司（Sinopec Group）	作为中国最大的石油和化工企业之一，中国石化在 CCUS 技术研发和示范项目方面投入了大量资源，致力于减少工业排放

续表

序号	企业名称	特点
7	中国石油天然气集团公司（CNPC）	中国石油也在积极探索 CCUS 技术，特别是在提高油气采收率和减少油气田开发中的 CO_2 排放方面
8	中国海洋石油总公司（CNOOC）	中国海油在海上油气田开发中实施了 CCUS 项目，以提高资源利用效率并减少环境影响
9	中煤能源集团（China Coal Energy Group）	作为中国主要的煤炭生产企业之一，中煤能源正在开展碳捕集和利用项目，以减少煤炭使用过程中的 CO_2 排放
10	上海电气	上海电气在碳捕捉和利用（CCUS）技术方面加速落地，其市场份额达到国内前三

统计分析，2060 年碳中和目标下，中国需要通过 CCUS 技术完成约 175 亿～315 亿 t 的累计减排任务。其中，火电行业是 CCUS 发挥作用的主阵地，约能减排 160 亿～285 亿 t，非电行业如钢铁、水泥、化工等约可减排 15 亿～30 亿 t。国际能源署（IEA）预计，全球利用碳捕集技术捕集的 CO_2 总量将从 2020 年约 4000 万 t 增至 2050 年约 56.35 亿 t，增幅超过一百倍。本世纪末要实现全球气温升幅控制在 2℃以内的目标，9％的碳减排需要依靠 CCUS；若要实现 1.5℃以内的目标，则 32％的碳减排需要依靠 CCUS 技术。减排需求将推动 CCUS 市场规模扩大，预计到 2030 年，CCUS 投资需增加 1600 亿美元，到 2050 年，将增加额外投资 2.5 万亿～3 万亿美元。因此，结合上述政策和减排需求，CCUS 研究及应用布局正当时。

7.4.2.11　能源数字化产业

能源产业数字化转型的核心目的即充分挖掘和利用能源全生命周期的数据价值。中国为得到可持续发展，提出围绕创新、协调、绿色、市场化和全方位五大关键词发展，通过实现能源企业的智慧化（即数字化、智慧化、网络化）运营，提升能源资源利用率、能源企业生产效率、能源安全性和稳定性。

目前，国内外能源数字化产业中具有显著影响力的龙头企业见表 7-5。

表 7-5　　　　　　　　　国内外能源数字化产业龙头企业

序号	企业名称	企业特色
1	西门子（Siemens）	提供广泛的能源数字化解决方案，包括智能电网技术和能源管理系统
2	通用电气（General Electric，GE）	通过其 Predix 平台，GE 为能源行业提供工业互联网的数字化解决方案
3	施耐德电气（Schneider Electric）	以其 EcoStruxure 架构提供全面的物联网解决方案，优化能源和资源使用

序号	企业名称	企业特色
4	ABB（Asea Brown Boveri）	提供智能电网和能源效率管理的数字化解决方案
5	霍尼韦尔（Honeywell）	提供楼宇自动化、工业控制系统和针对能源行业的物联网解决方案
6	艾默生电气（Emerson Electric）	专注于工业自动化和数字化解决方案，包括能源优化服务
7	IBM（International Business Machines Corporation）	通过 Watson 平台提供人工智能和认知计算解决方案，帮助能源企业实现数字化转型
8	国家电网有限公司（State Grid Corporation of China）	作为世界最大的公用事业企业之一，国家电网有限公司在智能电网建设和能源数字化管理方面处于领先地位
9	华为技术有限公司（Huawei Technologies）	华为提供包括云计算、大数据、物联网在内的综合能源数字化解决方案
10	远景能源（Envision Group）	是一家全球领先的智能能源管理公司，提供风能、太阳能和储能解决方案
11	金风科技（Goldwind Science & Technology）	不仅在风力发电设备制造领域领先，也在智慧能源和数字化风电场管理方面具有优势

碳中和趋势下，过去能源行业的生产工具是以能源转换为特征，未来以数据驱动能源生产；过去的能源生产模式是瀑布式单向流动生产（发—输—配—调—用），未来是双向、多源、互动、自治、协作的能源互联网生态。过去的能源生产位置是从生产侧（远离负荷中心）经特高压/油气干线等逐层降压传递至负荷侧，未来是分散化、去中心化的分布式源—网—荷—储协调生产，逐层实现动态平衡，上述的转变均离不开能源产业的数字化升级。如在电网向能源互联网方向的演化升级过程中，无论是适应新能源大规模高比例并网和消纳要求，还是支撑分布式电源、储能、电动汽车等交互式、移动式设施广泛接入，都离不开数字技术赋能。

中国明确指出，未来应积极开展电厂、电网、油气田、油气管网、油气储备库、煤矿、终端用能等领域设备设施、工艺流程的智能化升级，提高能源系统灵活感知和高效生产运行能力；加快建设智能调度体系，实现源网荷储互动、多能协同互补及用能需求智能调控；大力推动以"云计算""大数据""物联网""移动互联网""人工智能"和"区块链"组成的"云大物移智链边"等数字化、智能化共性关键技术研究，推动煤炭、油气、电厂、电网等传统行业与数字化、智能化技术深度融合，开展各种能源厂站和区域智慧能源系统集成试点示范，引领能源产业转型升级，云大物移智链边共生互补示意图如图 7-20 所示。

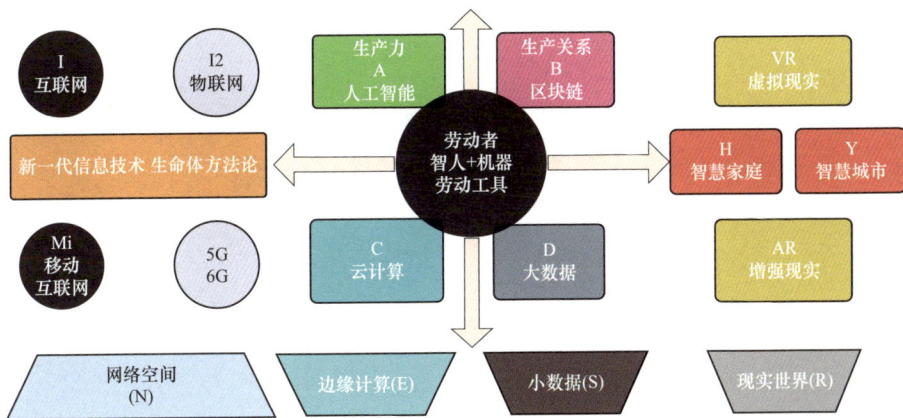

图 7-20　云大物移智链边共生互补示意图

第8章
新型能源治理体系

8.1 新型能源治理体系的基本内涵

8.1.1 能源治理体系的历史变迁

能源治理体系变迁诱因主要包括能源结构调整、能源科技创新、能源供需关系变化、气候变化与环境保护、地缘政治因素和政策与法规等。其中，能源结构调整指随着新能源技术的发展和能源消费模式的转变，能源结构发生深刻变化，从而促使能源治理体系进行相应的调整以适应新的能源结构。能源科技创新指技术快速发展，尤其是可再生能源技术的进步，推动了能源治理体系的变革，以促进新技术的广泛应用和能源效率的提升。能源供需关系变化指全球能源产出国和消费国实力的此消彼长，导致能源供需关系发生变化，进而影响能源治理体系的构建和运作。气候变化与环境保护诱因指全球气候变化和环境保护的压力促使各国加强能源治理，推动清洁能源的使用和能源消费结构的转型。地缘政治的变化，特别是能源资源丰富地区的政治稳定性，对全球能源治理体系的构建和运作有着直接影响。各国政府在能源领域的政策和法规调整，也是推动能源治理体系变迁的重要因素，特别是那些旨在提高能源效率和促进可再生能源发展的政策。

能源治理体系主要包括政策与规划、法律法规、管理机构、能源市场等。其中，价格机制、交易机制和监管机制是能源市场的关键组成，三者在能源市场中相互作用、相互影响，共同构成了能源市场机制的运作框架。

8.1.1.1 能源治理政策与规划的历史变迁

2012 年召开的十八大标志着中国特色社会主义进入了新时代，十八届三中全会做出了全面深化改革的决定，并指出全面深化改革的总目标是完善和发展中国特色社会主义制度，推进国家治理体系和治理能力现代化。推动国家治理体系和治理能力现代化事关社会主义市场经济、民主政治、先进文化、和谐社会和生态文明建设，一直是重点改革内容。2016 年国家发展改革委、国家能源局联合发布《能源生产和消费革命战略（2016—2030）》，其中提到要更好发挥政府作用，打造服务型政府，加强基础制度建设，健全法律法规，维护市场秩序，精准科学调控，推进能源治理现代化。2019 年党的十九届四中全会指出要构建系统完备、科学规范、运行有效的制度体系，加强系统治理、依法治理、综合治理、源头治理，把中国制度优势更好转化为国家治理效能。2022 年召开的二十大也将深入推进国家治理体系和治理能力现代化作为未来五年的主要目标之一。2022 年 1 月 29 日，国家发展改革委、国家能源局发布《"十四五"现代能源体系规划》指出，要加强能源治理制度建设，健全能源法律体系和加强能源监管。

8.1.1.2　能源治理法律法规的历史变迁

1973 年第一次石油危机发生后，各国纷纷加快了能源立法进程，通过制定能源法律法规更好地管理和利用能源。1995 年，《中华人民共和国电力法》历经多年的起草，终于破局而出，由全国人大常委会审议通过颁布，成为中国能源法律法规体系中的第一部能源法律。之后《中华人民共和国煤炭法》（2006 年）、《中华人民共和国节约能源法》（2007 年）接踵出台，21 世纪初带有清晰的可持续发展理念的《中华人民共和国可再生能源法》于 2005 年 2 月诞生。2007 年，国家能源领导小组及其办公室牵头起草了《中华人民共和国能源法（草案）》，受利益协调、能源形势、管理体制、操作落实等诸多错综复杂因素影响，历经多个版本而迟迟未能落地，能源基本法长期处于缺位状态。2020 年，国家能源局发布了第三版《中华人民共和国能源法（征求意见稿）》，承认了能源的商品属性，明确了能源要跟上清洁化、低碳化、数字化的时代潮流，也强调了能源的普遍服务性。2024 年 1 月，国务院常务会议审议通过《中华人民共和国能源法（草案）》，并于 4 月面向社会公众征求意见。至此，中国已形成《中华人民共和国电力法》《中华人民共和国煤炭法》《中华人民共和国节约能源法》《中华人民共和国可再生能源法》四部单行法，而《中华人民共和国石油天然气法》《中华人民共和国原子能（核能）法》等仍处于缺位状态。

8.1.1.3　能源管理机构的历史变迁

能源管理体制演变进程大致可分为两个阶段。第一阶段是在计划经济时期，能源管理体制改革主要集中在能源部门之间的拆分与整合、中央与地方间的放权与集权，能源管理具有政企合一、高度集中的特质；第二阶段是在改革开放进程中，政企逐步分开，能源管理职能随市场变化进行调整。能源管理机构的重要历史变迁节点如图 8-1 所示。

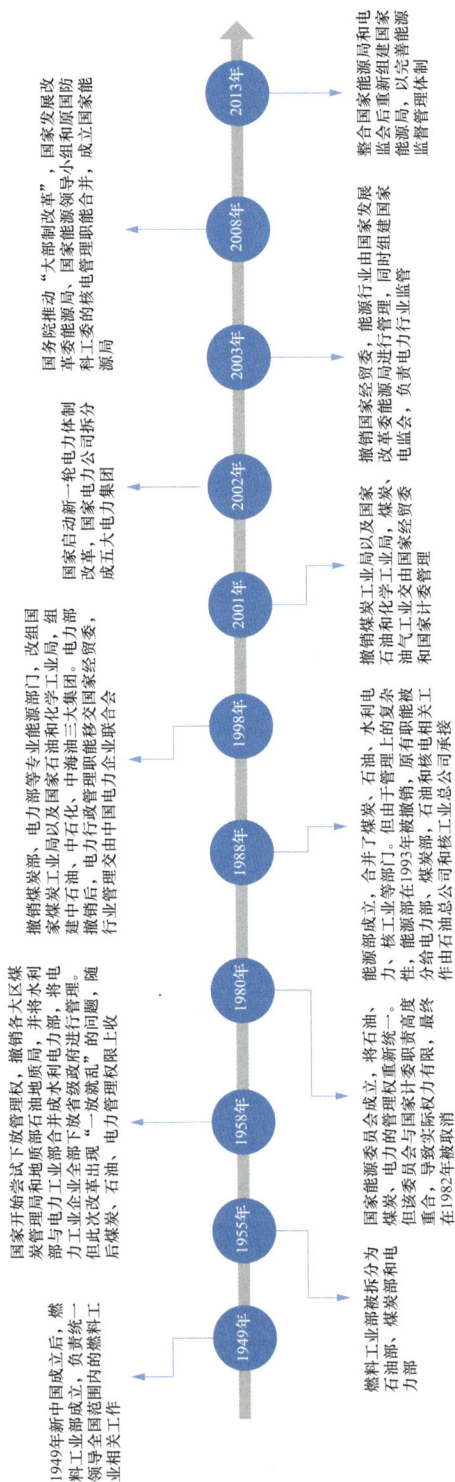

图 8-1 能源管理机构的重要历史变迁

8.1.1.4　能源市场价格机制的历史变迁

价格机制在能源治理体系中扮演着多重角色，不仅影响着能源生产和消费的行为，还关系到能源行业可持续发展和经济社会全面绿色转型。价格机制改革旨在赋予能源商品新属性（如清洁、高效、智能、安全）以合理的价格，从而实现资源的最优配置，助力保障国家能源安全。建立合理的能源价格机制，使各能源在运输、销售、服务各个环节形成合理的比价关系，有利于促进能源的协调发展。与此同时，通过适当的价格干预，充分反映优先发展的能源行业和能源品种，正确引导能源消费和先进能效技术的应用与推广，以经济手段引导能源与经济、社会的协调发展。能源价格机制的历史变迁如图 8-2 所示。

电力行业价格机制在能源价格机制中占据重要位置，对国家经济、社会发展、环境保护和能源安全等方面都有深远的影响。电力行业价格的类型与电力市场的演进、监管政策的变化和技术变化紧密相关。电价类型和兴起时间的演变如图 8-3 所示。

分部制电价的起源可以追溯到电力工业的早期发展阶段（见图 8-4），通常这种电价制度是在电力市场较为成熟时开始实施的，当时人们意识到电力供应不仅包含变动成本（如燃料费用），还包含固定成本（如设备折旧、维护费用等）。为了更准确地反映这些成本，开始出现了将电价分为两部分的做法：一部分覆盖固定成本，另一部分覆盖变动成本。为了破除电力垄断，引入市场竞争，提高电力市场效率，中国开始探索采用两部制电价的方式，并于 2004 年开始试点。此外，随着新能源的快速发展，需要煤电发挥基础性支撑调节作用，而现行单一电量电价机制不能充分体现煤电的支撑调节价值，因此 2023 年 11 月国家发展改革委、国家能源局联合发布《关于建立煤电容量电价机制的通知》，正式提出对煤电的电价机制进行改革。

可再生能源价格政策支持机制的历史变迁大致可分为标杆电价阶段、平价上网阶段、市场化交易阶段、全额保障性收购、绿色价值回收等几个阶段。标杆电价阶段：自 2006 年《中华人民共和国可再生能源法》实施起，中国逐步建立了风电、光伏发电等可再生能源发电的标杆电价制度。该制度按照不同资源区划分，并实施逐步退坡的上网电价政策。平价上网阶段：2019 年，国家发展改革委印发《关于积极推进风电、光伏发电无补贴平价上网有关工作的通知》，标志着风电和光伏发电在保量的情况下，上网电价能够达到燃煤标杆电价，实现发电侧平价。市场化交易阶段：2021 年，国家发展改革委发布《关于 2021 年新能源上网电价政策有关事项的通知》，提出新备案的集中式光伏电站、工商业分布式光伏项目和新核准陆上风

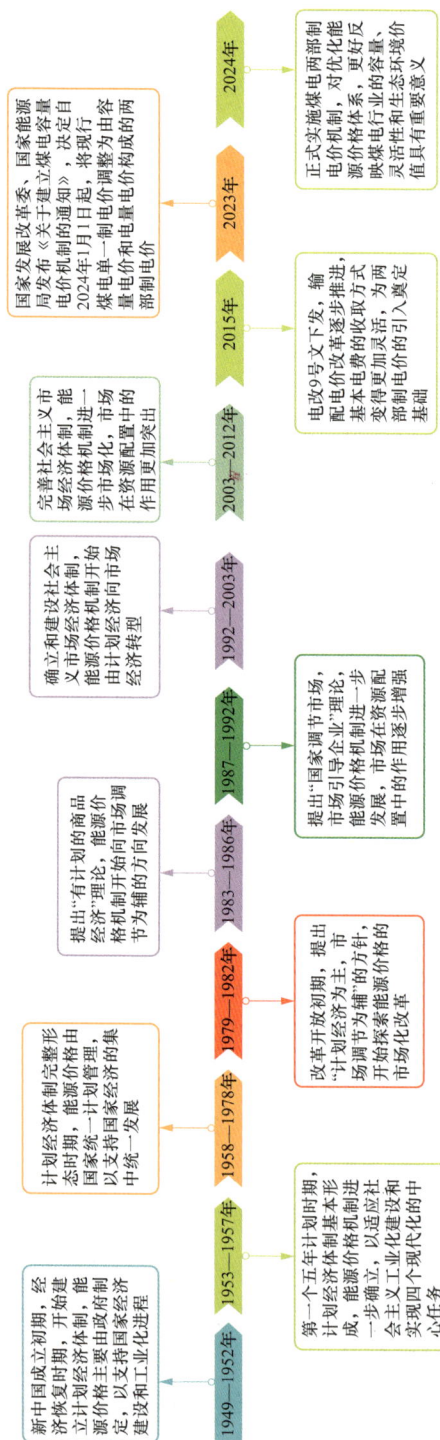

图 8-2 能源价格机制的历史变迁

1 目录电价

在电力行业初期，即20世纪初，电力供应由政府或垄断企业控制，目录电价是最常见的电价形式

2 峰谷电价

20世纪中叶，随着电力需求的增长和电网规模的扩大，为了更有效地管理电网负荷，峰谷电价开始在一些地区实施

3 季节性电价

在20世纪后半叶，特别是在有明显季节性用电差异的地区，季节性电价开始出现

4 容量电价、长期合同电价

20世纪末至21世纪初，随着电力市场化改革的推进，容量电价作为一种激励措施，确保电力供应的可靠性。长期合同电价与电力市场化改革同时出现，用于稳定电力供应和价格

5 市场电价、短期合同电价

20世纪90年代开始，许多国家进行电力市场化改革，市场电价开始在电力交易所中形成。短期合同电价在电力市场化改革期间出现，用于短期内的电力交易

6 补贴电价

20世纪中后期，为了支持某些行业或地区的发展，政府开始提供电价补贴

7 实时电价

21世纪初，随着信息技术的发展和智能电网技术的应用，实时电价开始在一些地区实施

8 绿色电价

21世纪初，随着可再生能源的发展和环保意识的提高，一些地区开始实施绿色电价

9 分层电价

20世纪末至21世纪初，为了鼓励节能减排，分层电价开始在一些地区实施

10 固定电价

在电力市场化之前，固定电价是最常见的形式，即使在市场化之后，某些合同中仍可能包含固定电价条款

11 浮动电价

随着电力市场化和金融衍生品市场的发展，浮动电价在21世纪初开始出现

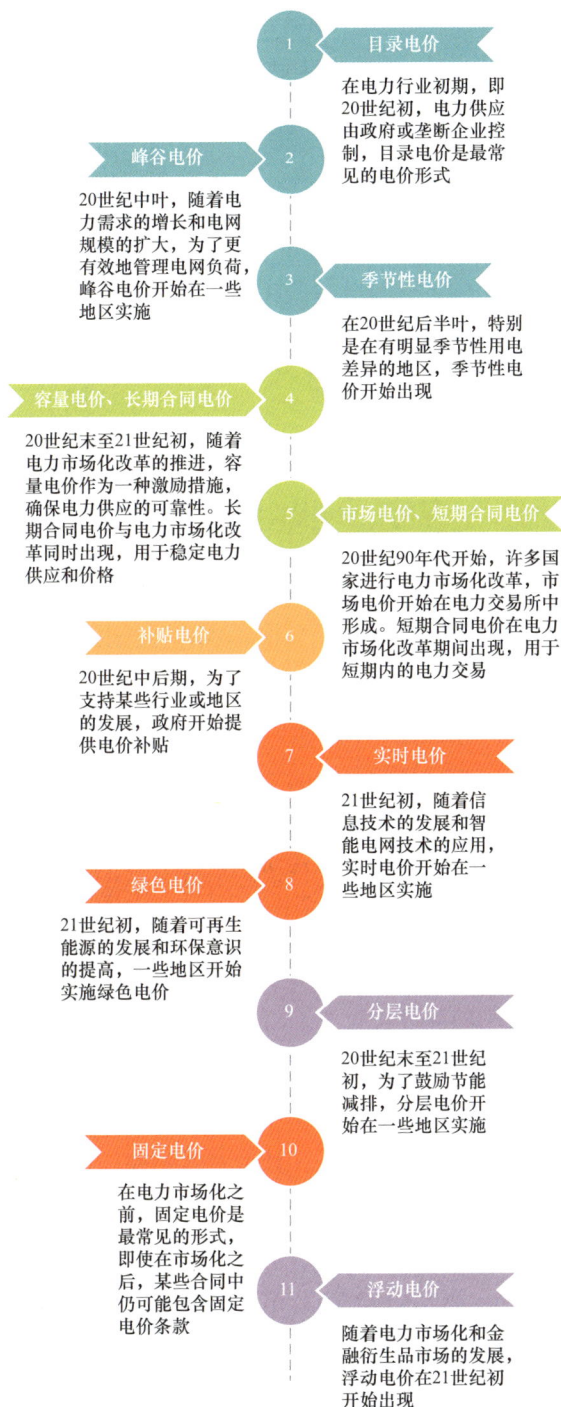

图 8-3　电价类型和兴起时间

早期探索:中国电力市场的改革始于
1997年，为了提高电力市场效率，
开始探索采用分部制电价的方式

2015年，国家能源局发布了《关于印发电力市
场化改革实施方案的通知》，提出到2020年基
本建立以市场为导向的电力体制，分部制电价
被认为是推动电力市场化的一个重要手段

| 1997年 | 2004年 | 2015年 | 2023年 |

试点实施：2004年，
中国开始在部分地
区对分部制电价进
行试点

2023年11月，国家发展改革委、国
家能源局发布了《关于建立煤电容
量电价机制的通知》，明确自2024
年1月1日起，中国建立煤电容量电
价机制，这标志着分部制电价在中
国的正式实施和进一步推广

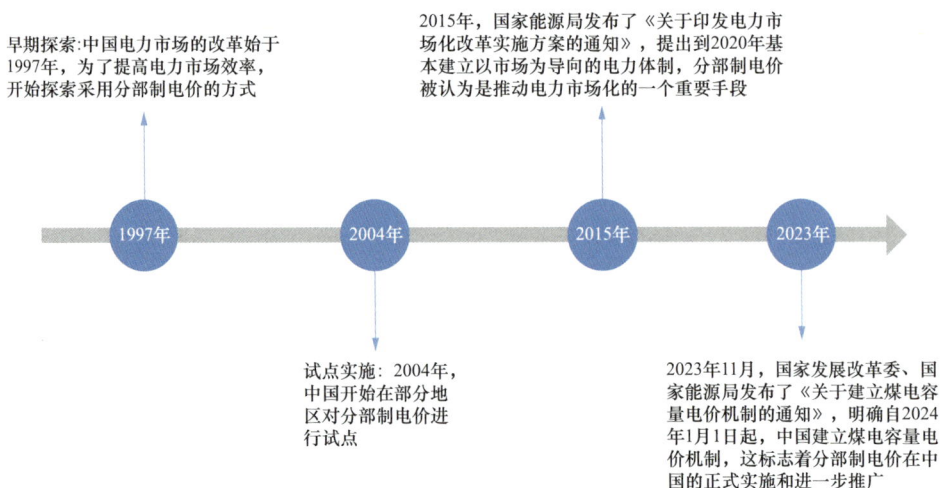

图 8-4　分部制电价的发展历程

电项目不再享有中央财政补贴，实行平价上网。新建项目上网电价按当地燃煤发电基准价执行，同时鼓励通过市场化交易形成上网电价，以体现绿色电力价值。全额保障性收购：2016 年，国家发展改革委印发《可再生能源发电全额保障性收购管理办法》，将可再生能源并网发电项目的年发电量分为保障性收购电量部分和市场交易电量部分，确保了新能源电量的主要部分得到政府的全额保障消纳。绿色价值回收：随着新能源实现平价上网和进入市场，其绿色价值回收问题变得更加重要。新能源的主要价值包括电能量价值和绿色价值两部分，其中绿色价值是新能源相对于常规能源的最大优势。

可再生能源价格政策支持机制的变迁反映了中国在推动可再生能源发展方面所采取的价格政策支持机制的演进，旨在通过政策引导和市场机制促进可再生能源健康发展，并逐步实现与常规能源的平等竞争。

8.1.1.5　能源市场交易机制的历史变迁

能源市场交易机制的历史变迁是一个涉及技术进步、政策改革、市场结构变化等多个方面的复杂过程。能源市场机制建立期：自 1992 年党的十四大提出建立社会主义市场经济体制以来，能源价格改革进程加快，逐步取消了价格"双轨制"，原油、天然气和原煤价格等向市场并轨，电力体制改革方案实施，实现了"厂网分开"，电价管理方式变革。能源价格改革纵深推进期：2015 年，《中共中央　国务院关于进一步深化电力体制改革的若干意见》印发，电力价格改革在管住中间、放开两头、促进绿色发展、降低用电成本等方面取得重大突破，建立了独立监管输配电

价制度，放开了竞争性环节电价市场化。能源市场体系完善期：在新型能源治理体系中，进一步发挥全国煤炭交易中心作用，推动完善全国统一的煤炭交易市场，健全多层次统一电力市场体系，研究推动适时组建全国电力交易中心，推动油气管网设施互联互通并向各类市场主体公平开放。绿色价格政策探索期：积极探索碳排放权交易、可再生能源强制配额和绿证交易制度等绿色价格政策，运用价格机制引导绿色生产、绿色消费。

　　能源市场交易机制的历史变迁反映了中国能源市场交易机制从计划经济向市场经济转型和深化改革，并逐步建立起与国际接轨的新型能源市场体系的过程。

8.1.1.6　能源市场监管机制的历史变迁

　　能源市场监管机制的历史变迁反映了能源监管机制从初步建立到逐步完善，再到现代化治理能力提升的过程，体现了中国在能源领域改革、市场化、绿色低碳转型以及国际合作等方面的持续努力和成就。能源监管机制的初步建立：在早期，中国能源监管机制处于起步阶段，随着市场经济体制的逐步建立，能源监管机制开始逐步形成。电力体制改革的推进：1998 年，中国开始实施电力体制改革，推动了电力行业的市场化进程，这是能源监管机制发展的重要里程碑。市场化改革的深化：2002 年，实现了电力行业的"厂网分开"，进一步推动了电力市场化改革，为能源监管机制的完善奠定了基础。能源监管体系的逐步完善：随着能源市场化改革的不断深入，中国逐步建立起了较为完善的能源监管体系，涵盖电力、煤炭、石油、天然气等多个领域。绿色低碳转型的推动：近年来，中国能源监管机制更加注重绿色低碳转型，推动了新能源的发展和传统能源的清洁高效利用。法规体系的建立与完善：中国加强了能源法律法规的建设，如《中华人民共和国能源法》《中华人民共和国可再生能源法》《中华人民共和国电力法》等，为能源监管提供了法律依据。国际合作与开放条件下的能源安全：中国积极参与国际能源治理，推动国际能源合作，同时在开放条件下增强能源安全保障能力。新型能源体系规划的实施：《"十四五"现代能源体系规划》的印发实施，标志着中国能源监管机制进入了一个新的发展阶段，强调了构建现代能源体系的重要性。

8.1.1.7　参与全球能源治理历史变迁

　　中国作为世界上最大的新兴经济体，在全球能源治理体系中具有十分重要的地位，并发挥着重要的作用。中国很早就积极参与国际能源事务（见表 8-1），与许多国际治理组织如联合国、国际能源署、石油输出国组织和国际可再生能源机构等都建立了联系，1971 年中国重返联合国；1986 年中国加入世界能源理事会（WEC），并建立了 WEC 国家委员会，拉开了中国参与国际能源治理的序幕；1996 年中国和国际能源机构（IEA）建立合作关系，并于 2015 年成为国际能源署联盟国；2013 年 1 月，中国加入国际可再生能源机构（IRENA），并保持了良好的合作关系。截至 2023 年年底，中国已经和超过 90 个国家、地区和国际组织建立了能源合作机制。

表 8-1 　　　　　　　　　　主要能源合作组织（截至 2024 年 1 月 2 日）

正式名称	简称	成员数	成立年份	秘书处/总部所在地	与中国合作时间
石油输出国组织	OPEC	12	1960	维也纳	2005 年
世界能源理事会	WEC	94	1968	伦敦	1983 年（成员国）
拉丁美洲能源组织	BLADE	28	1973	奎托	1993 年
国际能源署	IEA	31	1974	巴黎	1996 年（关联国）
七国集团	G7	7	1975	—	—
海湾阿拉伯国家合作委员会	GCC	6	1981	利雅得	1981 年
亚太经济合作组织	APEC	21	1989	新加坡	1991 年（成员国）
国际能源论坛	IEF	73	1991	利雅得	2002 年
欧洲能源宪章	EC	55	1991	布鲁塞尔	2001 年
欧洲联盟	EU	27	1993	布鲁塞尔	1995 年
东盟能源中心	ACE	10	1999	雅加达	2015 年
黑海经济合作组织	BSEC	13	1999	伊斯坦布尔	2018 年
上海合作组织	SCO	9 成员国＋3 观察国	2001	上海	2001 年
天然气出口国论坛	GCEF	12 成员国＋7 观察国	2001	多哈	2001 年
二十国集团	G20	20（19＋欧洲联盟）	2008	—	2008 年
国际可再生能源署	IRENA	161	2009	阿布扎比	2013 年

此外，推进绿色"一带一路"建设是中国参与全球环境治理、推动绿色发展理念的重要实践，更是打造全球能源命运共同体的重要举措。截至 2023 年底，中国同超过 149 个国家和 32 个国际组织签署共建"一带一路"合作文件，形成 3000 多个合作项目，投资规模超 1 万亿美元。

能源治理体系变迁与人类面临的挑战息息相关，体现在以下方面：①环境可持续性。全球气候变化和环境退化问题日益严重，迫切需要转向更加清洁、低碳的能源系统。②能源安全。能源供应的不确定性和价格波动对国家经济安全构成威胁，需要建立稳定的能源治理体系以保障能源供应。③技术进步。新能源技术的发展，如可再生能源、电动汽车和储能技术，要求能源治理体系能够适应这些技术变革。④市场机制。能源市场需要更加有效的价格机制和竞争机制，以反映能源的真实成本，包括环境和社会责任。⑤国际合作。能源问题往往超越国界，需要国际社会的合作和协调，如通过国际协议来共同应对气候变化。⑥社会需求。公众对清洁能源和环境保护的需求增加，能源治理体系需要回应社会关切，提高透明度和公众参与度。⑦投资需求。新能源项目和基础设施的建设需要大量投资，能源治理体系需要吸引和引导投资流向可持续能源项目。⑧能源多样性。随着能源来源的多样化，包括传统能源和新能源的整合，能源治理体系需要更加灵活和包容。

为应对挑战，新型能源治理体系相比于传统的能源治理体系更加强调各种要素资源的灵活高效配置，包括更加注重非化石能源的开发利用，更加注重采用能源技术和商业模式创新变革，更加注重产业链供应链韧性，更加注重开放和协调的政策环境，更加注重有效能源监管，以及通过更为广泛深入的国际合作来推动全球能源治理的变革。

8.1.2　新型能源治理体系的基本定义与内涵

新型能源治理体系作为新型能源体系的重要部分，主要针对未来中国能源事务的长期高效管理，其建立和完善是一个持续的过程，需要不断地根据能源领域的发展和全球环境变化进行调整和优化。

新型能源治理体系是以可持续发展为导向，以低碳和清洁能源为优先，以技术创新为驱动，要求市场机制完善，多方利益相关者参与，政策和法规框架全面，具有高度灵活性和适应性，并需要国际合作、交流和长远规划的体系。其中可持续发展导向强调能源政策和行动应符合可持续发展的原则，确保能源开发利用与环境保护和社会福祉相结合。低碳和清洁能源优先指推动能源结构向低碳、清洁能源转型，减少温室气体排放，提高能源系统的绿色、低碳特性。技术创新驱动指鼓励和支持新能源技术的研发和应用，如可再生能源技术、智能电网、电动汽车和储能技术等。市场机制完善指建立和完善市场机制，包括价格形成机制、竞争政策、激励措施等，以促进能源效率和新能源产业的发展。多方利益相关者参与指政府、企业、社会组织、公众等多方利益相关者共同参与能源治理，形成合作与协商的治理模式。全面的政策和法规框架为能源转型提供指导和保障，确保政策的连贯性和执行力。高度灵活性和适应性指新型能源治理体系应具备灵活性和适应性，能够应对能源市场和技术的快速变化。国际合作和交流主要指在全球化背景下，新型能源治理体系强调国际合作的重要性，通过国际协议、技术交流和资本流动促进共同发展。长远规划主要指从长远角度规划能源政策和行动，确保能源治理体系能够适应未来能源需求和环境目标的变化。

8.2 新型能源治理体系的主要特征

新型能源治理体系的主要特征为以能源安全为首要目标，以政策法规为根本指导，以能源供应、生产和消费绿色低碳转型、生态环境保护和可持续发展为重点，以科技创新和市场机制为手段，以价格机制为突破，以全球能源治理为重要方向，是一个综合、动态、多方参与的治理结构，旨在通过创新和协调实现能源的可持续发展、安全供应和环境责任。

新型能源治理体系强调不同能源形式、不同区域、不同部门之间的协调，以实现能源的整体优化和可持续发展。以减少温室气体排放为核心，推动能源结构向低碳、清洁能源转型，促进经济发展方式的根本转变。从国家战略层面进行长远规划，确保能源政策的连续性和稳定性，同时兼顾经济、社会、环境等多方面的需求。通过市场机制激发能源行业的活力，同时政府通过政策调控确保能源安全、公平竞争和环境保护。鼓励和支持新能源技术的研发和创新，推动能源产业的技术进步和产业升级。政府、企业、研究机构、民间组织和公众等多方利益相关者共同参与能源治理，形成开放、包容的治理结构。在全球化背景下，新型能源治理体系强调国际合作的重要性，通过国际协议和合作项目共同应对全球能源和环境问题，制定和实施严格的能源法规和标准，确保能源开发利用的合规性和安全性。

新型能源治理体系的特征体现了对能源领域复杂性的深刻认识和积极应对，旨在构建一个更加清洁、高效、安全和可持续的能源未来。

8.3 新型能源治理体系的影响因素

新型能源治理体系受政策、技术创新、价格机制、市场环境、地缘政治和国际关系等多个层面的影响。

8.3.1 政策影响

在应对气候环境变化和国内能源需求增长的双重挑战下，中国政府已经明确将能源转型上升到国家战略的高度，并提出制定了一系列长期战略，如"十四五"能源发展规划和"双碳"战略。相关规划战略不仅为新型能源治理体系建设设定了清晰的目标和时间表，还概述了实现这些目标的具体政策措施，包括增加非化石能源消费比重、构建主体多元的能源市场体系、进一步完善能源资源价格形成机制等。

另外，中国政府通过财政补贴、税收优惠政策、绿色信贷等经济手段，有效促进了新能源汽车、太阳能和风能等行业的发展。例如，新能源汽车购车补贴政策极大地促进了电动车市场的扩容，也进一步带动了上中下游产业链的发展，包括新能源电池制造、车用电子芯片和充电基础设施等。同时，中国政府也在不断完善能源相关法律法规体系，制定和更新了一系列环保和能效标准，为能源消费和生产活动设定了明确的规范，为市场参与者提供了遵循的规则，同时也推动了技术创新和效率提升。此外，中国政府积极参与国际气候变化谈判，与其他国家和国际组织建立了广泛的能源合作关系，有助于先进技术和管理经验的国内外交流合作，还能提升中国在国际能源治理中的话语权。然而，由于各地经济发展水平和能源结构差异较大，中央制定的政策在地方的执行效果存在差异。

政策调整的频率和方向有时也会受到短期经济压力的影响，导致企业和市场参与者面临不确定性。另外，相关财政补贴虽有利于新能源产业的起步和成长，但也可能导致行业对补贴的依赖，阻碍了市场机制的正常发挥。如何设计合理的补贴退出机制，平衡行业发展和市场健康，是政策制定者需要解决的难题。同时，在推动能源转型的过程中，政策的制定必须更加科学和精准，需要与市场需求和技术发展紧密结合。例如，在电网改造、可再生能源并网等方面，需要政策与市场机制有效配合，以确保技术和市场的双重进步。此外，国际政治形势的影响、国际贸易环境的变化、外部政治经济关系的波动等因素，都可能影响中国能源政策的执行效果，如何在保护国家能源安全和推动国际合作之间找到平衡点，是政策制定中的另一个挑战。

8.3.2　技术创新影响

技术创新是新型能源治理体系发展的重要驱动力，它不仅能够推动能源产业的技术进步和产业升级，还能够促进能源政策的制定和执行。随着技术的不断进步，能源的利用效率逐渐提高、能源成本逐渐降低，使得这些能源更具竞争力。技术创新有助于开发新的能源资源，如太阳能、风能、生物质能等，这些新能源的开发有助于减少对化石燃料的依赖。同时，技术创新可以推动多种能源形式的开发和利用，增强能源系统的可靠性和抗干扰能力，增强能源供应的多样性和稳定性。

8.3.3　价格机制影响

在规划建设新型能源治理体系的过程中，合理的价格体系是调节能源供需、促进资源合理分配，并推动能源产业健康发展的关键因素。中国在能源价格体系的构建上面临着诸多机遇，这些机遇将推动能源政策的有效实施和能源市场的稳定。价格是最有效的市场信号之一。通过价格机制，可以激励消费者和企业提高能源使用效率，支持节能减排的技术和产品。同时，合理的能源定价可以直接反映环境成本和资源稀缺性，推动公众和企业更加重视环保和可持续发展。中国目前正处于能源结构大幅调整的关键期，价格体系可以有效地引导能源消费的方向，促进从传统能源向可再生能源的转变，激发市场的活力，吸引更多的投资进入能源领域，尤其是新能源和高效能源技术的研发和应用。

此外，价格机制的市场化改革可以促进能源服务业的创新，如需求侧管理、能源金融服务等，进一步促进中国能源领域的健康发展。然而，能源价格市场化是一个复杂的系统工程，涉及广泛的利益调整和政策配合。能源价格是中国政府监管的重点，特别是在电力和天然气领域。市场化改革需要平衡消费者、企业经济效益和国家能源安全等多方面的因素。此外，能源价格波动可能会造成社会经济的不稳定，如何设计一个平稳过渡的机制，在推进市场化改革的同时，通过政策确保能源的基本公共服务性质，是改革中需要解决的关键问题。作为世界上最大的能源消费国和二氧化碳排放国之一，中国的能源价格体系不仅影响国内市场，也可能对国际能源环境产生影响。此外，随着碳排放的政策日趋严格，在调整能源价格政策时，也需要考虑与国际碳市场的接轨问题。价格体系是中国新型能源治理体系中的一大重点，未来的能源价格政策需要不断调整和完善，以应对内外部环境的变化，实现经济、社会和环境目标的平衡。

8.3.4 市场需求影响

尽管中国市场潜力巨大，但同时也面临一些挑战。首先，市场存在一定波动性，能源市场受国内外多种因素影响，如经济周期、政策调整、国际能源价格波动等，这些都可能给新型能源治理体系的建设发展带来不确定性。其次，随着能源需求的持续增长，资源消耗和环境压力也随之增大。如何在保证能源供应的同时有效控制环境污染和生态破坏，以美丽中国建设全面推进人与自然和谐共生的现代化，是摆在新型能源体系中的一项重大挑战。最后，市场竞争不断加剧，能源市场的快速发展吸引了大量企业进入，尤其是在新能源领域，竞争日益激烈，如何在竞争中保持技术和成本的优势，如何构建绿色能源产业良性竞争机制，是新型能源治理体系需要面对的问题。

8.3.5　环境因素影响

环境保护和气候变化是推动新型能源治理体系发展的重要因素。全球减排目标和环境保护政策促使各国寻求更清洁、更可持续的能源解决方案。新型能源项目需要考虑对当地生态系统的影响，确保在开发过程中采取适当的措施，减少对生物多样性和自然景观的破坏。同时，要求新型能源在生产和使用过程中控制污染物排放，包括大气污染物、废水和固体废物等。环境因素促使各国进行能源转型，从依赖化石燃料转向更多使用可再生能源和清洁能源。国际环境协议如《巴黎协定》对各国的温室气体排放设定了目标，这些目标对新型能源治理体系的构建和实施有着直接影响。为了减少温室气体排放，一些国家和地区引入了碳定价机制，如碳税和碳交易市场，这些机制通过经济手段影响能源消费和生产。

8.3.6　能源安全影响

能源安全是各国政府考虑的重要因素，新型能源治理体系需要在保障能源供应安全的同时，实现能源结构的优化和升级。为了减少对单一能源或单一供应来源的依赖，新型能源治理体系鼓励多元化能源供应，包括开发和利用各种可再生能源。此外，能源安全要求建设强大的能源基础设施，包括电网、输油管道、天然气管道等，以确保能源的高效分配和使用。新型能源治理体系需要建立应急机制，以应对自然灾害、技术故障、市场波动等可能影响能源供应的突发事件。建立和维护战略能源储备是保障能源安全的重要手段，新型能源治理体系需要考虑如何有效管理这些储备。此外，能源安全要求政策的连续性和可预测性，以便企业和投资者能够做出长期规划和投资。

8.3.7　地缘政治和国际关系影响

能源资源的地理分布和国际政治经济格局影响着能源治理。全球能源格局与能源治理体系的错位导致了治理效率低下，甚至失效。这种错位表现在不同国家对能源政策的追求不一致，以及国际合作机制的不足。地缘政治冲突，如俄乌冲突，不仅加剧了全球能源市场的不稳定，还可能导致能源供应链中断，从而影响全球能源安全。此外，地缘政治的紧张也可能导致能源资源过度"政治化"和"工具化"，进一步复杂化国际关系。随着全球从传统化石能源向可再生能源的转型，这种转变可能会改变现有的国际能源秩序和地缘政治格局。一方面，能源转型可能减少因能源问题引发的地缘政治冲突；另一方面，也可能因为新能源技术和关键稀缺材料的控制权问题而引发新的地缘政治博弈。尽管国际社会普遍认识到加强能源治理的重要性，但在实际操作中，如何有效协调各国利益、建立有效的多边合作机制仍然是一个重大挑战。此外，绿色贸易保护主义等现象也可能阻碍全球能源治理体系的有效构建。

8.4 新型能源治理体系构建举措

8.4.1 能源制度体系构建举措

（1）推动能源法律体系建设。加大能源立法和修法力度，聚集煤炭、石油、天然气、电力、新能源多个领域进行跨领域多视角整体筹划，突破单一领域立法模式。及时修订或废止阻碍能源发展规划、落后于能源行业结构转型实践、妨碍统一市场和公平竞争的法律法规，增强能源立法的及时性、针对性、有效性。逐步建立健全适应新型能源体系建设的法律体系，以能源基本法为统领，以各细分领域法律为主干，与行政法规和规章相配套，实现能源法律体系系统完整，法律法规规章之间有机衔接、相互协调。

（2）深化能源标准化工作改革。按照需求导向、先进适用、急用先行的原则，系统梳理现有标准并科学谋划应有和预计制定标准的蓝图，加快健全能源新兴领域的标准，提升能源传统领域的标准，积极推进标准国际化；紧密结合电力、核电、煤炭、油气、新能源与可再生能源、电工装备等行业发展及标准化实际，因行施策、因业制宜，科学确定能源领域新型标准体系的范围、边界及标准层级，持续推进标准体系优化。同时，厘清强制性标准保安全兜底线、推荐性标准突出公益性、团体标准自主制定、提高竞争力的定位，统筹兼顾标准国际交流合作需要，使标准体系层级适当、划分清楚。此外，强化标准管理，坚持能源标准化与能源技术创新、工程示范一体化推进，夯实标准的技术基础，并在新技术领域及大数据、人工智能等数字—能源融合领域，推动团体标准扩量提质；在能源互联网、储能、氢能等新兴领域推进新型标准体系建设。

（3）完善能源监管体系建设。锚定保障能源安全和推动绿色低碳转型两大监管目标，逐步建立过程监管、数字化监管、穿透式监管、跨部门协同监管的大监管体系，持续加大监管工作力度，有效维护公平公正市场秩序。着力强化能源安全保供监管，采取有力监管措施推动国家能源规划、政策和项目落地，加强对能源供需形势的监测、分析和预警，发挥市场机制保供稳价作用和负荷侧参与系统调节作用。

着力强化清洁能源发展监管，围绕碳达峰碳中和目标，健全适应新型能源体系的监管机制，保障新能源和新型主体公平接入电网，稳妥有序推进新能源参与电力交易，切实发挥调节性电源促进清洁能源消纳的作用。着力强化自然垄断环节监管，建立健全电力、油气自然垄断环节监管制度，加强对电网垄断环节和油气管网设施公平开放监管，推动企业切实履行维护国家能源安全责任。着力强化全国统一电力市场体系建设，制定发展规划，健全基础规则，推动多层次统一电力市场体系建设，完善辅助服务市场机制，建立绿色电力交易机制。着力强化能源安全生产工作，严守能源安全底线，加大电力安全监管执法力度，抓好电力安全风险管控和隐患排查治理。着力强化资质管理和信用监管，融合信用手段开展专项监管，完善许可和信用制度规范，提升数字化监管效能。

（4）推动碳治理体系建设。加快推动能耗"双控"逐步向碳排放"双控"转变，并围绕碳排放双控建立健全碳治理体系。加快推进用能权、排污权等其他生态环境权益的全国统一市场建设，提升碳治理体系与生态环境治理体系其他部分的协同性。进一步发挥碳治理体系对国家治理体系和治理能力现代化的支撑作用，积极发挥碳治理对绿色低碳发展、创新发展的激励作用，通过碳治理促进区域合作、协同发展，促进产业链绿色高质量发展，加强生态环境领域的国际合作，积极参与并引领全球生态环境治理。

8.4.2　能源市场体系构建举措

在有效保障能源安全供应的前提下，结合实现碳达峰碳中和目标任务，有序推进主体多元、统一开放、竞争有序、有效监管的全国能源市场建设。

在煤炭方面，推动全国性和区域性煤炭交易中心协调发展，促进煤炭交易中心与大型企业交易平台、储配煤基地和物流平台等机构深入开展合作，通过业务合作实现优势互补，通过数据合作实现信息共享，通过资源整合和兼并重组实现一体化运营，共同营造统一规范、公开透明、竞争有序的煤炭市场环境，加快建设统一开放、层次分明、功能齐全、竞争有序的现代煤炭市场体系。

在油气方面，完善油气管道运输价格形成机制，做好中游价格监管体系，在国家管网公司的基础上推动省级管网运销分离，进一步增加油气市场主体，促进油气生产和供应企业公平竞争。对于油气行业的上游产业链，要放开上游勘查开采市场，全面实施矿业权竞争性出让，推动油气地质资料汇交利用，积极推动勘查、开采工程建设和装备制造参与市场竞争；对于下游产业链，要深入推进下游竞争性环节市场化改革，鼓励并支持大用户与气源企业签订直供或直销合同，降低用气成本，完善终端销售价格与采购成本联动机制，推进终端销售价格市场化。推动形成上游油气资源多主体多渠道供应、中间统一管网高效集输、下游销售市场充分竞争的油气市场体系，提高油气资源配置效率，充分激发中国油气市场活力，构建高标准高效的统一油气市场。

在电力方面，深化电力中长期市场交易机制建设，完善电力中长期交易规则，建立源网荷储一体化和多能互补项目协调运营机制，加快推动中长期市场、现货市场和辅助服务市场有机衔接，完善交易时序、市场准入和价格机制关联机制，进一步发挥中长期市场在平衡长期供需、稳定市场预期层面的作用[18]。推进电力现货市场建设，引导现货市场更好发现电力实时价格，准确反映电能供需关系[19]；有序扩大电力现货市场试点范围，支持有条件的试点转入长期运行，逐步形成长期稳定运行的电力现货市场。完善电力辅助服务市场，丰富辅助服务交易品种。优化电力市场总体设计，健全多层次统一电力市场体系。积极推进分布式发电市场化交易，支持分布式发电与电力用户就近交易，完善分布式市场化交易的价格政策及市场规则。

进一步提升可再生能源在能源市场体系参与度。持续优化可再生能源在电力市场交易规模及覆盖面，推进绿电交易周期向长周期逐步迈进，构建利于可再生能源发展的长效交易机制，优化可再生能源市场及相关行业良好发展环境及制度保障。此外，加强绿电证书、绿电市场交易、碳市场及能耗"双控"相关机制联动，推动绿电市场与"能耗"双控机制互联互通，加强绿电、绿证、碳交易等不同市场、不同机制间的有效衔接，加快构建电碳协同的市场制度框架体系，加强数据互联互通互认，为提高风电、光伏发电等可再生能源消纳能力、推动可再生能源行业健康有序高质量发展作出积极贡献。

8.4.3　能源价格体系构建举措

健全能源价格体系要紧紧围绕"碳达峰、碳中和"目标，在充分考虑相关方面承受能力的基础上，发挥价格机制的激励、约束作用，促进经济社会发展全面绿色转型。

（1）持续深化电价改革。进一步完善省级电网、区域电网、跨省跨区专项工程、增量配电网价格形成机制，加快理顺输配电价结构。持续深化燃煤发电、燃气发电、水电、核电等上网电价市场化改革，完善风电、光伏发电、抽水蓄能价格形成机制，建立新型储能价格机制。平稳推进销售电价改革，有序推动经营性电力用户进入电力市场，完善居民阶梯电价制度。不断完善绿色电价政策，针对高耗能、

高排放行业，完善差别电价、阶梯电价等绿色电价政策，强化与产业和环保政策的
协同，加大实施力度，促进节能减碳。实施支持性电价政策，降低岸电使用服
务费。

（2）稳步推进石油天然气价格改革。按照"管住中间、放开两头"的改革方
向，根据天然气管网等基础设施独立运营及勘探开发、供气和销售主体多元化进
程，稳步推进天然气门站价格市场化改革，完善终端销售价格与采购成本联动机
制。积极协调推进城镇燃气配送网络公平开放，减少配气层级，严格监管配气价
格，探索推进终端用户销售价格市场化。完善天然气管道运输价格形成机制，适应
"全国一张网"发展方向，完善天然气管道运输价格形成机制，制定出台新的天然
气管道运输定价办法，进一步健全价格监管体系，合理制定管道运输价格。

（3）不断完善碳定价机制。加强碳排放统计核算能力建设，健全全国统一的碳
排放核算方法，加强碳排放基础数据库建设，完善核算标准与核查机制建设，探索
建立全国性的碳核算体系。稳步扩大碳市场覆盖范围，降低非履约企业入市门槛，
引入多层次市场参与主体，提升市场整体活跃度和流动性。适时探索有偿分配，建
立一级市场定价体系，形成对现有碳价的有效补充。进一步鼓励开发碳指数等辅助
碳定价产品，为市场参与者把握供需及价格变化提供权威指标，为金融机构准确进
行碳资产价值评估提供参考，为气候投融资创新业务发展提供基础。

8.4.4　积极参与全球能源治理

积极参与全球能源治理，强调共同利益和共同目标，巩固全球能源共同安全
观，保障公平并着力解决能源贫困，是中国全面构建新型能源治理体系，积极参与
全球治理，推动构建人类能源命运共同体的重要途径。

积极参与推动构建真正的全球性能源治理协调机构。目前全球能源治理架构较
为分散且缺乏权威性，亟需在现有机制基础上构建新型全球能源机制。中国可积极
推动能源国际合作与开放，在权威能源治理平台和治理机制中发出中国声音，提出
中国方案，引领国际能源治理改革方向，不断增强在国际能源治理体系中的影响力
和话语权。

利用 G20 平台促进发达国家与新兴经济体在能源治理方面达成共识。二十国集
团涵盖全球最具影响力的经济体，拥有多层次治理主体间的协调和应对危机能力。
借助 G20 平台，中国可推动新兴经济体更多地参与到全球能源供需体系，更好地平
衡全球油气供需市场。

强化"一带一路"能源合作伙伴关系。秉持共商共建共享原则，坚持开放绿色

和廉洁理念，努力实现高标准、惠民生、可持续目标，务实推动"一带一路"能源国际合作高质量发展。优化"一带一路"国家能源合作布局，巩固拓展能源贸易合作渠道，加强能源资源上中下游全方面合作，保障国际能源产品经济合理稳定安全供应。研究推进与有关国家在核电、风电、光伏、智能电网、智慧能源、互联互通等方面的合作，研究绿色能源和绿色金融相结合的政策，推动双边和多边合作项目。促进能源互利合作，加强与各类区域组织、国际组织等能源合作和交流。

加强能源领域应对气候变化国际合作。坚持共同但有区别的责任原则，推动中美清洁能源合作，深化中欧能源技术创新合作，形成能源领域应对气候变化和推动绿色发展合力，推动落实《联合国气候变化框架公约》及其《巴黎协定》。积极开展能源领域气候变化南南合作，进一步加强与其他发展中国家能源绿色发展合作，支持发展中国家落实联合国 2030 年可持续发展议程，提升能源领域应对气候变化能力，彰显中国积极参与全球气候治理的大国担当。

第9章
省级区域新型能源体系规划建设探索

9.1 发 展 基 础

9.1.1 经济发展

A省处于中部地区崛起和长江经济带发展两个重大国家战略的叠加区域,承东启西、连南接北,区位优势明显。2023年地区生产总值突破5万亿元,位居中国前十,同比增长4.6%,三次产业结构为9.3:37.6:53.1。工业增加值占地区生产总值的比重为29.1%;高新技术产业增加值占地区生产总值的比重为22.8%。第一、二、三产业增加值对经济增长的贡献率分别为7.8%、38.1%和54.1%。其中,工业对经济增长的贡献率为31.2%,生产性服务业对经济增长的贡献率为25.7%,成为稳住经济大盘的压舱石。

进入新时代以来,A省产业体系日益完善,核心产业优势显著,特色产业不断壮大,新兴动能加快培育。目前拥有3个万亿级产业、16个千亿级产业,以及4个国家级先进制造业集群。工程机械和轨道交通装备产业规模稳居中国第一,其中工程机械主营业务收入占全国的1/4以上,电力机车市场份额居世界第一。新材料总量规模居中部第一、中国前列,先进储能材料产业市场占有率、硬质合金产量位居中国第一。具备中国唯一的中小型航空发动机研制基地。特色中成药、中药饮片、生物农业等实现特色生物资源深度开发带动产业快速增长。跨领域、跨行业、多种经济形式并存的节能环保产业体系初步形成。数字创意、新能源汽车等领域具备良好发展基础,潜力巨大。高新技术企业突破14000家,保持中国前10。国家制造业单项冠军企业和产品累计达到72个,一批千亿企业、世界级装备制造企业、行业骨干企业迅速成长。

9.1.2 能源发展

"十四五"以来,全球百年变局与世纪疫情交织叠加,国内罕见高温干旱等超预期自然灾害频发,不稳定不确定性因素明显增多,经济社会发展面临的风险挑战前所未有。A省能源系统聚焦能源安全保供和绿色低碳转型中心任务，大力推动能源"供给、消费、技术、体制"四个革命，全方位加强能源对外合作，能源基础设施建设取得重大突破，能源供需总体平稳，能源结构绿色低碳转型稳步推进。

（1）政策体系不断完善。印发了"1＋4"能源规划、能源领域碳达峰、电力支撑、天然气长输管道、城燃储气、电能替代、电力（天然气）"一张网"、充电基础设施、电厂储煤设施改造、新能源开发、新型储能、氢能、用电营商环境等一系列规划、方案和举措，能源高质量发展的"四梁八柱"基本构成，为经济社会高质量发展奠定了坚实基础。

（2）供给能力大幅提升。A省能源供应能力提升至2023年的1.7亿t标准煤，电力稳定供应能力提升至4400万kW以上，电力装机容量提升至7086万kW，电力调入能力提升至1280万kW以上，天然气供应能力提升至125亿m³，煤炭调入、成品油管输能力分别稳定在1.1亿t和1800万t，基本满足经济社会发展需求。

（3）消费结构显著优化。2021—2023年A省单位GDP能耗累计下降了13.9%，以1.4%左右的能源消费增速支撑了17.3%的GDP增长。新能源装机比重、非水可再生能源发电比重、非化石能源消费比重分别提升至2023年的37%、20.9%、24.4%，煤炭消费比重降低至47.3%。

（4）科技创新成果丰硕。国家能源金属资源与新材料重点实验室成为国家"十四五"第一批能源研发创新平台，园区微网源网荷储互动调控示范站纳入国家能源领域5G应用优秀案例，获批国家"区块链＋能源"创新应用试点、中国第一批农村能源革命试点县，电池储能、压缩空气储能等项目纳入国家新型储能试点示范。出台能源数字化智能化发展方案，新能源储能全过程建设管理平台、应用空间电力信息平台上线。

（5）体制改革深入推进。建立完善能源运行、能源建设、价格调控"三位一体"工作机制。完善电力中长期、现货、辅助服务等市场体系，推动省内统一电力市场建设。持续优化电力营商环境，"获得电力"指标排名中国前列。加快省网融入国家管网进程，建设天然气上下游产业一体化平台，探索天然气直供试点，积极稳妥推进天然气长输管道"同网同价"。

（6）能源合作全面拓展。与资源富集省份、国家电网签订了长期合作协议。与长江中游省份签订能源供应互济合作协议，推动区域能源基础设施互联互通。与山西、陕西、内蒙古等煤炭主产区建立长效合作机制，提高煤炭供应保障能力。与国家电网、国能、华润、大唐、陕煤化等央企、国企战略合作持续深化，能源投资建设力度明显加大。

9.1.3　面临的挑战

A 省一次能源资源严重匮乏、整体处于中国能源流向末端的基本省情没有变。一些长期存在的结构性矛盾和深层次问题仍然凸显，与构建新型能源体系的要求还有差距。

（1）能源安全保供压力大。A 省能源对外依存度长期维持在 80％左右，能源消费增长高于能源生产，缺口持续扩大，严重依赖省外调入。新能源装机增长速度快但保障能力不足，煤电受环保要求和经济性问题影响发展受限，省内电力生产能力增量有限，能源电力保障压力大。

（2）能源绿色转型难度大。A 省水电已开发殆尽，风能、太阳能分别为四类、三类资源区，建设同等规模新能源所需土地资源较"三北"地区多 20％以上。可再生能源消纳权重进一步提升难度大。天然气消费增速快，但占能源消费总量基数小，仅 3.9％。

（3）电网结构补强需求大。A 省主网架局部输电通道输送能力受限，各区域间互济能力不能充分发挥。新能源快速规模化发展，大量分布式电源接入中低压配电网，并网难、消纳难、运行问题日益凸显。同时，随着乡村振兴战略的全面推进，农村用电负荷激增，两者对农村电网承载能力都有较大刚性需求。

（4）能源系统成本控制难。A 省新能源资源禀赋不足，替代化石能源需要更大建设规模，相较于新能源资源丰富的省份，需付出更大代价。为保障高比例新能源并网消纳、系统安全与可靠供电，需增加电网建设、系统调峰、容量备用、安全保障等外部成本，抬升系统附加成本。在碳达峰碳中和目标下，A 省电价水平的改善将面临更严峻的考验。

（5）能源创新链、产业链仍需完善。A 省国家能源研发创新平台、重点实验室、中试基地等创新平台与发达省份相比仍有较大差距，关键核心技术自主化水平仍有待提升。能源项目低水平重复建设的情况仍有发生，高新技术企业数量相对较少，亟须加快推动能源产业链现代化。

9.2　规　划　建　设　思　路

9.2.1　指导思想

加快规划建设新型能源体系，要坚持以习近平新时代中国特色社会主义思想为指导，全面贯彻党的二十大精神和"四个革命、一个合作"能源安全新战略，立足新发展阶段，完整、准确、全面贯彻新发展理念，结合 A 省基本省情，高水平建设以新型电力系统为核心支撑，以能源结构新、系统形态新、产业体系新、发展机制新为总体特征，保障能力强、支撑作用强、辐射带动强的新型能源体系，为全面建设社会主义现代化强省提供坚强能源支撑。

9.2.2 发展原则

（1）坚持安全发展。牢固树立安全发展理念，统筹发展和安全。积极开展省际间能源合作，加强能源输送通道建设，拓展能源供应渠道与互济通道。加强能源安全风险管控和应急响应能力建设，确保极端情况下能源基本供应。

（2）坚持绿色发展。贯彻落实碳达峰碳中和目标要求，坚持先立后破，通盘谋划，处理好近期和长远、发展和减排、整体和局部、政府和市场的关系。加快构建新型能源体系，统筹兼顾清洁、安全、经济三大目标。坚定不移走生态优先、绿色低碳的高质量发展道路。

（3）坚持高效发展。把能源资源高效利用贯穿经济社会发展全过程、各领域，推进资源总量管理、科学配置、全面节约、循环利用。提高能源资源及通道利用效率，转变能源利用方式，持续推动产业结构和能源结构调整，以更少的能源资源消耗创造更大的经济社会效益。

（4）坚持创新发展。把创新作为引领能源高质量发展的第一动力，持续加大能源科技创新投入力度，努力破解制约能源发展的关键技术，打造高端能源创新平台，推动能源科技自立自强。推动能源与互联网、人工智能、区块链等先进信息技术深度融合，构建智慧能源系统。

（5）坚持合作发展。秉持创新、协调、绿色、开放、共享的发展理念，主动对接区域发展等国家重大战略，深入推进能源资源、技术和产业链合作。坚持共商共建共享，努力实现共同发展。

9.3 目 标 画 像

9.3.1 近期目标

到 2030 年，A 省新型能源体系初步形成。能源生产能力、吞吐能力、储备能力得到极大提升，体制机制更加健全，用能价格总体稳定，能源稳投资、稳增长、稳就业作用进一步凸显，全面助力打造国家重要先进制造业、具有核心竞争力的科技创新、内陆地区改革开放的高地。

（1）能源结构清洁化。煤炭消费稳步下降，石油消费进入平台期，天然气消费快速增长。非化石能源占能源消费总量比重持续提升，超过 25%。可再生能源电力总量消纳责任权重达到 57%，能源清洁开发利用水平居中国前列。电能替代广度和深度不断扩展，电能占终端能源消费比重达到 29%。

（2）系统形态多样化。电力系统整体向清洁低碳方向转型，绿电成为电力供应主体，新型电力系统建设取得重要进展。能源供需互动更加紧密，多能互补、源网荷储一体化等能源融合模式不断涌现。分布式能源广泛应用，氢能、氨能、地热能等非电能源成为重要补充。

（3）能源产业现代化。新能源等战略性新兴产业成为经济发展新的增长引擎，加快形成新质生产力，有力支撑现代产业体系建设。新一代信息技术、人工智能等与能源系统深度融合，能源系统数字化、智能化程度大幅提升。高能级研发创新平台不断涌现，关键核心技术产品产业化能力加快形成，低碳零碳工程技术装备加快推广应用。

（4）发展机制多元化。政府引导、市场主导、企业发挥主体责任的能源发展机制全面形成。能源战略统筹能力大幅提升，省间合作、央地合作向更大范围、更宽领域、更深层次拓展。能源企业合作联营深入推进，共商共建共享机制完善升级。

9.3.2　远期目标

到本世纪中叶，A 省新型能源体系全面建立。能源系统完成全面清洁低碳转型，非化石能源成为主体能源，绿色生产和消费模式广泛形成，具有全新形态的新型电力系统全面建成，支撑全省碳中和战略目标顺利实现。能源系统数字化、智能化升级全面完成，能源创新链、产业链、资金链、人才链、数据链深度融合，能源产业价值链向高端化、现代化迈进。能源产业成为现代产业体系重要组成，关键核心技术产品全球领先。能源治理体系更加完善，能源产供储销各环节全面优化，能源安全得到全方位保障，有力支撑全面建成社会主义现代化强省目标实现。

9.4　实施路径与重点举措

9.4.1　构建稳定可靠的能源安全体系

（1）推动煤炭产业优化升级和煤电转型发展。充分发挥煤电"压舱石"和"稳定器"作用，推动煤电由主体性电源向基础保障性和系统调节性电源转型。合理保障煤电装机裕度，新建煤电机组以百万千瓦级超超临界机组为主，持续推进煤电节能降碳改造，加速老旧低效机组更新迭代。到 2030 年全省支撑性煤电装机容量达到 4000 万 kW 以上。加快推动煤炭产能优化和绿色矿山建设。淘汰煤炭落后和不安全产能，加大煤矿机械化、智能化升级改造力度，积极推进煤矿瓦斯综合治理、煤层气开发利用、绿色矿山建设。

（2）加强电力系统调节能力建设。积极有序开发建设抽水蓄能电站。推动新型储能多元化发展和多场景应用，鼓励共享储能等商业模式创新。推动智能有序充电技术发展，积极探索车网互动模式，形成重要储能调峰资源。推动存量煤电机组灵活性改造应改尽改，加快建设天然气调峰电站。到 2030 年煤电综合调峰能力达到煤电总装机的 70％以上。

（3）提升能源储备水平。建设省级多式联运的煤炭疏运储备中心。加强省级油气储备管理，鼓励市州结合实际建立完善油气储备。推动落实企业社会责任储备，完善储备调用机制，提升应对突发事件能力。适度提高天然铀储备能力。到 2030 年，煤炭储备能力总量保持在年消费量 5％及以上的水平。

（4）提升能源安全运行水平。加强能源主管部门与监管部门协同配合，全方位保障电力运行安全。健全能源安全、防灾减灾监测预警体系，做好应对极端情况能源应急保供预案，提高应急处置和抗灾能力。完善能源中长期交易合同履约机制。加强枢纽变电站、关键输电通道、油气管道等重要设施日常维护，加快老旧设施改造。

9.4.2　构建绿色低碳的能源消费体系

（1）严格控制化石能源消费。落实能耗双控逐步转向碳排放双控。大力推进煤炭清洁高效利用，有序推动"煤改电""煤改气"，积极引导高耗能行业减煤降碳，减少散煤消费。科学有序推进绿氢、绿氨、绿色甲醇等清洁替代燃料发展。

（2）大力激发可再生能源消费潜力。完善绿色电力交易机制，推动可再生能源绿色电力证书全覆盖，加强与碳排放权交易市场的有效衔接。加大省外绿电购入，支持外向型企业通过使用绿电、购买绿证实现产业走出去。倡导绿色低碳生产生活方式。到 2030 年可再生能源电力消纳责任权重达 57％。

（3）积极推进重点领域清洁低碳转型和节能增效。构建绿色低碳交通运输体系，加快发展新能源汽车，鼓励发展氢能重卡，加快主要港口 LNG 加注站和千吨级及以上码头岸电设施建设。推进高耗能行业绿色升级，对标能效标杆水平，打造一批能效"领跑者"。推动建筑用能清洁化和低碳化，推动超低能耗建筑、近零能耗建筑规模化发展。

（4）全面加强能源需求侧管理。建立并完善省级源网荷储分类聚合平台，提升分布式资源分级管控能力。积极培育负荷聚合商、虚拟电厂运营商等新型市场主体，鼓励参与现货、辅助服务市场交易。研究推行季节性差价、可中断用户用能价格机制，开展能源需求侧管理，引导用户削峰填谷。到 2030 年电力需求侧响应能力占最大负荷比重达到 5％以上。

9.4.3　构建清洁高效的能源供应体系

（1）大力推动风电和光伏高质量发展。处理好发展和保护的关系，建立新时代新能源高质量发展管理体系。坚持集中式与分布式并举，推动风电可持续发展，有序推进易覆冰风电场抗冰改造和老旧风电场提质改造。因地制宜发展复合型光伏，加强土地集约化利用，推动分布式光伏与乡村振兴、产业、交通、建筑、新基建融合发展。到 2030 年全省风电、光伏发电总装机容量达到 4000 万 kW 以上。

（2）积极推动其他清洁能源多元发展。积极推进在运水电站扩机增容，加快推进水利综合枢纽建设，持续推进老旧水电站改造，有效提升主要流域水能利用率。积极推广生物质资源绿色循环利用，稳步推进生物质发电项目建设。推动浅层地热能利用与城市建设集中规划、统一开发，适时开展中深层地热开发利用。探索推动氢能在可再生能源消纳、长周期调峰等场景的示范应用。继续做好内陆核电厂址保护。

（3）加快推进区域电力交换枢纽建设。加大与北部、西部、沿海新能源基地合作力度，力争第三回直流"十五五"期间投产，提前预留新增输电通道路由条件。完善特高压交流环网，加强周边省份电力互济。推动 A 省成为国家电网与南方电网柔性互济、合作运行的"桥头堡"，打造中国西电东送区域中继站和电力南北互济区域联络站。

（4）加强数智化坚强电网建设。以打造"高可靠性、高承载力、高灵活性、高数智化"现代电网为目标，大力推动数智化坚强电网建设。持续完善 500kV 骨干电网，提升区外馈入电力和省内清洁电力疏散能力。优化重构 220kV 电网，推动完善电网分层分区运行格局，引导新能源在消纳困难区域汇集送出。推动配电网高质量发展，全面提升城乡配电网供电保障、综合承载和防灾抗灾能力，打造安全高效、清洁低碳、柔性灵活、智慧融合的新型配电系统。创新应用现代信息技术，实现源网荷储各环节、各主体的信息共享和协同互动。

（5）优化发展综合能源网络。打造战略性区域能源枢纽，持续提升能源集储输运水平。充分释放骨干铁路煤炭运力，提升重点航道通航和调运能力，打通铁水公联运"最后一公里"。加强汽柴油、航空煤油输油管道建设，提高管输比例和周转效率。加快天然气主干管道建设，推进天然气管道进一步向县（市、区）延伸。提升充电"一张网"服务能力，加快建成城市面状、公路线状、乡村点状布局的充电网络。拓展氢能应用网络，鼓励布局加氢站，支持共建"城际氢能走廊"。

（6）推动多能互补和源网荷储一体化融合发展。加强源网荷储协调互济，支持园区、楼宇开展天然气分布式能源和风能、太阳能、地热能等新能源一体化开发，实现电力、燃气、热力等协同供应。推动煤炭与煤电、煤电与新能源、气电与新能源联营发展。

9.4.4　构建自立自强的能源创新体系

（1）加强能源创新平台建设。布局建设一批标志性创新平台，构建多层次、多领域、多元化的创新平台体系。围绕新能源、储能、氢能、新型电力系统、能源数智化等重点领域培育一批重点实验室、技术创新中心、工程研究中心、产业创新中心和企业技术中心，加大对现有绿色低碳领域国家级平台支持力度。

（2）聚力突破关键能源核心技术。巩固电力防灾减灾、先进储能材料等创新优势，强化风机抗冰、固态电池、大功率IGBT、氢能等领域科技攻关，创新"揭榜挂帅""赛马"等机制，实施一批具有前瞻性、战略性的省级重大科技创新项目，开展能源领域首台（套）重大技术装备示范应用。

（3）引聚和培育创新人才。完善以企业为主体的行业人才评价和引进机制，引进和培养一批科技研发人才、高技能人才，打造国家重要人才中心。加大人才引进和培育力度，实行靶向引才、专家荐才、柔性引才，优化人才发展体制机制。扩大用人单位在编制使用、职称薪酬、岗位设置等方面的自主权，赋予科学家更大技术路线决定权、经费支配权、资源调度权。

9.4.5　构建动力强劲的能源产业体系

（1）培育壮大新能源产业。构建新能源汽车产业链，推动燃油车电动化、智能化改造，加快先进动力电池等关键零部件、充电设备配套发展，积极布局氢能汽车。大力发展新能源装备，推进超/特高压新型电力变压器、高性能特种电缆、智能配电、计量系统和智能用电终端等电工装备研发及产业化，建设世界先进水平特高压输变电装备制造基地。发展大功率风电机组及兆瓦级叶片等零部件、成套光伏组件生产装备、高转化效率光伏产品，建设国内重要的新能源发电装备生产基地。

发展高能效节能设备和余热余压余气利用等高效节能技术。规模布局新型储能电池制造，加快规模储能系统集成与控制技术产业化。推动氢能核能关键材料及部件规模化生产，加快制氢、储氢、加氢、用氢全产业链发展，有序促进核燃料加工、核能装备和核技术应用产业化。

（2）推动能源产业数智化转型。推动"大云物移智链"等现代信息技术与能源领域融合发展，加强能源行业数字化、智能化建设。大力发展智能设计、生产、管理等智能服务新模式。强化链主企业和生态主导型企业在数智化转型中的示范、引领和带动作用，有效带动产业链上下游企业进行数智化协作和精准对接，实现数智化转型。

9.4.6　构建高效协同的能源治理体系

（1）提升能源治理能力。持续完善能源建设、运行、价格"三位一体"工作机制，保障能源可靠供应和价格稳定。强化自然垄断环节监管，依法依规推动电网公平开放。不断完善新能源建设部门联席会议机制，优化新能源项目开发建设环境。充分发挥省能源协会、省新型电力系统发展联合研究中心桥梁纽带作用，做好行业服务。依托骨干企业做好省内能源建设和省外能源资源引入。

（2）健全能源市场体系。积极融入中国统一电力市场，加强省内市场与区域、中国市场的协同运行。推动电网企业代理购电用户直接参与市场化交易。加快完善电力中长期、现货、辅助服务市场，建立完善容量市场机制，推动分布式资源有序参与市场。建立并完善煤炭储备基地市场化运营模式。鼓励开展存借气、储气、调峰等辅助服务交易。规范城镇燃气市场，建立城镇燃气特许经营权评估退出机制。

（3）完善能源价格形成机制。促进能源供需两侧市场化充分竞争，确保用能价格稳中有降。深化煤电、新能源上网电价市场化改革，更好反映各类电源真实成本。完善气电、抽水蓄能和新型储能价格形成机制，保障电力系统调节能力。完善分时电价、阶梯电价政策，引导合理用能，降低工商业用能成本。整合省级管网资产，理顺天然气长输管道定价机制，推进省域管输"一个价"。完善天然气上下游价格联动机制，维护天然气市场稳定。

（4）拓展能源开放合作新局面。深化省间合作、央地合作，着力引入煤炭、油气与清洁电力。建立并完善能源共商共建共享机制，推动特高压配套电源共同建设，加强与周边省份电力互保互济。加强与大型央国企战略合作，提高煤炭运力保障能力。加强省际产业合作，推动能源产业链向上下游延伸。鼓励能源企业积极参与省外、境外能源开发，推动能源装备、技术、服务"引进来"和"走出去"。

参 考 文 献

[1] 邹才能，马锋，潘松圻，等. 世界能源转型革命与绿色智慧能源体系内涵及路径 [J]. 石油勘探与开发，2023，50（3）：633-647.

[2] 龙裕伟. 世界能源史 [M]. 南宁：广西教育出版社，2021.

[3] 波斯坦 M. M，Postan M. M，科尔曼 D. C，等. 剑桥欧洲经济史. 第四卷，16 世纪，17 世纪不断扩张的欧洲经济 [M]. 北京：经济科学出版社，2003.

[4] 邹才能，马锋，潘松圻，等. 论地球能源演化与人类发展及碳中和战略 [J]. 石油勘探与开发，2022，49（2）：411-428.

[5] 黄震，谢晓敏，张庭婷. "双碳"背景下中国中长期能源需求预测与转型路径研究 [J]. 中国工程科学，2022，24（6）：8-18.

[6] 邹才能，潘松圻，赵群，等. 论中国"能源独立"战略的内涵、挑战及意义 [J]. 石油勘探与开发，2020，47（2）：416-426.

[7] 国务院新闻办公室. 中国的能源政策 [EB/OL]. 2012.10.24.

[8] 国务院办公厅. 国务院办公厅关于印发能源发展战略行动计划（2014—2020 年）的通知 [EB/OL]. 2014.11.19.

[9] 中国共产党第十八届中央委员会第五次全体会议公报 [EB/OL]. 2015.10.

[10] 国家发展改革委. 能源生产和消费革命战略（2016—2030）[EB/OL]. 2016.12.

[11] 国务院办公厅. 关于深化石油天然气体制改革的若干意见 [EB/OL]. 2017.5.

[12] 国务院新闻办公室.《新时代的中国能源发展》白皮书 [EB/OL]. 2020.12.

[13] 国务院办公厅. 2030 年前碳达峰行动方案 [EB/OL]. 2021.10.

[14] 习近平. 高举中国特色社会主义伟大旗帜 为全面建设社会主义现代化国家而团结奋斗——在中国共产党第二十次全国代表大会上的报告 [J]. 创造，2022，30（11）：6-29.

[15] 工业和信息化部，等. 氢能产业标准体系建设指南（2023 版）[EB/OL]. 2023.7.

[16] 国家能源局. 2024 年能源工作指导意见 [EB/OL]. 2024.3.

[17] 陈伟，郭岳芳. 国际能源科技发展动态研判与战略启示 [J]. 中国科学院院刊，2019，34（4）：497-507.

[18] 王志刚，蒋庆哲，董秀成，等. 中国油气产业发展分析与展望报告蓝皮书（2022—2023）[M]. 北京：中国石化出版社，2023.

[19] 何建坤. 新型能源体系革命是通向生态文明的必由之路——兼评杰里米·里夫金《第三次工业革命》一书 [J]. 中国地质大学学报（社会科学版），2014，14（2）：1-10.

[20] "能源领域咨询研究"综合组. 推动能源生产和消费革命战略研究 [J]. 中国工程科学，

2015，17（9）：11-17.

［21］ 国务院发展研究中心，壳牌国际有限公司．面向未来　助力增长　构建中国新型能源体系［M］．北京：中国发展出版社，2024.

［22］ 范英，姬强，朱磊，等．中国能源安全研究—基于管理科学的视角［M］．北京：科学出版社，2013.

［23］ 范英，刘炳越，衣博文，等．能源转型背景下的能源安全［M］．北京：科学出版社，2023.

［24］ 梁亚滨．美、日、德能源战略比较与借鉴意义［J］．人民论坛·学术前沿，2022（13）：45-55.

［25］ 邢梦玥．世界主要国家能源安全战略以及对中国经验借鉴［J］．现代管理科学，2019，（10）：9-11.

［26］ 国际能源署．Japan 2021：Energy Policy Review［EB/OL］．（2021-03-01）［2024-04-24］．https：//www. iea. org/reports/japan-2021.

［27］ 许峰．低碳经济背景下的中国能源安全战略研究［D］．北京：中国地质大学，2015.

［28］ 中国政府网．"十四五"节能减排综合工作方案［EB/OL］．（2022-01-24）［2024-04-24］．https：//www. gov. cn/zhengce/content/2022-01/24/content_5670202. htm.

［29］ 韩文科，张有生，等．国家能源安全战略［M］．北京：学习出版社，2014.

［30］ 美国白宫国防部长办公室历史办公室．A national security strategy for a new century.［EB/OL］．（1999-12-01）［2024-04-24］．https：//history. defense. gov/Portals/70/Documents/nss/nss1999. pdf?ver＝SLo909OTm5lAh0LQWBrRHw％3d％3d.

［31］ 姬强，张大永．"双碳"目标下中国能源安全体系构建思路探析［J］．国家治理，2022，（18）：22-26.

［32］ 刘伟．中国能源安全评价指标体系设计与实践［D］．北京：中国地质大学（北京），2019.

［33］ 国家统计局．中国统计年鉴2023［M］．北京：中国统计出版社，2023.

［34］ 迟春洁，黎永亮．能源安全影响因素及测度指标体系的初步研究［J］．哈尔滨工业大学学报（社会科学版），2004，6（4）：80-84.

［35］ 林伯强．新形势下中国能源安全保障与发展路径展望［J］．煤炭经济研究，2022，42（9）：1.

［36］ 国家统计局．中国统计年鉴2023［M］．北京：中国统计出版社，2023.

［37］ 李金泽，张国生，梁英波，等．中国新型能源体系内涵特征及建设路径探讨［J］．2023，31（09）：21-27.

［38］ 中国电力企业联合会．新型电力系统发展蓝皮书［M］．北京：中国电力出版社，2023.

［39］ 清华大学建筑节能研究中心．中国建筑节能年度发展研究报告（2018）［R］．北京：中国建筑工业出版社，2018.

［40］ 王燕．时间序列分析：基于R（第2版）［M］．北京：中国人民大学出版社，2015.

［41］ 陈琛．基于时间序列模型的短期中国能源消费量预测研究［J］．统计学与应用，2023，12（1），164-172.

［42］林伯强. 新形势下中国能源安全保障与发展路径展望［J］. 煤炭经济研究，2022，42（9）：1.

［43］国家统计局. 中国统计年鉴 2022［M］. 北京：中国统计出版社，2022.

［44］谷立静，张建国. 重塑建筑部门用能方式，实现绿色发展［J］. 中国能源，2017，39（5）：21-25，33.

［45］匡立春，邹才能，黄维和，等. 碳达峰碳中和愿景下中国能源需求预测与转型发展趋势［J］. 石油科技论坛，2022，41（1）：9-17.

［46］赵莎，胡最，郑文武. 中国"胡焕庸线"东西两侧能源消耗空间格局的系统动力学模拟［J］. 地理科学进展，2021，40（8）：1269-1283.

［47］王峰，刘锋英. 西部能源开发与环境管理［J］. 资源与产业，2008，10（1）：19-21.

［48］Destek MA. Renewable energy consumption and economic growth in newly industrialized countries：Evidence from asymmetric causality test［J］. Renewable Energy，2016，95：478-484.

［49］马丽，张博. 中国省际电力流动空间格局及其演变特征［J］. 自然资源学报，2019，34（2）：348-358.

［50］中国宏观经济研究院能源研究所. 中国能源转型展望 2023［R-OL］. https://www.vzk-oo.com/document/202403147db27dd2bf7e3c69d2a32fea.html.

［51］史丹. 中国能源供应体系研究［M］. 北京：经济管理出版社，2011.

［52］周宏春，管永林. 新型能源体系建设的内在逻辑、基本内涵与支撑体系［J］. 能源研究与管理，2023，15（1）：1-11＋25.

［53］陈茜. 基于 TOPSIS 熵值法的中国进口煤可获得性研究［J］. 煤炭经济研究，2022，42（7）：13-18.

［54］邹才能，林敏捷，马锋，等. 碳中和目标下中国天然气工业进展、挑战及对策［J］. 石油勘探与开发，2024，51（2）：418-435.

［55］中国社会科学院生态文明研究所，中国气象局国家气候中心. 应对气候变化报告（2023）：积极稳妥推进碳达峰碳中和［M］. 北京：社会科学文献出版社，2023.

［56］刘建国. 乌克兰危机背景下全球能源发展新特征分析［J］. 国际石油经济，2022，30（11）：57-63.

［57］王永中. 全球能源格局发展趋势与中国能源安全［J］. 人民论坛·学术前沿，2022，（13）：14-23.

［58］向征鸿，任丹妮. 全球能源供应链格局及挑战［J］. 中国金融，2023，（7）：82-84.

［59］孙红杰. 能源系统转型对减缓气候变化设定目标的响应及模拟分析［D］. 兰州：兰州大学，2020.

［60］王作乾，范喆，陈希，等. 2022 年度全球油气开发现状、形势及启示［J］. 石油勘探与开发，2023，50（5）：1016-1031＋1040.

［61］汪集暘，庞忠和，程远志，等. 全球地热能的开发利用现状与展望［J］. 科技导报，

2023，41（12）：5-11.

[62] 马冰，贾凌霄，于洋，等. 世界地热能开发利用现状与展望［J］. 中国地质，2021，48（06）：1734-1747.

[63] 王佟，刘峰，赵欣，等. "双碳"背景下中国煤炭资源保障能力与勘查方向的思考［J］. 煤炭科学技术，2023，51（12）：1-8.

[64] 陈茜. 基于 TOPSIS 熵值法的中国进口煤可获得性研究［J］. 煤炭经济研究，2022，42（7）：13-18.

[65] 郑民，李建忠，吴晓智，等. 中国常规与非常规石油资源潜力及未来重点勘探领域［J］. 海相油气地质，2019，24（2）：1-13.

[66] 曹家宝. 柔性视角下天然气供应链网络布局优化［D］. 北京：华北电力大学（北京），2023.

[67] 孙焕泉，毛翔，吴陈冰洁，等. 地热资源勘探开发技术与发展方向［J］. 地学前缘，2024，31（1）：400-411.

[68] 国际能源署. Net Zero by 2050［EB/OL］.（2021-05-17）［2024-02-25］. https://www.iea.org/reports/net-zero-by-2050.

[69] 国家能源局. 国家能源局关于印发《2023 年能源工作指导意见》的通知［EB/OL］.（2023-04-06）［2024-02-25］. http://zfxxgk.nea.gov.cn/2023-04/06/c_1310710616.htm.

[70] 国家发展改革委，国家能源局. "十四五"可再生能源发展规划［EB/OL］.（2022-06-01）［2024-02-25］. https://www.ndrc.gov.cn/xwdt/tzgg/202206/t20220601_1326720.html?code=&state=123.

[71] 李英峰，张涛，张衡，等. 太阳能光伏光热高效综合利用技术［J］. 发电技术，2022，43（3）：373-391.

[72] 国家太阳能光热产业技术创新战略联盟. 中国太阳能热发电行业蓝皮书 2023［EB/OL］.（2024-01-18）［2024-04-24］. http://www.cnste.org/html/xiazai/.

[73] 方宇晨，杜尔顺，余扬昊，等. 太阳能光热发电并网的综合效益量化评估方法［J］. 中国电机工程学报：1-13.

[74] 路绍琰，吴丹，马来波，等. 中国太阳能利用技术发展概况及趋势［J］. 科技导报，2021，39（19）：66-73.

[75] 全球风能理事会（GWEC）. Global Wind Report 2023［EB/OL］.（2024-04-16）［2024-04-24］. https://gwec.net/globalwindreport2023/.

[76] 许国东，叶杭冶，解鸿斌. 风电机组技术现状及发展方向［J］. 中国工程科学，2018，20（3）：44-50.

[77] 周建平，杜效鹄，周兴波. "十四五"水电开发形势分析、预测与对策措施［J］. 水电与抽水蓄能，2021，7（1）：1-5.

[78] 周建平，杜效鹄，周兴波. 面向新型电力系统的水电发展战略研究［J］. 水力发电学报，

2022，41（7）：106-115.

[79] 金安，李建华，高明，等. 生物质发电技术研究与应用进展［J］. 能源研究与利用，2022，（5）：19-24.

[80] 田宜水，单明，孔庚，等. 中国生物质经济发展战略研究［J］. 中国工程科学，2021，23（1）：133-140.

[81] 中国可再生能源学会. 中国地热能开发利用现状与未来趋势［EB/OL］. （2022-03-28）［2024-02-25］. http://www. cres. org. cn/xwzx/xyzx/drn/art/2023/art_351a1c9fffba4eb-393c72f24892db8d0. html.

[82] 李红岩. 中石化绿源地热能开发有限公司：走出规模化开发地热能新路径［N］. 中国能源报，2022-12-05（15）.

[83] 国家能源局. 关于促进地热能开发利用的若干意见［EB/OL］. （2021-09-10）［2024-04-24］. http://zfxxgk. nea. gov. cn/2021-09/10/c_1310210548. htm.

[84] 国家能源局，国家发展改革委. 能源技术革命创新行动计划（2016—2030年）［EB/OL］. （2016-04-07）［2024-02-25］. https://www. gov. cn/xinwen/2016-06/01/content_5078628. htm.

[85] 荣健，刘展. 先进核能技术发展与展望［J］. 原子能科学技术，2020，54（9）：1638-1643.

[86] IPCC. Climate Change 2022：Mitigation of Climate Change［EB/OL］. （2022-06-01）［2024-04-24］. https://www. ipcc. ch/report/ar6/wg3/.

[87] 清华大学，全球碳捕集与封存研究院. 中国碳捕集利用与封存年度报告（2023）［EB/OL］. （2023-07-10）［2024-02-25］. https://www. acca21. org. cn/trs/000100170002/16690. html.

[88] 彭雪婷，吕昊东，张贤. IPCC AR6报告解读：全球碳捕集利用与封存（CCUS）技术发展评估［J］. 气候变化研究进展，2022，18（5）：580-590.

[89] 国家发展改革委，国家能源局. "十四五"新型储能发展实施方案［EB/OL］. （2022-01-29）［2024-02-25］. https://www. gov. cn/zhengce/zhengceku/2022/03/22/content_5680417. htm.

[90] 陈海生，李泓，徐玉杰，等. 2022年中国储能技术研究进展［J］. 储能科学与技术，2023，12（5）：1516-1552.

[91] 李树胜，王佳良，李光军，等. MW级飞轮阵列在风光储能基地示范应用［J］. 储能科学与技术，2022，11（2）：583-592.

[92] Chi F，Hu Y，He W. Graphene Ionogel Ultra - Fast Filter Supercapacitor with 4 V Workable Window and 150℃ Operable Temperature［J］. Small，2022，18（18）.

[93] 白如鸿，刘晋波，郑忠友，等. 郭家滩煤矿无害化开采技术体系构建［J］. 陕西煤炭，2021，40（4）：200-204.

[94] 孙旭东，张博，彭苏萍. 中国洁净煤技术2035发展趋势与战略对策研究［J］. 中国工程科学，2020，22（3）：132-140.

［95］ 国家能源局，科学技术部. "十四五"能源领域科技创新规划［EB/OL］.（2021-11-29）
［2024-02-25］. https：//www. gov. cn/zhengce/zhengceku/2022-04/03/content _ 5683361.
htm.

［96］ 国家发展改革委，国家能源局. "十四五"现代能源体系规划［EB/OL］.（2022-01-29）
［2024-02-25］. https：//www. gov. cn/zhengce/zhengceku/2022-03/23/content _ 5680759.
htm.

［97］ 王利宁，陈文颖，戴家权，等. 智能互联重塑中国能源体系［J］. 气候变化研究进展，
2021，17（2）：204-211.

［98］ 中华人民共和国国民经济和社会发展第十四个五年规划和 2035 年远景目标纲要［N］. 人
民日报，2021-03-13（1）.

［99］ 韩伟，韩恒文，程薇，等. 碳中和目标驱动下生物质燃料技术研究进展［J/OL］. 化工进
展：1-16［2023-12-21］.

［100］ 姬登祥，由智慧，董杨，等. 超级电容器用生物质活性炭制备及改性研究进展［J］. 浙
江工业大学学报，2023，51（6）：619-631.

［101］ 徐越，李桃，肖睿. 生物质气化耦合固体氧化物燃料电池研究现状及前景分析［J］. 能
源环境保护，2023，37（6）：1-11.

［102］ 王贝，李宾宾，孙广星，等. 新型储能技术与产业发展研究［J］. 能源与节能，2023
（11）：8-13. DOI：10. 16643/j. cnki. 14-1360/td. 2023. 11. 053.

［103］ NATARAJAN SUBRAMANIAN, ARAVINDAN VANCHIAPPAN. Burgeoning pros-
pects of spent lithium-ion batteries in multifarious applications［J］. Advanced Energy Ma-
terials，2018，8（33）.

［104］ 艾克. 前景可观的动力电池回收市场［J］. 汽车与配件，2023（2）：54-57.

［105］ 王芳，张邦胜，刘贵清，等. 废旧动力电池资源再生利用技术进展［J］. 中国资源综合
利用，2018，36（10）：106-111.

［106］ 邵帅，徐娟. 中国新能源产业高质量发展的瓶颈与对策［J］. 国家治理，2023，（17）：
39-45.

［107］ 罗梁波. 从行政三分走向权力三分：党领导国家治理体制的新推进［J］. 甘肃行政学院
学报，2013（6）：21-27.

［108］ 国家发展改革委，国家能源局. 能源生产和消费革命战略（2016—2030）［EB/OL］.
2016-12-29. https：//www. gov. cn/xinwen/2017-04/25/content_5230568. htm.

［109］ 庞明礼. 国家治理效能的实现机制：一个政策过程的分析视角［J］. 探索，2020（1）：
89-97＋2.

［110］ 李静云. 《能源法》诞生往事［J］. 能源，2020（6）：34-36.

［111］ 丁瑶瑶. 气候投融资成为建设绿色"一带一路"的积极力量［J］. 环境经济，2020
（23）：28-32.

［112］ 赵学军. 中国经济高质量发展迈出坚定步伐［J］. 人民论坛，2022（24）：14-17.

［113］ 蔡文静，雷兵，焦一多. 推进能源行业依法治理体系和治理能力现代化研究［J］. 中国能源，2020，42（9）：38-42.

［114］ 宋禹飞，刘润鹏，王宏，等. 新型电力系统标准体系架构设计及需求分析［J］. 南方电网技术，2023.

［115］ 张友国. 中国碳治理体系现代化：历程与特征［J］. 改革，2023（11）：128-143.

［116］ 王金刚，陈昊宇. 全国统一大市场背景下煤炭保供体系数字化转型研究［J］. 煤炭经济研究，2023，43（7）：34-39.

［117］ 张俊华. 油气管网改革对中国油气行业的影响分析及建议［J］. 当代石油石化，2023，31（5）：10-14.

［118］ 国家发展改革委，国家能源局，财政部，等. "十四五"可再生能源发展规划［EB/OL］. 2022-06-01. https://www.ndrc.gov.cn/xwdt/tzgg/202206/t20220601_1326720.html?code=&state=123.

［119］ 李月清. "一个世界两个体系"格局加速形成，中国将深度参与全球能源治理体系［J］. 中国石油企业，2020（12）：48-49.

［120］ 中共中央党史和文献研究院. 习近平关于国家能源安全论述摘编［M］. 北京：中央文献出版社，2024.

［121］ 臧昕. 自贸区背景下能源企业经营方式的变化及其应对策略［J］. 现代工业经济和信息化，2024，14（3）：179-182.

［122］ 中华人民共和国国务院新闻办公室. 中国的能源转型［N］. 人民日报，2024-08-30（14）.